非営利法人の
役員の信認義務

営利法人の役員の信認義務との比較考察

松元暢子
Nobuko Matsumoto

商事法務

はしがき

　本書は、筆者が2013年2月に東京大学大学院法学政治学研究科に提出した助教論文である「営利法人と非営利法人の役員の信認義務の比較考察」を改題し、加筆修正を行ったものである。

　非営利法人の役員は法人に対してどのような義務を負い、また、役員がその義務に違反した場合には誰がどのようにして責任を追及するのだろうか。

　従来、営利法人の役員の信認義務については膨大な先行研究が蓄積されてきたのに対し、非営利法人の役員の信認義務についての研究は極めて少なかったといわざるを得ない。

　しかし、このことは非営利法人の役員の信認義務という課題が重要でないことを決して意味しない。2008年には、100年に一度といわれる公益法人制度改革の結果、公益法人制度改革関連三法が施行され、民間非営利組織が法人としてこれまで以上に活発に活動することが期待されている。非営利法人が十分な資金を得て活動を行うためには、必要なガバナンスを備え、潜在的な資金提供者からの信頼を得ることが必要不可欠である。そして、法人が活動するにあたっては役員が果たす役割が決定的に重要であるため、役員の信認義務はガバナンスの中心的な課題である。

　本書の第一の課題は、非営利法人の役員の信認義務の内容を営利法人の役員の信認義務の内容と比較した上で、両者の間に違いがあるのであれば、その特徴を抽出し、今後非営利法人の役員の信認義務を解釈するにあたっての指針を提供することである。

　本書の第二の課題は、非営利法人の役員がその信認義務に違反した場合にその責任を追及するための、効果的なエンフォースメントの制度の在り方を検討することである。社員が法人に対して経済的な利害関係を持たない非営利法人においては、営利法人における代表訴訟の手法は機能しない可能性があり、そうであれば、非営利法人の法的構造を踏まえたエンフォースメントの仕組みを整備する必要がある。

　こうした課題を検討するにあたっては、非営利法人が社会において占める存在感が大きいアメリカ法を参照した。本文中で紹介したように、アメリカ

においても非営利法人法は未だに発展の途中にあると指摘される。法令や判例は近年まで変化し続けている。アメリカ法が変遷を続けていることは、時にその分析を困難にしたが、同時に、非営利法人に対する多様な見方を提供してくれた。

　本書の執筆にあたっては、多くの先生方、先輩、友人、後輩から、貴重なご指導とアドバイスを頂いた。ここでは特に指導教官であった神作裕之先生の御名前を挙げさせて頂きたい。筆者が2008年4月に東京大学大学院法学政治学研究科助教に採用されて以来、神作先生は常に懇切丁寧に研究を指導して下さった。筆者が2009年から2011年までアメリカに留学していた際も、時にはメールで、時には国際電話で励ましの言葉を頂いた。この場を借りて、心から御礼を申し上げたい。

　また、本書の出版にあたって心強いお力添えを頂いた株式会社商事法務の岩佐智樹氏と澁谷禎之氏にも、深く御礼申し上げる。

　最後に、学生時代から私の勉学を支えてくれた両親と、いつも私を励まし、仕事の傍らに本書のもととなった助教論文を読んでコメントをくれた夫・岡本靖にも感謝を伝えたい。

　本書は公益財団法人全国銀行学術研究振興財団の助成を得て刊行された。

2013年10月

松元　暢子

非営利法人の役員の信認義務
営利法人の役員の信認義務との比較考察
目　次

第一章　日本法の現状と問題の設定 ... 1
　序 ... 2
　第一節　日本法の現状──公益法人制度改革を中心に ... 5
　　第一款　一般法人と公益法人 ... 5
　　第二款　ガバナンスの仕組み ... 9
　第二節　問題の設定──営利法人と非営利法人の役員の信認義務の比較考察 ... 12
　　第一款　分析の視点 ... 12
　　第二款　検討課題①──非営利法人の役員の信認義務の内容 ... 15
　　第三款　検討課題②──非営利法人の役員の信認義務のエンフォースメント ... 18
　　第四款　営利法人との比較を行うことの意義と限界 ... 20
　第三節　先行研究 ... 22
　　第一款　能見善久の論考（1997年） ... 22
　　第二款　中田裕康の論考（1998年） ... 24
　　第三款　神作裕之の論考（2003年） ... 25
　　第四款　樋口範雄の論考（2005年） ... 27
　　第五款　落合誠一の論考（2007年） ... 28
　　第六款　山田誠一の論考（2007年） ... 29
　　第七款　小括 ... 30
　第四節　分析の方法──アメリカ法との比較法的考察 ... 31
　　第一款　営利法人と非営利法人の法的構造の違いに関する議論 ... 31
　　第二款　信認義務の内容について──制定法・判例・学説の存在 ... 31
　　第三款　信認義務のエンフォースメントについて──Attorney General によるエンフォースメントの仕組み ... 32

第五節　検討の順序 ……………………………………………………………… 33

第二章　アメリカの非営利法人についての基礎的考察 ……………………… 35
　序 ………………………………………………………………………………………… 36
　第一節　アメリカにおける非営利法人 ………………………………………… 37
　　第一款　アメリカにおける非営利法人の位置づけ …………………………… 37
　　第二款　「非営利」の定義──分配禁止規制 ………………………………… 38
　　第三款　非営利法人の分類 ……………………………………………………… 39
　　第四款　非営利法人の目的 ……………………………………………………… 43
　　第五款　非営利法人の組織構成 ………………………………………………… 47
　　第六款　foundation の位置づけ ………………………………………………… 50
　　第七款　小括 ……………………………………………………………………… 51
　第二節　非営利法人の法的構造 ………………………………………………… 52
　　第一款　検討の視座と順序 ……………………………………………………… 52
　　第二款　Hansmann による分配禁止規制の理解 ……………………………… 53
　　第三款　mutual benefit corporation における分配禁止規制の意味
　　　　　　──Ellman による説明 ………………………………………………… 72
　　第四款　Hansmann の理論に対する応答──エージェンシーコストの問題を中心に … 85
　　第五款　非営利法人の法的構造についてのまとめと考察 …………………… 95
　　第六款　非営利法人の法的構造と役員の信認義務との関係 ………………… 99
　第三節　アメリカの非営利法人に関する歴史 ………………………………… 105
　　第一款　本節の構成と用語の使用法 …………………………………………… 105
　　第二款　非営利法人、慈善信託、営利法人の三者の関係 …………………… 109
　　第三款　非営利法人の内部における分類──Hansmann による分析 ……… 122
　第四節　本章までの検討と次章以下での検討との関係 ……………………… 128
　　第一款　本章までの検討と考察 ………………………………………………… 128
　　第二款　信認義務の検討との関係 ……………………………………………… 130

第三章　アメリカの営利法人の役員の信認義務と信託の受託者の信認義務 ………………………………………………………………… 133
　序 ………………………………………………………………………………………… 134
　第一節　アメリカの営利法人の役員の信認義務 ……………………………… 135

第一款　アメリカの営利法人の役員の注意義務（duty of care） 136
　　第二款　アメリカの営利法人の役員の忠実義務（duty of loyalty） 144
　　第三款　営利法人が営利目的以外の目的を有すると評価されうる行為を行う場合の役員の責任――慈善目的の寄付等を題材として 148
　　　〔1〕A.P. Smith Manufacturing Co. v. Barlow (1953) 155
　　　〔2〕Union Pacific Railroad Co. v. Trustees, Inc. (1958) 158
　　　〔3〕Theodora Holding Corp. v. Henderson (1969) 159
　　　〔4〕Kahn v. Sullivan (1991) 161
　　　〔5〕Shlensky v. Wrigley (1968) 164
　　第四款　営利法人の役員の信認義務についての小括 169
　第二節　アメリカの信託の受託者の信認義務 170
　　第一款　私益信託（private trust）と慈善信託（charitable trust） 170
　　第二款　信託の受託者の注意義務 172
　　第三款　信託の受託者の忠実義務 179
　　第四款　営利法人の役員の信認義務と信託の受託者の信認義務の違いについてのまとめ 181

第四章　アメリカの非営利法人に関する法令 185
　序 186
　第一節　非営利法人についてのモデル法 188
　　第一款　1952年のモデル非営利法人法（MNCA） 188
　　第二款　1987年の改訂モデル非営利法人法（RMNCA） 189
　　第三款　2008年の第三版モデル非営利法人法（第三版MNCA） 194
　　第四款　小括 196
　第二節　各州の非営利法人法 197
　　第一款　各州の非営利法人法 197
　　第二款　ニューヨーク州非営利法人法 198
　　第三款　カリフォルニア州非営利法人法 200
　　第四款　小括 206
　第三節　不法行為法における「慈善活動に対する免責の原理（doctrine of charitable immunity）」と連邦のボランティア保護法（Volunteer Protection Act） 208

目次　v

第一款	「慈善活動に対する免責の原理」の発展と衰退	209
第二款	議論の再燃——ボランティア保護法等	211
第三款	小括	214

第四節 投資運用に関する統一州法——UMIFA と UPMIFA ……… 215
- 第一款 適用対象となる組織と適用される行為 ……… 215
- 第二款 権限委譲の許容 ……… 216
- 第三款 行為基準 ……… 216
- 第四款 小括 ……… 218

第五節 ヘルスケア産業における conversion（転換）に関する立法 ……… 219
- 第一款 アメリカにおける病院の経営形態 ……… 219
- 第二款 1990年代のヘルスケア産業における conversion ……… 220
- 第三款 conversion に伴って生じうる問題 ……… 222
- 第四款 問題に対応するための立法 ……… 225
- 第五款 小括 ……… 227

第六節 税法による規制 ……… 229
- 第一款 概説 ……… 229
- 第二款 IRC§501(c)(3)——私的帰属禁止のテスト（private inurement test） ……… 230
- 第三款 IRC§4941と IRC§4958 ……… 231
- 第四款 小括 ……… 237

第七節 非営利法人に関する法令についてのまとめと考察 ……… 239
- 第一款 営利法人法をモデルとした発展 ……… 239
- 第二款 営利法人法との違い ……… 239
- 第三款 以下での検討 ……… 241

第五章 アメリカの非営利法人の役員の信認義務の内容 ……… 243
序 ……… 244

第一節 非営利法人の役員の信認義務違反が争われた判例 ……… 245
- 第一款 分析の視点と前提 ……… 245
- 第二款 非営利法人の役員の注意義務違反についての判例 ……… 255
  - 〔6〕 Graham Bros. Co. v. Galloway Woman's College (1935) ……… 255
  - 〔7〕 George Pepperdine Foundation v. Pepperdine (1954) ……… 257

〔8〕 Lynch v. John M. Redfield Foundation（1970） ―― 260
　　　〔9〕 Stern v. Lucy Webb Hayes National Training School for Deaconesses & Missionaries
　　　　　 (1974) ―― 262
　　　〔10〕 Johnson v. Johnson (1986) ―― 267
　　　〔11〕 Beard v. Achenbach Memorial Hospital Association (1948) ―― 269
　　　〔12〕 United States v. Mount Vernon Mortgage Corporation (1954) ―― 271
　　　〔13〕 Attorney General v. Olson (1963) ―― 273
　　　〔14〕 Yarnall Warehouse & Transfer, Inc. v. Three Ivory Brothers Moving Co. (1969) ―― 273
　　　〔15〕 McDaniel v. Frisco Employes' Hospital Association（1974） ―― 275
　　　〔16〕 John v. John (1989) ―― 277
　　　〔17〕 Maxicare Health Plans v. Gumbiner (1985) ―― 278
　　　〔18〕 Morris v. Scribner (1987) ―― 281
　　　〔19〕 Kelly v. Michigan Affiliated Healthcare Systems, Inc. (1996) ―― 282
　　第三款　非営利法人の役員の忠実義務についての判例 ―― 286
　　　〔20〕 People v. Larkin (1976) ―― 287
　　　〔21〕 Nixon v. Lichtenstein (1997) ―― 288
　　　〔9'〕 Stern 判決 (1974) ―― 290
　　　〔22〕 Oberly v. Kirby (1991) ―― 292
　　　〔23〕 Scheuer Family Foundation Inc. v. 61 Associates (1992) ―― 301
　　第四款　非営利法人の目的に関連する判例 ―― 305
　　　〔24〕 Taylor v. Baldwin (1952) ―― 305
　　　〔25〕 Holt v. College of Osteopathic Physicians and Surgeons (1964) ―― 308
　　　〔26〕 City of Paterson v. Paterson General Hospital (1967) ―― 309
　　　〔27〕 Queen of Angels Hospital v. Younger (1977) ―― 310
　　　〔28〕 Attorney General v. Hahnemann Hospital (1986) ―― 312
　　　〔29〕 Manhattan Eye, Ear & Throat Hospital v. Spitzer (1999) ―― 314
　　　〔30〕 Cross v. Midtown Club, Inc. ―― 317
　第二節　非営利法人の役員の信認義務についての学説 ―― 328
　　第一款　分析の視点――考慮要素の抽出 ―― 328
　　第二款　非営利法人の役員の注意義務についての学説 ―― 328
　　第三款　非営利法人の役員の忠実義務についての学説 ―― 340

第三節　非営利法人の役員の信認義務の内容についてのまとめ——非営利
　　　　法人の役員の信認義務の内容の特徴 ……………………………… 349
　　第一款　視点 ……………………………………………………………………… 349
　　第二款　注意義務について ……………………………………………………… 351
　　第三款　忠実義務について ……………………………………………………… 355
　　第四款　非営利法人の目的について …………………………………………… 357
　　第五款　非営利法人の法的構造との関係 ……………………………………… 359

第六章　アメリカの非営利法人の役員の信認義務のエンフォースメント——原告適格を中心に ……………………… 361

序 ……………………………………………………………………………………… 362
第一節　Attorney General によるエンフォースメント ………………………… 364
　　第一款　Attorney General によるエンフォースメントの由来 ……………… 364
　　第二款　Attorney General によるエンフォースメントの不十分さの指摘 … 366
　　第三款　Attorney General の裁判手続における位置づけの修正 …………… 367
　　第四款　Attorney General によるエンフォースメントの枠組みの中での私人の行動
　　　　　　の可能性 ………………………………………………………………… 368
　　第五款　Attorney General 以外にエンフォースメントを行う機関を創設すべきであ
　　　　　　るとの学説 ……………………………………………………………… 370
　　第六款　小括 ……………………………………………………………………… 372
第二節　私人によるエンフォースメント ………………………………………… 373
　　第一款　役員の原告適格 ………………………………………………………… 373
　　　〔7'〕Pepperdine 判決 (1954) ………………………………………………… 373
　　　〔25'〕Holt 判決 (1964) ………………………………………………………… 375
　　第二款　メンバーの原告適格 …………………………………………………… 379
　　第三款　受益者や寄付者によるエンフォースメント ………………………… 380
　　　〔26'〕Paterson 判決 (1967) ………………………………………………… 383
　　　〔31〕Jones v. Grant (1977) ………………………………………………… 385
　　　〔32〕Stern v. Lucy Webb Hayes National Training School for Deaconesses &
　　　　　　Missionaries (1973) ……………………………………………………… 388
　　　〔33〕Carl J. Herzog Foundation, Inc. v. University of Bridgeport (1997) … 390
　　第四款　小括 ……………………………………………………………………… 393

第三節	課税庁によるエンフォースメントへの期待？	395
第一款	非営利法人の役員の忠実義務に影響を与えうる税法の規定	395
第二款	IRS によるエンフォースメントの可能性をめぐる学説	396
第四節	非営利法人の役員の信認義務のエンフォースメントについてのまとめ	399
第一款	視点	399
第二款	Attorney General による監督	400
第三款	conversion の場面における公的機関の役割	400
第四款	寄付者や受益者にエンフォースメントの権限を与えるべきであるとの主張	400
第五款	課税庁によるエンフォースメントへの期待と批判	401

第七章　日本法への示唆　　403

第一節	問題の確認	404
第二節	営利法人と非営利法人の法的構造の違い	405
第一款	営利法人の法的構造	406
第二款	public benefit corporation の法的構造	406
第三款	非営利法人の法的構造が信認義務の内容やエンフォースメントの方法に与える影響	407
第三節	非営利法人の役員の信認義務の内容についてのアメリカ法からの示唆	409
第一款	非営利法人の目的が役員の信認義務の内容に与える影響	411
第二款	非営利法人の役員に対して裁量が与えられる理由	418
第三款	法人資産の処分や解散を含む場面において厳格な審査が行われる可能性	419
第四款	モニタリングの不足を理由として厳格な義務または審査基準が課される可能性	420
第五款	役員の解任についての裁判所の役割	424
第六款	非営利法人の無報酬の役員の責任が制限される可能性	425
第七款	非営利法人の役員の信認義務の内容についての日本法への示唆のまとめ	428
第四節	非営利法人の役員の信認義務のエンフォースメントについてのアメリカ法からの示唆	430
第一款	問題意識の確認──営利法人法をモデルとした自律的なガバナンスの限界	430
第二款	公的機関を関与させるエンフォースメントの可能性	431

目次　ix

第三款　私人によるエンフォースメントの可能性 ……………………… 440
　　第四款　非営利法人の役員の信認義務のエンフォースメントについての日本法への示唆のまとめ ……………………………………………………………… 446
　第五節　おわりに ……………………………………………………………… 447

　　　事項索引　449
　　　判例索引（日本）　453
　　　判例索引（アメリカ）　454

第一章

日本法の現状と問題の設定

序

　本稿は、非営利法人の役員が負う信認義務（fiduciary duty）について、営利法人の役員が負う信認義務との比較の視点からの考察を試みるものである。ここで差し当たり、「非営利法人」とは、法人の社員・メンバー（member）や役員等の内部者に対する利益の分配が禁止されている法人を指すと定義しておこう[1]。

　100年に一度といわれる公益法人制度改革の結果、平成20年12月1日に「一般社団法人及び一般財団法人に関する法律」（以下、「一般法人法」という）及び「公益社団法人及び公益財団法人の認定等に関する法律」（以下、「公益認定法」という）を軸とする公益法人制度改革関連三法が施行された。この公益法人制度改革により、これまでになかった一般社団法人・一般財団法人の制度が設けられ、一般社団法人・一般財団法人のうち公益認定を受けたものが、それぞれ公益社団法人・公益財団法人と位置づけられた（以下、一般社団法人と一般財団法人を併せて「一般法人」といい、公益社団法人と公益財団法人を併せて「公益法人」という）[2]。

　この公益法人制度改革は、「政治部門や民間営利部門に比べ未だ基盤が脆弱な民間非営利部門による自発的で多様な法人活動を容易にするとともに、民間非営利部門による公益的な法人活動の発展を促進するための新たな仕組みが求められてい」たことを背景としている[3]。平成18年6月2日法律50号による改正前民法（以下、「改正前民法」という）34条に基づいて公益法人

---

1) 非営利組織の定義について、Henry B. Hansmann, *The Role of Nonprofit Enterprise*, 89 YALE L. J. 835, 838 (1980) を参照。
2) 公益法人制度改革について概説した文献として、落合誠一「会社の営利性について」黒沼悦郎・藤田友敬編『江頭憲治郎先生還暦記念――企業法の理論（上巻）』（商事法務・2007年）、神作裕之「一般社団法人と会社――営利性と非営利性」ジュリスト1328号36頁、中田裕康「一般社団・財団法人法の概要」ジュリスト1328号2頁、山田誠一「一般社団法人及び一般財団法人に関する法律について」みんけん590号11頁等がある。

（以下、「改正前民法に基づく公益法人」という）を設立するには主務官庁による許可が必要であったところ、公益法人制度改革後は、設立準則主義によって一般法人を設立することが可能となった。これにより、民間非営利部門が法人形態をとって活動を行うことが容易になったと評価できる。

　民間非営利部門が非営利法人として活発に活動するためには、非営利法人のガバナンスが重要な課題となる。非営利法人に対して寄付等を通じた資金提供が行われ、あるいは個人と非営利法人との間で取引が行われるためにも、非営利法人が信頼される必要があるためである。

　しかし、営利法人のガバナンスについては膨大な議論の蓄積があるのに対して、非営利法人のガバナンスは従来ほとんど注目されてこなかったといっても過言ではない。

　そこで本稿では、非営利法人のガバナンスのうち非営利法人の役員の信認義務に焦点を当てる。役員が重要な役割を果たす法人において、役員の信認義務はガバナンスにおける最も重要な要素の一つである。法人とその取締役との関係は、伝統的に「信認関係」であると捉えられてきた[4]。信認関係は、身分関係や契約関係とは区別され、「一方が他方を信認し、あるいは他方に依存し、他方は、自らに依存している相手方に対しその利益を図る義務を負うような関係一般を指す」[5]と説明される。受認者（fiduciary）の典型的な例は信託における受託者（trustee）であるが、法人の取締役や役員も受認者にあたり[6]、信認義務を負うと理解されてきた[7]。

　公益法人制度改革の結果、非営利法人についての一般法である一般法人法には、役員の義務について、会社法と同様の規定が置かれたが[8]、社員に利益を分配することが禁止され、法人の特定の目的の実現をその存在理由とす

---

3) 公益法人制度改革に関する有識者会議「公益法人制度改革に関する有識者会議報告書」(2004年11月19日。以下、「有識者会議報告書」という) 1頁。
4) WILLIAM T. ALLEN, REINIER KRAAKMAN & GUHAN SUBRAMANIAN, COMMENTARIES AND CASES ON THE LAW OF BUSINESS ORGANIZATION 217 n.1 (4th ed., 2012).
5) 樋口範雄『フィデュシャリー［信認］の時代——信託と契約』28頁 (有斐閣・1999年)。
6) 樋口・前掲注5) 36-37頁。
7) ALLEN, KRAAKMAN & SUBRAMANIAN, *supra* note 4, at 239. See A.A. Berle, Jr., Corporate Powers as Powers in Trust, 44 HARV. L. REV. 1049 (1931).
8) 一般法人法83条、111条、197条、198条等。

る非営利法人の役員が負う信認義務の内容は、営利を目的とする営利法人の役員が負う信認義務の内容と同じなのだろうか。また、一般法人法では会社法における株主代表訴訟の仕組みと同様の社員による「責任追及の訴え」の制度が導入されたが[9]、社員が法人に対して経済的な利害関係を持たない非営利法人において、営利法人と同様のエンフォースメントの仕組みは機能するのだろうか。

　こうした問題を検討するためには、営利法人と非営利法人の法的構造の違いを理解することが不可欠であり、また、営利法人と非営利法人の法的構造の違いが、役員の負う信認義務の内容やそのエンフォースメントの方法に影響を与える可能性があるというのが本稿の基本的な問題意識である。本稿は、営利法人と非営利法人の法的構造の違いに立ち返ることにより、営利法人の役員の信認義務との比較の視点から、非営利法人の役員の信認義務の内容やそのエンフォースメントの在り方についての分析を試みる[10]。

---

9) 一般法人法278条2項。
10) エンフォースメントの在り方を検討するのにあたっては、本稿は田中英夫＝竹内昭夫『法の実現における私人の役割』(東京大学出版会・1987年)の視点に影響を受けている。同書は法制を、「私人がその権利行使を通じて法律の目的の実現のために積極的に参加することを、どの程度期待し、エンカレッジし、インセンティブを与えて促進しようとしているか、という角度から切り取って」検証しており、エンフォースメントの主体や制度について、機能的な説明を行っている(同書はしがき)。本稿はこの視点に示唆を受け、非営利法人の役員の信認義務のエンフォースメントについて、ある主体がどのようなインセンティブを持ち、あるいは持たないのか、という機能的な観点からの分析を試みるものである。

第一節
日本法の現状——公益法人制度改革を中心に

　日本法における非営利法人制度の概要を理解することから分析を始めたい。2008年の公益法人制度改革を経て、現在では一般法人と公益法人の二階建ての仕組みが採用されている。

第一款　一般法人と公益法人

一　主務官庁制の廃止と二階建ての仕組みの採用

　改正前民法に基づく公益法人は主務官庁の許可によって設立され、設立後も主務官庁による監督を受けていた（以下、「主務官庁制」という）が、この主務官庁制については、主務官庁の裁量の幅が大きく法人の設立が簡単でないことや、主務官庁による指導監督が縦割りで煩雑であること、ガバナンスが不十分であること等、種々の問題点が指摘されていた[11]。

　公益法人制度改革の結果、主務官庁制は廃止され、新たに二階建ての仕組みが採用された[12]。新たな制度においては、一般法人は設立準則主義によって設立することができ、この一般法人が公益認定法に基づいて公益認定を受けると、公益法人となる。公益法人とは公益認定を受けた一般法人であるため、一般法人法は原則として公益法人にも適用される。公益法人に対しては「行政庁」（公益認定法3条により、内閣総理大臣または都道府県知事を指す。以下、括弧付きで表記する）による監督が想定される。公益認定を受けることの主たるメリットとしては、信用が高まり寄付を集めやすくなることや、課税上有利に扱われること等が考えられる[13]。

---

[11]　落合・前掲注2) 13頁、雨宮孝子ほか・座談会「NPO法の検討——市民活動団体の法人化について」ジュリスト1105号4頁、12頁以下参照。

公益性の判断については、従来の主務官庁制の下では設立の際に主務官庁により公益性が判断されていたが、現行制度では、一般法人が公益認定を受ける際に、「行政庁」の下に設置された民間の有識者による合議制の機関（公益認定法32条、35条、50条）により公益性についての実質的な判断が行われることとなった[14]。

　表1は、公益法人制度改革前後の法人の分類について、営利法人との関係も含めて整理したものである。公益法人制度改革前は、改正前民法に基づく公益法人として設立されるか、公益法人制度改革に伴って廃止される以前の中間法人法（以下、「旧中間法人法」という）に基づき「社員に共通する利益を図ることを目的とす」る[15]中間法人として設立されるか、営利法人として設立されるかという三分類が行われていた[16]。これに対して、公益法人制

---

12) 公益法人制度改革以前の非営利法人に関する立法について簡単にまとめておきたい。1998年の特定非営利活動促進法 (以下、「NPO法」という) 施行以前は、設立許可主義がとられる改正前民法に基づく公益法人 (社団法人と財団法人) 以外の非営利法人は特別法によって設立されていた。その後、1998年のNPO法によって、特定の目的を有する非営利組織については、設立認証主義により、改正前民法に基づく公益法人となるよりも、法人格を取得しやすくなった。このNPO法は、改正前民法34条の特別法の一つという位置づけであった (堀田力＝雨宮孝子『NPO法コンメンタール——特定非営利活動促進法の逐条解説』15頁以下 (日本評論社・1998年))。その後、2001年には中間法人法が成立し、同窓会のような親睦組織も設立準則主義により法人となることが可能となった。この中間法人法は、一般法人法の成立により不要となるため、一般法人法施行の日に廃止された (以上につき、非営利法人制度の概要を説明するものとして、中田・前掲注2) 2頁、佐久間毅「非営利法人法のいま」法律時報80巻11号12頁、後藤元伸「非営利法人制度」内田貴ほか編『民法の争点』56頁 (有斐閣・2007年) を参照)。公益法人制度改革は、中間法人法成立以来の、設立準則主義による設立と官庁の直接の監督を受けない法人運営の流れを完成させたと評価される (佐久間・前掲14-15頁)。

13) 詳細には立ち入らないが、公益法人と、一般法人のうちで一定の要件を満たした法人は、法人税法上「公益法人等」として取り扱われ (法人税法2条6号、9号の2)、収益事業から生じた所得以外の所得には課税されない。特に公益法人については、一定の公益目的事業があらかじめ収益事業から除外されている (法人税法施行令5条2項1号)。また、公益法人については、収益事業に属する資産のうちから公益目的事業のために支出した金額が、収益事業に係る寄附金の額とみなされ、損金算入限度額までの損金算入が認められている (法人税法37条5項、法人税法施行令77条の3) (国税庁「新たな公益法人関係税制の手引」(2012年9月)、岡村忠生ほか『ベーシック税法〔第6版〕』206-209頁 (有斐閣・2011年) 参照)。

14) 公益認定の仕組みの設計も公益法人制度改革の軸の一つであるが、本稿では深く立ち入らない。公益性の認定については雨宮孝子「非営利法人における公益性の認定」ジュリスト1328号12頁を参照されたい。

15) 旧中間法人法2条1号。

〔表１〕公益法人制度改革前後の法人の分類

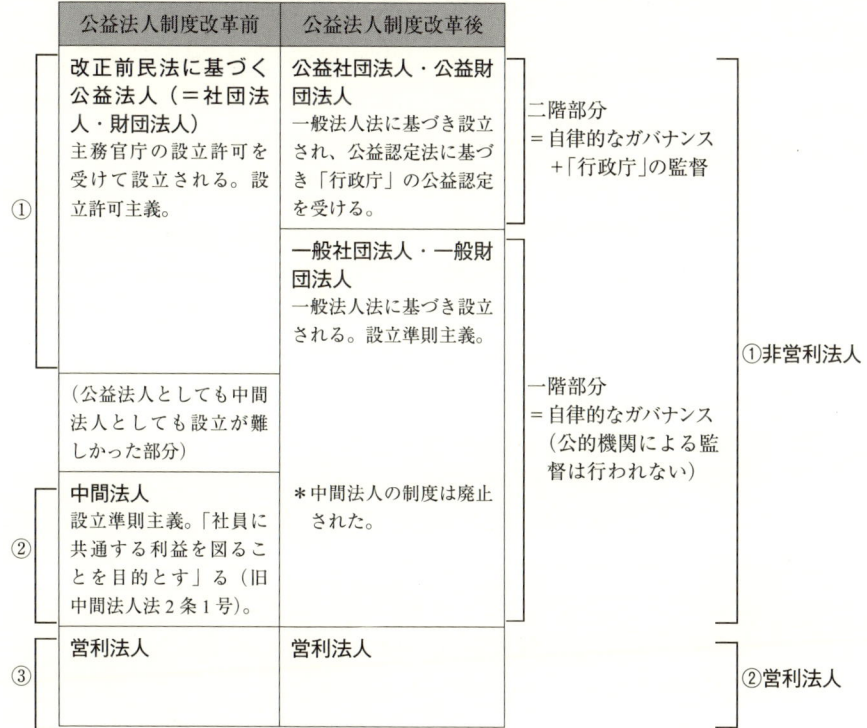

＊この他、特別法である特定非営利活動促進法によるNPO法人の制度（設立認証主義）は従来のまま存続している。

度改革後は、改正前民法に基づく公益法人に該当したであろう法人も、中間法人に該当したであろう法人も、全て一般法人として設立されることになる。そして、一般法人の中で公益認定を受けた法人が公益法人となる。公益法人制度改革後は、非営利法人と営利法人の、大きな二分類が行われるようになったと整理することができる[17]。

16）日本銀行金融研究所・組織形態と法に関する研究会「『組織形態と法に関する研究会』報告書」金融研究22巻4号1頁、15頁、36頁参照。
17）神作・前掲注2）36頁は「会社法および一般法人法の制定により、日本の法人法制は、営利法人と非営利法人の2本立てを基本とすることになった」と指摘している。

二　剰余金・残余財産の分配についての規制

　営利法人と比較した場合の一般法人・公益法人の重要な特徴の一つが、剰余金・残余財産の分配についての規制の存在である。

　剰余金を分配することは、一般法人・公益法人のいずれについても禁じられている（一般法人法11条2項、35条3項、153条3項2号）。

　これに対して、残余財産の分配については、一般法人と公益法人とでその扱いが異なる。公益法人では残余財産を分配することはできないのに対して、一般法人では、次のように一定の場合には残余財産を分配することが可能である。

　まず、一般社団法人や公益社団法人の社員または一般財団法人や公益財団法人の設立者に剰余金または残余財産の分配を受ける権利を与える旨の定款の定めは効力を有しない旨が規定されている（一般法人法11条2項、153条3項2号）。この規定の理由については、「定款であらかじめ社員または設立者に剰余金または残余財産の分配を受ける権利を付与することについては、社員又は設立者が法人の財産に対する持分を持つことに繋がるおそれがあり、また、利益の分配を目的とする営利法人との区別がつかなくなるため」[18]であると説明される。

　その上で、公益法人については、公益認定を受けるためには、「清算をする場合において残余財産を類似の事業を目的とする他の公益法人若しくは前号イからトまでに掲げる法人〔筆者注：学校法人等〕又は国若しくは地方公共組織に帰属させる旨を定款で定めている」（公益認定法5条18号）ことが要件となるため、残余財産を社員や設立者に分配することは認められないことになる。

　一方で、一般法人については、一般法人法239条1項が「残余財産の帰属は、定款で定めるところによる」と定めているものの、同2項に「前項の規定により残余財産の帰属が定まらないときは、その帰属は、清算法人の社員

---

18) 渋谷幸夫『公益社団法人・公益財団法人・一般社団法人・一般財団法人の機関と運営』761頁（全国公益法人協会・2009年）。新公益法人制度研究会編著『一問一答　公益法人関連三法』31頁、111頁（商事法務・2006年）も参照。

総会又は評議員会の決議によって定める」との規定が置かれている。そのため、定款に残余財産の帰属についての定めがなく、清算法人の社員総会または評議員会の決議によって残余財産を社員や設立者に帰属させる旨の決議がなされれば、その残余財産を社員や設立者に帰属させることが可能である。この点については、「旧中間法人法上の中間法人や各種の協同組合制度のように営利を目的としない法人であっても、構成員に残余財産の帰属を認める法人類型が存在していることからすると、法制上営利を目的としない法人だからという理由のみで、一律に残余財産を社員又は設立者に帰属させることを禁止するという結論を導くことは困難」であり、「また、一般社団法人又は一般財団法人は、法人格を取得して様々な活動をしようとする人々のニーズの実現を目指すことを趣旨とする制度であるから、例えば、社員から集めた会費や設立者が拠出した財産を用いて、もっぱら対内的事業を行う法人が解散した場合など、その残余財産を社員や設立者に帰属させることが適しているケースも存在すると考えられる」ため、「一般法人法においては、残余財産の帰属に関する社員総会又は評議員会の決議については、特段の制限は設けられていない」と説明されている[19]。

このように、公益法人においては残余財産を分配することができないのに対して、一般法人については残余財産を分配することが可能である場合がある。但し、一般法人についても、残余財産を社員や設立者に分配することを定款で予め定めておくことはできないことから、一般法人の社員や設立者の地位の譲渡可能性はない点で、営利法人の株主とは異なる[20]。

第二款　ガバナンスの仕組み

公益法人制度改革の結果、一般法人・公益法人の両者について、会社法をモデルとした法人内部の自律的なガバナンスの仕組みが採用され（一）、こ

---

19) 渋谷・前掲注18）762頁。
20) 落合・前掲注2）17頁は、「新しい法人制度においては、定款において利益の分配を社員にする定めがないことが、非営利法人の非営利の意味であるということになる」と整理している。

れに加えて、二階建ての二階部分である公益法人については、「行政庁」による監督が行われることになった（二）。

一　内部の自律的なガバナンスの強化・拡充

改正前民法に基づく公益法人については、理事等の役員個人の責任についての直接的な定めは置かれていなかった。これに対して、一般法人法においては、役員の責任について、会社法の取締役の責任の規定と同様の明文の規定が置かれた。

理事の責任は次のように規定される。株式会社の役員の場合と同様に、一般法人・公益法人の役員と法人との関係は「委任に関する規定に従う」こととされており（一般法人法64条、172条1項。会社法330条、402条3項参照）、民法の委任に関する規定に従って、役員は「善良な管理者の注意義務」を負う（民法644条）。更に、やはり株式会社の役員の場合と同様に、一般法人法は「一般社団法人の理事は法令及び定款並びに社員総会の決議を遵守し一般社団法人のため忠実にその職務を行わなければならない」との規定を置いている（一般法人法83条、197条。会社法355条、419条2項参照）[21]。役員がその任務を怠ったときは法人に対して損害を賠償する責任を負う旨についても、明文の規定が設けられた（一般法人法111条、198条。会社法423条1項参照）。また、役員の第三者に対する責任も規定された（一般法人法117条、198条。会社法429条参照）。

更に、社員が置かれている一般社団法人・公益社団法人については、責任追及方法として、会社法の株主代表訴訟をモデルとして、社員による「責任追及の訴え」の制度が設けられた（一般法人法278条以下。以下、「社員代表訴訟」という。会社法847条参照）[22]。この社員代表訴訟は、社員1名でも訴えの提起ができる仕組みであることが特徴的である[23]。

---

21) 善管注意義務と忠実義務との関係について、最高裁判例は株式会社における取締役の忠実義務について、善管注意義務と別個の義務を規定したものではないと判示しており (最判昭和45年6月24日民集24巻6号625頁)、一般社団法人についても同様の解釈がとられるのではないかとの指摘がされている (鳥飼重和編著『新公益法人制度における公益認定と役員の責任』178頁 (商事法務・2009年))。

このように、一般法人と公益法人の両方に適用される一般法人法において、会社法をモデルとして、役員の責任について明文の規定が設けられ、社員代表訴訟の制度が導入された。

二 「行政庁」による監督

以上の法人内部の自律的なガバナンスの制度に加え、公益認定を受けた公益法人については、公益認定法に基づき「行政庁」による監督が行われる（公益認定法27条以下）[24]。

「行政庁」は、公益法人に対して必要な報告を求め、立ち入りや検査を行うことができる（公益認定法27条）。そして、「行政庁」が、公益法人が公益認定の基準に適合しなくなったこと等を疑うに足りる相当な理由がある場合には、必要な措置をとるべきことを勧告・命令することができる（同法28条）。そして、一定の要件を満たす場合には、「行政庁」は公益認定を取り消すことができ（同法29条2項）、また、公益認定を取り消す義務を負う（同法29条1項）。

---

22) 鳥飼・前掲注21) 170頁。
23) 鳥飼・前掲注21) 174頁。
24) なお、一般法人については公益を目的としていても「行政庁」による監督は行われない。この点については、一般法人については設立準則主義により容易に設立を認め、公的機関による監督の負担からも免除することによって、民間非営利部門による活動を活発化させるという政策目的によるものと理解することになろう。実際に、公益認定の審査や条件が厳格であることや、公益法人となった場合の管理が煩雑であること(雨宮・前掲注14) 19頁参照)等から、公益を目的とする法人であっても、公的機関による監督を受けない一般法人として設立・維持される場合があることが考えられる。

第二節
問題の設定──営利法人と非営利法人の役員の信認義務の比較考察

　以上の日本法の現状を踏まえ、本稿における問題を具体的に設定しておく。本稿は非営利法人の役員が負う信認義務を、営利法人の役員が負う信認義務との比較の視点から分析するものであり、具体的には、①信認義務の内容と②そのエンフォースメントの方法についてそれぞれ検討する[25]。

第一款　分析の視点

一　本稿で分析の対象とする非営利法人

　本稿で分析の対象とする「非営利法人」とは、法人の社員・メンバー（member）や役員等の内部者に対する利益の分配が禁止されている法人を指す[26]。

　一般的に、会社の営利性とは、対外的活動で得た利益を構成員（株主・社員）に分配することであると説明され[27]、非営利法人においても対外活動で利益を得ること自体は禁止されず、禁止されているのは利益を分配することである。

　社員に対する剰余金の分配を行うことができない日本の一般法人・公益法人は、本稿でいうところの「非営利法人」にあたる[28]。特別法に基づく法人

---

25) なお、効率的なエンフォースメントを行うためには情報開示の制度も重要であるが、この点についての検討は他日を期したい。営利法人においては情報開示の対象者の中心は、潜在的な株主を含む投資家であるのに対して、公益を目的とする非営利法人においては、情報開示の主な対象者は非営利法人の寄付者や受益者になりうる公衆一般であるとも考えられる。

26) *See* Hansmann, *supra* note 1, at 838.

27) 落合・前掲注2) 5頁。この他、日本における「営利性」「非営利性」の概念について説明した文献として、神作・前掲注2) 59頁以下、佐久間毅『民法の基礎1 総則〔第3版〕』330頁（有斐閣・2008年）、後藤・前掲注12) 56頁以下も参照。

にも、「非営利法人」にあたるものがある。私立学校法に基づき設立される学校法人[29]や医療法に基づく医療法人[30]も本稿でいう「非営利法人」にあたるが、その役員の信認義務を検討するにあたっては、それぞれの特別法の規定に基づき、一般法人や公益法人とは異なる検討を要する可能性がある。

なお、農業協同組合法等の特別法に基づく「協同組合」については、剰余金の配当が想定されているため、本稿では検討の対象としない[31]。

二　営利法人と非営利法人の構造の違い

本稿では、営利法人と非営利法人は法的構造が異なり、その法的構造の違いは役員の信認義務の内容やそのエンフォースメントの在り方に影響を与える可能性があるのではないかという視点から検討を行う。非営利法人の法的構造については第二章で詳細に検討するが、ここでは検討の方向性を示しておきたい。

(1) 営利法人の場合

営利法人においては、株主が営利法人に対して経済的な利害関係を有する。株主は、営利法人が利益を最大化することを期待しており、役員の行動をモニタリングする一定のインセンティブを有すると考えられる[32]。

---

28) 但し、前述のとおり、一般法人においては解散時に残余財産の分配を行うことができる場合がある。
29) 私立学校法には直接分配を禁止する規定はないが、同法26条1項が「学校法人は、その設置する私立学校の教育に支障のない限り、その収益を私立学校の経営に充てるため、収益を目的とする事業を行うことができる。」と規定していることから、収益を分配することは予定されていないといえよう。
30) 医療法54条は、「医療法人は、剰余金の配当をしてはならない。」と定める。
31) 例えば農業協同組合法52条2項は、剰余金の配当は「組合員の出資組合の事業の利用分量の割合に応じ、又は年八分以内において政令で定める割合を超えない範囲内で払込済みの出資の額に応じてしなければならない」旨を定めている。農業協同組合については、平成21年に、最高裁が農業協同組合の監事が理事の善管注意義務違反を見逃したことの任意懈怠責任について初めて判断する等（最判平成21年11月27日判時2067号136頁）、その役員の義務について分析する必要性が高いが、この点についての検討は他日を期したい。

(2) 非営利法人の場合

これに対して、非営利法人においては利益の分配が禁止されており、その社員の立場は株主の立場とは異なる。更に非営利法人の中でも公益を目的とする法人と共益を目的とする法人とでは、異なる考慮が必要となる。

(i) 公益を目的とする非営利法人の場合

まず、公益を目的とする非営利法人においては、非営利法人に対して実際に資金を提供している寄付者の存在が重要となる。公益を目的とする非営利法人に対して寄付を行っている者は、当該非営利法人の目的に賛同して寄付を行っていると考えられ、自らが提供した資金が当該非営利法人の目的のために適正に使用されることを期待している。そのため、公益を目的とする非営利法人は、当該非営利法人の目的を促進するためにその経営を行うことが期待されている。非営利法人が資金をその目的のために使用することが確保されないのであれば、非営利法人に対して寄付を行うことを考えている潜在的な寄付者が寄付を行うインセンティブは低下してしまうだろう。

これに対して、公益を目的とする非営利法人の社員は、当該非営利法人に対して経済的な利害関係を有しているとは限らない[33]。そのため、公益を目的とする非営利法人の社員は、役員の行動をモニタリングするインセンティブを持つとは限らないと考えられる。

この点については、社員は当該非営利法人の目的に賛同しているからこそ社員になっているのであり、非営利法人の活動を促進することによって精神的な満足感を得るために役員の行動をモニタリングする可能性があるとの指摘が考えられる。しかし、公益を目的とする非営利法人の社員になるための要件の設定は各法人の定款に委ねられていることから（一般法人法11条1項5号、公益認定法5条14号イ参照）、どのような者が社員になっているのかは明らかでなく、社員が当該非営利法人のために金銭や労力を提供する意思を

---

32) 但し、営利法人においても、株式の分散所有の結果として合理的無関心の状況が生じている場合には、エンフォースメントが十分に行われない可能性があることが指摘されている（伊藤靖史ほか『会社法〔第2版（補訂）〕』411頁〔田中亘〕(有斐閣・2012年) 参照）。

33) 仮に、社員になる要件として定款で会費の支払いが定められている場合には (一般法人法11条1項5号参照)、会費を支払って社員になった者の立場は、非営利法人に対して寄付を行った者の立場に類推して理解することができるだろう。

有していることが構造上確保されているわけではない。

以上に加えて、財団法人においてはそもそも社員が存在しない。

(ii) 共益を目的とする非営利法人の場合

非営利法人の中でも、例えば大学の同窓会のように、社員の共益を目的とする非営利法人においては、非営利法人は社員の共通の利益のために運営されるのであり、社員は当該非営利法人から利益の分配以外の形で便益を受けることを期待している。そのため、共益を目的とする非営利法人における社員と法人の関係は、営利法人における株主と法人の関係と類推して理解することができる可能性がある[34]。

(iii) 両者の区別は必ずしも明確でないこと

但し、公益を目的とする非営利法人と共益を目的とする非営利法人は必ずしも明確に区別できるわけではない。第二章で紹介するように、ある論者は、保育施設が非営利法人として組織されるのは、両親が組織をコントロールすることを容易にするためであると説明し、保育施設は子供を預ける両親の共益を目的とする非営利法人であるという前提で議論を行っている[35]。しかし、保育施設は、広く一般に保育サービスを提供するという意味において公益を目的する非営利法人に分類されることが多いと考えられる。

三　営利法人と非営利法人の法的構造の違いが信認義務に影響を与える可能性

以上のような営利法人と非営利法人の法的構造の違い、更には、公益を目的とする非営利法人と共益を目的とする非営利法人の法的構造の違いは、①役員の信認義務の内容や②そのエンフォースメントの方法に影響を与える可能性がある。

第二款　検討課題①――非営利法人の役員の信認義務の内容

本稿での第一の検討課題は、非営利法人の役員の信認義務の内容を営利法

---

34) 第二章第一節第三款参照。
35) 第二章第二節第三款における Ellman の議論を参照。

第二節　問題の設定――営利法人と非営利法人の役員の信認義務の比較考察　15

人の役員の信認義務の内容との比較の視点から明らかにすることである。

　設立準則主義によって一般法人を設立することが可能になったことにより、今後、一般法人の数が増加し、一般法人の役員の責任をめぐる紛争が増加する可能性もある。一般法人を含む非営利法人の役員の信認義務はどのような内容であり、裁判においてはどのような基準を用いて信認義務違反の有無が判断されるのかを検討しておくことが不可欠である。

一　従来の検討の不足

　公益法人制度改革の結果、非営利法人の役員の義務については会社法をモデルとした明文の規定が置かれたが、公益法人制度改革にあたって行政改革担当大臣の下に開催された「公益法人制度改革に関する有識者会議」(以下、「有識者会議」という)においては、非営利法人の役員の負う信認義務の内容が営利法人の役員の負う信認義務の内容と同様であるのか、あるいは異なるのかについては特段関心がもたれなかったようである。役員の責任について、「理事による法人運営が萎縮したり、理事の人材の確保が困難になることを防止する観点から、理事の法人に対する責任制限に関する規定を設ける方向で検討する必要があ」り、「その際、報酬の有無や常勤・非常勤の別に配慮するものとする」[36]ことについては言及されているものの、この他、非営利法人の役員が負うべき信認義務の内容について活発な議論が行われていたとはいえない[37]。

二　非営利法人の役員の信認義務と営利法人の役員の信認義務の内容が異なる可能性

　役員の信認義務の内容を検討するにあたっての問題意識は、社員に対する分配が禁止され、法人の特定の目的の実現をその存在理由とする非営利法人と、営利を目的とする営利法人とでは、その役員の信認義務の内容が異なるのではないかという点にある。

---

36) 有識者会議報告書・前掲注3)　7頁。
37) 公益法人制度改革に関する有識者会議・議事録(以下、「有識者会議議事録」という)第13回参照。

例えば、第五章で検討するように、非営利法人の場合には、営利法人の場合とは異なり、その活動が法人の目的の範囲外でないかどうかが実質的に審査される。そして、法人の目的の範囲外の行為を行った役員は、これによって法人に生じた損害を追及される可能性があることから、この点は非営利法人の役員の信認義務の内容にも影響を与えうる[38]。

　このことは、営利法人と非営利法人の構造の違いからも説明できるように思われる。すなわち、営利法人においては出資者である株主は営利法人が利益を上げ、これを分配することを要求するが、株主は営利法人がどのような方法で利益を上げるのかについては興味を持たないことが多いと考えられる。これに対し、公益を目的とする非営利法人に対して寄付を行う寄付者は、自分が提供した資金が、当該法人の特定の目的を追求するために使用されることを期待するであろう。何をもって「公益」と捉えるかは人によって異なるのであり、捨てられた動物の保護という「公益」の目的のために寄付を行った個人は、その資金が動物を生体解剖することによって医学を発展させるという「公益」の目的のために用いられることを決して望まないのである[39]。非営利法人がその資金を当該法人の特定の目的のために使用することが確保されなければ、非営利法人に対して寄付を行おうとする者のインセンティブが損なわれ、非営利法人に対する資金提供が減少する可能性がある。非営利法人の目的の範囲が実質的に審査される理由は、このような非営利法人の構造からも説明することが可能だろう。

　また、アメリカの学説の中には、非営利法人においてはモニタリングが不十分であることから、役員による自己取引を禁止すべきであると主張する見解もみられる[40]。分配禁止規制に服する非営利法人においては法人に対して経済的な利害関係を持つ社員によるモニタリングが行われない。また、非営利法人に対して寄付を行った者や、非営利法人の活動により利益を受ける受益者も、監督のための法的な手段を有しているわけではない。そこで、不公正な

38）第五章参照。
39）第五章で紹介する Hahnemann 判決（[28]。以下、判決名の後に括弧付きで番号を付す場合には、本稿で当該判決を紹介する際に付している通し番号を指す）参照。
40）第二章第二節第二款と第五章第二節第三款で紹介する Hansmann の見解を参照。

取引が行われる機会を減らすために、役員による自己取引を完全に禁止すべきであるとの主張も行われている。

第三款　検討課題②——非営利法人の役員の信認義務のエンフォースメント

本稿での第二の検討課題は、非営利法人の役員の信認義務のエンフォースメントの在り方を営利法人との比較の視点から分析することである。

一　株主の存在を前提とした自律的なガバナンスは非営利法人においても機能するのか

株主の存在を前提とした営利法人のエンフォースメントの制度を非営利法人にそのまま導入したとしても機能しない可能性がある。

営利法人においては、役員の信認義務違反を追及するためのエンフォースメントの中心は株主代表訴訟である。営利法人における株主は法人に対して経済的な利害関係を有することから、エンフォースメントの権限を与えられれば、これを行使する可能性がある。

これに対して、公益を目的とする非営利法人においては社員が法人に対して経済的な利害関係を有しないことから、非営利法人の社員が役員の行動をモニタリングすることについて営利法人の株主と同様のインセンティブを有するとは限らない。例えば、一般法人法では、会社法の株主代表訴訟をモデルとした社員代表訴訟の制度が設けられたが、剰余金を受け取る権利を持たない一般社団法人・公益社団法人の社員が役員の行動を監督し、社員代表訴訟を提起するインセンティブを有するのかどうかについては疑問が残る[41]。

二　非営利法人の構造を理解した上でエンフォースメントの制度を整備する必要性

非営利法人においては株主の存在を前提としたエンフォースメントの仕組みが機能しない可能性がある以上、非営利法人の法的構造を十分に理解した

---

41) 神作・前掲注2) 43頁参照。他方で、新たな制度が機能することを期待する見解として鳥飼・前掲注21) 172頁参照。

上で、公的機関による監督を含む、他のエンフォースメントの仕組みを整備する必要がある。

(1) 公的機関による監督の位置づけ

まず検討しなければならないのは、公的機関による監督がなぜ必要とされるのか、公的機関による監督はどのような役割を果たすことを期待されているのかという点である。

この点、第六章で紹介するように、アメリカでは公益を目的とする非営利法人（public benefit corporation）については、州の公衆の利益を代表する州の Attorney General（法務総裁。以下、「AG」という）によって監督が行われ、AG は役員の信認義務違反を主張する原告適格を有している。公益を目的とする非営利法人の活動の中心は、一定の人々が目的のために奉仕することであるが、これを通じて非営利法人は社会全体に利益を与えているのであり、そのため、エンフォースメントを行う主体として適切なのは公衆の利益を代表する AG であると考えられたのである[42]。

なお、AG による監督が想定されているのは、原則として、公益を目的とする非営利法人や信託であり、非営利法人の中でも、法人のメンバー（member）の共益を目的とする法人（mutual benefit corporation）については AG の広範な管轄に服させる必要はないと指摘されている[43]。

(2) 社員以外の私人によるエンフォースメントへの期待

この他、公益を目的とする非営利法人においては、実際に資金を提供している寄付者も非営利法人の運営に関心を持っている可能性がある。また、こうした非営利法人の受益者は、提供されるサービスの内容についてよく知る立場にあるとされる。そこで、アメリカの学説の中には非営利法人に対して資金を提供した者や受益者に対して、エンフォースメントの権限を与えるべきであるとの主張も存在する[44]。

42) 第六章参照。
43) 第二章第一節第三款参照。メンバーは日本の「社員」にあたると考えられる。
44) 特に、第二章第二節第二款と第六章第二節第三款で紹介する Hansmann の見解を参照。

第四款　営利法人との比較を行うことの意義と限界

　ここで、非営利法人の役員の信認義務を分析するにあたって営利法人の役員の信認義務と比較するという方法をとることの意義と限界を改めて確認しておきたい。

一　営利法人と非営利法人の比較を行うことの意義

　まず、営利法人と非営利法人が同じく法人形態をとっていることが、両者を比較する上での出発点となる。同じ法人形態をとる営利法人と非営利法人とを比較し、その違いを抽出することによって、互いの特徴を明らかにすることが期待できる[45]。

　先に指摘したように、公益法人制度改革の結果、営利法人と非営利法人の二本立ての仕組みが採用され、非営利法人である一般法人や公益法人の役員の義務について会社法に類似した規定が導入された。非営利法人の役員の義務が営利法人の役員のそれと同じであるのか、また、営利法人の役員を対象としたエンフォースメントの規定が非営利法人においても有効に機能するのかどうかといった点を検討するためにも、非営利法人と営利法人の両者を比較しておくことが不可欠である。

　特に、今日では営利法人が公益目的の活動に対する寄付を行い、他方で非営利法人も収益活動を行う中で、営利法人と非営利法人の実態は接近してきていると評価されることもある[46]。この意味においても、営利法人と非営利法人の役員の信認義務について両者を併せて考察した上で、その共通点と違いを理解する方法をとることは有益であると思われる。

　更に、非営利法人の役員の信認義務そのものについては、これを扱った判例や学説が少ないことから、これまでに多くの判例や先行研究が積み重ねら

45）アメリカにおいては営利法人と非営利法人が「法人法」という一つの法律で規律されることもある。デラウェア州法人法を参照。
46）神作裕之「非営利団体のガバナンス——コーポレート・ガバナンス論との比較を中心に」NBL767号23頁、27頁。

れてきた営利法人の役員の信認義務の分析を土台として、これとの共通点や相違点を探るアプローチをとることが有益であると考える。

二　営利法人と非営利法人の比較を行う手法の限界

但し、営利法人の役員の信認義務と非営利法人の役員の信認義務を比較分析するという手法を採用するにあたっては、この手法の限界を意識しておく必要がある。

両者のうちでは、営利法人の役員の信認義務についての学説・判例の蓄積が多いため、その比較に際しては、営利法人の役員の信認義務の理解を基礎とした上で、非営利法人の役員の信認義務がこれとどのように異なるかを抽出することになる。しかし、ここで注意しなければならないのは、営利法人の役員の信認義務の内容やエンフォースメントの方法が、それ自体として最適であるという前提はないことである。営利法人の役員の信認義務の内容は厳格すぎるかもしれず、逆に、緩やかにすぎるかもしれない。また、営利法人の役員の信認義務のエンフォースメントの制度は強力すぎるかもしれないし、不十分であるかもしれない。そのため、営利法人と非営利法人の両者の比較によって得られる結果は、あくまでも相対的な評価であって、絶対的な評価ではないことに留意する必要がある。

第三節 先行研究

　以上より、本稿での検討課題は、非営利法人の①役員の信認義務の内容と②そのエンフォースメントの在り方について、営利法人との比較の視点から分析することとなるが、この点について、これまで日本ではどのような議論が行われてきたのだろうか。議論の出発点を明らかにするためには、従来の学説において何が指摘され、何が議論されずに来たのかを確認する必要がある。

　1998年の特定非営利活動促進法（NPO法）や2001年の旧中間法人法の施行にみられるように、公益法人制度改革以前にも日本の非営利法人制度は改正を重ねてきており、その背景には非営利法人制度の在り方について論じた先行研究が存在する。非営利法人のガバナンスに着目した論考は多くないものの、2003年の神作裕之の論考[47]と2005年の樋口範雄の論考[48]は、非営利団体のガバナンスを営利法人のそれと比較する視点を提唱しており、本稿はこの問題意識に立って営利法人と非営利法人の役員の信認義務の比較考察を試みるものである。ここでは、先行研究を年代順に紹介するとともに、本稿がこれらの先行研究からどのような示唆を受け、これらの先行研究からどのように議論を発展させようとするものかを明らかにしておきたい[49]。

第一款　能見善久の論考（1997年）

一　能見の指摘

　能見善久は、1997年の論考の中で、社団の社員に利益を分配することを目

---

47) 神作・前掲注46)。
48) 樋口範雄「非営利団体のガバナンス序説──公益信託のガバナンスを論ずる前提として」トラスト60『信託と信託法の広がり』141頁（トラスト60・2005年）。

的とするか否かに基づく「営利・非営利」の基準と、団体の事業内容の性質に基づく「公益に関する」かどうかの基準についての明解な説明を示した上で、これらの基準の関係について論じた[50]。

同論考は、当時の代表的学説について「公益と営利とをいわば同一軸の両端に位置するものとし、その中間に公益でも営利でもない領域がある、と考えているかのようである」と指摘し、公益性と非営利性の関係について再検討する必要性を指摘した[51]。そして、①社団の事業目的のレベルでの「公益に関する」か否かの基準と、②利益分配の有無のレベルでの営利・非営利の基準の二つの軸があると整理した上で、これらの二つの基準の関係について、「次元の異なる二つの基準であることを率直に認め」る理解を提案した[52]。

二　能見の指摘と本稿との関係

能見の指摘は、社員に利益を分配するか否かという「営利・非営利」の基準と、事業目的が「公益に関する」か否かという基準の関係を整理した点において重要である。能見は、二つの基準を区別することによって、「非営利」組織とは利益を分配しない組織を意味することを改めて明らかにし、更に、利益を分配しない組織の中にも、公益を目的とする組織と、互助や共益を目的とする組織が存在することを明確に整理した。

本稿は、能見によって整理された法人の分類を土台として、それぞれの分

---

49) 本文中で触れたもののほか、非営利法人のガバナンスについて扱った論考としては、北秀昭「非営利法人・団体と民事責任(6) コンプライアンスの観点からみた非営利法人の役員の責任のあり方——『会社法制の現代化』や公益法人改革の動向を踏まえて」金融法務事情1724号42頁、木村隆宏「非営利法人のガバナンス」九州国際大学法政論集11巻323頁、川島いづみ「非営利法人・団体と民事責任(1) 構成員による理事者の責任追及と責任軽減——会社法制の現代化の影響」金融法務事情1711号8頁、椿久美子「非営利法人・団体と民事責任(4) 非営利法人・団体における理事の個人責任(上)(下)」金融法務事情1719号44頁、1720号27頁等が挙げられる。

　このほか、所得課税の視点から非営利法人の構造について踏み込んだ分析を行っている論考として藤谷武史「非営利公益団体課税の機能的分析——政策税制の租税法学的考察（一）（二）（三）（四・完）」国家学会雑誌117巻11・12号1頁、118巻1・2号1頁、118巻3・4号38頁、118巻5・6号93頁がある。

50) 能見善久「公益的団体における公益性と非営利性」ジュリスト1105号50頁。
51) 能見・前掲注50) 50頁。
52) 能見・前掲注50) 53頁。

第三節　先行研究　23

類についてのガバナンスの在り方を考察しようとするものである。

第二款　中田裕康の論考（1998年）

一　中田の指摘

中田裕康は、1998年の論考の中で、当時の公益法人制度の問題点を分析した上で、非営利法人制度の在り方について検討を加えている[53]。

同論考は、「主務官庁による監督を緩和する代わりに他の監視手段を強化する方法が考えられる」とし、その際、「公益的事業を遂行させるため」という監視の目的については、「公益法人とそれ以外の非営利法人とを併置するのであれば、純化された公益法人については、この点の監視が引き続き必要になる」と指摘している[54]。

また、代替的な監視方法としては「財産状況及び業務執行についての情報の開示」と「司法的規制の強化」を挙げ、次のように指摘する。「裁判所による事後規制を強化することは、法人の自律性を高めることと矛盾しない。むしろ……行政的規制は……制度の硬直化を招くが、事後規制であれば、そのような副作用が少ないのではなかろうか。司法的規制を実効あらしめるためにも、情報の開示は必要であ」る[55]。

二　中田の指摘と本稿との関係

中田は公益目的の法人と共益目的の法人を区別した上で、前者については「公益的事業を遂行させるため」の監視が必要であることを指摘している。本稿も、この公益と共益の区別に示唆を受け、両者を区別した上で非営利法人のガバナンスを検討していく。但し、中田の論考は、公益目的の法人については、公益的事業を遂行させるための監視が必要になることを指摘しているものの、公益目的の法人と共益目的の法人とで、法人内部のガバナンスが

---

53) 中田裕康「公益法人・中間法人・NPO」ジュリスト1126号53頁。
54) 中田・前掲注53) 58頁。
55) 中田・前掲注53) 58頁。

同様には機能しない可能性があるという点については指摘されていない。共益を目的とする法人においては、社員が営利法人における株主と類似の立場に置かれることから、社員による法人内部の自律的なガバナンスが機能する可能性がある。これに対して、公益を目的とする法人においては、社員が法人に対して利害関係を有しているとは限らないことから、法人内部の自律的なガバナンスが機能しない可能性がある。これを補うためにも、公益を目的とする法人に対しては外部からの監督が必要になる可能性があると考える。

　また、中田の指摘は、事後規制である司法的規制の強化を提案し、裁判所による事後規制は行政的規制に伴う副作用が少ない可能性があることを指摘している点でも示唆に富む。本稿では、この視点に基づく具体的な検討を行い、公的機関等に対して役員の信認義務違反を追及するための原告適格を与える可能性等に言及する[56]。

第三款　神作裕之の論考（2003年）

一　神作の指摘

　神作裕之は、2003年の論考において、非営利団体のガバナンスを営利法人のコーポレート・ガバナンス論との比較の観点から検討する必要性を指摘し[57]、「効率的な経営をめざして行われているコーポレート・ガバナンス論の一部は、商業化・市場化を進めつつある非営利団体にとって直接参考となりえよう」[58]と述べた。

　神作は次のように指摘する。非営利団体の「持分のない社員が業務執行の健全性および効率性を監督する十分なインセンティブを常に有するかどうかは疑わしい〔注省略〕。社員総会が十分に機能しない場合があることを前提に、理事に対するコントロールの在り方を検討すべきである。現に立法者は、公益法人は国家の保護監督の下においてのみ認められる制度であるとの立場

56）第六章参照。
57）神作・前掲注46）23頁。
58）神作・前掲注46）27頁。

をとっており、社員に全幅の信頼を置いてはいなかった〔筆者注：1998年の中田の論考を参照している[59]〕。」[60] また、神作は「非営利法人の理事と会社の取締役の義務が同一かどうかは、慎重な検討を要する」と指摘する[61]。更に、公益法人には積極的に公益活動をする義務がある点に特殊性が認められるとする能見の見解を紹介し[62]、また、アメリカにおいては非営利団体の理事の忠実義務は、そのガバナンスの脆弱さにかんがみ、営利団体の場合よりも厳格であるべきだとの主張が有力になされているとして、第五章において紹介する DeMott の見解を紹介している[63]。

二　神作の指摘と本稿との関係

本稿は、「両者の異同や関係を正確に認識するならば、非営利法人のガバナンス論はコーポレート・ガバナンス論から一定の示唆を得ることができるとともに、それに対し一定の示唆を与えることができると考える」[64] という神作の指摘に示唆を受けて、これを発展させようとするものである。神作は、営利法人と非営利法人のガバナンス論を比較することの有益性を指摘し、非営利法人においては営利法人における株主が存在しないことや、営利法人と非営利法人の役員の義務が異なる可能性、更に、公益法人は国家の保護監督の下においてのみ認められると考えられていたことを指摘している。

神作の論考は、重要な視点を提供しているものの、営利法人と非営利法人の役員の義務の違いについての具体的な検討は行われていないため、本稿ではアメリカにおける立法・判例や学説を素材とした検討と分析を試みる[65]。

---

59) 中田・前掲注53）53-54頁。
60) 神作・前掲注46）30頁。
61) 神作・前掲注46）31頁。
62) 神作・前掲注46）31頁。公益法人協会『21世紀の公益法人と制度のあり方を探る』35頁〔能見善久〕(公益法人協会・2002年)。
63) 神作・前掲注46）31頁。DeMott の主張については第五章第二節第三款を参照。
64) 神作・前掲注46）33頁。
65) 第五章参照。

第四款　樋口範雄の論考（2005年）

一　樋口の指摘

　樋口範雄の2005年の論考[66]は、「営利団体・非営利団体のガバナンスを比較し、非営利団体の健全性と効率性を改善・向上させるための問題点を整理することを目的と」[67]している。

　樋口は、「非営利団体には、営利（利得）というインセンティブがなく、誰が監視のインセンティブを有するか、誰のために監視するのかが明確でない」[68]と指摘し、更に、非営利団体については、健全性・効率性の指標がないことを指摘している[69]。

　その上で樋口は、アメリカの非営利法人法の代表的研究者であるFishmanの論考を紹介する。Fishmanの同論考は、非営利組織のアカウンタビリティの改善のために、新たな規制機関を創設する必要があると主張するものである[70]。樋口の論考は、Fishmanの論考を詳細に紹介することを通じて、アメリカにおいては税法上も非営利団体のアカウンタビリティを支える法制度があることや[71]、公益を目的とする団体に対してはAGが監督権限を有すること等、アメリカの非営利団体を規制する制度の概要についても紹介している[72]。

二　樋口の指摘と本稿との関係

　樋口は、非営利団体においては誰が監視のインセンティブを有するのか、

---

66)　樋口・前掲注48)。
67)　樋口・前掲注48)　144頁。
68)　樋口・前掲注48)　148頁。
69)　樋口・前掲注48)　148頁。
70)　James J. Fishman, *Improving Charitable Accountability*, 62 MD. L. REV. 218 (2003).
71)　Internal Revenue Code（内国歳入法）§4958を参照。非営利法人をめぐる税制については第四章第六節で紹介する。
72)　樋口・前掲注48)。

第三節　先行研究

誰のために監視するのかが明確でなく、また、健全性・効率性の指標がないという、非営利団体のガバナンスを営利団体のガバナンスと比較する際に欠くことのできない視点を提示している。特に前者の指摘は、本稿において非営利法人のエンフォースメントの在り方を分析するにあたっての問題意識を提供している。本稿では、社員・メンバーによるエンフォースメントが機能しない可能性のある非営利法人について、公的機関や寄付者等によるエンフォースメントの可能性を探っていく。

但し、樋口の論考の重点は、問題点や視点を提供し、Fishman の論考を紹介することに置かれ、アメリカにおける個別の判例において役員の信認義務がどのように理解されてきたかという点や、公益目的の法人と共益目的の法人との区別等に踏み込んだ検討は行われていない。本稿は、樋口が提示した問題意識に基づいてアメリカ法を素材とした具体的な検討を行い、日本法への示唆を探ることを目的とする。

第五款　落合誠一の論考（2007年）

一　落合の指摘

落合誠一は、「会社の営利性について」と題した2007年の論考において、「構成員への利益の分配が、ある場合と、ない場合とでは、構成員と組織との関係が全く異なる状況になる」[73]と指摘する。具体的には、「利益の分配がある組織の場合は……その構成員は、そのリターンがより多くなるべく組織が対外的営利事業をより一層発展させることを望む」一方で、「対外的営利事業は行うが、それにより得た利益は、すべて、例えば、慈善事業にあてるような組織の場合には……構成員にとっては、むしろ精神的な満足を得ることにこそ主眼があるものと思われる」と説明する[74]。そして、同論考は次のように主張する。「わが国の法政策としては、対外的営利事業から得た利

---

73) 落合・前掲注2) 22頁。
74) 落合・前掲注2) 22頁。

28　第一章　日本法の現状と問題の設定

益を構成員に分配する団体と、その利益を分配しない団体とは、それぞれの団体目的がよりよく発揮できるような、したがって、それぞれにふさわしい規律を有する別個の法ルールが用意されるべきである。またその趣旨が明らかでない立法においても、その解釈は、その利害状況の相違を考慮して、そのそれぞれの趣旨をより適切に実現する方向での解釈をすべきである。」[75]

二　落合の指摘と本稿との関係

　落合は、営利法人と非営利法人とでは、その構成員の利害状況が異なることを指摘し、それぞれの組織の目的をより発揮できるような別々のルールを採用することが適当であると主張する。この指摘は、必ずしも役員の信認義務を直接念頭においたものではないが、営利法人と非営利法人とでは構成員の利害状況や組織の目的が異なるという点は、役員の信認義務の内容やそのエンフォースメントの在り方を検討する際にも大きな影響を与える可能性があると考える。

第六款　山田誠一の論考（2007年）

一　山田の指摘

　山田誠一は、2007年の論考において、一般法人に対しては公的機関による監督が行われないことに着目した上で[76]、次のように指摘する。一般法人において「適切に管理運営が行われるためには、その自律性が重要となる。不正行為を防止するとともに、目的にかなった活動が行われることを促進するために、どのような仕組みを設けるかが課題となる」[77]。そして、公的機関による監督にかわるものとして、「理事の責任の強化（忠実義務など）、監査制度の充実、社員の監督権限の強化（帳簿閲覧請求権や代表訴訟）、情報公開と市民自身による関与」[78]についての検討が必要であると指摘されていたこ

---

75) 落合・前掲注2) 22-23頁。
76) 山田誠一「一般社団・財団法人法におけるガバナンス」ジュリスト1328号20頁、20-21頁。
77) 山田・前掲注76) 21頁。

とを紹介している[79]。

二　山田の指摘と本稿との関係

　山田は一般法人に対しては公的機関による監督が想定されていないことから、法人内部の自律的なガバナンスが重要となることを指摘している。この指摘は、公的機関による監督と法人内部の自律的なガバナンスとを関連づけて検討している点において特に示唆に富む。本稿は、非営利法人のガバナンスを検討する際には、法人内部の自律的なガバナンスと公的機関による監督の両者を視野に入れて検討する必要があり、一方が機能しない場合には他方を拡充する必要があるとの視点に立ち、検討を進める。

第七款　小括

　従来の論考は、神作の論考と樋口の論考を中心に、営利法人と非営利法人の役員の信認義務を比較考察することが有益であるという課題を提示してきたものの、信認義務の内容や、そのエンフォースメントの在り方についての具体的な検討はほとんど行われてこなかった。本稿はアメリカの法令・判例・学説を素材として、先行研究が提示してきた課題に応える形で具体的な分析を試みるものである。

---

78) 四宮和夫＝能見善久『民法総則〔第7版〕』102頁（弘文堂・2005年）。
79) 山田・前掲注76) 21頁。

第四節
分析の方法——アメリカ法との比較法的考察

　非営利法人の役員の信認義務の内容とそのエンフォースメントを課題として検討するにあたっては、非営利セクターが果たす役割が大きく、非営利法人についての豊富な論考が存在するアメリカ法を参照する。特に以下の理由から、アメリカ法を検討することが不可欠である。

第一款　営利法人と非営利法人の法的構造の違いに関する議論

　非営利法人は、剰余金の分配が禁止される点において営利法人とその法的構造が大きく異なる。
　この点について、アメリカでは、Hansmann の理論を中心として、非営利法人が剰余金の分配を禁止されていることをどのように理解するのかについての基礎理論が存在する[80]。営利法人と非営利法人の法的構造の違いが役員の信認義務の内容やエンフォースメントの在り方にも影響を与える可能性があることを検討する本稿においては、これらの基礎理論を理解しておくことが不可欠である。

第二款　信認義務の内容について——制定法・判例・学説の存在

　信認義務の内容についても、アメリカ法には参考となる制定法・判例・学説が存在する。
　アメリカの非営利法人についてのモデル法・制定法は、近年では営利法人法をモデルとして発展していると指摘される。しかし、中には非営利法人法に特徴的な規定を置く州もある。例えば、カリフォルニア州非営利法人法

---

80)　第二章第二節参照。

（カリフォルニア州非営利法人法は、条文の構造上はカリフォルニア州法人法（California Corporations Code）の一部（§5000以下）であるが、本稿では「カリフォルニア州非営利法人法」と表記する）は、公益を目的とする非営利法人の役員の自己取引について営利法人の場合よりも厳格な規定を設け、また、非営利法人を通じた公益活動を促進するという政策的な観点から、非営利法人の報酬を受けていない役員の責任を限定する内容の規定を設けている[81]。

アメリカの判例の検討からは、非営利法人の役員の注意義務や忠実義務の違反の有無を判断するのに際しては、今日では営利法人と同様の基準を用いる場合が多くみられることがうかがえる。しかしその一方で、非営利法人においては、法人の目的が役員の信認義務の内容に大きな影響を与える可能性がある。すなわち、非営利法人においては、営利法人の場合とは異なり、法人の目的の範囲が実質的に審査されており、法人の目的の範囲外の行為を行った役員はその責任を追及される可能性がある[82]。

更に、非営利法人の役員の信認義務の内容をめぐるアメリカの学説は、役員の信認義務の内容を厳格に解すべき理由、あるいは緩やかに解すべき理由をそれぞれ示している[83]。

第三款　信認義務のエンフォースメントについて——Attorney General によるエンフォースメントの仕組み

アメリカでは州の公衆の利益を代表する AG が公益を目的とする非営利法人についてのエンフォースメントの中心と位置づけられており、AG は公益を目的とする非営利法人の役員の信認義務の違反を追及する原告適格を有する。但し、AG によるエンフォースメントは不十分であるとの批判もみられ、学説ではエンフォースメントを拡充させるための様々な提案も行われている[84]。

---

81) 第四章第二節第三款参照。
82) 第五章参照。
83) 第五章第二節参照。
84) 第六章参照。

第五節
検討の順序

　以下、第二章から第六章において、アメリカ法を参照する。
　まず第二章では、アメリカの非営利法人についての基礎的な検討を行う。具体的には、非営利法人の法的構造についての理論（第二章第二節）と非営利法人の歴史（第二章第三節）を検討する。これらの検討は、第三章以下で非営利法人と営利法人を比較考察する上での視点を提供するものである。続く第三章では、非営利法人の役員の信認義務を検討する前提として、営利法人の役員の信認義務と信託の受託者の信認義務について検討する。ここで営利法人の役員の信認義務についてだけではなく信託の受託者の信認義務についても検討するのは、第二章で紹介するように、アメリカの非営利法人法は営利法人法と信託法の両方の影響を受けて発展してきたとされるためであり、また、第五章で紹介する非営利法人の役員の信認義務を扱う判例の中には、営利法人法の基準を適用したものの他に、信託法の基準を適用したものもみられるためである。
　第四章から第六章では、非営利法人の役員の信認義務についての具体的な検討を行う。まず第四章では、非営利法人に関する法令を検討する。その後、第五章では非営利法人の役員の信認義務の内容について、判例と学説を中心に検討し、営利法人の役員の信認義務との比較の視点からの分析を行う。第六章では、非営利法人の役員の信認義務をエンフォースするための制度を検討する。
　以上のアメリカ法の検討を踏まえ、最後に第七章で日本法への示唆を探る。本章で設定した問題に対応する形で、非営利法人の役員の信認義務の内容（第七章第三節）と、そのエンフォースメントの方法（第七章第四節）について、それぞれ考察を加える。

第二章

アメリカの非営利法人に
ついての基礎的考察

序

　本章では、アメリカの非営利法人についての基礎的考察を行う。
　第一節では、非営利法人を定義づける分配禁止規制を紹介し、本稿での検討対象を明確にする。
　その上で、第二節では、非営利法人が分配禁止規制に服することに関連する非営利法人の法的構造の特徴を示す。特に非営利法人のうち公益を目的とする法人について、法人に対して経済的な利害関係を有するメンバーがいないこと、法人に対して資金を提供しているのは寄付者であること、法人の活動により利益を受ける受益者は不特定多数の公衆であることは、役員の信認義務の内容やそのエンフォースメントの方法に影響を与える可能性がある。
　第三節ではアメリカにおける非営利法人の歴史を検討する。ここでは非営利法人と慈善信託（charitable trust）、営利法人との関係を明らかにすることを目的とする。アメリカの非営利法人法は、法人法と信託法のハイブリッドとして形成されてきたと指摘される。アメリカにおける制定法の発展や、判例が適用してきた信認義務の基準を理解する前提として、非営利法人法が、慈善信託法や営利法人法との関係でどのように形成されてきたのかを理解することが不可欠である。

第一節　アメリカにおける非営利法人

第一款　アメリカにおける非営利法人の位置づけ

　非営利組織は、アメリカ経済の重要な部分を占めるようになっている。1,500万を超える非営利組織が存在し、非営利組織は8,600万人の労働者を雇用し、年間7,000億ドル近くの利益を上げ、5,480億ドルの運営経費を抱え、これはアメリカの国内総生産の7.5％に匹敵すると指摘されている。非営利組織の数は急激に増加し、Internal Revenue Code（内国歳入法。以下、「IRC」という）§501(c)(3)の下で免税されている非営利組織は1989年から1998年の間に58.2％増加した。この増加率は、営利法人のそれをはるかに上回るとされる[1]。

　なお、非営利組織の法形態の中には、法人として設立されていない団体や信託（trust）の形態をとるものもあるが、本稿では法人として設立されている（incorporated）非営利法人を中心に検討する。

　非営利法人によって運営されている事業のうち代表的な分野としては、病院等のヘルスケア事業、学校等の教育事業、美術館等の芸術事業等が挙げられる[2]。この他、非営利法人によって運営されている事業としては宗教組織や主義主張を持った組織等も挙げられる[3]が、こうした組織については信教の自由や表現の自由といった要素の分析が必要となることから、営利法人と非営利法人の基礎的な比較を試みる本稿においては直接の検討対象とはしない。

---

1) Denise Ping Lee, *The Business Judgment Rule: Should It Protect Nonprofit Directors?*, 103 COLUM. L. REV. 925, 928-929 (2003).
2) DANIEL L. KURTZ, BOARD LIABILITY: GUIDE FOR NONPROFIT DIRECTORS, preface x (1988).
3) *Id.* at preface xi.

第二款　「非営利」の定義——分配禁止規制

一　分配禁止規制（nondistribution constraint）

　アメリカ法において非営利組織とは、純利益（net earnings）を、そのメンバー（member）[4]、役員（officer）、取締役（director）、受託者（trustee）等、非営利法人をコントロールする者に対して分配することが禁止される組織である[5]。Hansmannはこの規制を「分配禁止規制（nondistribution constraint）」と呼ぶ[6]。非営利組織のほとんどは法人化されており、その場合にはその法人の基本定款（charter）を受ける前提として、明示的または黙示的に分配禁止規制が課されている[7]。分配禁止規制の結果、非営利法人においては法人に所有者としての利害関係を有している者はいないと説明される[8]。但し、後述するように、メンバーの共益を目的とするmutual benefit corporation（訳出すると「共

---

[4]　非営利法人におけるメンバー(member)とは、営利法人における株主にあたる立場であり、役員の選任等についての議決権を有する。ただし、本節第三款において指摘するように、非営利法人は必ずしもメンバーを有する必要はなく、公益を目的とする非営利法人(pubic benefit corporation)においてはメンバーがいない場合がほとんどである。なお、本節第六款において述べるように、アメリカにおいては、日本の「一般財団法人」や「公益財団法人」における「財団法人」にあたる固有の法的な概念はなく、非営利法人の中にメンバーがいる法人といない法人があるという区別にとどまる。税法上は、第四章第六節において紹介するように、「private foundation」という法的な分類が存在する。

[5]　Henry B. Hansmann, *The Role of Nonprofit Enterprise*, 89 YALE L. J. 835, 838 (1980) (以下、「Hansmann (1980)」という)。
　　American Bar Association (アメリカ法律家協会) の1964年のModel Nonprofit Corporation Act (モデル非営利法人法) では、非営利法人は、「その収入や利益がそのメンバー、取締役、または役員に配当として分配されない会社」と定義された。但し、1987年のRevised Model Nonprofit Corporation Act (改訂モデル非営利法人法) では定義は設けられていない (*See* Howard L. Oleck, *Mixture of Profit and Nonprofit Corporation Purposes and Operations*, 16 N. KY. L. REV. 225, 226-227 (1988))。

[6]　Hansmann (1980), *supra* note 5, at 838.
　　なお、Kurtzは、nonprofitの二つの特徴として、分配禁止規制の他に、「使命(mission)」を有することを挙げている (KURTZ, *supra* note 2, at 3)。

[7]　Hansmann (1980), *supra* note 5, at 838.

[8]　KURTZ, *supra* note 2, at 4.

益法人」となるが、以下、原語のまま表記する）も通常は非営利法人に含めて考えられており、mutual benefit corporation においては、法人の運営中に利益の分配を行うことはできないが、解散時に残余財産を分配することは可能であるため、メンバーが法人に対して経済的な利害関係を有している場合がある[9]。

なお、非営利組織において禁止されているのは利益を「分配」することだけであり、非営利組織が利益を上げること自体は禁止されていない[10]。

二　非営利組織と区別すべき形態の組織——cooperative

非営利組織と区別すべき形態の組織として、cooperative（訳出すると「協同組合」となるが[11]、日本の協同組合と区別するため、以下、原語のまま表記する）が挙げられる。cooperative は通常、各州の協同組合法人についての制定法（cooperative corporation statutes）に基づいて設立され、分配禁止規制に服さないため、非営利組織とは区別される[12]。

第三款　非営利法人の分類

非営利法人を分類するためにいくつかの分類方法が用いられる。ここでは、その目的が「public benefit（公益）」か「mutual benefit（共益）」かという違いによる分類と、主な資金調達の方法が「donative（寄付による）」か「commercial（事業による）」かという違いによる分類を扱う。

---

9) 本節第三款参照。
10) JAMES J. FISHMAN & STEPHEN SCHWARZ, NONPROFIT ORGANIZATIONS 67-68 (4th ed., 2010).
　　Miami Retreat Foundation v. Ervin, 62 So.2d 748, 751-752 (Fla. 1952) において、裁判所は「〔非営利法人の〕運営から利益が生じることは、その利益がその法人が組織された慈善目的に使用される限り、非営利のための法人の性質となんら矛盾するものではない」と判示した (*See* Bennet B. Harvey, Jr., *The Public-Spirited Defendant and Others: Liability of Directors and Officers of Not-For-Profit Corporations*, 17 J. MARSHALL L. REV. 665, 722 (1984)).
　　なお、Oleck, *supra* note 5 は、非営利法人が収益活動を行い、逆に営利法人が社会的責任のための活動を行っていることを指摘した上で、営利目的の組織が課税免除等の利益を享受するために非営利法人の形態を利用することの危険性を指摘した論文である。
11) 田中英夫編集代表『英米法辞典』198頁（東京大学出版会・1991年）参照。
12) Hansmann (1980), *supra* note 5, at 842.

一　public benefit（公益）と mutual benefit（共益）

　非営利法人の分類方法の一つは目的が「public benefit（公益）」か「mutual benefit（共益）」かによって区別するものである[13]。この二つの概念は、1980年に施行されたカリフォルニア州非営利法人法で採用され[14]、1987年の American Bar Association（アメリカ法律家協会。以下、「ABA」という）の Revised Model Nonprofit Corporation Act（改訂モデル非営利法人法。以下、「RMNCA」という）でも採用された[15]が、2008年の Model Nonprofit Corporation Act（Third Edition）（第三版モデル非営利法人法。以下、「第三版MNCA」という）では採用されなかった[16]。

(1)　public benefit corporation

　public benefit corporation（訳出すると「公益法人」となるが、日本の公益法人と区別するため、以下、原語のまま表記する）は、公共のための（public）目的、または慈善の（charitable）目的のために設立される。典型的な例としては美術館や図書館、学校が挙げられる[17]。

　public benefit corporation においてはメンバーがいないことがほとんどであり、取締役会自身が後任の取締役を選ぶ（self-perpetuating）取締役会によって運営されている[18]。

　メンバーがいる場合にも、メンバーは public benefit corporation に対して経済的な利害関係を持たず、メンバーや取締役に対しては分配や配当は行われ

---

13) これに類似するが異なる分類方法として、Hansmann は「パトロン」（「パトロン」とは Hansmann が使用する概念であり、収入の多くを寄付に依存する非営利組織においては寄付者を、収入の多くを商取引に依存する非営利組織においては利用者を指す。本章第二節第二款参照）のコントロールを受ける非営利組織を「mutual（共益の）」、「パトロン」のコントロールをほとんど受けない非営利組織を「entrepreneurial（起業家の）」と分類している（*Id.* at 841）。
14) 第四章第二節第三款参照。
15) RMNCA§1.40 (23) (28). 第四章第一節第二款参照。
16) 第四章第一節第三款参照。
17) Lee, *supra* note 1, at 932.
18) Fishman & Schwarz, *supra* note 10, at 58.

ない[19]。解散の際にも、残余財産は、慈善目的等のために移転される必要がある[20]。public benefit corporation のメンバーシップ（membership）は譲渡することができず、public benefit corporation 自らが買い取ることもできない[21]。以上より、public benefit corporation のメンバーは持分を有さないといえる。

　一般的に、public benefit corporation は、mutual benefit corporation より厳しく規制されており、public benefit corporation に対しては、各州は AG（Attorney General）を通じてその監督権限を行使する[22]。解散の際には、残余財産を慈善目的等のために移転する計画が AG に通知され、計画は承認を得るために裁判所に対して提出されるが、AG の資源の不足から、その審査は表面的なものであると指摘されている[23]。

(2) mutual benefit corporation

　これに対して、mutual benefit corporation は、メンバーの利益追求の目的のために形成される。mutual benefit corporation は、主としてメンバーへのサービスの提供のために構成され、料金をとって、そのメンバーにサービスを提供する[24]。例としては、カントリークラブやトレードユニオン、共済組織（fraternal organization）が挙げられる[25]。

　mutual benefit corporation においてはその解散の時に限って、メンバーや取締役に対して残余財産の分配を行うことができる[26]。また、そのメンバーシップは、mutual benefit corporation 自身または第三者に対して譲渡することができる[27]。mutual benefit corporation の解散に際しては、債権者に対して支

---

19) Oleck, *supra* note 5, at 227.
20) James J. Fishman, *Checkpoints on the Conversion Highway: Some Trouble Spots in the Conversion of Nonprofit Health Care Organizations to For-Profit Status*, 23 J. CORP. L. 701, 705 (1998)（以下、「Fishman (1998)」という）。
21) FISHMAN & SCHWARZ, *supra* note 10, at 57.
22) *Id.* at 58.
23) Fishman (1998), *supra* note 20, at 705-706.
24) Lee, *supra* note 1, at 931. *See also* Geoffrey A. Manne, *Agency Costs and the Oversight of Charitable Organizations*, 1999 WIS. L. REV. 227, 242 (1999).
25) Oleck, *supra* note 5, at 227.
26) *Id.* at 227.
27) FISHMAN & SCHWARZ, *supra* note 10, at 58.

払いをした残りの資産は、通常はメンバーに分配される[28]。この意味で、mutual benefit corporation のメンバーは、mutual benefit corporation に対して経済的な利害関係を有する場合がある[29]。

また、mutual benefit corporation のメンバーは、その経済的な利益その他の利益を守るために、付属定款（bylaws）[30]の修正についての広範な投票権を有している。また、法人の運営方法に不満があれば、新しい取締役を選任し、またはメンバーとしての地位を守るために、その他の行動をとることができる。mutual benefit corporation においてはそのメンバーが営利法人における株主とほぼ同等な力を形成するため、mutual benefit corporation の活動に対しては public benefit corporation の場合と異なり、州の権限を行使する AG に広範な管轄を与える必要はほとんどないと指摘されている[31]。

こうした点を踏まえて、mutual benefit corporation に対するメンバーの関係と株主の営利法人に対する関係との類似性を指摘する見解もある。Manne は次のように指摘する。〔mutual benefit corporation においては〕「メンバーの組織に対する関係は、株主の営利法人に対するそれとさほどかわらない（not unlike）。いずれも経済的な出資（stake）と引き換えに組織から直接の利益を享受する。多くの場合には、メンバーは株主と同様に取締役会のメンバーを選出する権利を有する」[32]。

(3) public benefit corporation と mutual benefit corporation の整理

このように、public benefit corporation と mutual benefit corporation は、第一に、その目的が公益目的であるか共益目的であるかという点で異なり、第二に、両者とも法人の運営が継続している間はメンバー等に剰余金を分配でき

---

28) Fishman (1998), *supra* note 20, at 706.
29) *See* Fishman & Schwarz, *supra* note 10, at 58.
30) アメリカの法人は、一般的に基本定款 (charter または articles of incorporation) と付属定款 (bylaws) の二種類の定款を有している (カーティス・J・ミルハウプト編『米国会社法』33頁 (有斐閣・2009年) 参照)。
31) Fishman & Schwarz, *supra* note 10, at 58.
32) Manne, *supra* note 24, at 242. このほか、Lee, *supra* note 1, at 931 n.39 も、mutual benefit corporation と営利法人との類似性を指摘している。

ないという分配禁止規制に服するが、public benefit corporation においては解散時においてもメンバーに残余財産を分配することはできないのに対し、mutual benefit corporation においては解散時にはメンバーに残余財産を分配することができるという違いがある[33]。

二　資金調達の方法——donative（寄付による）と commercial（事業による）

　非営利法人を分類するもう一つの基準として、その主要な収入を寄付に頼っているか、あるいはサービスに対する対価として得ているかという基準が挙げられる。前者の具体例としてはアメリカの非営利法人である Salvation Army や American Red Cross、CARE が挙げられ、後者の例としては、介護施設（nursing home）や病院、American Automobile Association が挙げられる[34]。

第四款　非営利法人の目的

　非営利法人は、どのような目的の下で設立することができるのだろうか。
　かつて、非営利法人に関するほとんどの法律は、非営利法人を設立することができる目的を限定しており[35]、その目的の限定という制約が非営利法人をその他の法人から区別可能なものとしていた。しかし、その後、法は設立の目的を限定する規制から離れ、その活動が非営利法人という構成にふさわしいと考えているあらゆるグループによって非営利の形態が使用されることを認めるアプローチをとるようになったとされる[36]。

---

33) 日本の一般社団法人や一般財団法人においては、定款に残余財産の分配方法が定められていない場合には、清算法人の社員総会や評議員会の決議で残余財産を社員や設立者に分配することは可能である(第一章第一節第一款参照)。しかし、あらかじめ定款で残余財産を社員や設立者に分配することを定めておくことはできないため、アメリカの mutual benefit corporation とは異なる。立法論としては、日本においてもアメリカの mutual benefit corporation のような類型を創設することも考えられるが(神作裕之「一般社団法人と会社——営利性と非営利性」ジュリスト1328号36頁、60頁参照)、本稿では現在の制度を前提として検討を行う。

34) Lee, *supra* note 1, at 932. *See also* Hansmann (1980), *supra* note 5, at 840.

35) FISHMAN & SCHWARZ, *supra* note 10, at 63.

第一節　アメリカにおける非営利法人　43

一　従来の非営利法人の目的の制限

　かつて、少なくとも22の州において、そしてニューヨーク州では1993年まで、裁判官、州のAG、州務長官（the secretary of state）、知事といった州の役人が、法人になろうとする非営利組織の基本定款（charter）を審査し、法人となることを拒否する大幅な裁量を有していた。この権限はしばしば州の方針に反する組織が法人となることを拒否するために用いられたが、法人となることが認められない本当の理由は、その組織が関係者の感情を害したためである場合も多かったとも指摘される。非営利法人となるための審査は営利法人となるための審査よりも厳しかったとの指摘もみられる[37]。

　このように、州の役人の裁量が大きかったとはいえ、非営利法人を設立することのできる目的の範囲はどのように考えられていたのだろうか。

　1951年のColumbia Law Reviewの論考（以下、「Columbia note」という）は次のように指摘する[38]。非営利法人を設立することのできる目的については、州ごとにかなりの違いがあるが、これらの目的の範囲を設定するに際して用いられるアプローチは二つだけである。一つはその組織が行う活動に依拠するアプローチであり、「機能的な（functional）」アプローチと呼ぶことができる。もう一つはその組織とメンバーとの経済的な関係に依拠するものであり、「経済的な（economic）」アプローチと呼ぶことができる。これらのアプローチは、法人の設立を認める州法や、その州法を適用している判例の中にみることができる。

---

36) Ira Mark Ellman, *Another Theory of Nonprofit Corporations*, 80 MICH. L. REV. 999, 1004-1005 (1982). Henry B. Hansmann, *Reforming Nonprofit Corporation Law*, 129 U. PA. L. REV. 497, 509-510 (1981)（以下、「Hansmann (1981)」という）、FISHMAN & SCHWARZ, *supra* note 10, at 65 も参照。

37) Norman I. Silber, *A Corporate Form of Freedom* 24 (WESTVIEW PRESS, 2001). FISHMAN & SCHWARZ, *supra* note 10, at 64.

38) Note, *Permissible Purposes for Nonprofit Corporations*, 51 COLUM. L. REV. 889, 890 (1951)（以下、「Columbia note」という）。なお、Note, 17 VAND. L. REV. 336, 338 (1963)（以下、「Vanderbilt note」という）は、機能的なアプローチには、非営利法人に認められる目的について正当化できない漏れが生じることや、社会が変化する可能性があること、州ごとに定義が異なってしまうことといった欠点があることを指摘し、経済的なアプローチに基づく定義のほうが優れていると主張した。

(1) 機能的なアプローチ

1951年にColumbia noteが公表された当時、機能的なアプローチをとっていた州は26州あり、これらの州で認められる約50種類の目的のほとんどは、次の9つに分類することができた。すなわち、①慈善の (benevolent and charitable)、②社会的な (social)、③娯楽の (recreational)、④取引及び専門家の (trade and professional)、⑤教育の (educational)、⑥文化の (cultural)、⑦市民の (civic)、⑧宗教の (religious)、そして⑨科学の (scientific) 目的である。ただし、このような一般的な用語を用いて非営利法人に認められる目的を定義した州はほとんどなかったとされる[39]。

州法自体は組織の目的が合法的であって金銭的な所得や利益を含まないことのみを要求している場合であっても、時には裁判所が、特定の分野は非営利法人にとって「それ自体で (per se)」不適切であるとして機能的なアプローチを採用することもあったとされる[40]。Columbia noteは、こうした判例は判旨を正当化する努力をしていないが、こうした立場は、そのような非営利法人は不公平な競争上のアドバンテージを持つという感情か、またはそのようなグループが法人化することを認めれば、非営利の構造の隠れ蓑の中で密かに利益を分配する機会を与えることになるのではないかという不安によって説明することができるかもしれないと指摘する[41]。

(2) 経済的なアプローチ

以上のように、非営利法人を設立することができる目的を活動内容によって制限する州がある一方で、多くの州では、非営利法人の権利の範囲を決定するのに際して、法人とそのメンバーとの経済的な関係を重要な要素としていた[42]。こうした経済的なアプローチに従った制定法が「利益のためでない (not for profit)」という用語を定義することができなかった場合には、用語の解釈は裁判所に委ねられることになった[43]。

39) Columbia note, *supra* note 38, at 890-892.
40) *Id.* at 894.
41) *Ibid.*
42) *Id.* at 895.
43) *Id.* at 896.

「利益のためでない（not for profit）」という用語については3つの解釈が発達した。最も狭い解釈は、その活動がメンバーに結果的に利益を与える可能性のある組織を非営利法人として設立することを認めない。この解釈は、金銭の配当や買い物の際の割引といった直接の金銭的な利益だけでなく、事業者団体（trade association）が取引の条件を改善することによってメンバーに提供するアドバンテージをも「利益（profit）」と分類する。二つ目の、より厳しくない解釈は、メンバーに直接利益を分配するか、メンバーのために割引価格で商品やサービスを取得する組織のみを営利法人と分類する。三つ目の最も緩やかな解釈の下では、配当を支払い、またはメンバーの投資に対するリターンを稼ぐ組織だけが、非営利法人の形態を用いることができないとされる。この解釈を採用する裁判所は、事業者団体が非営利法人として法人化することを認めることになる[44]。

二　厳格な目的制限の撤廃

その後、20世紀の半ばまでには、制定法と判例の発展により、非営利法人としての設立を審査する際の司法や行政の裁量には制約が課され、州の役人の役割は事務的（ministerial）なものにすぎなくなった。基本定款（articles of incorporation）が正しい法的な定型に従って起案されていれば、設立は受理されるようになったのである[45]。

今日では、いくつかの州では、非営利法人は限定された目的の遂行のために法人化されなければならないとの規制があるものの、多くの州では、非営利法人が分配禁止規制に服することを条件として、「全ての合法な目的のために」設立されることを認めている[46]。このことは、上述の非営利法人の目的制限のうち、経済的なアプローチの中の分配禁止規制のみが要求されるようになったものであると整理することもできよう。

---

44) *Ibid.*
45) FISHMAN & SCHWARZ, *supra* note 10, at 65.
46) Hansmann (1980), *supra* note 5, at 839.

第五款　非営利法人の組織構成

　非営利法人はどのような組織構成をとっているのだろうか。アメリカでは営利法人法と同様に非営利法人法も州ごとに定められているが、ここではカリフォルニア州非営利法人法[47]を例として説明する[48]。後述するように、カリフォルニア州非営利法人法は非営利法人を① public benefit corporation、② mutual benefit corporation、③ religious corporation（宗教法人）の三つに分類しているが[49]、ここでは public benefit corporation を素材とする。

　非営利法人には取締役（director）・取締役会（board of directors）、役員（officer）、メンバー（member）・メンバーの総会が置かれる。しかし、public benefit corporation の場合には、ほとんどの場合メンバーがいないと指摘される[50]。

　なお、本稿全体では「取締役（director）」と「役員（officer）」を含んだ広い意味で「役員」という用語を使用しているが、本款では「取締役（director）」と「役員（officer）」の用語を使い分けることとする。

一　取締役（director）及び取締役会（board of directors）

　public benefit corporation においては、取締役（director）からなる取締役会（board of directors）が置かれ、取締役会の指揮によって、法人の事業と業務が執行され、法人の権限が行使される[51]。非営利法人の取締役会の議長（chair）は大きな権限を有していることが多いと指摘される[52]。

　Kurtz は、非営利法人の取締役会の構造の特徴として、①取締役会の構成

---

47) カリフォルニア州非営利法人法を邦訳したものとして雨宮孝子ほか『全訳カリフォルニア非営利公益法人法——アメリカ NPO 法制・税制の解説付』（信山社・2000年）がある。
48) カリフォルニア州非営利法人法がカリフォルニア州法人法の一部であることについては、第一章第四節第二款を参照。
49) 第四章第二節第三款参照。
50) 本章第一節第三款参照。
51) カリフォルニア州非営利法人法 §5210。
52) KURTZ, supra note 2, at 19.

人数が多いこと、②取締役に報酬が支払われていないこと、③取締役が投票によって選出されていないこと、④外部の取締役の割合が多いことを挙げている[53]。営利法人との比較の観点からそれぞれみておきたい。

　第一に、取締役会の構成人数が多いことについては、やや古い資料ではあるが、非営利法人の取締役会の構成人数は、営利法人よりも大きいと指摘され、その平均は30人あるいは34人とした調査結果がある[54]。非営利法人の取締役の人数が多いのは、ステークホルダー（constituencies）の数が多いことを反映しており、彼らは取締役会に直接参加することを通じて、ステークホルダーの代表としての役割を果たしているとも指摘されている[55]。また、取締役がその非営利法人に対して寄付を行うことも期待されていることは非営利法人の特徴の一つである[56]。

　第二に、報酬を受けていない取締役がいる反面で、今日では非営利法人においても多額の報酬を受け取る取締役が存在することが指摘され[57]、営利法人の場合と同様に、エージェンシー問題として理解されていることに注意が必要である[58]。

　第三に、ほとんどの public benefit corporation にはメンバーがおらず[59]、取締役らは通常後任を自分達で選ぶと指摘されている[60]。この点は、「self-perpetuating board（自ら後任を選任することのできる取締役会）」と称され、非営利法人の軟弱なガバナンスの典型例として批判的に認識されている[61]。

---

53) *Id.* at 5-8.

54) *See Id.* at 6.

55) *Id.* at 17.

56) *See Id.* at 17, 30. RMNCA§8.30 の公式コメント 2 も参照。

57) *See* Consuelo Lauda Kertz, *Executive Compensation Dilemmas in Tax-Exempt Organizations*: *Reasonableness, Comparability, and Disclosure*, 71 Tul. L. Rev. 819 (1997).

58) *See* Carly B. Eisenberg & Kevin Outterson, *Agents without Principals*: *Regulating the Duty of Loyalty for Nonprofit Corporations Through the Intermediate Sanctions Tax Regulations*, 5 J. Bus. Entrepreneurship & L. 243, 245 (2012).

59) 本節第三款参照。*See also* Nobuko Kawashima, *Governance of Nonprofit Organizations*: *Missing Chain of Accountability in Nonprofit Corporation Law in Japan and Arguments for Reform in the U. S.*, 24 UCLA Pac. Basin L. J. 81, 109 (2006-2007).

60) Kurtz, *supra* note 2, at 5-7.

61) Lee, *supra* note 1, at 932; Hansmann (1980), *supra* note 5, at 840.

第四に、外部の取締役の割合が多いとの指摘については、アメリカでは、今日では、営利法人においても社外取締役の割合が多いことが知られている[62]。

二　役員（officer）

　取締役の他に、役員（officer）が置かれる。基本定款（charter）または付属定款（bylaws）に別段の定めのない限り、役員は取締役会で選任され、取締役の職務を執行するものとされる[63]。
　非営利法人における役員は通常は無報酬の取締役であって、ほとんど権限を持たず、実際の組織の運営はスタッフによって行われているとも指摘される[64]。

三　メンバー（member）及びメンバーの総会

　public benefit corporation においては、メンバー（member）が置かれるか否かはその基本定款または付属定款の定めによる[65]。実際には、ほとんどの public benefit corporation にはメンバーが置かれていない[66]。
　基本定款または付属定款に別段の定めがない限り、メンバーの資格は誰にでも与えることができる[67]。基本定款または付属定款に別段の定めがない場合には、全てのメンバーの資格は同一のものとされる[68]。メンバーは、いつでもメンバーの地位を辞することができる[69]。
　メンバーは、基本定款または付属定款に特段の定めがある場合には、取締役の選任、法人の全て若しくは実質的に全ての財産の処分、合併、または解散の場合に議決権を有する[70]。また、メンバーは基本定款または付属定款の

---

62) 宍戸善一「コーポレート・ガバナンスにおける取締役会の意義」財務省財務総合政策研究所・フィナンシャル・レビュー68号64頁、65頁以下参照。
63) カリフォルニア州非営利法人法 §5213。
64) Kurtz, *supra* note 2, at 19.
65) カリフォルニア州非営利法人法 §5310。
66) 本節第三款参照。
67) カリフォルニア州非営利法人法 §5313。
68) カリフォルニア州非営利法人法 §5331。
69) カリフォルニア州非営利法人法 §5340。

定めに特段の定めがある場合には、基本定款または付属定款の変更の場合に議決権を有する[71]。

メンバーの総会は、付属定款に規定された場所、日時等に従って開催され[72]、メンバーは、原則として、一人一議決権を有する[73]。

第六款　foundation の位置づけ

　以上、アメリカの非営利法人において説明してきたが、日本法との違いとして区別しておく必要があるのが、foundation（訳出すると「財団」または「基金」となるが、以下で述べるように日本でいうところの財団と位置づけが異なるため、以下、原語のまま表記する）の位置づけである。

　日本の制度上は、社員がいる「社団法人」と社員がいない「財団法人」が概念上区別されるが、アメリカ法においてはこの区別は存在しない。上述のように、公益を目的とする public benefit corporation においては、メンバーを置くかどうかは定款の定めによる。その結果として、public benefit corporation の中には、メンバーがいる法人とメンバーがいない法人が含まれることになる。

　それでは、アメリカで一般的に foundation と呼ばれている団体は、どのように位置づけられるのだろうか。この点、個人の富である資産を慈善目的のために組織したものが一般的に foundation と呼ばれている[74]。foundation には、非営利法人の形態をとるものも、信託の形態をとるものもあり[75]、foundation という言葉が特定の法律上の組織形態を示しているわけではない。

　なお、第四章第六節で紹介するように、税法においては「private foundation（私的基金）」という語が定義されている。IRC§501(c)(3) に該当する「voluntary organization（ボランティアの組織）」の中から病院や学校等の

---

70)　カリフォルニア州非営利法人法 §5056 (a)。
71)　カリフォルニア州非営利法人法 §5056 (a)。
72)　カリフォルニア州非営利法人法 §5510。
73)　カリフォルニア州非営利法人法 §5610。
74)　FISHMAN & SCHWARZ, *supra* note 10, at 703.
75)　*Id.* at 710.

「public charity（公的慈善組織）」を除いたものが「private foundation」と定義され、「public charity」とは異なる課税上の規制に服している[76]。

第七款　小括

　非営利法人は分配禁止規制に服しており、メンバーや役員に対して利益を分配することが禁じられている。非営利法人は、公益を目的とする public benefit corporation と mutual benefit corporation に分類することができるが、特に public benefit corporation においてはメンバーが存在しない場合が多く、メンバーが存在する場合にも、public benefit corporation に対して経済的利害関係を有しているわけではない。このように法人に対して経済的利害関係を有する者がいないことは法人内部に、役員の行動を監督するインセンティブを有する者がいないことにつながる。public benefit corporation に対しては、AG が監督を行うことが想定されている。

　これに対して mutual benefit corporation は、メンバーの共益の追求のために設立される。mutual benefit corporation においては、解散時に限ってメンバーへの残余財産の分配が認められ、メンバーシップを譲渡することもできるため、mutual benefit corporation のメンバーは、法人に対して、営利法人における株主と類似の経済的利害関係を有していると説明されることもある。そのため、mutual benefit corporation においては、メンバーによる自律的なモニタリングが機能する可能性がある。mutual benefit corporation に対しては、AG に広範な管轄を与える必要はほとんどないと指摘されている。

[76]　第四章第六節参照。

第二節　非営利法人の法的構造

第一款　検討の視座と順序

　本節では非営利法人の法的構造についてのアメリカにおける代表的な理論を紹介する。
　まず、Hansmann による分配禁止規制についての理論を紹介する。Hansmann の議論を最初に紹介するのは、その後の法学の学説に対して「圧倒的に影響力がある」[77]と評価されているためであり、実際にその後の議論は Hansmann の議論に応答する形で発展している。
　Hansmann は、非営利組織の収入源を構成する人を総称して「パトロン（patron）」という概念を用いる。非営利法人は分配禁止規制に服しており、メンバーに対して利益を分配することができないため、非営利法人の「パトロン」は、資金が法人の目的であるサービスの提供のみに使用されることを、営利法人に対して資金を提供する者よりも、より強く保障されると指摘する。そのため、非営利法人の形態は、「パトロン」が、その提供した資金に見合ったサービスが提供されているか否かを監視することができない「契約の失敗（contract failure）」の場面においてアドバンテージを持つと指摘する（本節第二款）。
　このように分配禁止規制に服する非営利法人が「契約の失敗」の場面において競争力を有するという Hansmann の説明に対して、Ellman は、mutual benefit corporation について、分配禁止規制の別の理解の仕方を提示する。Ellman によれば、mutual benefit corporation において分配禁止規制が用いられ

---

[77] FISHMAN & SCHWARZ, supra note 10, at 37. 但し Clark は「〔Hansmann の理論は〕一般的なものであるが、まだ学会に広く浸透しているわけではない」と評価していた。Robert Charles Clark, Does the Nonprofit Form Fit the Hospital Industry?, 93 HARV. L. REV. 1416, 1430 n.37 (1980).

るのは、利用者が組織のコントロールを維持するためである（本節第三款）。

　この他、分配禁止規制が存在することに関連して、エージェンシーコストが高まる点に着目した見解がある（Clark、Manne、Brody）。このうち Manne の見解は、非営利法人においては分配禁止規制が存在する帰結として「所有者」が存在しないために、エージェンシーコストが高まる可能性を指摘する。分配禁止規制の存在自体がエージェンシーコストを高める要因となる可能性を指摘したものである（本節第四款）。

第二款　Hansmann による分配禁止規制の理解

一　営利企業ではなく非営利企業が使われるのはどのような場合か──Hansmann「非営利企業の役割」（1980）

　既に指摘したように、非営利組織において制限されるのは利益の「分配」のみであって、利益を上げること、即ち収益事業を行うこと自体は禁止されていない。それでは、ある活動が営利企業ではなく非営利企業によって行われることにより適しているのはどのような場合か。この点を論じたのが1980年に Hansmann により書かれた「非営利企業の役割」であり[78]、同氏の1981年の論文[79]と併せて、「非営利組織の存在について初めて包括的な理論を提供した」[80]ものと評価されている[81]。

　Hansmann の理論を紹介するのに先立ち、Hansmann の理論の位置づけを

---

78) Hansmann (1980), *supra* note 5.
79) Hansmann (1981), *supra* note 36.
80) Ellman, *supra* note 36, at 999.
81) Hansmann の理論については、主として1996年の Henry B. Hansmann, The Ownership of Enterprise (1996) (以下、「Hansmann (1996)」という) を中心に、邦語による紹介がされている。神田秀樹「学界展望・Henry Hansmann, The Ownership of Enterprise」国家学会雑誌112巻5・6号185頁、藤田友敬「企業形態と法」岩村正彦ほか編『現代の法7　企業と法』35頁 (岩波書店・1998年)、藤谷武史「非営利公益団体課税の機能的分析──政策税制の租税法学的考察（二）(三)(四・完)」国家学会雑誌118巻1・2号1頁、79頁注49、118巻3・4号38頁、131頁注292、118巻5・6号93頁、140-141頁注443、日本銀行金融研究所・組織形態と法に関する研究会「『組織形態と法に関する研究会』報告書」金融研究22巻4号1頁、100頁以下 (以下、「組織形態と法に関する研究会・報告書」という) 等を参照。

確認しておきたい。以下で詳述するHansmannの理論は、非営利企業の役割を「市場の失敗」との関係で理解する。非営利組織は「第三のセクター（Third Sector）」と呼ばれることがあり、「市場の失敗（market failure）」と「政府の失敗（government failure）」の双方が生じた場合に、これを補完する役割を果たすという説明がなされることがある（二重の失敗の理論（twin failure theory））[82]。このうち「政府の失敗」とは、政府における意思決定は多数決の投票によって行われるため、そのサービスを必要とする人々が少数である場合には、政府による公共財の供給は行われないことを指す[83]。この点、Hansmannは自説の位置づけについて次のように説明する。「非営利組織と政府組織の比較は……私がここで論じたよりも詳細な検討を必要とする。私は、政府企業ではなく、営利企業と非営利組織の比較に第一に集中することにしたが、それは単に、このアプローチが非営利組織によって提供されている重要な役割を叙述するのに最も直接的な方法であり、また、非営利企業の従来の法的な枠組みを分析し評価することについて、最も示唆に富むからに過ぎない。」[84]

本稿では、営利法人と非営利法人の比較に着目して検討を行うが、非営利企業の役割を包括的に理解するためには、政府機関の役割との関係でもこれを検討する必要があることはいうまでもない。

(1) 営利組織でなく非営利組織を取引相手とすることのメリットがある場合──「契約の失敗」

Hansmannは、非営利組織の収入源を構成する人を総称して「パトロン

---

82) Rob Atkinson, *Altruism in Nonprofit Organizations*, 31 B. C. L. REV. 501, at 505-506 (1990)（以下、「Atkinson (1990)」という）を参照。
83) *See Id.* at 577.
84) Hansmann (1980), *supra* note 5, at 896.
 Hansmannは、政府機関ではなく非営利形態が用いられる理由については次のように分析している。政府によるサービスの提供は、そのサービスが少数の人々にしか必要とされていない場合等には不適切であるか実行不可能である。これに対して、私的な非営利組織はより簡単に、少数者の要求に対応するために設計することができ、また、非営利組織はサービスを受ける人の要求によりよく対応する可能性がある。また、政府によるサービスの提供が発達すれば、競合する生産者による供給は著しく減少するのに対して、非営利組織が参入しても、市場による規律をより多く残すというメリットもある。*Id.* at 895.

(patron)」という概念を用いる。収入の多くを寄付に依存する非営利組織 (donative nonprofit) においては寄付者が「パトロン」にあたり、収入の多くを事業によって得ている非営利組織 (commercial nonprofit) においては利用者 (customer) が「パトロン」にあたる[85]。

　Hansmann は、非営利のサービス生産者は、「分配禁止規制 (nondistribution constraint)」に服する結果として利益を自分に帰属させることができないため、サービスの価格を上げ、あるいは品質を落とすインセンティブを持たないと指摘する。非営利組織の利益は分配されてはならず、全てサービスの生産に用いられなければならないという法的な要請によって消費者が保護される。「分配禁止規制」により、寄付者は、自分の拠出した資金の全てが、利益として分配されることなく、サービスのために使用されることを保障されるのである。Hansmann は、このように「パトロン」に対して追加的な保障を与えることができる点が営利企業と比較した場合の非営利のサービス生産者のアドバンテージであると指摘し[86]、非営利企業は、「市場の失敗 (market failure)」、特に、通常の契約の道具を用いてはサービス生産者を監視することができないことを意味する「契約の失敗 (contract failure)」に対する合理的な対応であると主張する[87]。

(2)　「契約の失敗」の例

　Hansmann は、「契約の失敗」の例として、寄付を募って食料品等を購入し、海外の物資を必要としている人たちに届けるサービスを行っている

---

85)　*Id.* at 841.
86)　*Id.* at 844.
87)　*Id.* at 845.
　　なお、Hansmann は非営利組織が形成されるのは「契約の失敗」に対応するためであるという理論の例外としてソーシャルクラブ (social club) を挙げる。ここでいうソーシャルクラブとは、一定の社会的地位を有する人々が集まるクラブのことを指す。最も社会的地位の高い人達が、あるクラブに入り、次に社会的地位の高い人達が別のあるクラブに入る。ほとんどの人は最も地位の高い人が集まるクラブに入りたがるため、このクラブを支配する者に独占的な力 (monopoly) が生ずる。このクラブが必要な経費以上に会費を搾取することを防ぐことが、ソーシャルクラブが非営利の形態で経営される理由であると説明する。*Id.* at 892-894.

第二節　非営利法人の法的構造　55

CAREという組織を挙げる。この場合には、サービスを購入する者（＝寄付を行った者）とサービスを受ける者（＝海外で物資を受け取る者）との距離が離れているため、寄付を行った者はサービスが実際に行われたのかどうか、想定されたレベルのサービスが行われたのかどうかを判断することが難しい。このような場合には、寄付を行おうとする個人は、分配禁止規制に服する非営利組織を用いることで、寄付金が分配金として流用されてしまうことを避け、営利組織を用いる場合に比べて、寄付金に対応するサービスが実際に行われることをより確実にすることができる。そのため、寄付を行おうとする個人が、非営利組織を好むことには理由があると説明する[88]。

また、Hansmann は、収入の多くを寄付に依存する非営利組織（donative nonprofit）だけでなく、収入の多くを商業的取引によって得る非営利組織（commercial nonprofit）にも、同様に「契約の失敗」に対応しているものがあると指摘する。収入の多くを商業的取引によって得る非営利組織は、典型的には複雑な人的サービスを提供する業界にみられるという。提供されるサービスが複雑であることや、一律のスタンダードがないこと等により、消費者はサービスが十分に提供されているのかどうかを判断することが難しい。そのため「パトロン」は分配禁止規制による制約を求めるインセンティブを有すると説明するのである[89]。このような場合の例として、Hansmann は、介護を受ける当事者が十分な判断能力を有しない場合がある介護事業（nursing care）や、子供がサービスを受ける教育事業を挙げている[90]。

(3) 「契約の失敗」理論があてはまらない病院

他方で、Hansmann は、病院については上記のような「契約の失敗」による説明が完全な説得力を持つわけではないと指摘する。アメリカの病院のシステムは日本とは異なる。患者が病院に行くと、病院の従業員ではない医師によって治療を受ける。医師は自分が提供したサービスについて、病院とは別に患者に請求する。患者が受けるサービスを管理し、責任を持つのは、病

---

88) *Id.* at 846-847.
89) *Id.* at 862-863.
90) *Id.* at 863-866.

院ではなく医師であり、病院は部屋や看護といった手順がある程度決まったサービスを提供するだけである。この点を踏まえて、Hansmann は、患者と病院との関係においては、サービスの購入について、医師が極めて洗練された代理人（agent）としての役割を果たすと説明する。そのため、病院と患者との関係においては、患者が病院のサービスが十分に提供されているかを判断することが難しいという「契約の失敗」による説明はあてはまらない可能性があると指摘する[91]。

「契約の失敗」による説明ができないとすれば、なぜ病院は非営利形態をとっているのだろうか。この点、Hansmann は、多くの病院が非営利形態であることには、歴史的な要素が大きな役割を果たしていると分析する[92]。19世紀にはほとんどの病院は慈善の機関であり、寄付によって運営されていた。これに対して20世紀には、保険が利用可能になったこともあり、病院は患者による支払いによって運営されているのにもかかわらず、病院の多くは今でも非営利形態をとっている。Hansmann は、病院が非営利形態のままであるのは、医師が非営利の運営形態は利益を生むものであると認識し、非営利の形態を維持することに強い利害関係を有しているからであると指摘する。「分配禁止規制」によって病院がそのサービスのコスト以上には患者に請求しないのであれば、患者には病院から請求された後にも支払いについての余力が残り、医師は自分の請求する料金を上げる余地が増えるからである[93]。

(4) 分配禁止規制を遵守させるためのエンフォースメントの限界

以上のように、「契約の失敗」が生じる場面においては、「パトロン」には

---

91) *Id.* at 866.
92) *Id.* at 867.
93) *Ibid.*
　他方で、Hansmann は、1967年以降、営利法人が病院の産業に進出しはじめ、従来非営利であった大手系列病院の所有権（ownership）を取得していることも指摘する (*Id.* at 868)。また、第三者による病院の費用の支払いのシステム〔筆者注：医療保険のシステム、低所得者向けの公的医療保険である Medicaid のシステム、高齢者・身体障害者向けの公的医療保険である Medicare のシステム等によって第三者が費用を支払うことを指していると思われる〕が病院の経営に与えるインセンティブは、病院が営利であるか非営利であるかという違いから生じるインセンティブの差を圧倒する程大きいかもしれないと指摘している (*Id.* at 868 n.99)。

第二節　非営利法人の法的構造　57

その取引相手として分配禁止規制に服する非営利組織を選ぶインセンティブが働くが、Hansmannはこの分配禁止規制を遵守させるためのエンフォースメントが十分ではないことを指摘する。そして、分配禁止規制が守られないこと、あるいは守られない可能性があることは、非営利の形態が「契約の失敗」に対応することの効率性を侵害することにより、非営利の形態のアドバンテージを弱めると指摘する[94]。

(5) 非営利形態を用いることのデメリット

以上は、営利形態でなく非営利形態が用いられる理由の分析であったが、他方で、Hansmannは、非営利企業には資金調達において不利であることや、効率的な運営をするインセンティブに欠けることといった弱点があることも指摘する[95]。そして、分配禁止規制によって「パトロン」に追加的な保障を与えることができるというアドバンテージがこれらの弱点を越える場合にのみ、非営利企業は営利企業に対して競争力を持つと分析している[96]。

(6) 小括

このようにHansmannは1980年の論文において、非営利法人は「契約の失敗」の生じる場面において、「パトロン」の出資した全ての資金がサービスの提供のために使用されることを、より強く保障する機能を果たしているとの理論を提供した[97]。

---

94) *Id.* at 873-875.
95) *Id.* at 877-879.
96) *Id.* at 879.
　なお、非営利法人が役割を果たすのは非営利法人に対して課税の免除 (exemption) が行われるためであるという説明があるが、この説明に対してHansmannは、課税が免除される分野で非営利組織が発達したのではなく、逆に非営利組織が発達した分野で課税の免除が行われるようになったことを指摘している (*Id.* at 882)。他方でHansmannは、「どの組織形態が栄えるかを決定するにあたっては、おそらく税法が組織法よりも重要であろう」とも指摘している (HANSMANN (1996), *supra* note 81, at 87)。
97) *See also* HANSMANN (1996), *Supra* note 81, at 230.

二 非営利法人に適用される組織法の在り方についての主張
　——Hansmann「非営利法人法の改革」(1981)

　Hansmann は、翌1981年に発表した「非営利法人法の改革」と題する論文において、1980年の論文で展開した理論に基づいて、非営利法人に適用される組織法の在り方についての主張を展開した。

　Hansmann は、非営利法人について分配禁止規制の例外を認めることを批判し、非営利法人に対しては厳格で統一的なルールが適用されるべきであると主張する[98]。

　第四章で後述するように、この時期に制定された3つの法令であるABA（アメリカ法律家協会）のRMNCA（改訂モデル非営利法人法）、ニューヨーク州非営利法人法（New York Not-For-Profit Corporation Law）及びカリフォルニア州非営利法人法は非営利法人をいくつかの種類に分類しているが、Hansmann の立場からは非営利法人を分類することを批判することになる。

(1) 非営利法人における制約は「パトロン」の利益のために存在すること

　Hansmann は次のように説明する。1980年の論文で分析したように、非営利の形態は、「契約の失敗」により通常の契約によっては消費者が生産者のパフォーマンスを十分に監視できない場合に、消費者に対して全ての利益を非営利法人が提供するサービスに使用するという保護を与えるものとして理解される。そのため、非営利法人の基本定款（charter）が果たす役割は営利法人の基本定款が果たす役割とは異なる。営利法人においては、その基本定款は主として株主を経営者や他の株主といった営利法人を支配する者から保護する役割を果たすのに対して、非営利法人においては、基本定款や法によって非営利法人の支配者に課されている制約は、主としてその組織の「パトロン」の利益のために存在する。結果として、営利法人の法は非営利法人の法のモデルとしては貧弱であることが少なくない。それにもかかわらず、非営利法人法を起草し、解釈する人々は、この点を見落としてきた[99]。

---

98) Hansmann (1981), *supra* note 36.

(2) 非営利組織と cooperative（協同組合）の違い

　各州の cooperative（協同組合）についての制定法によれば、cooperative の利用者（customer）は投票権を有し、収益から配当を受けることができる。そのため、非営利組織の特徴である「分配禁止規制」は cooperative にはあてはまらない。この形式的な違いだけでなく、非営利組織と cooperative は実質的な意味でも異なる。Hansmann は、非営利組織が「契約の失敗」の場面において役割を果たすのに対し、cooperative は相手方の企業が独占的な地位を有する場合等に、利用者が、企業によって設定される価格をコントロールする必要性を感じた場合にその役割を果たすと分析する。

　Hansmann は、非営利組織の中にもソーシャルクラブ（social club）のように「契約の失敗」に対応するために非営利組織として組織されているという理論があてはまらず、むしろ cooperative として形成されることがふさわしい組織が存在するところ、非営利法人法をこのような組織にも適用するように調整してきたことが非営利法人法の混乱と弱点の原因であると指摘する[100]。

(3) 非営利組織の目的を制限すべきではない

　Hansmann は非営利組織の目的を制限することは不要であると主張する。サービスセクターは急速に発展しており、このうちの多くは、研究、健康、保護ケア、コミュニケーション、コンサルティング、アドバイスサービスといった新しいタイプのサービスの発展である。こうした活動を組織するのに最もふさわしい手段は非営利組織の形態かもしれず、非営利組織を設立できる場合を限定的に、保守的に解釈することは、こうしたサービスの発展を禁止し、あるいはこうしたサービスを不適切に営利形態や政府事業形態に押し込んでしまうかもしれない。そのため、あらゆる活動を行う目的のために非営利法人が設立されることを認めるべきであると Hansmann は主張する[101]。

99) Id. at 506-507.
100) Id. at 508. ソーシャルクラブにおいて非営利形態が用いられる理由についての Hansmann の説明は前掲注87を参照。
101) Hansmann (1981), supra note 36, at 519-527. 同様に、Hansmann は、営利法人の病院や学校等の事業への参入を規制することも望ましくないと主張している (Id. at 538-553)。

(4) 自己取引 (self-dealing) や利益相反取引 (conflicts of interest) について、非営利法人の役員に課されるべき厳格なルール

　自己取引や利益相反取引について、多くの州では非営利法人の役員に対しても営利法人の役員と同様のルールが課されている。この場合、営利法人の場合には株主によって行われている自己取引の追認は、非営利法人においてはそのメンバーによって行われることになる[102]。

　Hansmann は、非営利法人にとってはこの基準は弱すぎると批判する。Hansmann の主張は次のとおりである。営利法人においては取締役や役員、支配株主に課される信認義務は支配する立場にない株主を保護するために設計されているのに対して、非営利法人においては法人を支配する立場にある人 (controlling person) に課される信認義務はその組織の「パトロン」、つまり寄付者と利用者のために存在する。非営利法人の「パトロン」は営利法人の株主とは異なり、自ら監視を行うことができない[103]。営利法人の株主はその議決権等を通じて法人に対して直接のコントロールを行うことができ、また、株主代表訴訟 (derivative suit) を起こすこともできる。更に、営利法人は広範な開示規制に服しており、株主はこの情報を利用することができる[104]。これに対して非営利法人の「パトロン」は議決権を持たず、原則として非営利法人の取締役や役員の信認義務の違反を追及するための原告適格も有しない[105]。更に、非営利法人が重要な情報の開示を義務づけられることはほとんどない[106]。

　非営利法人の経営者を監視するメカニズムが弱いこと、特に「パトロン」が利用できるメカニズムが弱いことは、非営利法人の経営者の受認者 (fiduciary) としての行為に対する、営利法人の経営者の行為に対するよりも、強く明確なルールが必要であることの理由となる。もし非営利法人の役員が「パトロン」による最小限の監視にしか服さないのであれば、彼らの自己利

---

102) *Id.* at 567.
103) *Id.* at 568.
104) *Ibid.*
105) 原告適格については第六章第二節を参照。
106) Hansmann (1981), *supra* note 36, at 568.

益に資する機会を少なくし、監視することが容易であるような行動規範に服させることが重要だからである[107]。

　Hansmann は、非営利法人を支配する立場にある者による自己取引を全面的に禁止する基準を用いることがより望ましいとしつつ、他に考えられる案として、取引を行う者が非営利法人の利益のために取引を行うことや取引が公正で合理的であること等の一定の事項を証明した場合にのみ取引を有効とする基準も提案している[108]。

(5) 解散時のメンバーへの資産の分配に伴う濫用の可能性——解散時のメンバーへの分配を禁止すべきであるとの主張

　これに加え、Hansmann は、非営利法人が解散時にメンバーに対して残余財産を分配することを禁止すべきであると主張する。Hansmann は、解散時にメンバーに対する分配を認めれば、非営利組織のメンバーがその活動から利益を得たいと思った場合には組織が解散するのを待てばよいだけになってしまうため、分配禁止規制の巨大なループホールとなると批判する[109]。非営利法人が発達してきたのは、分配禁止規制に服することで利益の全てが非営利法人によって提供されるサービスに使用されることをより確実にすることにより、「契約の失敗」の場面における受認者（fiduciary）としての役割を果たすためであり、非営利法人はそのために適切に設計される必要があるとして、実質的に分配を行う組織はこの受認者としての役割に明らかにふさわしくないと指摘する[110]。

　Hansmann は、解決策として、第一に、非営利法人は解散時には分配禁止規制を遵守する限りにおいて自由に財産を処分できるとする案と、第二に、解散時にはシプレー（cy pres）原理（慈善信託において、指示された目的が達成不能な場合等に、信託資産を信託設定者の意思に最も近い慈善目的に用いることを裁判所等が認めることを指す[111]）を類推して、非営利法人はその財産を類似

---

107) *Id.* at 569.
108) *Id.* at 569-573.
109) *Id.* at 574.
110) *Id.* at 579.

の活動を行っている他の組織に寄付しなければならないという案を提案する。その上で、非営利法人が解散する場合には、そのサービスがもはや必要とされていない場合が多いことに鑑みれば、制約の少ない第一の案がより望ましいと主張している[112]。

(6) 非営利組織の内部で分類を行うべきではないという主張

　Hansmann は、制定法と判例法は、異なるタイプの非営利組織に対して異なる基準を適用しており、また、ニューヨーク州非営利法人法とカリフォルニア州非営利法人法も非営利法人の目的に応じて非営利組織の内部での分類を行っていることを指摘し、非営利法人の内部で分類を行うことは好ましくないと主張する[113]。

　まず、収入を事業から得ている非営利組織（commercial entrepreneurial nonprofit）について、収入を寄付から得ている非営利組織（donative nonprofit）に比べて「分配禁止規制」を緩やかに適用することは深刻な間違いであると指摘する。この主張は、非営利組織の役割はより高度な受認者としてのスタンダードを用いて「パトロン」を守ることによって営利組織である供給者の代替を提供することにあるという Hansmann の理論から導かれる[114]。

　次に、共益を目的とする非営利組織（mutual nonprofit）については非営利組織としてではなく cooperative corporation statutes（協同組合法人についての制定法）によって組織を形成させ、非営利法人法については、厳格に定義された分配禁止規制に服する一種類のみの非営利法人を提供するように改革すべきであると主張する[115]。このようなアプローチをとることのメリットとして、Hansmann は以下の点を指摘する。第一に、このアプローチをとることによって、非営利法人の内部で、異なる基準に服する異なる分類を定義することに起因する曖昧さを避けることができる[116]。第二に、非営利法人は「契

---

111) 田中・前掲注11）225頁参照。
112) Hansmann (1981), *supra* note 36, at 580.
113) *Ibid.*
114) *Id.* at 586-587.
115) *Id.* at 587.
116) *Id.* at 588-589.

約の失敗」に対応する役割を果たすという位置づけを明確にすることにより、非営利法人と関係を持つ「パトロン」が混乱することを避けることができる[117]。第三に、解散時に収益を分配するような組織については非営利法人の枠組みから外し、運営時でも解散時でも分配をすることができる組織と、運営時にも解散時にも分配をすることができない組織に整理することによって、解散時に残余財産の分配をする組織については、解散時だけでなく、運営時にも利益を分配することを可能にすることができる。第四に、解散時に残余財産の分配を行う組織については非営利法人と整理するのではなくcooperative corporation statutes に服させることによって、運営時の利益分配についても、適正なコントロールを及ぼすことが可能になる[118]。

(7) 法人を3つのタイプに分類すること

以上を踏まえて、Hansmann は次のように法人を3つのタイプに分類する提案を行う。第一に、「パトロン」が生産者の価格とパフォーマンスを監視するために、シンプルな個々の契約が十分な手段となる場合には、営利法人（business corporation）が用いられる。第二に、独占状態等が生じており、契約によっては「パトロン」の利益を十分に保護することができないが、「パトロン」がその組織に対して直接のコントロールを及ぼせば十分に「パトロン」の利益を保護することができる場合には、cooperative corporation（協同組合法人）が用いられる。この cooperative corporation は、運営時も解散時も、常に分配を行うことが可能である。Hansmann は、ソーシャルクラブもこの cooperative corporation に含めて理解すべきであると主張する。第三に、「契約の失敗」によって特徴づけられるように、シンプルな契約も、「パトロン」による直接のコントロールも、「パトロン」が生産者を監視するための十分で機能的な手段とはならない場合には、非営利法人が用いられる。Hansmann は、この非営利法人には統一的なルールが適用されるべきであり、運営時だけでなく、解散時にも、残余財産の分配は認めるべきではないと主張する[119]。

117) *Id.* at 589-592.
118) *Id.* at 594-595.

Hansmannによれば、これらのタイプの法人は別々の制定法に服し、明確に区別される必要がある。そして、それぞれのタイプの法人の重要な構造的な特徴が明確にされれば、いずれのタイプについても法人が組織される目的についての制約を課す必要はないと主張する[120]。

(8) Attorney Generalの権限

ほとんど全ての州が、そのAGに対して、コモンローまたは制定法により、慈善組織（charitable organization）の経営者がその信認義務を果たすことを確保する権限を与えている。この権限は通常、慈善信託（charitable trust）だけでなく、慈善組織（charity）のうち非営利法人として設立されている組織に対しても及ぶ[121]。このAGの権限が曖昧な「慈善組織（charity）」のカテゴリーに含まれない非営利法人の活動に対してどの程度及ぶのかは明確でないが、Hansmannは、この点についても慈善組織に分類される非営利法人とそれ以外の非営利法人を区別する理由はみあたらないと主張する[122]。

(9) 「パトロン」に原告適格を与えるべきであるとの主張

非営利組織またはその役員や取締役の信認義務の違反を追及するための原告適格を有するのは、原則として州のAGに限られており、裁判所は寄付者や受益者の原告適格を否定してきた[123]。この点について、Hansmannは、非営利組織の経営者が信認義務を遵守することに強い利害関係を有している「パトロン」に原告適格を与えるべきであると主張する[124]。更に、Hansmannは、「パトロン」に原告適格を与えるということは、非営利組織の分配禁止

---

119) Id. at 597.
120) Id. at 597-598. なお、Hansmannは、同様な効果をもたらす、より穏当な提案として、cooperativeのタイプの組織について別の制定法上の分類を設け、これを「非営利組織」とは呼ばないという案も提示している (Id. at 598-599)。
121) Id. at 600.
122) Ibid. 但し、上述のように、Hansmannは非営利法人については解散時に残余財産を分配することを認めるべきではないと整理しているため、この主張についても、解散時の残余財産分配が認められない法人のみを前提としているとも考えられる。
123) Id. at 606-607. 第六章参照。
124) Id. at 606-611. 第六章第二節第三款も参照。

規制に頼る者〔非営利組織に資金を提供する者〕に原告適格を与えることであって、赤十字から災害義捐金をもらった者のような、「パトロン」にあたらない受益者にも原告適格を与えることを伴う必要は必ずしもないとしながら、こうした受益者は非営利組織がその義務を果たしているかどうかを知るのにより適した立場にいるため、受益者にも原告適格を与えるべきであると主張する[125]。これに対して、Hansmannは、非営利組織のメンバーに原告適格を与えることについては消極的である。本来であれば「パトロン」であることに基づいて原告適格を与えるべきであり、「パトロン」のうちメンバーである者だけに原告適格を限定するのは望ましくなく、また、メンバーは議決権の行使を通じて非営利組織の経営者に対して何らかのコントロールを及ぼす機会があるため、メンバーでない「パトロン」ほどは原告適格を必要としていないというのがその理由である[126]。

(10) Hansmannの提案──統一的で厳格なルールの採用

Hansmannは、非営利法人法は統一的であり厳格であるべきだと主張する。全ての非営利法人はその「パトロン」に対する信認関係に立つ行為 (fiduciary conduct) について、同一の厳しい基準に服すべきである。そして、非営利法人がそのような基準に服している以上は、その法人が活動を行うための目的については制約を課すべきではないと主張する[127]。

Hansmannは、「慈善目的 (charitable)」と分類される組織に対して特別の基準を適用するべきではないと主張し、むしろ慈善組織 (charity) の概念に何らかの役割があるとすれば、それは信認義務の基準を変える役割ではなく、連邦の所得税における慈善控除 (charitable deduction) が認められるような、公共財 (public goods) と受け止められるサービスを提供する非営利組織を区別する役割であると指摘する[128]。

---

[125] *Id.* at 611-612.
[126] *Id.* at 612-613. その他、ここでは詳述しないが、Hansmannは非営利組織についての開示を充実させることも提案している (*Id.* at 615-622)。
[127] *Id.* at 623.

三　非営利法人の「過渡期における形態（transitory form）」としての位置づけ——Hansmann『企業の所有権』（1996）

　その後、Hansmann は、1996年の著書である『企業の所有権』[129] 及びこれに関する2000年の論考[130] の中で、非営利法人は成熟していない新しい産業における「過渡期における形態（transitory form）」である可能性について論じた[131]。

(1)　「過渡期における形態（transitory form）」

　Hansmann はまず、収入を商業的な事業に依拠している非営利組織である commercial nonprofits（訳出すると「商業型非営利組織」等となるが、以下、原語のまま表記する）と収入を寄付に依拠している非営利組織である donative nonprofits（訳出すると「寄付募集型非営利組織」等となるが、以下、原語のまま表記する）の違いに着目する。そして、donative nonprofits については、「契約の失敗」の状況に表されるように、契約のコストが非常に高いことから、サービスの供給者がとりうる形態として営利形態しか認められないのであれば市場自体が崩壊してしまう可能性があり、こうした donative nonprofits については、非営利の形態をとることによる非効率性（inefficiencies）[132] を受けることはやむを得ないだろうと説明する。これに対して、個人が commercial

---

128) *Ibid.* 但し、前掲注122と同様に、Hansmann がここで念頭に置いている非営利法人は、運営時の利益分配も、解散時の残余財産分配も禁止されている法人に限られると考えられることに注意する必要がある。
　統一的で厳格なルールを採用すべきであるという Hansmann の主張を著した論文としては、他に Henry Hansmann, *The Evolving Law of Nonprofit Organizations: Do Current Trends Make Good Policy?*, 39 Case W. Res. L. Rev. 807 (1988-1989)（以下、「Hansmann (1988-1989)」という）がある。
129) Hansmann (1996), *supra* note 81.
130) Henry B. Hansmann, *Response to Review Essay of "The Ownership of Enterprise": Nonprofit Organizations in Perspective,* Nonprofit and Voluntary Sector Quarterly 2000 29: 179 (2000)（以下、「Hansmann (2000)」という）。
131) 他方で、Hansmann は、営利企業から非営利企業に移行するという逆の傾向がみられる場合もあると指摘している。20世紀を通じて、アメリカにおけるライブによって行われる芸術 (live performing arts) は、営利企業から非営利企業に移行する明らかな傾向を示してきたとされる。Hansmann (1996), *supra* note 81, at 295.

nonprofits から商品やサービスを自らの消費のために購入する場合には、非営利の形態をとることで営利法人の場合以上に消費者を保護するというアドバンテージが、非営利法人の形態をとることに伴う非効率性というデメリットを超えるかどうかは明らかでないと指摘する[133]。そして、新しい産業の発生や成熟と非営利法人との関係について次のように説明する。

　病院や介護（nursing care）、デイケア、事前支払い型の医療サービス等は比較的新しい産業であり、20世紀の後半にこれらのサービスが家族によるサービスから特別の機関によるサービスに移行したのに伴って大きく発展した。当初これらの事業に参入した事業者は、慈善目的の寄付によって支えられており、そのことはこれらの事業者が非営利企業の形態をとることを不可欠とした。これに加えて、当初はサービスを購入する顧客は、そのような新しいサービスについて営利を目的とする事業者に頼ることに不安を感じていた。顧客はその産業についての経験がなく、評判を確立する程長く運営している事業者はほとんどおらず、有意義な公的な規制も行われていなかったためである。これに加え、もしかすると顧客が営利企業に頼ることに躊躇したのと同様の理由から、当初は営利企業に対して不利な規制が行われた。結果として、産業の形成期にはこれらの産業の相当部分は非営利企業によって占められていた。

　その後産業が成熟すると、これらのサービスはより身近なものとなり、スタンダードが確立され、サービスの提供者が評判を確立し、規制はより効率的なものとなった。その結果、「パトロン」にとってサービスの質を判断することが難しいという市場の失敗の状況はかなり減じられた。非営利企業の形態は次第に時代遅れ（anachronistic）となり、営利企業がこうした産業に大量に参入するようになった。

　しかし、既に確立されていた非営利企業の形態が終了する動きは遅く、非営利企業は、非営利企業が契約のコストを緩和することによって生じるアド

---

132) Hansmann は、非営利形態をとることの非効率性として、例えば、営利法人のように資本を必要に応じて増減することが容易でないこと (capital immobility) を挙げている。Id. 240-241.
133) Id. at 234-235.

バンテージが継続していることによっては説明できない程度に、こうした産業に存在し続けている[134]。Hansmann はこの点を捉えて「惰性（inertia）」と表現している[135]。

Hansmann によれば、非営利の形態はある意味において「過渡期における形態（transitory form）」であって、サービスの性質自体も、そのサービスについての契約の方法も、市場が機能する程には標準化されていない新しい産業において特に重要な役割を果たす。そしてこれらの産業が成熟すると非営利の形態に依存する度合いは少なくなるが、惰性によって、その産業における非営利組織の大きな存在感はその後何十年も維持されると指摘する[136]。

Hansmann は、病院等の古い産業ではなく、非営利形態が今日において最も貢献できる分野を特定し、非営利企業の資産を時代遅れの非営利組織から活力のある新しい非営利企業に移行させる方法を探る必要があると主張する。そして、非営利法人法を改革して、非効率的な非営利法人が営利法人に「転換（convert）」し、または解散することを容易にし、そうした法人の資産が経営者や取得者や仲介者ではなく、より活力のある活動に移行することを確保するための方法を探る必要があると主張する[137]。

(2) **非営利法人におけるエージェンシーコストについての Hansmann の考え方**

Hansmann は1996年の著書において、非営利法人におけるエージェンシーコストについての考え方を示している。第四款で紹介する各論者の主張にはエージェンシーコストに注目した見解が多くみられるため、ここでエージェンシーコストについての Hansmann の考え方を確認しておく[138]。

まず、1981年の論文において、Hansmann は、「パトロン」は営利法人の株

---

134) 以上、*Id.* at 236-237。この点は、Hansmann が1980年の論文 (Hansmann (1980), *supra* note 5) において、医師にとっては、病院が非営利形態をとり続けることが好都合であることを指摘していたことと関連づけて理解することもできよう (本款の一参照)。
135) HANSMANN (1996), *supra* note 81, at 236; Hansmann (2000), *supra* note 130, at 181.
136) Hansmann (2000), *supra* note 130, at 181.
137) *Id.* at 182. 第四章第五節で紹介する事業の運営形態を非営利から営利に転換する「conversion (転換)」の意義についても、この主張に関連づけて理解することが可能であろう。

主と異なり自分で役員を監視することができないため、非営利法人の役員の自己取引を禁止すべきであると主張し、また、「パトロン」と受益者に対して役員の信認義務違反を主張する原告適格を与えるべきであると主張していた[139]。

　但し、Hansmann は、非営利企業のエージェンシーコストが営利企業のエージェンシーコストに比べて特に高いかどうかという点については懐疑的であることが、1996年の著書において示される。1996年の著書において Hansmann は、「非営利企業における経営者は、残余財産権者によって監督されていないために、経営者のエージェンシーコスト（managerial agency costs）は最大であると考えられるかもしれないが、実際には経営者のエージェンシーコストは特に高いようにはみえない」と指摘する[140]。Hansmann によれば、営利の公開会社においても株主は実際には意味のある議決権によるコントロールを行っておらず、非営利企業の経営者は営利の公開会社の経営者とさほど異なる状況に置かれているわけではない[141]。Hansmann は「所有者がいないことによって非営利企業に課されるコストは、比較的控えめなものであるようにみえる」と主張している[142]。

四　Hansmann の理論についての小括

　Hansmann は、非営利法人を「契約の失敗」に関連づけて説明した。何らかの理由により、「パトロン」がサービス等を評価できない「契約の失敗」の場面においては、「分配禁止規制」に服する非営利法人を相手とすること

---

138) なお、Hansmann の1996年の著書 (Hansmann (1996), supra note 81) は、次款以降で紹介する各論者の論文の後に公表されているため、Hansmann はこれらの論文の指摘に対応して自らの考え方を述べた可能性がある。
139) 本款の二参照。
140) Hansmann (1996), supra note 81, at 238.
141) Id. at 239.
　　Hansmann は、仮に営利企業が非営利企業よりも効率的に経営されており、コストを最小化することに長けているとすれば、それは営利企業の経営者がより監視されていることが理由なのではなく、営利企業の目標、すなわちリターンを最大化するという目標がより明確であるためだと主張している。Ibid.
142) Id. at 245. See also Id. at 290.

によって、「パトロン」から提供された資金がサービス等の提供のために使用されることをより確実にすることができる。

そして、非営利法人が営利法人に対してアドバンテージを有するのは、このような「契約の失敗」が生じている場面においてであるため、新しい産業等、サービスの内容やサービスについての契約の方法が標準化されていない場合に非営利法人が用いられるが、その産業が成熟しサービスの内容等が標準化されることによって「契約の失敗」の状況が薄まれば、非営利法人を用いることのアドバンテージは薄まる。そのため産業の成熟に伴って当該事業への営利企業の参入が起こるはずであるが、「惰性」によって非営利法人が多い状況がその後何十年も続くことも考えられる。なお、Hansmann は、収入を寄付に依拠している donative nonprofits については、契約のコストが高いことから、非営利形態をとり続けることになる可能性があることを示唆している。

非営利法人においては、非営利法人を支配する者は、「パトロン」のために信認義務を負うが、「パトロン」は、営利法人の株主と異なり、議決権を有せず原告適格も有しない等、自分で監督する手段を持たない。そのため、非営利法人においては役員の自己取引は営利法人の場合よりも厳格に規制されるべきであり、具体的には、非営利法人の役員の自己取引は禁止されるべきである。そして、非営利法人の規律づけのためには、「パトロン」と非営利法人の受益者に対して、役員の信認義務違反を主張するための原告適格を与えるべきである。

以上が Hansmann の主張の小括であるが、非営利の形態をとることによって「パトロン」により大きな保障を与えるという Hansmann の理論に対しては、実証を要する仮説であるとの指摘がされていることを付言しておきたい。藤谷武史は「例えば赤十字社の顧客（＝寄付者）は赤十字社の非営利性にではなく、赤十字社の実績に信頼をおいていると見ることは可能であ」ると指摘している[143]。

以上の Hansmann の理論は、初めて非営利法人の役割を包括的に理解することを試みたものであり、その後の学説に大きな影響を与えた。以下、Hansmann の理論を前提とし、あるいはこれに疑問を投げかける形で発展し

第二節 非営利法人の法的構造　71

た各論者の学説を分析していく。

第三款　mutual benefit corporation における分配禁止規制の意味――Ellman による説明

　Ellman は、利用者（customer）のニーズに応えるために構成される非営利組織における分配禁止規制は、寄付者（donor）のニーズに応えるために構成される非営利組織における分配禁止規制とは異なる意味を持つと指摘した。ここでは Ellman の議論と Hansmann の議論の検討を通じて、public benefit corporation と mutual benefit corporation の違いを分析しておきたい。

一　Ellman の主張

　Ellman は、利用者（customer）のニーズに応えるために構成される非営利組織については、Hansmann による「契約の失敗」の理論はあてはまらないと主張する。Ellman は、Hansmann の理論は寄付者（donor）と利用者（customer）を区別せずに「パトロン」としてひとまとめにし、全てを「契約の失敗」の概念によって説明しようとしている点で欠点があるとして、利用者が資金提供をしている非営利法人についての別の理解の仕方を提案した[144]。

　なお、本節第二款で指摘したように、Hansmann は解散時に残余財産の分配が認められる法人を非営利法人の枠組みで捉えることに否定的であり、Hansmann の主張自体も、解散時に残余財産の分配が認められる法人はその射程から外している可能性がある。Ellman の主張の中には、Hansmann のこ

---

143) 藤谷・前掲注81）（二）72頁。この点に関する実証研究を行っているのが Anup Malani & Guy David, *Does Nonprofit Status Signal Quality?*, The Journal of Legal Studies, Vol. 37, No. 2, 551-576 (June 2008) である。同論文は、非営利であることがサービスの質についてのシグナル効果を持つという仮説について、そうであれば、非営利組織は自らが非営利形態であることを伝えようとするはずであるとして、病院、介護施設、育児の産業において、非営利の施設が電話帳やウェブサイトに非営利形態であることを表示しているかどうかを調査した。その結果、例えば35％以上の施設はウェブサイトで非営利形態であることを表示していないこと等を指摘し、全体として、非営利の形態がサービスの質のシグナルとなるという仮説を支持する結果はあまり得られなかった (we find limited support) と結論づけた。

144) Ellman, *supra* note 36, at 1050.

の整理を十分に意識せずに Hansmann の理論の批判を行っているようにみえる箇所もあるが、まずは Ellman の議論を紹介しておく。

(1) 寄付者 (donor) と利用者 (customer) の区別

　Ellman は、Hansmann が「パトロン」として一体として扱っている「寄付者 (donor)」と「利用者 (customer)」は、異なる問題に直面しており、異なるルールに服する組織形態を必要としていると指摘し、非営利法人法をカリフォルニア州非営利法人法[145]にならって、2つのカテゴリーに分類することを提案する[146]。具体的には、非営利組織を、寄付者のニーズに応えるために構成される非営利組織である"donative nonprofits"（カリフォルニア州非営利法人法における public benefit corporation をモデルとした分類とされるが[147]、Ellman 自身が論文中で多用する単語であるため、以下、括弧をつけて原語のまま表記する）と、利用者のニーズに応えるために構成される非営利組織である"mutual benefit nonprofits"（カリフォルニア州非営利法人法における mutual benefit corporation をモデルとした分類とされるが[148]、Ellman 自身が論文中で多用する単語であるため、以下、括弧をつけて原語のまま表記する）に分類することを主張する[149]。そして、Hansmann の主張する「契約の失敗」理論は、寄付者のニーズに応えるために構成される"donative nonprofits"に対しては一定の留保はあるもののあてはまるが[150]、利用者のニーズに応えるために構成される

---

[145] 第四章第二節第三款参照。
[146] Ellman, *supra* note 36, at 1023.
[147] *Ibid.*
[148] *Ibid.*
[149] *Id.* at 1000.
[150] Ellman は「パトロン」を「寄付者」と「利用者」に区別し、"donative nonprofits"においても、"donative nonprofits"に「寄付者」に対してだけでなく「利用者」に対してまで義務を負わせるのは誤りであると主張する (*Id.* at 1031)。Ellman は次のように説明する。Hansmann の理論が、「パトロン」に信認義務違反を主張するための原告適格を与えることを提案する場合には、原告適格を与える対象には寄付者だけでなく利用者 (購入者) も含まれてしまう。しかし、ミュージアムショップの利用者は、製品とその価格を吟味することができるのであって、通常は、購入に際して美術館が非営利組織であるということに依拠しているわけではない (*Id.* at 1025)。非営利組織である美術館の義務は、ミュージアムショップの利用者の利益のために作用するわけではない (*Id.* at 1026)。

第二節　非営利法人の法的構造　　73

"mutual benefit nonprofits"に対してはあてはまらないとし、"mutual benefit nonprofits"が必要とされる主な理由は、利用者が組織のコントロールを得たいからであると指摘する[151]。

なお、一般的に mutual benefit corporation は、主としてメンバーへのサービスのために構成され、料金をとって、そのメンバーにサービスを提供すると説明される[152]。Ellman は、非営利法人を、「寄付者」のニーズに応えるか（"donative nonprofits"）、「利用者」のニーズに応えるか（"mutual benefit nonprofits"）という視点で分類しているが、「利用者」がメンバーになるか否かについては明記されていないため、Ellman の定義する "mutual benefit nonprofits" を、一般的に定義される mutual benefit corporation と同義に解してよいかは明らかではない。しかし Ellman は、「mutual benefit の育児施設においては……経営に関する議決権は親たち自身に委ねられる」[153]と述べており、利用者がメンバーであることを前提としていると考えられるため、基本的には Ellman のいう "mutual benefit nonprofits" を一般的な mutual benefit corporation と同様に考えてよいものと思われる[154]。

Ellman は、「パトロン」を「寄付者」と「利用者」に区別することの重要性を指摘する。Ellman によれば、寄付者の問題は、自分の寄付の持つ「限界効用（marginal impact）」、すなわち、自分が寄付を行ったことによって提供されるサービスが実際に増加したのかどうかを十分に監視することができないという点にある。これに対して、利用者が非営利組織から何らかの商品を購入した場合には、その商品を手に入れたということを確認することができる[155]。寄付が行われる場合には、「限界効用」の監視が難しく、あるいは不可能であるが、「購入」と呼ばれるような取引においては、「限界効用」の監

151) *Id.* at 1031-1036.
152) 本章第一節第三款参照。
153) Ellman, *supra* note 36, at 1035.
154) 但し、Ellman が例として使用している保育施設は、一般には public benefit corporation に整理されるようにも思われるため、「利用者」のコントロールに着目した Ellman の区別は、一般的な public benefit corporation と mutual benefit corporation との区別とは、ずれる可能性があることに注意する必要があろう。
155) *Id.* at 1009.

視が容易である。これに対して、提供されるサービスや商品の「質（quality）」の監視の問題は、寄付の場合にも購入の場合にも生じ得る問題である[156]。

　Hansmann の理論によれば、非営利組織の経営者は Hansmann が「パトロン」と呼ぶ特定の寄付者や利用者に対して義務を負うことになる。"mutual benefit nonprofits" においては伝統的にはメンバーが取締役を選任し、取締役はメンバーに対して責任を負うが、Hansmann の理論によれば、取締役はメンバーではなく、「パトロン」に対して責任を負うことになってしまう[157]。Ellman によれば、Hansmann の理論は、寄付者と利用者を「パトロン」としてひとまとめにし、寄付に依拠する組織と共益を目的とした組織を「非営利組織（nonprofits）」としてひとまとめにし、「限界効用」の監視の問題と「質」の監視の問題を「契約の失敗」の問題としてひとまとめにした点に問題がある[158]。

　そして、Ellman は、以下で紹介するように、Hansmann の「契約の失敗」の考え方に基づく理論は "donative nonprofits" については一定程度あてはまるが、"mutual benefit nonprofits" についてはあてはまらないと主張する。

(2) 利用者のニーズに応えるために構成される "mutual benefit nonprofits" について

　Ellman は、"mutual benefit nonprofits" について次のように分析する。

　"donative nonprofits" においては、〔筆者注：寄付者ではなく〕利用者に特別な利益を与えるように設計されたルールを持つべきではないが、他方で、利用者の影響を受けやすく、利用者にコントロールされる組織が必要とされる場合がある。それが、"mutual benefit nonprofits" である[159]。

　Ellman は、"mutual benefit nonprofits" は、その利用者が、ソーシャルクラ

---

156) *Id.* at 1010.
157) *Id.* at 1011.
158) *Id.* at 1012. 但し、Hansmann は、残余財産を分配することができる組織については非営利法人の枠外で扱うべきだと主張していることについては上述のとおりであり、Ellman がこの点を十分に認識した上で議論しているかは必ずしも明らかではない。
159) *Id.* at 1031.

ブやアスレチッククラブ（athletic club）の場合のように高い価格を支払い、あるいはソーシャルクラブや保育施設の場合のようにボランティアとして労働力を提供してでも、彼らが「特別な生産物（a special product）」とみているものを提供させようとするために存在すると説明する[160]。

　Ellmanは、Hansmannによる保育施設についての説明を次のように批判する。Hansmannは、保育施設については、サービスの購入者である親は良いサービスが提供されているかを判断することができないため、「契約の失敗」の問題が生じるとする。そのため、親は、「分配禁止規制」が存在することによって良いサービスが提供されることが追加的に保障されている非営利組織を選ぶというのがHansmannによる説明である。これに対し、Ellmanは、Hansmannによる説明は二重の意味で欠点があると指摘する。第一に、実際には親は学校等について評価しており、「質」の監視の問題は存在しないと主張する。第二に、仮に「質」の監視の問題が生じていたとしても、厳格な信認義務の基準によってより多くの資金をサービスの提供に用いることがサービスの「質」の向上につながるとは限らず、「質」の監視の問題を解決することはできないと主張する。そのため、Ellmanは、収入を寄付ではなく主に販売に依拠している非営利組織にとっては、"donative nonprofits"に適用されるルール、つまり、「分配禁止規制」があることによって相手が非営利組織と取引することを選ぶというルールは、利用者をほとんど惹きつけないだろうと結論づける[161]。

　それでは、なぜ親たちは非営利形態の保育施設を組織するのだろうか？Ellmanは、利用者である親がサービスの提供者をコントロールしようとするためであると説明する。Ellmanによれば、利用者によるサービスの提供者のコントロールは、保育のようなサービスにとって、相互に関連する3つの理由のために重要である。第一の理由は、利用者がその製品の品質に深い関心を有しており、自分が求めるちょうどそのものを得るためであれば努力を惜しまないことである。この第一の理由は、サービスの購入が継続的であり、場合によっては毎日行われること（第二の理由）によって増幅される。

160) *Id.* at 1032.
161) *Id.* at 1032-1035.

そして第三の理由は、サービスの質を監視することは難しくはないようにみえるかもしれないが、契約コストが高いことである[162]。

Ellmanは、"mutual benefit nonprofits"が選ばれる理由として、具体的には、コントロールを親たちに留保できる方法でメンバーや取締役を組織できること、メンバーシップに簡単に譲渡制限をかけられる等、簡便で都合のよい組織形態であること、更に、分配禁止規制があることは、経済的利益しか持たない親以外の投資家による所有を避けたいという親の希望に即していることを挙げる[163]。

(3) "donative nonprofits" と "mutual benefit nonprofits" における「分配禁止規制」の意味の違い

Ellmanは、"donative nonprofits"にも"mutual benefit nonprofits"にも「分配禁止規制」はあるが、この2つはそれぞれ全く別の理由により「分配禁止規制」を必要としていると指摘する。"donative nonprofits"にとっては、「分配禁止規制」は、経済的に自己利益になる取引を禁止する、より大きなグループのルールの一部であり、その目的は寄付者を惹きつけ保護する点にある。他方で"mutual benefit nonprofits"にとっては、「分配禁止規制」は、利用者によるコントロールを確保するためのパッケージとしてのルールの一部である。そのため、厳格な信認義務が"donative nonprofits"を定義づけるようなルールであるように、消費者のコントロールを確保するために設計されたルールが"mutual benefit nonprofits"を定義づけるようなルールであると分析する[164]。

Ellmanによれば、"mutual benefit nonprofits"に対する利用者によるコント

162) *Id.* at 1035.
163) *Id.* at 1035-1036.
164) *Id.* at 1037.
　　Ellmanの"donative nonprofits"についての理解は、Hansmannの理論の対象を寄付者のみに限定した理論であると理解することができる。Hansmannが厳格な信認義務が必要とされる理由として「パトロン」は役員の行動を自ら監視する手段を持たないことを挙げているのに対して (Hansmann (1981), *supra* note 36, at 568)、Ellmanは「寄付者」と「利用者」を区別し、「利用者」に対してまで義務を負わせるのは誤りであると主張している (Ellman, *supra* note 36, at 1031)。

第二節　非営利法人の法的構造　77

ロールを確保するためには、利益分配の禁止の他に、二種類のルールが必要とされる。第一に、法は"mutual benefit nonprofits"の収入のうち、最低限の割合がメンバーから拠出されることを要求する必要があると指摘する[165]。第二に、メンバーが実際に"mutual benefit nonprofits"をコントロールしていることを確保しなければならないと指摘する。このため、メンバーのデモクラシーの最低限のレベルについて、制定法で保障するべきであると主張する。Ellmanによれば、この制定法によるデモクラシーの保障は、"mutual benefit nonprofits"においては、営利法人におけるよりも更に重要である。"mutual benefit nonprofits"に投入されている資金の規模は、高度な法的サービスを得て当事者の関係や保護について詳細に契約するためには不十分であり、また、"mutual benefit nonprofits"の場合には退出することにも経済的な犠牲が伴うからである[166]。

(4) "mutual benefit nonprofits"の経営者が高度な信認義務に服すべき理由はない

　Ellmanは、以上のような"mutual benefit nonprofits"のモデルによれば、"mutual benefit nonprofits"の経営者が特別に高度な信認義務に服するべきだという理由はみあたらないと主張する。Ellmanは次のように説明する。デモクラシーのプロセスが機能している限り、それ以外のセーフガードは必要ない。営利法人における信認義務のルールはmutual benefit corporationについての法においても完全に機能するだろう[167]。また、"mutual benefit nonprofits"については、州のAGによる監督やエンフォースメントについて、"donative nonprofits"と同様のニーズはない。"donative nonprofits"においては、州のAGやその他の州の機関が慈善組織のガバナンスの構造では代表されない寄付者の利益を保護するために行動するところ、"mutual benefit nonprofits"が適切に構成されていれば、そのメンバーは代表者を持つことになる[168]。mutual benefit corporationにおいて特に必要なのは民主的なコント

165) Ellman, *supra* note 36, at 1037-1040.
166) *Id.* at 1040-1041.
167) *Id.* at 1041.

ロールである。メンバーは、組織によって採用された方針についての継続的な決定権（voice）を必要とする。高度な信認義務を課すルールを採用しても、メンバーの決定権を保障することにはならない。民主的な構造を保障することだけが、そのニーズを満たすのである[169]。

(5) 非営利法人と cooperative との関係

Hansmann は、ソーシャルクラブは非営利法人としてではなく cooperative として位置づけられるべきであり、非営利法人には統一的なルールが適用されるべきであると主張していた[170]。これに対して Ellman は、「クラブ」は統一的なモデルの小さな例外ではなく、大きなカテゴリーとしての例外であると整理する[171]。

Ellman は、次のように"mutual benefit nonprofits"と cooperative の違いを指摘する。cooperative として代表的なものは生産者の集まりである生産者協同組合（producer cooperative）であるが、生産者協同組合は経済的ゴールのみを有した経済的な組織であり、ソーシャルクラブやロビーイストのグループ、消費者組合（consumers union）とは大きく異なる[172]。特に"mutual benefit nonprofits"では分配禁止規制があるのに対し、cooperative においては、必ずしも資本（equity capital）の返還である必要はないとしても、メンバーに対して支払いを行う能力が必要である。少なくとも、現在の cooperative についての法は"mutual benefit nonprofits"にはふさわしくなく、仮に「クラブ」を cooperative に取り込む場合には、cooperative についての法の大きな変更が必要となる。より現実的なのは、まず非営利法人についての法を修正することであろう[173]。

Ellman は、現在非営利法人として取り扱われている組織は実際には"donative nonprofits"と"mutual benefit nonprofits"という二者択一の組織形

---

168) *Id.* at 1041-1042.
169) *Id.* at 1042.
170) Hansmann (1981), *supra* note 36, at 587.
171) Ellman, *supra* note 36, at 1047.
172) *Id.* at 1048.
173) *Id.* at 1049.

第二節　非営利法人の法的構造　79

態のうちの一つにあてはまるのであって、非営利法人についての法は、それぞれのグループのニーズが効率的に満たされるように改革されるべきであると主張する[174]。

(6) Ellman の主張のまとめ

　以下は Ellman による整理である。Hansmann によって統一的に取り扱われている非営利法人の中には、「寄付者」のニーズに応えるために構成される非営利組織である"donative nonprofits"と「利用者」のニーズに応えるために構成される非営利組織である"mutual benefit nonprofits"がある。"donative nonprofits"についての法は、寄付者を保護するための信認義務についての特別の規定を採用することによって、寄付者を惹きつけようとする組織のニーズに沿うように設計されるべきである。寄付者は通常は組織においてガバナンスに関する権利を有していないことから、信認義務についての特別の規定は特に重要である。これに対して、"mutual benefit nonprofits"についての法は、サービス等の供給者をコントロールしようとする利用者のニーズを満たすように設計される。

　以上の考え方に沿って立法が行われれば、4つのカテゴリーによる分類が行われる。第一に"donative nonprofits"であり、寄付者に仕える（serve）ものである。第二に"mutual benefit nonprofits"であり、利用者に仕えるものである。第三に cooperative corporation（協同組合法人）であり、生産者に仕えるものである。第四に営利法人であり、投資家に仕えるものである[175]。

　Ellman は、Hansmann が提供したモデルは、非営利の分野の全体を「パトロン」や「契約の失敗」という集合的な概念を用いて説明しようとした点において欠点があると結論づける[176]。

---

174) *Ibid.*
175) *Id.* at 1050.
176) *Ibid.*

80　第二章　アメリカの非営利法人についての基礎的考察

二 Ellman の主張についての考察――Hansmann の主張との対比を中心に

　Hansmann は、解散時に残余財産の分配を認めることは分配禁止規制のループホールとなってしまうことから認めるべきではないとして、ソーシャルクラブについては、これを非営利法人として理解するのではなく cooperative として整理すべきであると主張した。これに対して Ellman は、「利用者」のニーズに応えるために構成される "mutual benefit nonprofits" における分配禁止規制は「利用者」が組織のコントロールを得るための方法として機能しているとして、public benefit corporation における分配禁止規制とは異なる意味を与えようとした。

　言い換えるならば、Hansmann はソーシャルクラブをごく例外的な存在として非営利法人の枠組みから外した上で、残りの非営利法人には統一的で厳格なルールを適用すべきであると主張したのに対し、Ellman は、Hansmann がごく例外的な存在として扱っているソーシャルクラブは、より一般的な "mutual benefit nonprofits" の一部であると整理し、Hansmann のように非営利法人全てに適用される統一的な法を求めるのではなく、非営利法人を "donative nonprofits" と "mutual benefit nonprofits" の2つに分類して、それぞれに適用される法が必要であると主張した。

　以下、Ellman の理論のうち、①寄付者と利用者を区別した点と、② "donative nonprofits" と "mutual benefit nonprofits" に分類した点について若干の考察を加えておきたい。

(1) 寄付者と利用者の区別についての考察

　Ellman は、Hansmann の利用する「パトロン」の概念が「寄付者」と「利用者」を区別していないことを批判している。しかし、以下の理由から Ellman の主張する「利用者」と「寄付者」の区別は絶対的なものではなく、「契約の失敗」の状況が生じるか否かや、「契約の失敗」の状況が生じる場合に、より厳格な信認義務を課すことによってこれを解決することができるかどうかは、資金の提供者が「利用者」であるか「寄付者」であるかという要

第二節　非営利法人の法的構造　81

素のみによっては必ずしも決定づけられるものではないと考える。
　まず、「契約の失敗」の状況が生じるか否かという点について、Ellman は、利用者の場合には寄付者と異なり、「限界効用」を監視することは容易であると主張していた[177]。確かに、ミュージアムショップで商品を購入する利用者は、代金の対価として商品を取得したことを確認できる。しかし、利用者の場合でも、例えば利用者が自分の1歳の子供が入所している保育施設に対しておやつ代を支払った場合には、実際に子供におやつが提供されたかどうかを確認することは必ずしも容易ではない。「パトロン」が「寄付者」であるか「利用者」であるかという点は、「契約の失敗」が生じるかどうかについての絶対的な基準にはならないと考えられる。
　次に、利用者に対して「契約の失敗」が生じた場合に、厳格な信認義務を課すことによって問題に対応することが可能であるかどうかという点について、Ellman は次のように主張する。「〔厳格な信認義務が課されることによって〕非営利組織は子供一人当たりのケアに対してより多額を使うかもしれないが、潜在的な購入者である親がより良いケアをもたらすとは信じない方法で〔お金を使う〕かもしれない。例えば、より高価なおもちゃを買うかもしれないが、それは親が望ましくないと思うおもちゃかもしれない。より多くのスタッフを雇うかもしれないが、親が反対する子育ての理論を持ったスタッフを雇ってしまうかもしれない。結局、『契約の失敗』モデルによって要求される厳格な信認義務は、サービスの購入者である親のニーズの役に立たないのである。」[178] しかし、より多くの資金を使用したとしてもそれが資金を提供した者が望む使用方法であるとは限らないという Ellman の指摘は、資金提供者が「利用者」の場合だけでなく、「寄付者」の場合であっても同様にあてはまる。
　以上の点から、Ellman の主張する「利用者」と「寄付者」の区別は絶対的なものではなく、「契約の失敗」の状況が生じるか否かや、これが生じる場合に、より厳格な信認義務によってこれを解決できるかどうかは、資金の提供者が「利用者」であるか「寄付者」であるかのみによっては必ずしも決

177) *Id.* at 1009.
178) *Id.* at 1034.

定づけられるものではないと考える。

(2) "donative nonprofits" と "mutual benefit nonprofits" の分類

他方で、Ellman が非営利法人の中でも「契約の失敗」のみによって説明されない類型を "mutual benefit nonprofits" として整理し、なぜ "mutual benefit nonprofits" において「分配禁止規制」が必要とされるのかについての積極的な議論を提供したことは、Ellman の論文において最も重要な点であると考える。

Hansmann の理論と Ellman の理論の大きな違いは、Ellman の呼ぶところの "mutual benefit nonprofits" という分類を非営利法人の中に位置づけるかどうかという点である。この点、Hansmann はソーシャルクラブをごく例外的な存在と捉え、これを運営中も解散時も分配が可能である cooperative corporation に分類すべきだと主張している。これに対して Ellman は、Hansmann がソーシャルクラブとして扱っているのは、より一般的に "mutual benefit nonprofits" として扱われるべきものの一部であるとの理解を示す[179]。

そして、"mutual benefit nonprofits" に対して分配禁止規制を課すことには、"donative nonprofits" に対して分配禁止規制を課すこととは異なる意味があると主張する。すなわち Ellman は、"mutual benefit nonprofits" が形成されるのは利用者がその組織をコントロールする必要がある場合であると分析し、こうした組織における分配禁止規制については、単なる経済的利益を目的とした投資者を排除することができること等、利用者のコントロールに資する点に積極的な意味を見出すのである[180]。

それでは、以上の Hansmann の議論と Ellman の議論はどのような関係に立つだろうか。

この点、Ellman の理論における「利用者によるコントロール」の必要性と Hansmann の理論における「契約の失敗」に対応する必要性は、同時に生じることも考えられ、排他的な関係にはないと考えられる。例えば、乳幼児

179) *Id.* at 1047.
180) *Id.* at 1035-1042.

のケアをする組織を念頭に置けば、親が自らが望むちょうどそのもののサービスの提供を受けるために組織をコントロールする必要性を感じる可能性があるのと同時に、実際にケアを受けるのは乳幼児であることから、十分なサービスが提供されているかどうかを監視することが難しいという「契約の失敗」の問題が生じる可能性もある。

　以上より、非営利組織の形態が利用される理由としては、「契約の失敗」に対応する必要性の他に、「利用者によるコントロール」の必要性が考えられ、両者は排他的関係にあるわけではないという整理が可能であろう。

　また、信認義務の内容やエンフォースメントの方法を検討する本稿との関係では、Hansmann、Ellman の両者とも、「パトロン」や「利用者」が議決権の行使等を通じて組織に一定のコントロールを及ぼせる組織をその他の組織と区別し、両者には異なるルールが適用される可能性を示唆している点が重要である[181]。具体的には、Hansmann は残余財産の分配を認めることは非営利法人における分配禁止規制の例外を認めループホールを作ることになるとして反対し、ソーシャルクラブについては非営利法人としてではなく cooperative として整理することを提案した。そして、非営利法人の役員の自己取引は禁止すべきであると主張したが、「パトロン」が組織のコントロールを有しているソーシャルクラブについては厳格な信認義務の基準を課す必要性はない、あるいはほとんどないと主張した[182]。一方で Ellman は、非営利法人を "donative nonprofits" と "mutual benefit nonprofits" に分類し、"mutual benefit nonprofits" においては、利用者が利用できるデモクラシーのシステムが備えられていれば厳格な信認義務は必要ないと説明した[183]。

　以上の Hansmann と Ellman の主張からは、信認義務を分析するにあたっては、いわゆる public benefit corporation と mutual benefit corporation を区別し、それぞれに適用されるルールを検討する必要があることが導かれる。メンバーがいない場合がほとんどである public benefit corporation と異なり、メン

---

181) *See also* Manne, *supra* note 24, at 242; Lee, *supra* note 1, at 931 n.39; FISHMAN & SCHWARZ, *supra* note 10, at 58.
182) Hansmann (1981), *supra* note 36, at 567-573, 574, 583, 587-596.
183) Ellman, *supra* note 36, at 1042.

バーの利益を目的とする mutual benefit corporation においては、メンバーが非営利法人に対して一定のコントロールを及ぼしうると考えられるためである。

第四款　Hansmann の理論に対する応答――エージェンシーコストの問題を中心に

　Hansmann の分配禁止規制についての理論に対しては、Ellman の他にも多くの論者から応答がなされた。以下、主張がなされた時系列に沿って、Clark（1980年）、Fama & Jensen（1983年）、Brody（1996年）、Manne（1999年）の各論者の主張を紹介し、検討していく。

　論者ごとに主張の詳細は異なるが、いずれの論者の見解についても共通しているのは、非営利法人におけるエージェンシーコストの問題に着目している点である。

　1970年代の中頃から発達したエージェンシー理論においては、企業組織をプリンシパルとエージェントとの間のエージェンシー関係のネットワークと捉える[184]。そして、「広く誰か（agent）が他人（principal）のために行動するという状況を想定し、プリンシパルの利益とエージェントの個人的利益が対立する場合に、事前の契約条件によって、プリンシパルがいかにエージェントを自己の利益に沿う行動をさせるべく動機づけられるか、いかに相手の逸脱行為を制御するメカニズムをつくることができるかといったことを考える」[185]。

　エージェンシーコストとは、プリンシパルによる監視費用（モニタリング・コスト）、エージェントがプリンシパルを安心させるための保証のコスト（the cost of bonding）、エージェントがプリンシパルの利益から逸脱したことによって生じるプリンシパルの経済的損失の合計であると説明される[186]。

一　Clark の指摘――資本市場によるコントロールの欠如

(1)　2つの仮説

　Clark は、1980年の論文（「非営利の形態をとることは病院業界に適切であるのか」）において、病院を素材として、なぜ多くの病院が非営利の形態を

---

184) 組織形態と法に関する研究会・報告書・前掲注81) 96頁。
185) 藤田友敬「契約・組織の経済学と法律学」北大法学論集52巻5号480頁、472-471頁。

第二節　非営利法人の法的構造　85

とっているのか、また、その帰結は何かという問題を分析している[187]。

　Clark は、病院について非営利法人の形態が選ばれる理由として、2つの仮説を紹介した。一つは、Hansmann の非営利法人についての説明を具体的に適用した「受認者仮説 fiduciary hypothesis)」である[188]。もう一つは、非営利の病院を、病院をコントロールする医師が患者の知識の不足を利用し、これにより自分自身の利益を最大化する道具とみる「搾取仮説（exploitation hypothesis）」である[189]。以下では「搾取仮説」を紹介する。

(2) 搾取仮説 (exploitation hypothesis)

　「搾取仮説」は、病院の非営利という形態は、病院をコントロールする医師がその利益を最大化するために選択されるという仮説である。この仮説は、営利形態の病院においては医師は利益を上げることを目指す経営者からのモニタリングに対峙しなければならないのに対して、病院が非営利形態である場合には経営者のモニタリングに対峙する必要がないことから、病院が非営利形態をとることは医師にとって都合がよいと説明する[190]。そして、事実上、医師が非営利の病院の意思決定を支配することにより、医師の収入を最大化する方法で、看護師らに対する報酬をコントロールし、アウトプットの質や構成をコントロールすることができると説明する[191]。非営利の病院は、医師ではない経営者と株主によって運営されている営利の病院に比べて、医師によるこのようなコントロールを容易にする可能性があると説明されるのである[192]。

---

186) Michael C. Jensen & William H. Meckling, *Theory of the Firm*: *Managerial Behavior, Agency Costs and Ownership Structure*, 3 J. Fin. Econ. 303, 325-326 (1976); Manne, *supra* note 24, at 233-234. 組織形態と法に関する研究会・報告書・前掲注81) 99頁注542も参照。

187) Clark, *supra* note 77.

188) *Id.* at 1433-1435. 但し、Hansmann 自身も、「契約の失敗」の考え方に基づく説明は病院にはあてはまらないことを指摘していたことに注意が必要である (*See Id.* at 1433 n.49)。

189) *Id.* at 1436-1437. Clark はこのような仮説を立てた例として Pauly & Redisch, *The Not-for-Profit Hospital as a Physicians' Cooperative*, 63 Am. Econ. Rev. 87 (1973) を紹介している。但し、「搾取仮説 (exploitation hypothesis)」というラベル付けは Clark 独自のものである (Clark, *supra* note 77, at 1433 n.48)。

190) Clark, *supra* note 77, at 1436.

191) *Ibid.*

但し、Clark は、「搾取仮説」は、医師が自らの利益を最大化するという視点から組織の形態を評価しているのであれば、なぜ医師が自ら営利法人を作り支配株主になることによってその営利法人を支配するという方法をとらないのかという点について十分に説明できていないと指摘する[193]。この点について Clark は、病院が非営利の形態をとる理由を「搾取仮説」で説明するためには、営利形態の病院を避ける患者がいる可能性があるために、医師は非営利の形態を好むと理解するしかないと説明する。すなわち、患者が非営利の形態を好むことから、医師は、非営利の形態をとることによって患者をより安心させ、より簡単に患者を搾取することができるように、非営利の形態をとることを好むと説明するのである[194]。「搾取仮説」は、Clark によって、医師が実際に行っていることの本質を患者や政策立案者から隠し、より多くの信頼、金、免税を受け取れるように彼らをミスリードするモデルであると理解される[195]。

　更に Clark は、病院において自己利益が図られる場合のほとんどは、医師ではなく病院の運営者（administrators）の利益になっていることから、「搾取仮説」も完全に有効ではないと指摘する。そして、むしろ確認できる仮説は、非営利組織全般においては、資本の提供者からのコントロールといった資本市場のコントロールがないことから、営利組織に比べて経営者の裁量が大きく、その結果として経営者の利益を増加させる組織運営に結びつくということだと指摘する[196]。

　Clark は、「受認者仮説」と「搾取仮説」の2つの仮説の間でどちらかを決定的に選ぶ証拠はないとした上で[197]、少なくとも、非営利の病院は受認者（fiduciaries）としての立場をとっているために社会的に優れているとの主張は確立されたものとはいえないと指摘している[198]。

　その上で、Clark は、非営利の病院を営利の病院に比べて法律上優遇しな

---

192) *Id.* at 1437.
193) *Id.* at 1441.
194) *Id.* at 1447. Clark は、「〔医師は〕受認者仮説を『買って』いる」と表現している。
195) *Ibid.*
196) *Id.* at 1462.
197) *Id.* at 1464.

第二節　非営利法人の法的構造　　87

いことや、医師による支配に対抗するために、非営利の病院のガバナンスに対する消費者のコントロールを明確にし、強化すること等を提案している[199]。

　Clark の論考は、非営利の病院においては経営者による医師に対するモニタリングや資本の提供者による経営者のコントロールが働かない可能性を指摘しており、非営利法人と営利法人の違いを理解する上で重要である。

二　Fama & Jensen の指摘――寄付者と残余財産権者との間のエージェンシー問題への対応としての非営利法人

　Fama & Jensen は、Hansmann による「契約の失敗」理論が正しいとすれば、例えば消費者がその商品の質を判断することが難しいハイテク商品等において、非営利法人は実際に観察されるよりも多く存在するはずであるとして、Hansmann の理論に疑問を呈する[200]。

　Fama & Jensen は、非営利法人に対する「寄付」に着目した仮説を提示する。Fama & Jensen の仮説は、寄付によってファイナンスが行われる活動においては非営利組織が支配的であるという事実を、非営利組織には残余財産権者（residual claims）が存在しないために寄付者と残余財産権者との間のエージェンシー問題を避けることができるという理由から説明しようとする。利益（net cash flow）についての権利を残余財産権者に分配する契約があるとすれば、寄付者に対して、彼らが提供した資金が残余財産権者による搾取から保護されることを保障することは難しい。この寄付者と残余財産権者との間のエージェンシー問題を解決するための一つの方法として、譲渡可能な残余財産権を存在させず、寄付者との間で全ての利益（net cash flow）は生産活動（output）に用いることを契約することが考えられると説明する[201]。

　但し、この Fama & Jensen の説明は、Hansmann の「契約の失敗」の理論のうち、収入を寄付に依拠している組織においては契約のコストが極めて高いという理解[202]と大きく異なるのかどうかについて疑問が残るように思わ

198）　*Id.* at 1465.
199）　*Id.* at 1488.
200）　Eugene F. Fama & Michael C. Jensen, *Agency Problems and Residual Claims*, 26 J. L. & Econ. 327, at 342 n.21 (1983).
201）　*Id.* at 341-342.

れる。

三　Brodyの指摘——役員のエージェンシーコストの問題への着目

　Brodyは、「プリンシパルのいないエージェント」と題した1996年の論文の中で、非営利法人においては残余財産権者が存在しないため、エージェンシー問題でいうところのプリンシパルが存在しない状態であり、非営利法人の経営者を監督する者がいないと指摘する。しかし、その上で、株主が存在する営利法人においても、株主は実際には監督機能をさほど果たしていないのであって、経営者のエージェンシーコストの問題という点においては営利法人と非営利法人は通常認識されているほどには違いがないと主張する[203]。

(1)　Hansmannによる分配禁止規制の理解に対する疑問の提示

　Brodyは、Hansmannによる分配禁止規制の理解に対して疑問を提示する。上述のように、Hansmannは、非営利法人は分配禁止規制に服するため、「パトロン」に対して、「パトロン」が提供した資金の全てを非営利法人のサービスの提供のために使うことをより強く保障できると説明する。

　これに対してBrodyは、分配禁止規制は内部者（insider）に対する直接の分配を禁止するだけであって、資金が特定の方法で使われることを確保するわけではないことを指摘する。すなわち、分配禁止規制は利益を分配するという一定の行為を禁止する消極的な制約にすぎず、資金を使用して何をしなければならないかを示す規制ではないため、非営利法人は、利益の分配は行わなくとも、資金の流用や無駄遣いを行う可能性があると指摘する[204]。

　そして、営利法人であれば分配に用いるであろう利益よりも多くの資金を非営利法人が非効率な支出に用いる可能性もあることを指摘する。この場合

---

202) HANSMANN (1996), *supra* note 81, at 234-235.
203) Evelyn Brody, *Agents without Principals*: *The Economic Convergence of the Nonprofit and For-Profit Organizational Forms*, 40 N. Y. L. SCH. L. REV. 457 (1996) (以下、「Brody (1996)」という)。
204) *Id.* at 463. *Id.* at 511は次のように指摘する。「非営利組織は、寄付者や利用者の富 (welfare) を最大化するのではなく、『パトロン』の資産を、他の活動を行うために横流ししたり (cross-subsidize)、『過剰な』質を提供したり、単に快適な職務環境を作ったりするために使用するかもしれない。」

には、分配禁止規制は、必要ないだけではなく、無駄遣いを生じさせるものですらあると主張する[205]。

(2) 非営利法人におけるプリンシパルの不在

また、Hansmann が非営利法人における寄付者や受益者に着目しているのに対して、Brody は次のように指摘する。「……Hansmann らの仮説にかかわらず、ほとんどの非営利組織においてはプリンシパルという明確な分類が存在しない。結果として、ほとんどの州における非営利組織についての法は、もしかすると意図せずに、プリンシパルの存在しない状態でのエージェントを創り出しているのである（agents without principals）。」[206]

非営利法人においては、役員に対して株主による監督が行われないため、理論的には非営利法人の役員が置かれる状況は営利法人の役員とは異なる。また、非営利法人においては信認義務違反を追及する原告適格を有する私的な当事者がおらず、Brody は、非営利法人の役員の負う信認義務は「〔法的制裁のない法的な義務〕」であると表現する[207]。

(3) 非営利法人も営利法人も経営者によって支配されていること

しかし、Brody の主張の中心はこの先にある。Brody は、営利法人においても、実際には状況は変わらないと指摘する[208]。営利法人においても、プリンシパルとされる株主の意思は十分に反映されない。非営利法人において分配禁止規制が株主の不在に対する弱い代替にしかなっていない一方で、営利法人においても株主に対して十分な説明責任は果たされていないのである[209]。そのため結果として、営利法人も非営利法人も、多くの類似した方法で機能し、自分達の後任を自分達で選ぶ（self-perpetuating）経営者によって相当程度に支配される類似の企業になる[210]。Brody は次のように表現する。「〔営利と

205) Id. at 464.
206) Id. at 465.
207) Id. at 464-467.
208) Id. at 467. この指摘は、Hansmann のエージェンシーコストについての指摘と共通するものといえよう。本章第二節第二款の三を参照。
209) Id. at 470. See also Id. at 474.

90　第二章　アメリカの非営利法人についての基礎的考察

非営利の〕両方のセクターにおける経営者は、営利セクターにおけるように事実上（de facto）であるか、非営利セクターにおけるように法令上（de jure）であるかにかかわらず、決定についての権限を有しているのである。」[211]

四　Manneの主張──分配禁止規制によって大きくなるエージェンシーコストの問題

　Hansmannの議論は、非営利法人が分配禁止規制に服することによって、資金がサービスの提供のために使用されることをより確実にすることを軸としていた[212]。非営利法人形態をとることの弱点として資金調達力が弱いこと[213]や効率的な経営を行うインセンティブが弱いこと[214]が挙げられているものの、その議論の力点は、分配禁止規制を課すことによって「パトロン」に対してその資産が本来のサービスの提供に使用されることをより強く保障できるという、分配禁止規制のもつアドバンテージの説明におかれていた。

　これに対して、Manneは、1999年の論文の中で、分配禁止規制を導入することそれ自体によって、同時にエージェンシーコストが高まることを主張した。すなわち、分配禁止規制の結果として非営利法人に対して直接的な経済的利益を有する株主が存在しなくなることから、経営者に対するモニタリングが弱まり、経営者による「パトロン」の意図と違う方法での資金の流用が行われやすくなると説明する[215]。

　Manneの論文は、慈善法人や慈善信託におけるエージェンシー問題の解決法として、これらを監督する私的な営利法人を設立することを提案している[216]。この提案自体については、非営利法人自身に雇われる営利法人が非営利法人を十分に監督するインセンティブを持つのかどうかという点につい

---

210) *Id.* at 471. Brodyは、取締役が法的には株主によって選任される営利法人においても、実質的には取締役が自分達の後任を選んでいる (self-perpetuating) と指摘する (*Id.* at 476)。
211) *Id.* at 536.
212) Hansmann (1981), *supra* note 36, at 558.
213) Hansmann (1980), *supra* note 5, at 877.
214) Hansmann (1981), *supra* note 36, at 878.
215) Manne, *supra* note 24, at 230-252. Manneは次のように指摘する。「非営利組織に対してはプリンシパルもエージェントも所有者として利益を有していない。本当に実際的な意味において、非営利組織は誰にも所有されていない (unowned)。」(*Id.* at 235.)

て疑問が残るが、ここでは Manne による非営利法人におけるエージェンシー問題の指摘を中心に紹介し、検討する[217]。

(1) Manne による非営利法人におけるエージェンシーコストについての説明

営利法人においても慈善組織においても、エージェンシー問題は避けられない[218]。

Manne は、非営利法人においては、プリンシパルは寄付者 (donor) であり、エージェントは非営利法人の役員 (managers) であると説明する[219]。

分配禁止規制に服する結果、非営利法人は少なくとも通常の法的な意味においては所有されていない (not owned)。そのため、非営利法人は法人形態を採用することに由来するエージェンシーコストを克服することについてその残余財産権者 (residual claimants) に頼ることができず、非営利法人におけるエージェントの行動のコントロールは外部の要因に委ねざるを得ない[220]。

Hansmann は、「契約の失敗」の状況においては、非営利法人形態をとることによってサービスの提供者を購入者の受認者 (fiduciary) とし、サービスが期待通りに提供されることについてより大きな保障を提供することに非営利法人のアドバンテージがあるとする。Manne は、このような状況においては、〔筆者注：「契約の失敗」が起こるのは、「パトロン」とサービスの受益者が異なる場合等であると説明されているため、〕提供されるサービスや物品に由来する「パトロン」と受益者の分離に伴う情報の非対称性 (information asymmetry) や、エージェンシーコストを克服するインセンティブを有する残余財産権者が存在しないことにより、寄付者等によって非営利法人を監視することのコストは対処できない程に (prohibitively) 高くなると指摘する[221]。

216) *Id.* at 253.
217) *Id.* at 227-236.
218) *Id.* at 227.
219) *Id.* at 234.
220) *Id.* at 230-231.
221) *Id.* at 231-232. *See also Id.* at 252.

また Manne は、非営利形態がとられる理由として Hansmann による「契約の失敗」理論の他に、非営利事業は歴史的に教会から始まっており、非営利事業が所有されることによって、特定の信仰を促進するという目的を放棄させられることのないように、非営利形態がとられていたことを指摘する[222]。そして〔筆者注：非効率的な経営を行っていれば支配権の買収等が行われる〕法人の支配権市場を放棄したことにより、非営利組織は更なるエージェンシーコストを負ってしまったと指摘する[223]。

　更に、営利法人においては利益の最大化が「所有者」の主要な目標であるのに対して、非営利法人においてはプリンシパルの利益が何であるのかを特定するのが難しいことも、非営利法人におけるエージェンシーコストを増加させている[224]。また、非営利法人に対する寄付者や受益者は弱い財産権しか有しておらず、原告適格が認められるのかも疑問であるのに加えて、集合行為問題が存在する[225]。

　但し、Manne は、メンバーの共益を目的とする mutual benefit corporation に対するメンバーの関係は営利法人に対する株主の関係とさほど変わらず、mutual benefit corporation のメンバーは、株主と同様に役員をモニタリングできる可能性があると指摘している[226]。

---

[222] *Id.* at 232-233. この点については、"mutual benefit nonprofits" において非営利形態がとられるのは経済的利益のみを追求する所有者によって組織がコントロールされることを防ぐためであるとする Ellman の議論と関連づけて理解することができよう。

[223] *Id.* at 233, 236.

[224] *Id.* at 234.
　　非営利法人の経営者の権限は、SEC への開示義務や株価への関心といった営利法人において存在するコントロールがないために、チェックされないことが少なくないと指摘されている (Note, *Developments in the Law-Nonprofit Corporations*, 105 HARV. L. REV. 1578, 1591 (1992))。
　　この他、Evelyn Brody, *The Limits of Charity Fiduciary Law*, 57 MD. L. REV. 1400, at 1500 (1998)（以下、「Brody (1998)」という）、樋口範雄「非営利団体のガバナンス序説——公益信託のガバナンスを論ずる前提として」トラスト60『信託と信託法の広がり』141頁、148頁（トラスト60・2005年）も参照。

[225] Manne, *supra* note 24, at 236.

[226] *Id.* at 242-243.

(2) 分配禁止規制による規律の不十分性

Manne は、次のように指摘し、分配禁止規制は、役員の行動を規律するためには不十分であると主張する。

「分配禁止規制は非営利法人の役員を規律することができない、なぜなら、非営利法人の取締役会のメンバーの報酬やその他の経済的な事項については極めて少ない制限しか存在しておらず、また、役得（perquisites）は分配禁止規制と衝突しない方法で簡単に取得され得るためである。」[227]

「分配禁止規制は、公衆に非営利組織を信頼させるためには役立つが、それだけでは、不正や経営の誤り（mismanagement）の恐れを鎮めるためには相当程度不十分である。」[228]

(3) Hansmann の説明との関係

Hansmann の「分配禁止規制」についての説明は、分配が禁じられることにより資金がサービスの提供のために用いられる可能性が高まる点を重視していた。

これに対して、Manne の説明は、非営利法人においては分配禁止規制に服する帰結として「所有者」が存在しないため、経営者に対するモニタリングが弱まり、エージェンシーコストが増加し、資金がプリンシパル（＝寄付者）の利益と一致しないエージェント（＝経営者）の利益のために流用される可能性が高まる点を重視している。

両者の指摘は、分配禁止規制の別々の側面を重視した説明であるといえよう。

---

227) *Id.* at 252.
228) *Id.* at 258.

第五款　非営利法人の法的構造についてのまとめと考察

一　分配禁止規制の存在

(1)　各論者の見解

　非営利法人は分配禁止規制によって特徴づけられる。Hansmann は、非営利法人は分配禁止規制に服する結果、「パトロン」（資金提供者）に対して、その提供した全ての資金が非営利法人の目的であるサービスの提供のために用いられることについて、より強い保障を与えると説明した。Hansmann の説明によれば、非営利法人形態は、資金提供者とサービスを受ける受益者との間の距離が離れている場合等、資金提供者が通常の契約の道具を用いてはサービスの提供を監視できない「契約の失敗」の状況が生じている場合に用いられる[229]。

　但し、Hansmann が主張する分配禁止規制の効果については、Brody から疑問が呈されていたことも無視することはできない。分配禁止規制は利益の分配という行為を禁止するに過ぎないため、利益の分配以外の方法で資金の流用や無駄遣いが行われる可能性があると指摘されていた。

　この分配禁止規制については、Hansmann による説明の他にもいくつかの理論が提示されていた。Ellman は、「利用者」のニーズに応えるために構成される非営利組織においては、分配禁止規制は利用者が法人のコントロールを確保するための手段を提供していると主張していた。また、Fama & Jensen は、「寄付」の視点から分配禁止規制を理解し、残余財産権者がいる場合には、寄付者に対して、寄付に係る資金が残余財産権者に搾取されないことを保障できないため、寄付が行われる事業においては、残余財産権者を置かないことによって、寄付者と残余財産権者との間のエージェンシー問題に対応しているとの仮説を提示した。

---

[229]　以下、本款で言及する各論者の見解については、本節で各論者の見解を紹介・分析した箇所を参照。

(2) **考察**

　以上の Hansmann、Ellman、Fama & Jensen の見解は、それぞれ異なるとはいえ、必ずしも相反する関係には立たない。これらを総合すると次のようになろう。

　提供されるサービスの内容や契約の方法が十分に標準化されておらず、「契約の失敗」が生じる場面においては、分配禁止規制が、資金提供者に対して、提供した資金が分配されずに非営利法人の目的であるところのサービスの提供に用いられることをより強く保障する。その中でも、法人がその主たる収入として、商品やサービスの商業的な販売ではなく、寄付に依拠している場合には、残余財産権者が存在すれば、寄付者は自らが提供した寄付金が残余財産権者に搾取されるのではないかという懸念を払拭できないため、分配禁止規制を用いることによってこの問題を解決しようとする。

　更に、非営利法人の中には、「利用者」が法人のコントロールを確保するための手段として分配禁止規制が用いられる場合がある。

　一つの非営利法人において「契約の失敗」の状況が生じていると同時に、利用者がコントロールを維持しようとしている場合も考えられるため、分配禁止規制は必ずしも「契約の失敗」の状況と「利用者によるコントロールの維持」の必要性とのどちらか一つだけに対応するために採用されているとは限らない。

　このように、組織の形態として非営利法人が用いられる理由としては、①「契約の失敗」の状況が存在する場合と②法人のコントロールを「利用者」が維持したい場合が考えられ、非営利法人の形態がとられている場合には、①「契約の失敗」の状況に対応するため、②「利用者」が組織のコントロールを維持するため、という理由の一方または両方が存在していると理解することが可能であろう。

二　非営利法人形態をとること自体に伴うエージェンシーコスト

(1) **分配禁止規制の結果としてエージェンシーコストが高まる可能性**

　Hansmann が分配禁止規制を導入することにより資金がサービスの提供に用いられる可能性を高める点に着目して立論していたのに対して、Clark や

Brody、Manne は、分配禁止規制に服する非営利法人におけるエージェンシーコストに着目していた。特に Manne は、分配禁止規制に服する非営利法人という形態を採用することは、そのこと自体がエージェンシーコストを増加させる可能性があることを強調した。Hansmann 自身も、非営利法人の「パトロン」は営利法人の株主が有する議決権や代表訴訟といった手段を持たないことから、非営利法人の役員の自己取引については厳格な基準を用いて判断すべきだと主張しており、エージェンシーコストの問題自体は指摘している。Hansmann による、分配禁止規制が「パトロン」に追加的な保障を与えるという理論と、Manne による、分配禁止規制によりエージェンシーコストが増加し、資金が寄付者の意図に反して用いられるリスクが高まるという指摘は、分配禁止規制の表裏の側面のどちらを重視するかという関係に立つと理解することができる。

　Manne の指摘を中心に非営利法人形態をとることに伴うエージェンシーコストを整理すると次のようになろう。まず、非営利法人が用いられるのが資金提供者とサービスの受益者が離れている「契約の失敗」の場面であるならば、そのことは資金提供者と役員の間の情報の非対称性が大きいことを意味する。そして、public benefit corporation においては、分配禁止規制が採用されることによって、法人に経済的利害関係を有する株主にあたる者が存在しなくなることから（残余財産権者の不存在）、役員は残余財産権者による監督を受けないことになる。更に、譲渡可能な残余財産権が存在しないため、営利法人の場合であれば存在する会社の支配権市場も存在せず、市場による規律も機能しない。こうした状況の下では、役員が資金提供者の意図に反して自己の利益のために資金を流用する可能性は高まる。すなわち、分配禁止規制に服する非営利法人形態を採用することによって、役員による資金の流用の可能性も高まるのである。

　非営利法人においてエージェンシーコストが増加する可能性があるという点は、非営利法人の役員に対して、厳格な信認義務を適用すべきであると考える理由、あるいは追加的なエンフォースメントの制度を採用すべきであると考える理由となる可能性がある[230]。

(2) 非営利法人におけるエージェンシーコストは、実際には営利法人とそれほど変わらない可能性を指摘する見解

但し、非営利法人におけるエージェンシーコストは実際には営利法人におけるエージェンシーコストとそれほど変わらない可能性を指摘する見解もある。

Brody は、営利法人においては理論上は株主が経営者を監督する権限を有しているが、株主は実際には経営者の監督を行っていないことを指摘する。そのため、監督を行う株主がいる営利法人においても、分配禁止規制の結果として残余財産権者がいない非営利法人においても、実際には経営者がコントロールの権限を有しているという点では変わらないと指摘していた。

また、Hansmann もこの点について、非営利法人の役員の状況は、株主が議決権を有意義に行使していない大規模な公開株式会社の経営者の状況と大きく異ならないと指摘していた。

但し、これらの主張は、営利法人においても、株主による実効的な監督が行われていないことを指摘するものであり、非営利法人においてエージェンシーコストに対応する必要があることを否定する趣旨ではないと考える。

三 public benefit corporation と mutual benefit corporation の区別

上述の二の議論は主として公益を目的とする public benefit corporation を念頭に置いているが、mutual benefit corporation については異なる考慮が必要となる。mutual benefit corporation においては法人の継続時にはメンバーに対する利益の分配が禁じられているものの、法人の解散時には残余財産をメンバーに分配することが認められる[231]。

Hansmann は、法人の解散時に残余財産の分配を認めることは、分配禁止規制のループホールになりかねないため、認めるべきではないと主張し、例外であるソーシャルクラブについては非営利法人としてではなく、

---

230) 第五章第二節で紹介する、非営利法人の役員に対して厳格な信認義務を課すべきであると主張する学説を参照。エンフォースメントについては、第六章を参照。
231) 本章第一節第三款参照。

cooperative として整理すべきだと主張していた。そのため、非営利法人の役員の自己取引には厳格な基準を適用すべきであるという Hansmann の主張は、解散時に残余財産が分配される mutual benefit corporation を念頭に置いたものではないと考えられる。

また、非営利法人におけるエージェンシーコストを指摘している Manne は、mutual benefit corporation に対するメンバーの関係は営利法人に対する株主の関係とさほど変わらず、mutual benefit corporation のメンバーは株主と同様に役員をモニタリングできる可能性があると指摘していた。

Ellman も、利用者のニーズに応えるために構成される非営利組織（"mutual benefit nonprofits"）においては、メンバーによるデモクラシーのシステムが備えられていれば、役員に厳格な信認義務を課す必要はないと指摘した。

これらの議論からは、非営利法人の役員の信認義務を検討するにあたっては、public benefit corporation と mutual benefit corporation の区別を認識することが必要であることが示される。

第六款　非営利法人の法的構造と役員の信認義務との関係

以上、非営利法人の役員の信認義務の分析の土台となる非営利法人の法的構造について検討を加えてきた。非営利法人の定義そのものであり、非営利法人を特徴づけているのは、分配禁止規制の存在である。ここで、非営利法人の法的構造と役員の信認義務との関係について、小括を兼ねて若干の考察を加えておきたい。

役員の信認義務の内容を検討し、そのエンフォースメントの方法を検討する際には、営利法人と非営利法人の違い、更には、非営利法人の中でも public benefit corporation と mutual benefit corporation との違いを理解しておくことが不可欠である。

表2は、営利法人と非営利法人の法的構造の特徴を表している。

〔表2〕営利法人と非営利法人の法的構造

	営利法人	非営利法人	
		public benefit corporation	mutual benefit corporation
分配禁止規制		法人の継続時も解散時も分配禁止。	法人の継続時は分配禁止。解散時には残余財産の分配が可能。
株主・メンバー	株主が存在する。	ほとんどの場合、メンバーは置かれていない。	メンバーが存在する。
受益者	株主	不特定多数の公衆	メンバー
資金提供者（他に債権者等は存在する）	株主	寄付者や利用者等の資金提供者	メンバー
エージェンシー関係	・プリンシパル＝株主 ・エージェント＝役員	・プリンシパル＝資金提供者 ・エージェント＝役員	・プリンシパル＝メンバー ・エージェント＝役員

一　営利法人

　営利法人は、一般的に株主の利益を最大化することを目的とすると理解される[232]。そこでは、株主が受益者兼資金提供者の立場に立つ。プリンシパルである株主はエージェントである役員に経営を委ね、役員は株主の利益を最大化するために経営を行う[233]。

　役員を監督する権限は受益者であり資金提供者である株主に委ねられ、役員の信認義務違反は主に株主代表訴訟によって追及されることになる。

---

[232] 第三章第一節第三款参照。
[233] 但し、実際には株主以外のステークホルダーの利益を考慮する場合があることについて、第三章第一節第三款を参照。

二　public benefit corporation

　これに対して、public benefit corporation においては、ほとんどの場合、メンバーが置かれていない。メンバーがいた場合であっても、メンバーに対する利益の分配は禁止され、解散時の残余財産の分配も禁止されることから、メンバーは法人に対して経済的な利害関係を持たない。public benefit corporation に対して資金を提供しているのは寄付者や利用者といった資金提供者であり、この意味で、public benefit corporation においては、資金提供者がプリンシパルであり、役員がエージェントであると理解することができる。資金提供者は、自らが提供した資金の使途に関心を持つ可能性がある。public benefit corporation における受益者は、不特定多数の公衆（public）である。プリンシパルと受益者が異なるのも、public benefit corporation の特徴である。

(1) 信認義務の内容への影響

　public benefit corporation に対して資金を提供する資金提供者は、自分が提供した資金が public benefit corporation によって特定されたサービスの提供のために使用されることを期待している。極端な例ではあるが、捨てられた動物のホームのために寄付をした者は、その資金が研究のための動物の生体解剖に使用されることを決して望まない[234]。public benefit corporation が自らが掲げた目的以外に資金を使用する可能性があるとすれば、潜在的な資金提供者は、自分の提供した資金が他の目的に流用されることを恐れて、資金提供を行わなくなる可能性がある。そのため、プリンシパルである資金提供者から資金の提供を受けている public benefit corporation は、自らが掲げた目的を遵守することが必要となる。第五章で検討するように、非営利法人においてはその活動が法人の目的の範囲外でないかどうかが実質的に審査されるが、このことは、寄付によって収入を得ている法人にとっては、寄付者との関係で、その特定の目的を遵守することが重要であることから説明できるかもし

---

　[234] 第五章で紹介する Hahnemann 判決（[28]）の傍論を参照。

れない。法人の目的の範囲外にあたる行為を行った取締役は、その結果として法人に生じた損害について責任を負う可能性があるため、非営利法人の目的が実質的に審査されることは、役員の信認義務の内容にも影響を与えうるといえる。

　また、プリンシパルである資金提供者は、営利法人における株主と異なり、議決権や代表訴訟といった役員の行動をモニタリングするための具体的な手段を持たない。そこで Hansmann は、非営利法人の役員が十分な監督に服していないのであれば、不適切な行動を行う機会を減らすために非営利法人の役員の自己取引は禁止すべきであると主張していた。

　この他、分配禁止規制が存在すること自体が、非営利法人におけるエージェンシーコストを増加させる可能性を指摘した見解がみられた。これらの見解は、public benefit corporation においては分配禁止規制の結果残余財産権者が存在しないことから、残余財産権者によるモニタリングが機能せず、エージェントである役員が、プリンシパルである資金提供者の利益に反して資金を流用するおそれが高まる可能性があることを指摘していた。但し、営利法人においても株主による実効的なモニタリングが行われていないことから、非営利法人と営利法人との間には大きな差はないのではないかとの指摘もされていた。非営利法人におけるエージェンシーコストの問題は、これを緩和するために役員に厳格な信認義務を課すべきであるとの主張につながる可能性がある[235]。

(2) 信認義務のエンフォースメントへの影響

　営利法人においては、受益者であり資金提供者である株主が、役員の信認義務違反を追及するための代表訴訟を提起することができる。これに対して、public benefit corporation においては、メンバーがいないことがほとんどであり、メンバーがいる場合にもメンバーは法人に対して経済的な利害関係を有していない。そのため、メンバーは役員の行動をモニタリングするインセンティブを持たない可能性が高く、信認義務のエンフォースメントをメンバー

---

[235] 第五章第二節で紹介する学説を参照。

に期待することは難しいと考えられる。

　それでは、public benefit corporation においてはどのようにエンフォースメントの制度を設計すべきだろうか。役員の信認義務違反をエンフォースすることに関心を持ちうるのは、寄付者等の資金提供者と受益者である公衆である。

　第六章で詳述するように、public benefit corporation におけるエンフォースメントの中心は AG であり、AG は州の公衆の利益を代表する公的機関である。これに加えて、寄付者や個別の受益者にもエンフォースメントの権限を与えるべきであるとの議論も行われている[236]。

三　mutual benefit corporation

　非営利法人の中でも、メンバーの共益を目的とする mutual benefit corporation では public benefit corporation とは状況が異なる。本節で検討してきたように、メンバーの共益のために設立・運営され、解散時にはその残余財産をメンバーに分配できる mutual benefit corporation においては、メンバーが営利法人の株主と類似の立場にいると説明されることもある[237]。

　mutual benefit corporation においては、メンバーが資金提供者であり、また受益者でもある。mutual benefit corporation はメンバーによる資金提供により、受益者であるメンバーの利益のために運営される。そこではメンバーがプリンシパルであり、役員がエージェントであると理解することができる。

　AG によるエンフォースメントは公益を目的とする非営利法人を対象としており、mutual benefit corporation に対しては AG によるエンフォースメントは原則として想定されていない[238]。

　Manne は、mutual benefit corporation のメンバーは、営利法人における株主と同様に役員をモニタリングできる可能性があると指摘していた。資金提供者であり同時に受益者でもある mutual benefit corporation のメンバーは、営

236）第六章第二節参照。
237）*See* Manne, *supra* note 24, at 242; Lee, *supra* note 1, at 931 n.39; Fishman & Schwarz, *supra* note 10, at 58.
238）第六章第一節参照。カリフォルニア州非営利法人法も参照。

利法人における株主と同様に役員の行動をモニタリングするインセンティブを有している可能性がある。mutual benefit corporation における信認義務のエンフォースメントは、営利法人の場合と同様に、主として内部の自律的なガバナンスに委ねることができる可能性があるといえよう。

第三節
アメリカの非営利法人に関する歴史

第一款　本節の構成と用語の使用法

一　本節の構成

　本節では、アメリカの非営利法人に関する歴史を検討する。
　営利法人の役員の信認義務と非営利法人の役員の信認義務を比較考察するという本稿の目的との関係では、次の二つの視点に注目したい。
　第一に、非営利法人、慈善信託、営利法人の三者の関係である。第五章で分析するように、アメリカの非営利法人の役員の信認義務については、慈善信託における受託者の基準を適用するか、営利法人における役員の基準を適用するかという点が問題となってきた[239]。この議論を理解するためには、アメリカにおける非営利法人、慈善信託、営利法人の三者の関係を理解する必要がある。
　今日アメリカでは、慈善活動を行う主体として、慈善信託ではなく非営利法人の形態が支配的に用いられていると評価されるが[240]、なぜ非営利法人の形態が用いられるようになったのか。また、アメリカにおいて法人が設立されるようになった当初は営利法人と非営利法人の区別は曖昧であったと指摘されるが[241]、営利法人と非営利法人との関係は今日に至るまでにどのように変化してきたのか。これらの点について Fishman の分析を中心に検討し

---

239) 第五章参照。
240) James J. Fishman, *The Development of Nonprofit Corporation Law and an Agenda for Reform*, 34 Emory L. J. 617, 618-619 (1985) (以下、「Fishman (1985)」という). *See also* Susan N. Gary, *Charities, Endowments, and Donor Intent: The Uniform Prudent Management of Institutional Funds Act*, 41 Ga. L. Rev. 1277, 1280 (2007).
241) Hansmann (1988-1989), *supra* note 128, at 808.

ていく（第二款）。

　第二に、非営利法人内部での分類である。第二節で指摘したように、非営利法人の内部でも、public benefit corporation と mutual benefit corporation とではその法的構造が異なり、このことは信認義務の分析にも影響を与える可能性がある。この分類はどのようにして生じ、変遷してきたのか。この点に関連し、1950年頃を境に慈善法人（charitable corporation）の統一性が失われ、public benefit corporation と mutual benefit corporation との分裂が生じたとする Hansmann の分析を紹介する（第三款）。

　なお、アメリカの非営利法人についての代表的な研究者の一人である Fishman[242] は、1985年に公表された「非営利法人法の発展と改革のための議題」と題した論文の中で次のように述べている。「これまで、非営利組織の法の一貫した発展はみられなかった。裁判所や研究者はいまだに根本的な法原理を発展させている最中であり、非営利組織とは何であって、非営利組織はどのように分類されるべきなのかということについて、合意を形成しようと試みている最中である。」[243] 非営利法人の歴史を検討するにあたっては、現在のアメリカの非営利法人法もまだ発展を続けている段階であることを認識しておくことも重要であろう。

二　用語の使用法

　混乱を避けるために、ここで①非営利法人（nonprofit corporation）、② public benefit corporation、③慈善法人（charitable corporation）の３つの用語の使用法について整理しておきたい。

　まず、上述のように、② public benefit corporation という用語は、①非営利法人（nonprofit corporation）を public benefit corporation と mutual benefit corporation に分類した場合の表現である。それでは、①非営利法人（nonprofit corporation）と③慈善法人（charitable corporation）との関係、② public benefit corporation と③慈善法人（charitable corporation）との関係はどのように理解すればよいだろうか。

---

242) 共著によるケースブックとして FISHMAN & SCHWARZ, *supra* note 10 がある。
243) Fishman (1985), *supra* note 240, at 618.

(1) ①非営利法人（nonprofit corporation）と③慈善法人（charitable corporation）との関係

　非営利法人に関する文献では、①非営利法人（nonprofit corporation）という語と③慈善法人（charitable corporation）という語の両方がよく用いられる。慈善法人は非営利法人であるが、非営利法人が慈善法人であるとは限らないとの説明が行われる[244]。

　他方で、第三款で紹介するHansmannの分析にみられるように、アメリカにおける非営利組織は、当初はそのほとんどが伝統的な慈善組織（charity）であったと考えられているため[245]、非営利法人の歴史を紹介する文献においては、非営利法人（nonprofit corporation）と慈善法人（charitable corporation）の語が、互換的なものとして用いられていることもある。

(2) ② public benefit corporation と③慈善法人（charitable corporation）との関係

　では、② public benefit corporation と③慈善法人（charitable corporation）との関係はどのように理解すればよいだろうか。

　この点、連邦議会は「charitable（慈善の）」という単語について定義したことがないと指摘されており[246]、charitable corporation と public benefit corporation との区別について、確立した理解があるわけではないように思われる。しかし、「charity/charitable（慈善組織、慈善の）」に該当するか否かが議論される文脈に着目すると、概ね次のような理解が導ける。

　(i) 特権を与えられるかという文脈においての「charity/charitable」

　組織が「charity/charitable（慈善組織、慈善の）」と分類できるかどうかが争われる典型的な場面は、当該組織が「charity/charitable」に該当し、税法上の免税という特権を受けられるか否かという問題をめぐるものである[247]。

---

244) Howard L. Oleck, *Nature of Nonprofit Organizations in 1979*, 10 U. Tol. L. Rev. 962, 964 (1979); Harvey, *supra* note 10, at 672.
245) Hansmann (1988-1989), *supra* note 128, at 812.
246) Fishman & Schwarz, *supra* note 10, at 78.
247) *See Id.* at 72-77.

この他、慈善信託（charitable trust）は、存続期限の定めがないこと等、私益信託には認められない「privileges（特権）」を享受すると説明されることもある[248]。
　こうした点からは、「charity/charitable」に該当するか否かという議論が行われる場合には、当該組織に何らかの特権が与えられるか否かが論じられている場合があるという特徴を指摘することができるかもしれない。

(ii) **より狭い概念としての「charity/charitable」**

　イギリスの2011年チャリティー法（Charities Act 2011）においては、「charitable purpose（慈善目的）」とは、救貧等のリストに列挙された説明にあてはまるものであって、かつ、「public benefit（公益）」のための目的であると定義されている[249]。これはアメリカではなくイギリスにおける整理ではあるものの、これを参照すれば、「charitable purpose（慈善目的）」に該当するためには「public benefit（公益）」の目的に該当することが必要なのであり、「charitable purpose（慈善目的）」のほうが狭い概念を示しているといえよう。

(3) 以下での表記

　以上の点からは、非営利法人（nonprofit corporation）、public benefit corporation、慈善法人（charitable corporation）の順に、その示す範囲が狭くなっていくと整理することができる。但し、これは一つの考え方ではあるものの、非営利法人について研究している各論者が、この用法に従って単語を使用しているとは限らず、Hansmannのように、非営利法人（nonprofit corporation）の語と慈善法人（charitable corporation）の語をほぼ同義で用いていると考えられる場合もある。
　そこで、以下の記述との関係では、原則として各論者が用いている単語を用いることとする。

---

248) *Id.* at 81.
249) Charities Act 2011 § 2 (1) (b). *See also* Charities Act 2011 § 4 (1).

第二款　非営利法人、慈善信託、営利法人の三者の関係

一　イギリスにおける慈善信託（charitable trust）と慈善法人

(1) イギリスにおける慈善信託（charitable trust）の起源と現状

　イギリスにおいては、既に17世紀の前には、慈善信託（charitable trust）が執行（enforce）されていた。宗教改革以来、イギリスの慈善活動においては信託が支配的な組織形態であった。そして、イギリスの慈善活動においては、現代でも〔筆者注：1985年に公表されたFishmanの論文による言及である〕信託が支配的な組織形態であるとされる[250]。

　イギリスでは、慈善組織（charity）が法人形態を選択する理由がほとんどなかったと指摘される。1597年以降、慈善組織は法人化することが可能となり、1867年の法人法は、営利を目的としない法人の設立を広く認めたが、法人を創設する権限の源泉は王位（Crown）にあるものとされ、慈善信託を創設した場合の方がより大きな自由を与えられた。法人形態の慈善組織は、慈善委員（charity commissioners）か裁判所による監督責任から自由になることはなかったのである。そのため、信託の形態が好まれ続けることとなった[251]。

　また、イギリス法は、その後発展したアメリカ法と異なり、慈善法人と慈善信託との間で、財産の所有の性質について違いを設けなかったとされる。eleemosynary corporation（訳出すると「慈善法人」となるが、charitable corporationと区別するため、以下、原語のまま表記する）[252]は、その財産を慈善信託として保有すると理解された[253]。慈善組織の受認者の注意義務と忠実義務の基準についても、イギリスにおいては、法人形態であろうと信託形態であろうと類似していると指摘される[254]。慈善信託と慈善法人の間では、組織の形

---

250) Fishman (1985), *supra* note 240, at 620.
251) *Ibid.*
252) 当時のイギリスにおける法人の分類については続く (2) を参照。
253) Fishman (1985), *supra* note 240, at 620.
254) *Id.* at 621.

第三節　アメリカの非営利法人に関する歴史　109

態の違いに基づく法的な区別はされなかったのである。そのため、イギリスにおいては、アメリカと異なり、慈善組織についての統一された法（a unified law of charities）があると表現される[255]。

(2) イギリスにおける慈善法人の取締役の権限

　イギリスにおける慈善法人（charitable corporation）の取締役のガバナンスについての権限は、信託法の検査監督権（visitorial power）から発展したとされる[256]。イギリスの検査監督権はキリスト教会に起源があること等から、アメリカではイギリスから独立する際にこの検査監督権の考え方が好まれなかったとされ、今日のアメリカではあまり重要性もないと指摘されるが、慈善法人の取締役会とその監督権限の起源を明らかにするという意味では重要な概念であるためここで紹介しておきたい[257]。

　コモンロー上、慈善法人（charitable corporation）の資金を拠出した創設者（founders）とその相続人（heirs）は、慈善法人を訪問（visit）し、寄付した資産の運営の過程において生じる不法行為や濫用を調査し、これを正す権利を有していた（検査監督権（visitorial rights））[258]。かつて、イギリスの法人は「世俗法人（lay corporation）」と「教会法人（ecclesiastical corporation）」に分類され、「世俗法人」は更に「市民法人（civil corporation）」と「慈善法人（eleemosynary corporation）」に分類されていたところ[259]、検査監督権は、全ての「慈善法人（eleemosynary corporation）」と「教会法人（ecclesiastical corporation）」において存在するエンフォースメントのためのメカニズムであり、本来の慈善の目的が「誠実に満たされる」ことを強制することができた[260]。その理論は、私人によって設立され、基金を拠出された私的な慈善法人（charitable corporation）は、創設者による私的な統治と支配に服するということであった。慈善法人（charitable corporation）における取締役の統治の権限は、この検査監

---

255) *Ibid.*
256) *Id.* at 646.
257) *See Id.* at 647.
258) *Id.* at 646.
259) *Id.* at 641.
260) *Id.* at 646.

督権から発達したと指摘されている[261]。

創設者は、その検査監督権を他者に委託し、または「受託者（trustees）」を指名して、その慈善組織を運営し監督させることができた。この文脈において、検査監督権は法人という状況においては、受託者（trustees）に帰した[262]。アメリカでは、カレッジや大学は通常は検査監督権（right of visitation）を統治者や受託者に任せた創設者によって設立された。慈善法人（charitable corporation）の経営は受託者に任されたのである[263]。イギリスでは、創設者が検査監督者（visitor）を指名しなかった場合や検査監督権を行使しなかった場合には、検査監督義務は王位（crown）に保持された[264]。

以上のように、イギリスにおける慈善法人の役員の権限の起源は、私人によって設立され、基金を拠出された私的な慈善法人は、創設者による私的な統治と支配に服するとの理解に基づくものであった。慈善法人においては第一次的には資金提供者が検査監督権限を有すると考えられていた点は、特に非営利法人におけるエンフォースメントの在り方を検討する上で興味深い。

(3) Elizabeth 制定法（Statute of Charitable Uses of 1601）の制定

イギリスにおける慈善組織の歴史の中で特に重要なのが、1601年の Statute of Charitable Uses of 1601（1601年慈善ユースに関する制定法。以下、「Elizabeth 制定法」という）である。

1601年、イングランドにおいて、それまで大法官府（Chancery）により行われていた慈善組織のエンフォースメントが十分でなかったことに対応するために、Elizabeth 制定法が制定された[265]。ユースとは信託の前身となる仕組みであり、土地の保有者がコモンロー上の不動産権をユース付封譲受人に

---

261) *Ibid.*
262) *Ibid.*
263) *Ibid.*
264) *Id.* at 646-647.
265) David Villar Patton, *The Queen, the Attorney General, and the Modern Charitable Fiduciary: a Historical Perspective on Charitable Enforcement Reform*, 11 U. FLA. J. L. & PUB. POL'Y 131, at 138 (1999-2000). Stat. 43 Eliz. I, c. 4 (1601). Elizabeth 制定法と慈善委員会（Charitable Commission）については、GARETH JONES, HISTORY OF THE LAW OF CHARITY 1532-1827 16-56 (Cambridge University Press 1969) にも詳しい。

譲渡し、これをユース受益者の利益のために保有するよう命じることによって設定された[266]。Elizabeth 制定法は後に実質的な慈善組織の法に大きな影響を与えることになるが、その制定当初の目的は、単に、16世紀後半の慈善組織のエンフォースメントの手続的な欠陥を修正することにあったとされる[267]。

　Elizabeth 制定法は、大法官（Chancellor）によるエンフォースメントに代えて、慈善委員（Commissioners）のグループによるエンフォースメントを導入した。この慈善委員は、信託の違反、背信、不使用、隠匿、信託財産の管理の誤りや非営利法人の営利法人への転換（conversion）を調査するために任命された。但し、慈善委員は、Elizabeth 制定法の序文（preamble）に列挙されたタイプの慈善組織にのみその管轄を行使した。宗教的な慈善組織はElizabeth 制定法の範囲に含まれなかったため、従来の大法官の権限の範囲に含まれた[268]。慈善委員による慈善組織のエンフォースメントは当初は成功を収めたと評価されているが、1660年の王政復古（Restoration）の頃までには、慈善組織の違反が激増し、公衆は無関心となり、慈善委員による慈善信託の保護も失敗に終わったと説明される[269]。また、慈善委員の制度が衰退した背景には、Attorney General（法務総裁。アメリカの各州のAGと区別するため、以下、「イギリスのAG」と表記する）が慈善組織のエンフォースメントの主要な当事者として成長したことがあるとも指摘されている[270]。17世紀の後半までには、イギリスのAGによる手続は、宗教的な慈善組織以外の全ての慈善組織のエンフォースメントの手段として確立された[271]。

(4) Elizabeth 制定法の影響

　慈善委員によるエンフォースメントは最終的には失敗に終わったものの、

---

266) 田中・前掲注11）886頁。
267) Patton, *supra* note 265, at 138.
　　大法官による答弁システム (bill and answer) が唯一のチャリティーのエンフォースメントの手段だった時期には、大法官は年に1件か2件の訴訟を扱うだけであったと指摘されている。*Ibid.*
268) *Id.* at 138-141.
269) *Ibid.*
270) *Id.* at 143.
271) *Ibid.*

Elizabeth 制定法は慈善信託法（charitable trust law）に決定的な影響を与えたと評価されている。第一に、Elizabeth 制定法の序文に掲げられた、認められる慈善活動のリストは、イギリス法、そして後にはアメリカ法が形成されるのに際し、慈善組織の目的の範囲、性質、そして正当性を描写することにおいて重要な役割を果たした[272]。第二に、Elizabeth 制定法は、慈善信託のコモンローを成文化することによって、慣習、実務、そして先例を総合し、慈善信託法が更に精製されるための具体的な土台を提供した。そして、Elizabeth 制定法によって慈善委員によるエンフォースメントが導入され、結局失敗したことは、慈善組織のエンフォースメントにおけるイギリスの AG の主要な代理人（agent）としての役割を明確にした[273]。

二　アメリカへの継受と発展

(1)　慈善信託（charitable trust）のアメリカへの継受

慈善事業（philanthropy）に対する好意的な態度はアメリカ大陸への定住が始まった時から存在していたと指摘される。但し、そのアプローチは統一的なものではなく、公的な慈善事業と私的な慈善事業が共存していた。私的な慈善事業に用いられた典型的な枠組みはイギリスの慈善ユース（charitable use）であった[274]。

(2)　Elizabeth 制定法の撤廃と慈善信託に対する制限的な態度

しかし、アメリカでは、イギリスからの独立戦争を機に、イギリスに起源を持つ慈善信託が不確実性を帯びることとなる。独立戦争をきっかけとしたナショナリズムの高まりの中で、アメリカの各州はイギリスの制定法を撤廃

---

[272]　*Id.* at 144.
　　Stampone は、Elizabeth 制定法の序文は、当時慈善 (charitable) だと考えられていた目的を列挙しており、現代における慈善という概念は Elizabeth 制定法の序文のリストから発達したと指摘する。Vincenzo Stampone, *Turning Patients into Profit: Nonprofit Hospital Conversions spur Legislation*, 22 SETON HALL LEGIS. J. 627, 632-633 (1998).
[273]　Patton, *supra* note 265, at 144. 但し、AG によるエンフォースメントが不十分であったことも指摘されている (*See Ibid.*)。
[274]　Fishman (1985), *supra* note 240, at 622.

した。こうして撤廃された法令の中には、Elizabeth 制定法も含まれていた。そして、Elizabeth 制定法の撤廃の際、法律家が、Elizabeth 制定法の撤廃によって慈善信託を維持することはできなくなるという誤った理解を主張したことにより、アメリカにおいて慈善信託の有効性が不安定になった[275]。

　実際には、裁判所がチャリティーをエンフォースするエクイティの権限は Elizabeth 制定法の外のエクイティの伝統にその起源を持ち、そのような権限は Elizabeth 制定法とは独立に存在していたため、アメリカの州において Elizabeth 制定法を撤廃することは、理論的には州裁判所や州の AG が慈善信託をエンフォースする権限を奪うものではなかった[276]。

　しかし、Elizabeth 制定法が制定される以前に制定法に依拠せずに慈善信託が支持されていた事実を示す The Calendars of the Proceedings on Chancery（以下、「イギリスの大法官府レポート」という）は、当時アメリカにおいては参照可能ではなく[277]、当時のアメリカの法律家は、Elizabeth 制定法の撤廃により、州裁判所や州の AG は慈善信託をエンフォースする権限がなくなり、慈善信託を維持することはできなくなると主張した[278]。

　当時、連邦最高裁判所は、1819年の Trustees of Philadelphia Baptist Association v. Hart's Executors（以下、「Hart 判決」という）[279]において、大法官（Chancellor）が慈善信託を執行する権限は Elizabeth 制定法からのみ導かれると判示している。この Hart 判決は、連邦控訴審（United States circuit court of appeals）による1833年の Magill v. Brown[280]によって弱められることになる。Magill v. Brown において、Justice Baldwin は、1827年にアメリカで初めて出版された

---

275) Id. at 622-624; Patton, supra note 265, at 145; Lee, supra note 1, at 936.
　　独立戦争の直後は慈善組織に対する好意的な態度が継続し、独立後（1783年）の最初の数年間は従来の制定法と実務が維持されたものの、18世紀の終わりには、政治的・文化的なナショナリズムの高まりと、法は先例に縛られるべきではなく現在を反映するべきだとの信念が、イギリスのあらゆる物事に対する反感と結びついたとされる。例えばバージニア州においては、独立の際にはイギリスの制定法を全て維持していたが、1792年にはこれらを完全に撤廃したとされる。Fishman (1985), supra note 240, at 623-624.
276) Patton, supra note 265, at 156.
277) Ibid.
278) Fishman (1985), supra note 240, at 624-625.
279) Trustees of Philadelphia Baptist Association v. Hart's Executors, 17 U.S. 1 (1819).
280) Magill v. Brown, 16 F.Cas. 408 (C.C.E.D.Pa. 1833).

イギリスの大法官府レポートを参照し、慈善信託は1601年より前からイギリスのエクイティ裁判所において支持されていたことを示した。その後、連邦最高裁判所も、1844年の Vidal v. Girard's Executors（以下、「Vidal 判決」という）[281] においてその過ちを修正し、慈善信託がコモンローにおいて存在してきたことが歴史的な資料によって示されたことを判示した[282]。1827年に公刊されたイギリスの大法官府レポートの公表を、アメリカの裁判所は、それまでの信託についての制限的な見方を衰退させる土台として理解したのである[283]。

しかし、Vidal 判決において慈善信託がコモンローにおいて存在していたことが判示された後も、アメリカ南部を中心に、いくつかの州では慈善信託を執行することを拒んでいた。19世紀の大半においては、亡くなった者による財産へのコントロール（dead hand）、特に教会による資産のコントロールに対する危惧と、信託の制定法の厳格な解釈と、裁判所が慈善信託を認めることに消極的であったことにより、慈善信託の利用は制限されていた[284]。

慈善信託に対する厳格な解釈を避けるために、寄付者は贈与や遺贈を、慈善法人（charitable corporation）に対して行うようになる。例えばニューヨーク州においては、1893年に Tilden Act が成立するまでは、遺言人が慈善組織に対する贈与が認められることを確実にするための唯一の方法は、期限のある慈善法人に寄付することであった[285]。19世紀にニューヨーク州のような州において慈善目的の遺贈を認めるためには、裁判所は、不確定で不明確な受益者のための信託を形成するのではなく、特定の法人に対して適切な目的のために完全な贈与をする意思を認める必要があった。遺言者の意思が実現されないことを回避するために、裁判所は、証書において「私は……に対し、……の信託において、……を贈与、遺贈、遺譲する」といった文言が使用されている場合でさえも、極めてねじれた理由づけを用いて、信託ではなく、完全な贈与が法人に対して行われるように意図されたと判示していたとされ

---

281) Vidal v. Girard's Executors, 43 U.S. 127 (1844).
282) 以上、Fishman (1985), *supra* note 240, at 626-627.
283) Patton, *supra* note 265, at 156.
284) Fishman (1985), *supra* note 240, at 627-628.
285) *Id.* at 628.

第三節　アメリカの非営利法人に関する歴史

る[286]。

　20世紀の初めには慈善信託に対する反感は弱まったが、その頃には、営利法人が盛んに用いられるようになった影響もあり、法人形態が慈善の活動にとってもますます重要な形態になっていた[287]。更に、慈善組織自体の規模や性質にも変化がみられた。1951年の Harvard Law Review の論考は、「現代の慈善組織の規模が拡大し、複雑さが増したことは、その運営の手段として通常の信託形態が用いられることがますます減り、法人形態が選択されることにつながっている。」と指摘している[288]。

　このように、イギリスからの独立戦争をきっかけとして慈善信託の有効性が司法において不確実となったことと、その間に営利法人において法人の形態が盛んに使用されるようになっていたこと、更に慈善組織自体が大規模化し、複雑化したことがあいまって、アメリカの慈善活動においては慈善法人の形態が、イギリスにおけるよりも重要性を持つようになったのである[289]。

(3) アメリカにおける慈善法人の発展──営利法人との関係を中心に

　上記のように、独立戦争を機に使用が制限されることとなった慈善信託に代わって、アメリカでは慈善法人が用いられることとなったが、この慈善法人はどのように発展してきたのだろうか。営利法人との関係を中心に確認しておきたい。

(i) アメリカにおける法人の起源──曖昧だった営利法人と非営利法人の区別

　New World においては、既に17世紀には法人（corporation）が慈善活動のための組織形態として使用されていた。18世紀の初めには、イギリスにおいて法人の設立を認めた初めての法律である1597年法を借用して、いくつかのコロニー（colony）において、宗教、慈善、または地方自治の組織に対して自主

---

286) Id. at 628-629. See also J. Frederic Taylor, A New Chapter in the New York Law of Charitable Corporations, 25 CORNELL L. Q. 382, at 384-385 (1939-1940).
287) Fishman (1985), supra note 240, at 629.
288) Note, 64 HARV. L. REV. 1143, 1168 (1951)（以下、「Harvard note (1951)」という）。See also Fishman (1985), supra note 240, at 619, 639-640.
289) Fishman (1985), supra note 240, at 629, 639-640; Harvard note (1951), supra note 288, at 1168.

的な設立（self-incorporation）を認めていた。こうした初期の法人には町等によって定款を与えられる「公的法人（public corporation）」と、「私的法人（private corporation）」の二種類があったとされる[290]。

イギリスからの独立（1783年）後は、ほとんどの州が、重要な公的サービスを提供する私的な組織の法人化を奨励した。独立に際して、いくつかの州では教会や学校等の慈善組織の法人化を認める制定法を採決した[291]。但し、法人化を奨励する一方で、立法府は法人の目的と活動に対しては厳格なコントロールを維持していた[292]。Fishmanは、アメリカにおいて慈善法人（charitable corporation）が慈善信託（charitable trust）よりも好まれたもう一つの理由として、州の立法府や行政府が、法人の特権の条件を、規制を通じてコントロールしやすかったことを挙げている[293]。

19世紀に入るまでは、法人の基本定款（charter）は立法府によって個別に与えられ、特定の組織ごとに調整されていたため、非営利法人、営利法人、協同組合法人、地方自治法人の境界は曖昧であったとされる。特に、多くの非営利組織は法人として設立されておらず、慈善信託（charitable trust）として形成されており、慈善信託についての法が、法人として設立された非営利組織についても重要な権威を有していたと指摘される[294]。

(ii) 19世紀における営利法人と非営利法人の分岐

19世紀に入ると、それまで区別が曖昧であった営利法人と非営利法人の違いが明らかになり、両者は分岐することになる。

アメリカにおける営利法人の発達は、公的なサービスの役割の変化として捉えられてきたとされる。すなわち、教会や学校といった伝統的な慈善組織から、鉄道やバス、橋、水道といった国内のインフラの改善のための法人を経て、匿名の市場を活用する完全に私的な営利法人へと変化した[295]。

この流れの中で、19世紀の前半には、営利法人の公的サービスとしての性質

---

290) Fishman (1985), *supra* note 240, at 631.
291) *Id.* at 631-632.
292) *Id.* at 633.
293) *Id.* at 636.
294) Hansmann (1988-1989), *supra* note 128, at 808.
295) Fishman (1985), *supra* note 240, at 653-654.

は変化し、伝統的な慈善法人から分岐した。法人についての一般法の制定により法人の設立が容易になったことや、法人が存続する期間の制限がないこと、目的や最低資本金や経営についての制限が緩和されたことにより、営利法人がビジネスを組織する場合の一般的な形態になったのである[296]。

19世紀には、営利法人の数の増加とともに、法人法の重要な論点を提起する訴訟も増加した。株主の株金を払い込む責任や、株式の譲渡の方法、会社の収入や資産に対する株主の権利といった論点を扱うのにあたっては、株式のない組織に関するルールはほとんど役に立たなかった。そのため、19世紀に発達した営利法人についての法は、慈善法人についての法から分かれていったのである[297]。

非営利法人と営利法人が分岐した後も、非営利法人の内部のガバナンスについては、営利法人の原理が指針を提供したが[298]、非営利法人の役員の信認義務については、信託法がこれを規律した[299]。最近まで、慈善信託と非営利法人における注意義務や忠実義務は類似していたと指摘されている[300]。Lee は、「〔非営利法人と慈善信託の〕二つの組織の形式が似ていることと、非営利法人が慈善信託の直接の系統を継いだもの（descent）であることから、多くの裁判所は非営利法人の取締役に対して信託の原理を適用していたし、

---

296) *Id.* at 654.
297) *Id.* at 655.
298) *Ibid.*
　19世紀における営利法人法の発展が慈善法人の内部ルールに対しての指針を提供することになった背景としては、1819年の連邦最高裁判所の Trustees of Dartmouth College v. Woodward, 17 U.S. 518 (1819) (以下、「Dartmouth College 判決」という) 以降、慈善法人と営利法人はいずれも私的な機関であるという分類上の類似性が確立されたことがあると指摘されている (*Id.* at 642)。アメリカにおいて、慈善法人 (charitable corporation) についての最初の法的な論点の一つは、慈善法人が地方自治の法人であるという意味において「公的 (public)」であるのか、それとも営利法人のように「私的 (private)」であるのかという点であった (*Id.* at 640)。Dartmouth College 判決において、連邦最高裁判所は、Dartmouth College は私的な法人であると判示した (*Id.* at 643)。Dartmouth College 判決は、私的な資本からの慈善組織に対する寄付が、政府のコントロールや収用から保護されることを確保したと評価される (*Id.* at 644-645)。
299) Fishman (1985), *supra* note 240, at 655.
　但し、19世紀の初めには、営利法人についても、非営利法人についても、取締役の信認義務の定義についてはほとんど発展がみられなかったとされる。*Id.* at 647-648.

今でもたまに適用する、そして、彼ら〔非営利法人の取締役〕に厳格な受託者の基準を課す。」と指摘する[301]。但し、最近では非営利法人の役員の信認義務について営利法人と同様の基準を用いる判例が多くみられることについて、第五章第一節を参照されたい。

(iii) 20世紀における非営利法人法の営利法人法への収斂

その後、20世紀になると、非営利法人についての法は営利法人についての法に収斂したと評価される[302]。州によっては非営利法人についての法は文字通り営利法人についての法を後追いしたものであり、非営利法人法がその独自のニーズに従って発展した場所はどこにもみられなかったと指摘される[303]。

そして、現代では〔筆者注：1985年に公表されたFishmanの論文による言及である〕、慈善法人の問題を解決するのに際して、非営利法人法は、ますます信託の原則ではなく営利法人の原則を反映するようになっていると評価される。例えば、非営利法人の付属定款や内部手続、取締役会のメンバーの資格や入れ替えについて定めるルールは、信託の原理ではなく営利法人の原理をベースとしている[304]。

また、慈善資産の投資運用に関する手続や実務はより緩やかになり、投資方針や慈善法人の運営について、法人の原理が適用された。慈善法人の取締役会は、慈善信託の受託者よりも広い範囲でその権限を委譲することができ、投資対象についても、信託の受託者のように、法定されたリストに縛られることはなかった[305]。

三　小括

(1) 慈善信託についての法と営利法人法のハイブリッドとして形成されてきた非営利法人法

アメリカにおいては、独立戦争後のElizabeth制定法の撤廃をきっかけと

---

300) *Id.* at 651.
301) Lee, *supra* note 1, at 936.
302) Fishman (1985), *supra* note 240, at 655.
303) *Ibid.*
304) *Ibid.*
305) *Id.* at 655-656. 第四章第四節も参照。

第三節　アメリカの非営利法人に関する歴史　119

して慈善信託をエンフォースすることができるかどうかが不確実であった時期があったことと、その間に慈善活動のセクターが急速に発達し、慈善組織と営利法人との間でその規模、構造、経営において類似性が高まったことがあいまって、慈善信託に代わって慈善法人の形態が広く使用されるようになった[306]。

慈善法人についての法と営利法人についての法は、当初はその境界が曖昧であったものの[307]、19世紀に営利法人がビジネスを組織する場合の一般的な形態になり、営利法人についての法が発達する中で、営利法人法は慈善法人についての法と分岐した。非営利法人の役員の信認義務については信託法が適用されており、慈善信託の受託者に適用される注意義務や忠実義務と、慈善法人の役員に適用される注意義務や忠実義務は、類似していたとされる[308]。20世紀に入ると、非営利法人法は営利法人法をモデルとして営利法人法に収斂し、その後、非営利法人に特有の必要性に従って法が発展することはなかったと表現される[309]。

但し、営利法人と非営利法人の法的構造の違いがなくなったわけではないため、19世紀に分岐した営利法人についての法と非営利法人についての法が20世紀に収斂したという表現は若干ミスリーディングであるように思われる。むしろ、19世紀には、それまで曖昧であった営利法人と非営利法人の違いが認識され、営利法人についての法が単独で発展していたところ、20世紀になると、法的構造の違いから営利法人と同様に扱えない部分を除き、非営利法人の法が、営利法人の法を後追いしたとの評価が正確であろう。

このような背景の中で、慈善法人についての法は、慈善信託についての法と営利法人法の双方から影響を受け、それらの「ハイブリッド（hybrid）」として形成されてきたと表現されることもある[310]。

---

306) Fishman (1985), *supra* note 240, at 629.
307) Hansmann (1988-1989), *supra* note 128, at 808.
308) Fishman (1985), *supra* note 240, at 650-651, 655.
309) *Id.* at 655.
310) *Id.* at 656. *See also* Lee, *supra* note 1, at 936.

(2) ハイブリッドとして形成されてきた非営利法人法に対する評価

Fishman は、このように非営利法人法がハイブリッドとして形成されてきたことに関連して、次のように主張する。

(i) 非営利法人に特有のニーズや多様性が考慮されていないこと

Fishman は、Cary & Bright の言葉を引用する[311]。

「判例を分析すると明らかになることは、〔信託の基準と法人の基準の〕どちらの原理を選択するかということは、実際の事実の状況と、裁判所がそれを得ることが社会的に望ましいと考える結果次第である。」[312]

Fishman は、非営利法人内部の運営や投資運用に関しては、法人の原理を採用する動きは望ましいものだと述べた上で[313]、次のように指摘する。信託の基準を採用するか、法人の基準を採用するかということが、社会的に望ましい結論をもたらすための便利な理由づけの手段として用いられることが少なくない。このアプローチは、非営利法人に特有の必要性や非営利法人の内部に異なる性質の法人があることを考慮に入れていない[314]。

Fishman は、ほとんどの非営利法人についての制定法は、Henn & Boyd の表現を反映しているとして、Henn & Boyd の表現を紹介する[315]。

「非営利組織は現代の組織法の無視された継子である。法は、歴史的に、非営利組織に対して、それはまるでシンデレラに対するように、その片方の親だけが同じである兄弟である営利法人のお下がり（hand me down）を与えてきたのである。」[316]

(ii) 非営利法人法の改革の提案

以上の問題意識を踏まえて、Fishman は非営利法人法の改革についてのいくつかの提案を行っている[317]。ここでは、その中でも役員の責任に関する主張を紹介しておく。

---

311) Fishman (1985), *supra* note 240, at 656.
312) WILLIAM L. CARY & CRAIG B. BRIGHT, THE LAW AND LORE OF ENDOWMENT FUNDS 18 (Report to the Ford Foundation 1969).
313) Fishman (1985), *supra* note 240, at 656.
314) *Id.* at 656-657.
315) *Id.* at 657.

Fishman は、あらゆる種類の非営利法人の全ての役員の行動や責任について営利法人の基準を適用することは、緩やかにすぎる場合があると主張する。このアプローチは、非営利法人の特別の公的な目的や非営利法人に対する公衆からの信頼、非営利法人の取締役会の性質や、内部のコントロールやエンフォースメントの不足を無視しているためである[318]。

　非営利法人に特有の必要性や非営利法人の多様性を考慮せずに営利法人の法を適用することに対する Fishman の問題意識[319]は、第四章において非営利法人の法令を検討する際、第五章において非営利法人の役員の信認義務についての判例・学説を検討する際、更に第六章において非営利法人の役員の信認義務のエンフォースメントについて検討する際に重要な視点となる。

第三款　非営利法人の内部における分類——Hansmann による分析

　アメリカにおける非営利法人の発展について、ここまで、慈善信託との関係、営利法人との関係に着目して検討してきたが、最後に、Hansmann による、非営利法人内部での分類に着目した歴史の分析を紹介する。

---

[316] Harry G. Henn & Jeffery H. Boyd, *Statutory Trends in the Law of Nonprofit Organizations: California, Here We Come!*, 66 CORNELL L. REV. 1103, 1104 (1981).
　　同論文の背景にある問題意識は、Fishman と同様に、営利法人とは異なる、非営利法人に特有の問題を考慮した非営利法人法を発展させる必要があるという点にあると考えられる。Henn & Boyd は、public benefit corporation、mutual benefit corporation、religious corporation の三分類を採用し、それぞれの性質に応じて異なる規定を置いているカリフォルニア州非営利法人法について、好意的な評価をしている (*Id.* at 1132-1139)。
　　カリフォルニア州非営利法人法については第四章第二節第三款参照。

[317] 具体的には、Fishman は、①非営利法人を適切に分類し、営利法人でいうところの閉鎖会社にあたる閉鎖非営利法人の分類を作ること (Fishman (1985), *supra* note 240, at 657-668)、②慈善組織に対する州の規制を改善し、AG を補完する役割を有する relator を活用すること (*Id.* at 668-674)、③非営利法人の取締役会を改革し、非営利法人の取締役には営利法人の取締役よりも厳格な行為の基準と責任を課し (*Id.* at 676-679)、実際に運営を行う取締役会 (board of director-managers) とその取締役を監視する取締役 (board of advisors) の二種類を設け、board of advisors の取締役は現在の取締役よりも低い行為基準に服するが、board of director-managers の取締役はより高い行為基準に服することを提案している (*Id.* at 679-683)。

[318] *Id.* at 676. 非営利法人の役員の信認義務の内容についての Fishman の主張については、第五章第二節も参照。

[319] *Id.* at 683.

非営利法人の発展の歴史について、Hansmann は、1850年から1950年までの時期と1950年以降の時期の二つに分類して分析を行っている[320]。この分析は、本章第二節第二款で紹介した、Hansmann による、非営利法人には統一的な基準を適用するべきであるという主張[321]と関連して理解されるべき分析であることには注意が必要だが、非営利法人の中に分配禁止規制が緩和される場合が出てきた経緯等、興味深い指摘を含んでいるため、ここで紹介する。

　なお、Hansmann は、1950年より前までは、「クラブ」を除くほとんどの非営利組織は伝統的な慈善組織（charity）であったと説明しており[322]、この時期に関する Hansmann の分析については、非営利法人（nonprofit corporation）という単語と慈善法人（charitable corporation）という単語を互換的に理解して差し支えないものと思われる。

一　1850年から1950年──非営利法人の統合と特権の時期

　非営利の組織は古い起源を持つが、19世紀に入るまでは、非営利組織に関する法は、区別された科目としての定義をほとんど持たなかった。この時代には、法人法全般、特に非営利法人法は、比較的アドホックなものであった。法人の基本定款（charter）は立法府によって個別に与えられ、特定の組織ごとに調整された。このようなアプローチの結果、異なるタイプの組織、すなわち、非営利法人、営利法人、協同組合法人、地方自治法人の境界は曖昧であった。特に、多くの非営利組織は法人として設立されておらず、慈善信託（charitable trust）として形成されており、慈善信託についての法が、法人として設立された非営利組織についても重要な権威を有していた[323]。

　19世紀に入ると、営利組織も非営利組織もその数が激増したため、立法府が個別の立法によって法人の設立を規制することはもはや容易ではなくなった。更に、個人が、自分が取引している組織のタイプを容易に判断できるよ

---

320) Hansmann (1988-1989), *supra* note 128.
321) 本章第二節第二款参照。
322) Hansmann (1988-1989), *supra* note 128, at 812.
323) *Id.* at 808.

うな、スタンダードとしての組織の形態が必要とされるようになった。その結果として、19世紀の半ばには、アメリカのほとんどの州は、立法府による個別の特別な立法を必要とせずに3つの異なるタイプの法人を設立するための一般的な法を採用した。3つの異なるタイプの法人とは、営利法人、非営利法人、協同組合法人（cooperative corporation）である。これらの制定法は、非営利組織に比較的統一的な法的アイデンティティを与えた[324]。

一方で、時の経過とともに、裁判所は、制定法の解釈にあたって、ある特定のタイプの非営利組織について異なる取扱いをするようになった。それは大雑把に「クラブ」と称される組織であり、典型的な例はカントリークラブや自動車サービスクラブである。これは協同組合のタイプ（cooperative-type）のメンバーシップであり、メンバー（member）に対して私的なサービスを提供すること以外には重要な活動を行っておらず、組織の収入のほとんどをメンバーがまかなっている。裁判所はこのような組織に対して、非営利組織の特徴である分配禁止規制の部分的な例外を認め、その解散に際して資産をメンバーに分配することを認めることがあった[325]。

Hansmann は、その後のモデル法や州法の制定により「クラブ」に対するこのような例外的な取扱いの範囲が拡大されたことを指摘し、このことが非営利組織の統一的な特徴に混乱をもたらすことになったと批判する[326]。

二　1950年以降——非営利法人の分裂と特権の放棄の時期

当初、「クラブ」を別にすれば、ほとんどの非営利組織は寄付によって運営されており、公共財（public good）としての特徴を有するサービスを提供していた。つまり、非営利組織は伝統的な慈善組織であり、それゆえに統一された一つのクラスとして取り扱うことができた。こうした非営利組織は、寄付によって運営されているという面でも、公共財としてのサービスを提供しているという意味でも、営利法人と区別することが可能であり、また、非営利のセクターも、非営利の組織自体も、小規模であった[327]。

---

324) Id. at 808-809.
325) Id. at 809-810.
326) Id. at 810.

しかし、1950年までには非営利セクターの様相は一変する。主な活動として人的なサービスを提供し、その収入のほとんどをそのサービスからの売上によって賄う「商業的な（commercial）」非営利組織が増加した[328]。

　これに伴い、法は非営利組織に対する統一的な取扱いを放棄し、それぞれに異なった法的基準を適用するために、非営利組織を分類するようになった[329]。Hansmannによれば、それまでの秩序が崩壊していく様子は、1954年のABAのModel Nonprofit Corporation Act（モデル非営利法人法。以下、「MNCA」という）にみてとることができるとされる。Hansmannは、1954年のMNCAは、設立が認められる非営利法人の目的を限定した点や、解散の際のメンバーに対する資産の分配について過度に許容的である点、取締役や役員の信認義務という重要な点について全く定めていない点において、混乱していると批判する[330]。その後、1970年に施行されたニューヨーク州非営利法人法と、1980年に施行されたカリフォルニア州非営利法人法は、第四章第二節において詳述するように、非営利法人を複数のカテゴリーに分類した。このうちカリフォルニア州非営利法人法は、非営利法人を「宗教に関する（religious）」非営利法人、「公益の（public benefit）」非営利法人、「共益の（mutual benefit）」非営利法人の3つのタイプに分類したが、このうち「共益の（mutual benefit）」非営利法人については、「クラブ」だけでなく、より広いグループがこれに分類されるものと定義された。なお、カリフォルニア州非営利法人法の起草者はABAがMNCAの改訂版であるRMNCA（改訂モデル非営利法人法）を起草する際に招致され、1987年のRMNCAは上記の三分類を採用している点を中心に、カリフォルニア州非営利法人法に従っていると指摘されている[331]。但し、RMNCAがその後改訂され、第三版MNCA（第三版モデル非営利法人法）が制定された際には、RMNCAにおける三分類は採用されなかった[332]。

---

327) *Id.* at 812.
328) *Id.* at 812-814.
329) *Id.* at 814.
330) *Id.* at 814-815.

三　小括

　以上、第三款では、非営利法人内部での分類に着目した Hansmann による歴史の分析を紹介した。Hansmann は、当初は裁判所がクラブ等に対して例外的に分配禁止規制の例外を認めることがあったところ、次第に mutual benefit corporation としてのカテゴリーが形成されるようになってしまったと指摘し、mutual benefit corporation の非営利法人における異質性を強調している。

　役員の信認義務を検討する際には、mutual benefit corporation の非営利法人における位置づけや、mutual benefit corporation の分類が形成された歴史上の経緯を理解し、public benefit corporation との違いを意識することが必要であろう。

　また、第四章では非営利法人の法令について検討するが、例えば非営利法人を3つに分類し、mutual benefit corporation をその一つとしているカリフォルニア州非営利法人法や、RMNCA（改訂モデル非営利法人法）を理解する上でも、Hansmann の主張を理解しておくことは不可欠である。

　本節の検討を通じて、非営利法人が慈善信託と営利法人のハイブリッドとして発展してきたことや、非営利法人を分類する制定法が存在するのに対して、Hansmann のように非営利法人を分類することに反対する見解もあるこ

---

331) *Id.* at 815-816.
　　Hansmann はこのような三分類を行うことには批判的である。Hansmann は、非営利法人法の役割は、組織を支える当事者、特に寄付者と組織の経営者との間の契約のスタンダードを定めることであって、宗教に関する非営利法人を別に扱うのは適切ではないと指摘する。また、非営利法人については、多くの場合に、その信認義務が非営利法人の経営者に対する唯一の制約なのであるから、強力で監視することが容易な信認義務を課すことが効率的であると主張する。そして、「宗教に関する」非営利法人に対する特別の規定を設けるべきではなく、「共益の」非営利法人についての規定は、メンバーが置かれ、少なくとも収入の50％をそのメンバーとの取引によって得ている組織に限定して適用すべきであると主張する。*Id.* at 819-822.
　　但し、Hansmann は、あらゆる法において非営利法人を統一的に扱うことを主張しているわけではなく、税法で非営利法人の種類に応じた規制を課すことには理由があるとしている。*Id.* at 818, 822-824, 827.
332) 第四章第一節参照。

とを確認してきた。本節の冒頭に紹介したFishmanの言葉をもう一度思い出しておきたい。

　「これまで、非営利組織の法の一貫した発展はみられなかった。裁判所や研究者はいまだに根本的な法原理を発展させている最中であり、非営利組織とは何であって、非営利組織はどのように分類されるべきなのかということについて、合意を形成しようと試みている最中である。」[333]

---

333) Fishman (1985), *supra* note 240, at 618.

第四節 本章までの検討と次章以下での検討との関係

　続く第三章以降では、営利法人と非営利法人の役員の信認義務の比較考察を行う。ここで、本章までの検討と次章以下での検討との関係を整理しておきたい。

第一款　本章までの検討と考察

　本章第二節の検討からは、非営利法人の法的構造が、営利法人のそれと大きく異なることが明らかとなった。

一　営利法人の法的構造

　営利法人においては、株主が資金提供者であり、受益者である。すなわち、株主は営利法人に対して出資という形で資金を提供するという意味において資金提供者であり、配当を受けること等により利益を受け取る主体であるという意味において受益者である。
　そして、営利法人は受益者である株主の利益を最大化することを目的とする。
　また、営利法人においては、資金提供者であり、かつ受益者でもある株主が、取締役の選解任権や株主代表訴訟を通じて役員を監視し、エンフォースメントを行う権限を有する。

二　public benefit corporation の法的構造

　非営利法人については、public benefit corporation と mutual benefit corporation を区別して検討する必要がある。

(1) public benefit corporation における資金提供者と受益者

　厳格な分配禁止規制に服する public benefit corporation においては、メンバーは法人に対して経済的な利害関係を持たない。public benefit corporation に対して資金を提供しているのは寄付者等の資金提供者であり、一方で public benefit corporation の活動により利益を受けるのは不特定多数の受益者である。

(2) public benefit corporation の目的

　各 public benefit corporation は、特定の公益目的を掲げる。そして、資金提供者である寄付者は、自らが提供した資金が、public benefit corporation が掲げる特定の目的に使用されることを期待していると考えらえる。例えば、「動物の保護」を目的とする public benefit corporation に寄付を行った者は、その資金が「動物の保護」のために利用されることを期待している。そのため、public benefit corporation は、当該法人が掲げた特定の公益目的に従って活動する必要があると考えられる。

(3) public benefit corporation におけるエンフォースメントの主体

　public benefit corporation において法人に経済的な利害関係を有するメンバーが存在しないことは、メンバーによるモニタリングとエンフォースメントに期待することができないことを意味する。他方で、public benefit corporation に対して資金を提供している寄付者は、自分が提供した資金がその意図に従って使用されることを望む。しかし、寄付者は、議決権や代表訴訟といった、役員の信認義務違反を追及するための手段を持たない。この他、public benefit corporation のサービスを受ける受益者も原則として役員の信認義務をエンフォースするための法的な手段を持たない[334]。

三　mutual benefit corporation の法的構造

　これに対して、mutual benefit corporation の場合には、資金提供者であり受

---

334) 寄付者や受益者によるエンフォースメントの可能性については、第六章を参照。

益者でもあるメンバーが議決権等の権限を行使することが可能であるため、mutual benefit corporation とメンバーとの関係は、営利法人と株主との関係と類似のものだと理解することができる可能性がある。

第二款　信認義務の検討との関係

　こうした営利法人と非営利法人の構造の違いは、①非営利法人の役員の信認義務の内容と、②その信認義務のエンフォースメントの方法に影響を与える可能性がある。

一　信認義務の内容

　今日では、営利法人において、その活動が目的の範囲内であるか否かが問題とされることはほとんどない。このことは、営利法人の資金提供者であり受益者でもある株主の目的は利益を最大化することであり、営利法人の株主は利益を上げるための手段として具体的にどのような事業を行うかについては通常関心をもたないことと関連づけて理解することができる。
　これに対して、非営利法人に対する資金提供者は自らが提供した資金が意図した目的のために使用されることを期待しているため、非営利法人が継続的に資金の提供を受けるためには、非営利法人は自らが掲げた特定の目的に沿った活動を行う必要がある。非営利法人の目的の範囲が営利法人の目的の範囲よりも厳格に審査されること（第五章）は、この観点から説明することができるかもしれない。目的の範囲外の行為を行ったことにより法人に損害が生じた場合には、役員はこれを賠償する責任を負う可能性があるため、非営利法人の目的の範囲が厳格に解されることは、役員の信認義務の内容にも影響を与える可能性がある。

二　信認義務のエンフォースメント

　誰が主体となって役員の信認義務をエンフォースするかという点は、営利法人と非営利法人の法的構造と深い関係を持つ。
　営利法人においては、株主が代表訴訟を通じて役員の信認義務違反を追及

することが期待されている。

　これに対して、非営利法人の中でも、特に public benefit corporation においては、メンバーは法人に対して経済的な利害関係を持たず、そもそもメンバーが存在しない場合がほとんどである。また、寄付者等の資金提供者や不特定多数の受益者は、原則としてエンフォースメントのための法的な手段を有していない。第六章で検討するように、このような public benefit corporation においては、州民の利益を代表する立場にある AG が、エンフォースメントにおいて中心的な役割を果たすことが期待されている。また、学説の中には、寄付者や受益者に対して、役員の信認義務違反を追及するための原告適格を与えるべきであるとする見解も存在する（第六章）。

　以下、本稿の中心的な課題である営利法人と非営利法人の役員の信認義務の比較考察を行う。繰り返しとなるが、具体的な検討課題は、①営利法人と非営利法人の役員の信認義務の内容の異同と②そのエンフォースメントの方法の異同である。

第三章

アメリカの営利法人の役員の信認義務と信託の受託者の信認義務

序

　本章では、アメリカにおける営利法人の役員の信認義務と、信託の受託者の信認義務について検討する。
　本稿の中心的な課題は非営利法人の役員の信認義務を営利法人の役員の信認義務と比較考察することであるから、その前提として、営利法人の役員の信認義務について検討しておくことが不可欠である。
　これに加えて、第五章第一節で検討するように、非営利法人の役員の信認義務を扱った判例の中には、信託の受託者の信認義務と同様の基準を適用するものと、営利法人の役員の信認義務と同様の基準を適用するものがみられる。また、第五章第二節で検討するように、非営利法人の役員の信認義務の内容をめぐる学説の中には、営利法人の役員の信認義務と同様の基準を用いるべきだと主張する立場がみられる一方で、信託の受託者の信認義務と同様の基準を用いるべきだと主張する立場も存在する。営利法人の基準を適用するか、信託の基準を適用するかが問題となる背景には、信託の受託者に対しては営利法人の役員に対するよりも厳格な信認義務が課されていることがある。
　そこで本章では、アメリカの営利法人の役員の信認義務（第一節）とアメリカの信託の受託者の信認義務（第二節）について検討する。

第一節　アメリカの営利法人の役員の信認義務

　アメリカの営利法人の役員の信認義務の内容は、大きく注意義務（duty of care）と忠実義務（duty of loyalty）に大別される[1]。

　後述のように、非営利法人においては、役員の信認義務を、注意義務、忠実義務に、目的遵守義務（duty of obedience）を加えた3つの義務に分類することがある[2]。目的遵守義務とは「取締役が慈善法人（charitable corporation）の使命（mission）が遂行されることを確保する義務」[3]と表現されており、非営利法人の取締役は基本定款（articles of association）か、設立証書（certificate of incorporation）に表現された当該非営利法人の目的を遂行する必要があり、法律で認められた場合を除き、その組織が設立された特定の目的を満たす義務から実質的に逸脱してはならないとされる[4]。また、第五章第一節第四款で紹介するように、非営利法人においては、その活動が法人の目的の範囲内であるか否かについて、実質的な審査が行われる。

　これに対して、営利法人においては目的遵守義務が単独で検討されることはほとんどない[5]。また、法人の能力は法人の目的によって制限され、目的の範囲外の行為は無効であるとされるところ（ultra vires（能力外）の法理）、営利法人においては ultra vires の法理は実質的に消滅したと評価されている[6]。

　それでは、営利法人において法人の行為がその目的の範囲外であるとされ、あるいは役員が法人の目的の範囲外の行為を行ったことを理由に責任を問われることはないのだろうか。この点について、本稿では、営利法人において

---

1) 例えば、WILLIAM T. ALLEN, REINIER KRAAKMAN & GUHAN SUBRAMANIAN, COMMENTARIES AND CASES ON THE LAW OF BUSINESS ORGANIZATION (4th ed., Wolters Kluwer Law & Business 2012) の第6章は Duty of Care を扱い、第7章は Duty of Loyalty を扱っている。
2) 第五章第一節参照。
3) 第五章で紹介する MEETH 判決（[29]）at 152。
4) JAMES J. FISHMAN & STEPHEN SCHWARZ, NONPROFIT ORGANIZATIONS 199 (4th ed., Foundation Press 2010).

株主の経済的利益以外の利益を考慮することが認められるのかという論点に着目する。具体的には、営利法人において慈善目的の寄付を行うことは認められるのかという点や、営利法人において株主以外のステークホルダーの利益を考慮することは認められるのかという点を検討する[7]。

以下、営利法人の役員の注意義務（第一款）と忠実義務（第二款）について論じた後、営利法人が株主の経済的利益以外の目的を考慮していると評価されうる行為を行う場合の役員の信認義務の問題について取り上げる（第三款）。

第一款　アメリカの営利法人の役員の注意義務（duty of care）

アメリカの営利法人における役員の注意義務（duty of care）については、これを包括的に検討した先行研究が蓄積されているため[8]、ここでは、役員の注意義務違反の有無を判断するにあたって重要な要素となる Business Judgment Rule（以下、「BJR」という）を中心に検討を行う。

---

5) 営利法人法を扱う ALLEN, KRAAKMAN & SUBRAMANIAN, supra note 1, at 217は、信認義務について説明を始める冒頭において、次のように言及している。「受認者の義務は、本質的に3つである。一つ目の、かつ最も基本的なものは、時には『duty of obedience（目的遵守義務）』と呼ばれる。この義務はエージェンシー法においては重要な役割を果たすが、法人法においては目立ったものではない。法人の取締役の信認義務は、通常〔注意義務と忠実義務の〕2つの原理に分類される。」

6) モートン・J・ホーウィッツ著＝樋口範雄訳『現代アメリカ法の歴史』95頁（弘文堂・1996年)参照。

7) 日本において法人の目的の範囲が争われた代表的な事案は、政治献金についての八幡製鉄事件（最判昭和45年6月24日民集24巻6号625頁）である。政治献金の問題には、表現の自由等、別途検討すべき重要な課題が存在するため、本稿ではより基本的な問題である慈善目的の寄付を題材に検討することとする。

8) 従来の日本の学説・先行研究をまとめた比較的新しい論文として、宮本航平「取締役の経営判断に関する注意義務違反の責任（一）（二・完）」法学新報115巻5・6号49頁、115巻7・8号37頁。この他、近藤光男「取締役の責任とその救済——経営上の過失をめぐって（四・完）」法学協会雑誌99巻12号1763頁。特にアメリカの Business Judgment Rule について論じた文献として、例えば、川濱昇「米国における経営判断原則の検討（一）（二・完）」法学論叢114巻2号79頁、114巻5号36頁。

一　概説──取締役らがリスク回避的になるのを緩和する必要性

　American Law Institute（アメリカ法律協会。以下、「ALI」という）のコーポレート・ガバナンス原則によれば、営利法人の取締役や役員は、(1) 誠実に (in good faith)、(2) それが法人の最善の利益であると合理的に信じる方法で、(3) 通常の合理的な者 (ordinarily prudent person) が、同様の立場で、類似の状況において、合理的に行使すると期待される注意をもって、その役割を果たすことを要求されている[9]。

　Allen, Kraakman & Subramanian によるアメリカの代表的なケースブックは、取締役や役員の注意義務が一般的な不法行為法（tort law）の過失責任と異なる理由について、取締役や役員がリスク回避的になるのを緩和する必要性があるためであると説明する。つまり、営利法人の取締役らは他人の金を運用しているのであり、取締役らは、リスクの高い決定により、個人的に責任を負う場合の全てのコストを負担する一方で、リスクの高い決定により得られた収益のうちの小さな部分しか受け取ることはできない。そのため、過失基準による責任を適用してしまうと、取締役らは、価値はあるがリスクが高いプロジェクトを採用することに消極的になってしまうことが予想されるのである[10]。

　そのため、アメリカにおいては、営利法人の取締役は、制定法や判例法を通じて、様々な方法によって注意義務違反の責任を問われることから保護されている。第一に、取締役らが訴えられたことによって生じる経費を営利法人が補償（indemnify）することを規定する制定法があり、第二に、制定法は、営利法人が取締役らのために責任保険を購入する権限を与えている。これにより、第一に述べた補償に服しない部分もカバーすることができる。第三に、裁判所はいわゆる BJR による保護を発展させてきた。第四に、デラウェア

---

9) AMERICAN LAW INSTITUTE, PRINCIPLES OF CORPORATE GOVERNANCE § 4.01 (a) (1994). See ALLEN, KRAAKMAN & SUBRAMANIAN, *supra* note 1, at 218-219.
10) ALLEN, KRAAKMAN & SUBRAMANIAN, *supra* note 1, at 219.
　但し、最近では、利益連動型の報酬制度を背景として、むしろ役員がリスクをとりすぎることが懸念されている。See Lucian A. Bebchuk & Jesse M. Fried, *Pay without Performance*: *The Unfulfilled Promise of Executive Compensation* (Harvard University Press 2004).

州の先導により、各州は営利法人に対して、取締役や、場合によっては役員の過失責任や重過失責任を免除する (waive) 権限を与える立法を行った[11]。

ここでは、非営利法人における役員の責任との比較検討を行う際に特に重要となる BJR について検討しておく。

二 営利法人における Business Judgment Rule

(1) アメリカの Business Judgment Rule

Allen, Kraakman & Subramanian のケースブックは、BJR についての統一された定義はないとしつつ、最も近いかもしれないものとして、ABA の Corporate Director's Guidebook の公式を紹介する。これによれば、意思決定は、(1)それが経済的に利害関係のない (disinterested) 取締役または役員によってなされ、(2)その取締役または役員が判断を行う前に適切に情報を得ており、(3)その取締役または役員が法人の利益を促進するために誠実な (good-faith)[12] 努力をして判断を行っている時には、有効な経営判断となり、生じた損失について何らの責任も生じさせないとされる。そして、Allen, Kraakman & Subramanian は、法は正しい意思決定を行うことを取締役に命令することはできないのであるから、慎重 (deliberately) かつ誠実に (in good faith) 行動した利害関係のない取締役は、事後的にみれば彼らの意思決定がどんなに愚かにみえたとしても、生じた損失について決して責任を問われてはならないということだと解釈する[13]。

(2) 取締役の責任が問われる場合

しかし、BJR が存在しても、取締役のあらゆる責任が問われないというこ

---

11) ALLEN, KRAAKMAN & SUBRAMANIAN, *supra* note 1, at 220.
12)「誠実な (good-faith)」が何を示すのかは必ずしも一義的に明らかでないが、この点、川濱・前掲注8) (一) 92頁は、「取締役が判断をするにあたって『誠実 (good faith)』であることが要求されているから、動機の点に問題のある、詐欺や忠実義務違反が関係する場合は、当然ルール〔筆者注：Business Judgment Rule〕の対象外となる。ルールに関する様々な見解は、『誠実さ』を様々に解する形で現れてくるが、『誠実さ』の基本的理解は、動機の正当さの問題である」と説明している。
13) ALLEN, KRAAKMAN & SUBRAMANIAN, *supra* note 1, at 231.

とではない。BJR による保護が及ばなかった判例として有名なのが Smith v. Van Gorkom（以下、「Van Gorkom 判決」という）[14] である。Van Gorkom 判決において、裁判所は、取締役らはその意思決定において、重大な過失があった（grossly negligent）として、取締役の責任を認めた[15]。Van Gorkom 判決は取締役が経営判断をした事案において実際に取締役に注意義務（duty of care）違反の責任があると判断した最初のデラウェア州の判決である[16]。Van Gorkom 判決をきっかけとして、デラウェア州法人法 §102(b)(7) が導入された。この規定は、取締役に経済的な利害関係がなく、その他の忠実義務違反にも問われていない取引によって生じた損失については、取締役はいかなる責任も負わないと定める定款変更を行うことを認めた[17]。しかし、このデラウェア州法人法 §102(b)(7) によっても、「誠実に（in good faith）」行われていない作為または不作為については取締役を責任から保護することができない可能性があることも指摘されている[18]。

　Allen, Kraakman & Subramanian は、不注意（inattention）のレベルに着目して、デラウェア法を次のように整理する。

　「第一に、取締役の単なる過失（mere director negligence）、すなわち同じまたは類似の状況における合理的な人が決定に際して払うことが期待される程度の注意を欠いていたことは、責任を生じさせない。この状況においては BJR が責任を除外し、一般的には訴訟における却下の申立（motion to dismiss）の段階において却下（dismissal）を認める。……第二に、重大な過失（gross negligence）となる事実（Van Gorkom 判決のように）は義務違反の基礎となり、結果として生じた損失に対する責任を生じさせる可能性がある。しかし、〔デラウェア州法人法〕§102(b)(7)の下では、重大な過失のみに対するこのような責任は、株主の承認により法人の定款を変更することを通じて免除することができる（そして、ほとんどの公開会社においては免除されている）。第

---

14) Smith v. Van Gorkom, 488 A.2d 858 (Del. 1985).
15) *See* ALLEN, KRAAKMAN & SUBRAMANIAN, *supra* note 1, at 233.
16) *Id.* at 234.
17) *Ibid.*
18) *Id.* at 364-365.

三に、しかしこのような〔デラウェア州法人法§102(b)(7)による〕免除は、部分的に忠実義務違反に基づく責任を免除することはできず、また、規定の文言上、『誠実に（in good faith）』行われたのではない行為（または不作為）による損害を免除することもできない。そのため、概念的には第三のレベルの不注意があり、これを過去の判例がそうしていたように、職務の放棄（abandonment of office）と呼ぶことができるかもしれないが、ここでは取締役の不注意が重大であるため、裁判所は取締役が『誠実さ（good faith）』を欠いていたと結論づけるのである。この極端なレベルの不注意の場合には、BJRも、デラウェア州法人法§102(b)(7)によって承認された免除規定も、被告を責任から保護することはない。」[19]

　以上をまとめれば、利害関係を有しない営利法人の役員は、BJRにより、単なる過失については責任を負わない。単なる過失ではなく重大な過失がある場合には、取締役は責任を問われるが、デラウェア州法人法§102(b)(7)に基づく定款規定が設けられている場合には、責任から免除される場合がある。但し、デラウェア州法人法§102(b)(7)に基づく定款規定をもってしても、「誠実に（in good faith）」行われたのではない作為または不作為については責任を免除することはできないことになる。

(3) Business Judgment Rule が存在することの効果

　BJRが存在することの効果については次のように説明される。

　「BJRは、『注意義務の基準に違反したか』という質問を、取締役は本当に利害関係がなく、独立しており、取締役の行為は、誠実な（good-faith）判断の行使ではないとみられる程に、極端で、思慮がなく、または説明不可能であるかどうかという質問に転換する。ほとんどの場合において、裁判所は、取締役会の決定の結果に基づいて、取締役が誠実さを欠いていたと推測することについて極めて消極的である。」[20]「一旦裁判所が、取締役は完全に利害関係がないと結論づければ、疑いのある動機の可能性が示唆されるような極めて不自然な特徴がない限り、BJRが適用されることになり、裁判は却下

---

19) *Ibid.*
20) *Id.* at 231-232.

(dismissed)される。」[21]

　デラウェア州のほとんどの会社でデラウェア州法人法§102(b)(7)に基づく定款規定が設けられていることを前提とすれば、BJRの存在により、取締役が利害関係を有しない場合には、経営判断が「誠実に（in good faith）」行われたのではないと評価されるような例外的な場合を除き、経営判断について取締役が注意義務を負うことはないと整理することができるだろう。

三　理解のために──アメリカの Business Judgment Rule と日本の経営判断原則との異同

　ここで、上記で述べたアメリカにおける営利法人の役員の注意義務（duty of care）と日本の営利法人の役員の善管注意義務違反との異同、特にアメリカの BJR と日本の経営判断原則の異同について整理しておきたい[22]。アメリカの注意義務や BJR を誤解なく理解するためである。特に、日本の経営判断原則とアメリカの BJR はその構造が異なるため、この点を理解しなければ、以下で行う営利法人と非営利法人の役員の信認義務の比較考察が正確に行えない可能性がある。

(1) 日本の経営判断原則

　日本では、昭和25年の商法改正における大幅なアメリカ法継受の後、程なく経営判断原則の採用が主張され始めたとされ[23]、その後、形を変えてはいるものの、「経営判断原則」が存在していると一般に考えられてきた[24]。

---

21) Id. at 232.
　　なお、類型的に、①取締役が判断を行っていない場合（Id. at 236-265. But see In re Citigroup Inc. Shareholder Derivative Litigation, 2009 WL481906 (Del.Ch. Feb. 24, 2009))、②「知りながら（knowing）」違法行為を行った場合（Id. at 265-267）には BJR は適用されない。取締役に実際に責任を課したケースは比較的少ないが、それは、判断が壊滅的に間違っていたケースではなく、2001年のエンロンの崩壊のように、合理的に用心深い人は行動を起こしたであろうと後に判断された状況において、取締役が単に何もしなかったケースであると指摘されている（Id. at 236)。

22) 以下で引用した文献の他、日本の経営判断原則とアメリカの Business Judgment Rule の違いについて分析した文献として、近藤・前掲注8) 1763頁以下や、宮本・前掲注8)(二・完)78頁等がある。

23) 川濱・前掲注8)(一)79頁。

日本の経営判断原則は、「会社の役員等が経営判断を行う際には、広い裁量が認められるべきであり、仮にその判断が会社に損害をもたらす結果を事後的に生ぜしめたとしても、行為時点の状況に照らして不合理な意思決定を行ったのではない限り、当該役員等の善管注意義務違反・忠実義務違反の責任を問うべきではない、という考え方」であると説明される[25]。
　当該状況下で事実認識・意思決定過程に不注意がなければ、取締役には広い裁量の幅が認められることを判示する裁判例は多いとされる[26]。

(2) 内容・適用のされ方の違い

　アメリカのBJRと日本の経営判断原則の違いについては、「〔アメリカの〕裁判所は①取締役・会社間に利害対立がないことおよび取締役の意思決定過程に不合理がないことのみを審査し、②判断内容の合理性には一切踏み込まないものであり、我が国の裁判例が②の点についてもそれと同じか否かは疑わしい」との指摘がなされている[27]。
　この点、確かに、Van Gorkom判決においては、取締役が十分な情報を得ていなかったことや、決定が極めて短時間のうちに行われたこと等、その意思決定過程が問題とされている。これに対して日本の裁判例は、取締役に対して広い裁量の幅を与えるにすぎず、取締役の判断の内容について踏み込まないわけではない。
　但し、アメリカのBJRと日本の経営判断原則を整合的に理解することも不可能ではないように思われる。例えば、経営判断の内容に踏み込んだようにみえる日本の裁判例は、実質的には情報収集の不備等の意思決定過程の不合理性を指摘したに過ぎないとの理解に立てば、アメリカのBJRと日本の

---

24) 森田果「わが国に経営判断原則は存在していたのか」商事法務1858号4頁。同12頁注2も参照。但し、同論文は、「思想としての経営判断原則」を「『経営の専門家ではない裁判所が、事後的に役員等の責任を問うてしまうと、経営を委縮させ、かえって会社や株主の利益にならない』といった理論的な根拠に基づいた法ルールのことである」と説明し、日本においてはこの意味での経営判断原則は存在してこなかったと指摘する（同4-10頁）。
25) 森田・前掲注24）4頁。
26) 江頭憲治郎『株式会社法〔第4版〕』438頁注3（有斐閣・2011年）。
27) 江頭・前掲注26）439頁注3。

経営判断原則は実質的には同じであると説明できる可能性はある。これを逆にいえば、アメリカのBJRの下でも、判断のために必要な情報を得ていたか等といった意思決定過程の審査を行う中で、実質的には判断の内容に踏み込んだ審査が行われることも考えられるように思う。どのような情報を得ることが必要であったかという点についての判断は、経営判断自体の内容を評価しなければ行うことができないからである[28]。

四 アメリカの営利法人の役員の注意義務の小括

アメリカの営利法人の役員の注意義務を特徴づけているのはBJRである。

営利法人の役員の責任と信託の受託者の責任を比較するという観点からは、営利法人の役員は単なる過失についてはBJRによって保護され、注意義務違反の責任を負うのは重大な過失が認められる場合であるという点が重要である[29]。

---

[28] この点に関しては、近藤・前掲注8）が精緻な分析を行っている。近藤は、「日本における裁判例は……(ロ)〔取締役が経営上の判断を下してある行動をとった場合、その行為に(重)過失があったかどうかを判断するに際しては、経営判断の法則を用いて、取締役に酷にならないように慎重に判断する。〕の立場に立つと思われるものと、(ハ)〔取締役が会社経営上の判断を下してある行動をとった場合、その判断に合理的な根拠があったこと、彼が誠実に行動したこと等の要件をみたしていれば、裁判所は彼の判断を尊重して、その是非を論ぜず不問に付す。〕の立場に立つと思われるものとに二分できるようである。」(同1794-1795頁）とした上で、「裁判所が(ハ)の立場に立ってこの法則を採用している事例もあるが、実際には、多くの裁判所は、取締役の経営判断についても、一定の評価を下しているのである。」(同1800頁）と評価する。そして、「(ロ)の立場と(ハ)の立場とでは、その考え方が明確に異なっていると一応言えるが、(ハ)の立場に立ったとしても、経営判断の法則を適用するための要件をきめて厳格に設ければ、(ハ)の立場は(ロ)の立場に近接していくことに注意しなくてはならない。というのも(ハ)の立場に立ったとしても、この法則を適用するための要件をいくつも立てれば、そこで経営判断についての過失の有無を判断することになってしまうからである。」と説明する。そして、(ロ)の立場から日本の「裁判例から最大公約数的に抽出した」要件は、「アメリカにおける経営判断の法則の要件とほぼ一致している」と指摘する（同1801頁）。

経営判断原則について、裁判所は判断の是非には踏み込まないという立場をとったとしても、判断の是非に一応は踏み込むが、取締役に酷にならないように慎重に判断をするという立場をとったとしても、その運用次第では両者は実質的には同様の基準となりえ、いずれの立場をとるかは決定的な違いにはならない可能性があることを示す見解であるといえよう。

[29] デラウェア州法人法§102(b)(7)に基づく定款規定が設けられている場合には、重大な過失があっても責任から免除される場合があることについては上述のとおりである。

これに対し、本章第二節で述べるように、信託の受託者については、単なる過失が認められれば注意義務違反に問われる。この点において、営利法人の役員の負う注意義務の基準は、信託の受託者の負う注意義務の基準よりも緩やかであると評価されることになろう。

第二款　アメリカの営利法人の役員の忠実義務（duty of loyalty）

アメリカの営利法人における忠実義務（duty of loyalty）は、法人の取締役、役員、支配株主に対して、法人の利益を促進するために、法人のプロセスや情報を含む財産に対する機関的な権限を、誠実に（in a good-faith）行使することを要求する[30]。営利法人における忠実義務についても邦語による豊富な先行研究があるため[31]、ここでは役員の忠実義務違反の有無を判断する際に用いられる具体的な審査基準を中心に検討する。

一　忠実義務の類型

英米では、忠実義務についての判例を次のように分類するとの指摘がある。①会社・取締役間の取引、②取締役の報酬、③取締役が会社となす競業、④会社の機会の利用、⑤秘密の利得、⑥支配権の譲渡及び⑦株式の取引である[32]。このうち、本稿の目的である営利法人と非営利法人における取締役の信認義務の比較考察を行うのに際して特に重要となるのは①会社・取締役間

---

30) ALLEN, KRAAKMAN & SUBRAMANIAN, *supra* note 1, at 269.
31) アメリカの忠実義務を網羅的に紹介、検討した文献として、赤堀光子「取締役の忠実義務（一）（二）（三）（四・完）」法学協会雑誌85巻1号1頁、85巻2号24頁、85巻3号20頁、85巻4号43頁。アメリカの忠実義務を日本にどのように取り入れるかをめぐってのそれまでの議論を分析し、日本における善管注意義務と忠実義務の関係についての解釈を示した代表的な論文として、森本滋「取締役の善管注意義務と忠実義務」民商法雑誌81巻4号1頁。
32) 赤堀・前掲注31）（一）5頁。
　これに対して、日本においては、取締役・会社間の取引（平成17年法律第87号による改正前の商法（以下、「旧商法」という）265条）、競業の制限（旧商法264条）、報酬決定（旧商法269条）に関しては大陸法系の立法にならい古くから規制が加えられていたが、取締役の忠実義務の規定（254条の2）が新設されたのは昭和25年の商法改正の際であった（赤堀・前掲注31）（四）44頁）。この旧商法254条の2はアメリカ法に範をとって置かれた規定であるとされる（赤堀・前掲注31）（一）3頁）。

の取引であると考えられる。非営利法人においては、その他の状況は営利法人に比べると生じにくいと考えられるためである。そのため、ここでは特に①会社と取締役との間で取引が行われる場合を念頭に置く。

取締役が法人との間で行う取引は「自己取引（self-dealing）」として規制されてきた。取締役や役員は、自己取引において法人の利益を犠牲にして経済的に利益を得てはならないとされる[33]。

二　過去に採用されていた自己取引を厳格に禁止するルール

後述するように、信託の受託者については、自己取引は厳格に禁止されている[34]。

営利法人については、今日では役員の自己取引を厳格に禁止するルールは採用されていないが、19世紀には、営利法人においても役員による自己取引は厳格に禁止されていた[35]。

(1) ルールの変遷

1880年には、取締役と法人との間の取引は、その取引が公正であるか否かにかかわらず取り消しうるもの（voidable）とされていた[36]。その後、ルールは緩和され、1910年には、一般的なルールは、取締役と法人との間の取引は、その同僚の取締役の利害関係のない過半数（majority）によって承認され、もし訴追された場合には、裁判所によって不公正であることや詐欺的であることが認められなければ有効（valid）であるというものとなった。但し、取締役の過半数が利害関係を有する取引については、法人か株主が要請すれば、その取引が公正か否かにかかわらず取り消しうるもの（voidable）とされた[37]。

---

33) ALLEN, KRAAKMAN & SUBRAMANIAN, *supra* note 1, at 276.
34) 本章第二節第三款参照。
35) James J. Fishman, *The Development of Nonprofit Corporation Law and an Agenda for Reform*, 34 EMORY L. J. 617, at 648 (1985) (以下、「Fishman (1985)」という)。
36) Ronald A. Brand, *Investment Duties of Trustees of Charitable Trusts and Directors of Nonprofit Corporations: Applying the Law to Investments that Acknowledge Social and Moral Concerns*, 1986 ARIZ. ST. L. J. 631, 643 (1986).
37) *Id.* at 643-644.

1960年までには、一般的なルールは更に変化し、取締役と法人との間のいかなる取引も、利害関係のない取締役の過半数がいるかどうかにかかわらず、自動的に取り消しうるもの（voidable）とされることはなく、裁判所がその契約を厳格で注意深い審査基準によって審査して、その契約が法人にとって不公正であると判断すればこれを無効とする（invalidate）というルールになった[38]。

このような経緯をたどり、現在では自己取引を厳格に禁止するルールは廃止され、取締役による自己取引は以下の三で紹介する基準に従って審査されることとなる。

(2) 自己取引を規制するルールについての考慮要素

それでは、自己取引の規制を設計する際には、どのような考慮要素が影響を与えているのだろうか。Allen, Kraakman & Subramanian は次のように説明する。

まず、全ての自己取引を禁止する方法は、法人にとって利益となる取引をも禁止してしまうことになる。そのため、代替案としては、「公正（fair）」である取引のみを認め、「公正」でない取引は禁止するという方法が考えられる。この二つの方法のどちらかを選択する際には、ルールを運営するためのコストも考慮にいれる必要がある。理想的には、法のルールはシンプルであり（例えば前者のルール）、識別力があり（例えば後者のルール）、そして、取引の度に訴訟が起こるようなことは避けなければならない。自己取引を規制するための法の発達は、これらの競合する目標の交錯を反映してきたとされる[39]。

---

38) Id. at 644. なお、自己取引についてのルールの変遷については、Lizabeth Moody, *State Statutes Governing Directors of Charitable Corporations*, 18 U.S.F.L. REV. 749, 758 (1984) も参照。赤堀・前掲注31) (二) 27頁も参照。

39) ALLEN, KRAAKMAN & SUBRAMANIAN, *supra* note 1, at 276.

三 自己取引についての審査基準

(1) 自己取引を厳格に禁止するルールの廃止

上述のように、今日では、自己取引を厳格に禁止するルールは廃止されている。ルールの詳細は各州ごとに異なるが、モデル法である Model Business Corporation Act（モデル営利法人法。以下「MBCA」という）§8.61(b)は次のように規定している。

「取締役の利益相反のある取引（conflicting interest transaction）は、次の場合には……取締役がその取引について利害関係を有しているという理由によっては、エクイティによる救済または損害賠償の支払いやその他の取締役に対する制裁を生じさせない。(1)取引についての取締役の行為が、いずれかの時点で、§8.62に従って行われたとき〔筆者注：情報の開示や取締役による承認を指す〕、又は、(2)取引についての株主の行為が、いずれかの時点で、§8.63に従って行われたとき〔筆者注：情報の開示や株主による承認を指す〕、又は、(3)その取引が、関連する時点における状況によって判断された場合に、法人にとって公正（fair）であったことが立証された場合。」

(2) 自己取引についての審査基準

では、取締役が営利法人との間で自己取引を行った場合、取締役の忠実義務違反はどのように審査されるのだろうか。ここでは、営利法人についての判例法理が最も発達しているデラウェア州の場合を例にとって確認しておきたい。

まず、自己取引においては取締役が取引に利害関係を有しているため、原則として BJR は適用されない[40]。自己取引が行われた場合であって、取締役会や株主総会による承認や追認がない場合には、自己取引を行った取締役がその取引が公正であることを厳格な基準を用いて立証しなければならない[41]。しかし、自己取引について利害関係のない取締役会や株主総会による承認や追認が行われた場合には、BJR 等のより緩やかな審査基準を用いて審

---

40) カーティス・J・ミルハウプト編『米国会社法』85頁（有斐閣・2009年）。

査される場合もある[42]。

四　小括

　現在では、営利法人における役員と営利法人との間の自己取引について、これを厳格に禁止するルールは採用されていない。自己取引を行った役員は、厳格な基準を用いて当該自己取引が公正であることを立証しなければならないが、当該自己取引について利害関係のない役員や株主による承認があった場合には、緩やかな審査基準が用いられる場合もある。

　これに対して、後述のように、信託の受託者の場合には、自己取引は厳格に禁止されている。この点において、営利法人の役員の忠実義務についての基準は、信託の受託者の忠実義務についての基準よりも緩やかであるということができる。

第三款　営利法人が営利目的以外の目的を有すると評価されうる行為を行う場合の役員の責任――慈善目的の寄付等を題材として

　第五章で検討するように、非営利法人においては、法人の行為が目的の範囲内であったか、ultra vires（能力外）でないかという点について、実質的な審査が行われている[43]。

　これに対して、営利法人においては ultra vires の法理は実質的には消滅したとも評価される[44]。それでは、営利法人においては、法人の行為が目的の範囲外であるとして ultra vires となり、当該行為を行った役員がこれによって生じた損害について責任を問われることはないのだろうか。

---

41) ミルハウプト・前掲注40) 85頁、87頁。
　　See Mills Acquisition Co. v. Macmillan, Inc., 559 A.2d 1261 (Del. 1989).
　　公正さの概念について、Weinberger v. UOP, Inc., 457 A.2d 701 (Del. 1983) では、公正な取扱い (fair dealing) と公正な価格 (fair price) の二面からなると判示された。
42) See ALLEN, KRAAKMAN & SUBRAMANIAN, supra note 1, at 281-295. ミルハウプト・前掲注40) 87-88頁も参照。
43) 第五章第一節第四款参照。
44) ホーウィッツ・前掲注6) 95頁参照。

ここでは、営利法人において株主の経済的利益以外の要素を考慮することが認められるのかという点を検討する。具体的には、①営利法人が慈善目的の寄付を行った事案と、②経営者の判断が株主の経済的利益以外の要素を考慮しているようにもみえる事案を紹介する。
　これらの事案に関する制定法や判例の分析からは、アメリカの裁判所は、営利法人の役員が株主の経済的利益以外の要素を考慮することを正面から認めているわけではなく、建前としては営利法人が「営利目的」を遵守することを要求していることが明らかになる。すなわち、ステークホルダーの利益といった株主の経済的利益以外の要素を考慮することが認められているようにみえる判決においても、裁判所は、ステークホルダーの利益を考慮することが、いずれ株主の経済的利益につながる可能性があるというロジックを咬ませているのである[45]。
　営利法人においては「実質的には」ultra vires の法理は消滅したとの評価は間違いではない。しかし、本款における検討からは、営利法人は株主の利益を目的とする行為しか行うことができないという理論が「建前としては」残っていることが示され、この意味において、営利法人においても ultra vires の法理は全く存在しないわけではないことが明らかになる。

一　営利法人における慈善目的の寄付

　まず、営利法人における慈善目的の寄付がアメリカでどのように扱われてきたのかを確認する[46]。

(1) 能力外 (ultra vires) の法理から利益 (benefit) の基準へ
(i) 個別の定款により設立された初期の法人
　現在、伝統的な営利法人の見方として挙げられるのは、営利法人は何より

---

45) なお、各州は、取締役が経営判断を行う際に株主以外のステークホルダーの利益を考慮することを認める内容の制定法を置いている場合がある。この Constituency Statutes (邦語では「ステークホルダー法」等と呼ばれる) が取締役の経営判断にどのような影響を与えるのかという点は重要なテーマであるが、その検討は別稿を期したい。ステークホルダー法について紹介した邦語文献としては、畠田公明「取締役による会社関係者の利害の調整――アメリカの利害関係者制定法 (Constituency Statutes) を中心として (1) (2・完)」福岡大学法学論叢47巻3・4号511頁、48巻1号29頁が詳しい。

もまず (primarily) 株主の利益のために存在するという見解である[47]。しかし、第二章第三節において紹介したように、各法人が個別の定款によって設立されていた頃には営利法人と非営利法人の区別は曖昧であった[48]。18世紀の終わりと19世紀の初めに設立されたアメリカにおける最初の事業法人は、街道や運河の建設、水の供給、消防や保険の提供といった公共サービスの目的のために設立されたのである[49]。

19世紀には立法府の個別の立法を必要とせずに人々が法人を設立することができるように、法人法 (Corporate Codes) が導入された。この法人法に基づいて法人を設立する権限は、当初は製粉所や橋や有料道路の運営といった限定された目的に限って与えられていたが、次第に工場や商業施設にも拡大され、ついにはほとんどすべての種類の企業に認められるようになった[50]。

(ii) 能力外 (ultra vires) の法理

19世紀の後半に法人が事業活動の主な手段となると、社会や裁判所は、法人が公共の福祉 (general welfare) に対して義務を負うものとは考えなくなり、

---

46) 営利法人による慈善目的の寄付の歴史については Faith Stevelman Kahn, *Pandora's Box: Managerial Disclosure and the Problem of Corporate Philanthropy*, 44 UCLA L. REV. 579 (1996-97)、George D. Gibson, *Corporate Contributions to Charity and Enable Legislation*, 14 Bus. Law. 434 (1958-1959)、Phillip I. Blumberg, *Corporate Responsibility and the Social Crisis*, 50 B.U. L. REV. 157 (1970) に詳しい。寄付をはじめとする会社の社会的責任に関する判例の展開をまとめた邦語文献としては、中村美紀子『企業の社会的責任——法律学を中心として』40頁以下(中央経済社・1999年)が挙げられる。

47) 営利法人が何よりもまず (primarily) 株主の利益のために運営されなければならないことを示した判決として、Dodge v. Ford Motor Co., 170 N.W. 668 (Mi. 1919) がある。同判決については、本節第三款の二における説明を参照。

48) Henry B.Hansmann, *The Evolving Law of Nonprofit Organizations: Do Current Trends Make Good Policy?*, 39 CASE W. RES. L. REV. 807, 808 (1988-1989). *See also* Shelby D. Green, *Corporate Philanthropy and the Business Benefit: the Need for Clarity*, 20 GOLDEN GATE U. L. REV. 239 (1990).

49) D. Gordon Smith, *The Shareholder Primacy Norm*, 23 J. CORP. L. 277, 291 (1998). *See also* Green, *supra* note 48, at 246; Ronald E. Seavoy, *the Public Service Origins of the Aerican Business Corporation*, THE BUSINESS HISTORY REVIEW, Vol. 52, No. 1 (Spring, 1978), 30, 49.

しかし、富とマンパワーの大きな集積を恐れたことから、法人の特権は控えめにしか与えられず、そのサイズ、行動の範囲、所有できる不動産についても厳格な制限が定められていたとされる (Green, *supra* note 48, at 246; Seavoy at 49)。

50) ALFRED F. CONARD, CORPORATIONS IN PERSPECTIVE 13 (Foundation Press 1976); Green, *supra* note 48, at 246.

営利法人は株主のために金銭的利益を上げる道具であって、それ以上のものではないと考えられるようになった[51]。

こうした中で、19世紀の後半から20世紀初めまでにおける営利法人の慈善目的の寄付に関する喫緊の法的問題は、営利法人に慈善目的の寄付を行う法的な権限があるかどうかであった[52]。「限定された法人の権限（defined corporate power）」の原理の下、法人は州によって与えられ、法人の基本定款（charter）に反映された権限のみを有するものとみなされ、これ以外の行為は「ultra vires」、つまり法人の権限を越えるものとされた[53]。

法人の目的と権限を厳格に解釈する見方においては、当該行為が法人にとって利益（benefit）であるか否かは関係がなかった。厳格に解釈された基本定款によってその行為を行う権限がなければ、その行為が利益を上げそうであったとしてもそれは能力外（ultra vires）とされた[54]。

なお、その後、ultra vires の法理については、「1930年になると、能力外の法理は、死亡したとはいえないまでも、実際上、実質的に瓦解した状態となっており、法人組織が事業活動の通常かつ自然な形態であるという見解が既に広く行き渡ったことを示していた。」と指摘されることになる[55]。

(iii) 寄付を禁止するルールの緩和——利益（benefit）の基準

その後、厳格な慈善目的の寄付の禁止のルールは緩和され、営利法人が寄付により現実の利益（tangible benefit）を受けられることが示され、または推定できる場合には営利法人が慈善組織に寄付を行うことが許されるようになった[56]。20世紀の最初の四半世紀には、裁判所が営利法人の利益について

---

51) Gibson, *supra* note 46, at 434. *Ibid.* は、Rogers v. Hill, 289 U.S. 582, 591-592 (1933) の中から次の文言を引用している。「多数者は少数者の反対がある中で法人の資産を差し出してしまう権限を有していない。」
52) Kahn, *supra* note 46, at 594.
53) *Id.* at 594-595.
　　Gibson は、法人の慈善活動に対する寄付は、直接の利益の可能性がない取引は行わないという法人と株主との間の黙示の契約を害するものと考えられ、法人の寄付は基本定款によって特別に権限が与えられている場合を除いて禁止されたと説明している (Gibson, *supra* note 46, at 434)。
54) Blumberg, *supra* note 46, at 168.
55) ホーウィッツ・前掲注6) 95頁。

の要求を次第に緩めたために、営利法人の慈善目的の寄付を認めるルールは拡大したと指摘されている[57]。

利益要件のルールに関する判決であり、教育機関に対する寄付が問題となったのが、1922年のArmstrong Cork Co. v. H.A. Meldrum Co.（以下、「Armstrong判決」という）である[58]。裁判所は、教育を受けた従業員を採用できる可能性や法人の宣伝になること等を指摘した上で、役員の行為は能力外（ultra vires）ではなく、営利法人の権限の範囲内であるとした。

Armstrong判決は、寄付が営利法人の権限の範囲内であると判断するのにあたって、教育を受けた従業員を採用できる可能性や法人の宣伝といった理由を用いており、理論的にはあくまでも営利法人が利益を受けられることを要求しているといえよう。

(2) 営利法人の寄付に関する立法の自由化の流れと、裁判例における利益（benefit）の基準の緩和

(i) 営利法人の寄付に関する立法

1920年頃から、営利法人の慈善目的の寄付の法的解釈の不安定さに対応するために、慈善目的の寄付についての立法が行われるようになり、1949年までには、13の州とハワイにおいて、営利法人の慈善目的の寄付を認める何らかの立法が行われた[59]。但し、これらの規定は、テキサス州が制限のない寄付を認めている以外は、営利法人の慈善目的の寄付にかなりの限定と条件を課すものであった[60]。Kahnは、20世紀半ばまでのこれらの立法は、株主利益の最大化の優先と、会社の出資による社会的活動とのバランスをとろうと

---

56) Gibson, *supra* note 46, at 434.
　Kahn, *supra* note 46, at 595は、裁判所は、寄付によって法人が予見可能な利益を得られることを示すことができる場合には、「付随的な法人の権限 (incidental corporate powers)」という概念を用いたと指摘している。
　Garrettは、Common Lawにおいては、法人が寄付から直接の方法で利益を得ることを合理的に期待することができるかが問題になってきたと指摘する (Ray Garrett, *Corporate Donations to Charity*, 4 Bus. Law. 28, 30 (1948-1949))。
57) Gibson, *supra* note 46, at 434. *See also* Blumberg, *supra* note 46, at 169-178.
58) Armstrong Cork Co. v. H.A. Meldrum Co., 285 F. 58 (D.C.N.Y. 1922).
59) Kahn, *supra* note 46, at 596-597.
60) *Id.* at 594, 597.

した実験であったと評価している[61]。

　税法との関係でも、この頃立法に動きがみられた。従来、Revenue Act of 1921（1921年歳入法）は、個人に対しては慈善寄付（charitable contribution）についての税控除を認めていたが、法人に対してはこれを認めていなかった[62]。しかし、Revenue Act of 1936（1936年歳入法）の施行により、IRC（内国歳入法）は、課税可能な収入（taxable income）の5％を上限に、法人による慈善・科学・教育のための寄付の税控除を認めた[63]。なお、Economic Recovery Act of 1981（1981年の経済復興税法）は、法人の慈善寄付の税控除の上限を法人の課税可能な収入の5％から10％に引き上げた[64]。

　その後、20世紀の半ばを過ぎると寄付についての立法は営利法人が慈善目的の寄付を行うことを広く認めたものに変化する[65]。1950年に発表されたABAのMBCA（モデル営利法人法）において、営利法人の慈善目的の寄付についての規定が成文化されたが、この規定には営利法人が慈善目的の寄付をする権限の範囲について制限する文言がなかった[66]。これ以後、多くの州が、営利法人の慈善目的の寄付についてABAによって推薦されているような制限のない条項を制定し、既に条項を制定していた州も、これを廃止してABAによって推薦されている「現代化された」バージョンの条項を制定した[67]。

　上述の変遷を踏まえ、現在では各州が営利法人の寄付についての法律を有

---

61) *Id.* at 599-600.
62) Blumberg, *supra* note 46, at 178.
　このことは、立法府が、称賛されるべき目的のためとはいえ取締役が株主の金について寛容になることを奨励することは危険であるとの不安を感じていたことを反映していたものだと指摘される。また、能力外 (ultra vires) の法理への気遣いも影響を与えていたのではないかと指摘されている。*Ibid.*
63) *Id.* at 167, 180.
　この点について、Nancy J. Knauer, *The Paradox of Corporate Giving: Tax Expenditures, the Nature of the Corporation, and the Social Construction of Charity*, 44 DEPAUL L. REV. 1, 28 (1994) は、議会が、E. Merrick Dodd の社会的責任についての議論 (E. Merrick Dodd, Jr., *For Whom are Corporate Managers Trustees?*, 45 HARV. L. REV. 1145 (1932)) を受け入れたものであると評価している。
64) Kahn, *supra* note 46, at 607 n.106. IRC § 170 (b) (2) (1994).
65) *Id.* at 594, 600-602.
66) *Id.* at 601.

する[68]。Kahn は各州の立法を 3 つのタイプに分類する。第一に、24の州とコロンビア特別区においては、単に、法人は「公共の福祉のために、または慈善の、科学の、あるいは教育の目的のために寄付をすることができる」と規定されている。デラウェア州も、このタイプであるとされる。第二に、19の州においては、2 つの規定を用いて法人の慈善活動について規定している。一つは法人が「事業と会社の業務を促進する」寄付をする権限を与え、もう一つは制限を加える文言を付さずに、法人が寄付をする権限を与える。二つ目の規定については、Kahn は、制限を加える文言がないことから、純粋に慈善目的の寄付を認めるものだと解釈している。第三に、カリフォルニア州、ニューヨーク州、ニュージャージー州を含む 7 つの州においては、法人が「法人の利益に関係なく」慈善目的の寄付をする権限を与える[69]。

Kahn は、これらの立法は、いずれも、法人がこれにより利益を受けるかに関係なく、法人の資本 (capital) から無制限の慈善目的の寄付を行うことを認めるようにみえると指摘する[70]。この点、第一の類型については、法人

---

67) *Ibid.*
  なお、現在の MBCA§3.02は次のように規定する。「定款に別段の定めがない時は、すべての会社は、その商号において永久の継続性と連続性を有し、かつ会社の営業および業務を実行するのに必要または有益なすべてのことをなす、個人と同じ権能を有する。その権能は、つぎのことをなす権能を含むが、それに限られない：……(13) 公共の福祉のため、または慈善、学術もしくは教育の目的のために寄付をなすこと；……」（邦訳は北沢正啓＝平出慶道訳『アメリカ模範会社法』（商事法務研究会・1988年）にならった）。
68) Kahn, *supra* note 46, at 602-605; FLETCHER CYCLOPEDIA CORPORATIONS (Permanent edition) Vol. 6A sec. 2939.
69) Kahn, *supra* note 46, at 602-603.
70) Id. at 603.
  Kahn は、現代の法人の寄付に関する規定は法人を利する目的であることを要求しておらず、株主利益の最大化という指針を拒否しており、更に、株主利益の最大化に代わる分析の枠組みもないことを指摘し、各州は、寄付についての立法にあたり、法人に対して真の慈善目的の寄付を行う権限を与え、法人の慈善目的の寄付を規制することを明確に否定したと分析している (*Id.* at 584)。また、Blumberg, *supra* note 46, at 199 も、「もしこのような制定法を制定した51の管轄における制定法による法人の権限の確認が、法人が利益を受ける場合に限られているのだとすれば、制定法はほとんど意味を持たない。それゆえ、4 つの州における『法人の利益にかかわらず』との言及は余分なものにすぎないようにみえ、そのほかの47州においてそのような言及がないことは重要でないように思われる。」として、各州の制定法は、『法人の利益にかかわらず』との文言がなくとも、法人が利益を受けない場合にも寄付をする権限を認めたものであるとの立場をとっている。

が寄付によって利益を受けない場合にも慈善目的の寄付が認められるのか否かは必ずしも明らかではないとも考えられるが、少なくとも、法人の慈善目的の寄付について明確な制限・条件を規定していた初期の立法に比べれば、営利法人が慈善目的の寄付を行うことができる範囲についての自由化が進んだものとみることができよう。

(ii) 裁判例における自由化の流れ——利益（benefit）の基準の緩和

次に、裁判例における自由化の流れを検討する。20世紀半ば以降、営利法人の慈善目的の活動の範囲と寄付の妥当性について判示した重要な判決は以下で紹介する4つしかないとされる[71]。

これらの判例を検討すると、寄付を行うことが営利法人に対して極めて抽象的な利益しか与えていなくとも、営利法人に対する利益があると評価し、あるいは擬制することによって、または、寄付を認める制定法を参照することによって、実際には広く慈善目的の寄付を認めていることがうかがえる。

(1) A.P. Smith Manufacturing Co. v. Barlow (1953)

立法が法人による慈善寄付を受け入れていく流れの中で出されたのが[72]、1953年のニュージャージー州最高裁判所のA.P. Smith Manufacturing Co. v. Barlow（以下、「A.P. Smith 判決」という）[73] である。

　　A.P. Smith 社の取締役会がプリンストン大学に1,500ドルの寄付を行うことを決議したところ、株主から疑問の声が上がったため、A.P. Smith 社が確認的判決（declaratory judgment）を求めた。なお、当時ニュージャージー州の制定法

---

71) Kahn, *supra* note 46, at 605.
　　Kahnは判例が少ないことの理由として、法人の慈善目的の寄付について公に利用できる情報が少ないこと、寄付についての規定が、法人のあらゆる慈善目的の寄付を認めているようにみえること、適用される法律の基準が広いため株主訴訟が成功する可能性が低いこと、研究者が法人の慈善目的の寄付における忠実義務についての論点 (duty of loyalty issues) に着目していないことを挙げている (*Id.* at 605-606)。一方、寄付に関するケースが少ないのは、株主が寄付をすることを許容しているからではないかと指摘する見解もみられる (Garrett, *supra* note 56, at 32. *See also* Gibson, *supra* note 46, at 439)。
72) *See* Kahn, *supra* note 46, at 601.
73) A.P. Smith Manufacturing Co. v. Barlow, 98 A.2d 581 (N.J. 1953).

では、法人に寄付をする権限を与え、一定の金額を超える寄付については株主総会の決議を要求していた。本件の寄付の金額はこの範囲に収まるものであったが、株主は、A.P. Smith 社はこの制定法が制定される前から存在していたため、同法に拘束されることは違憲である旨を主張していた。

　裁判所は次のように述べて、A.P. Smith 社による寄付を妥当であるとした。また、A.P. Smith 社に制定法を適用することが違憲であるとの主張も退けた。

　「コモンローのルールは、法人を経営する者は、支出が法人に利益をもたらすのでないかぎり、法人の資産を慈善目的の、あるいは他の価値のある公的な目的のために使用することはできないとしてきた。……〔その後〕経済的な富の支配は個人の企業家から支配的な法人に大きく移動し、法人に対して合理的な慈善目的の寄付を求める要求は、増加する公共の支持を得て行われるようになった。多くの事案において、裁判所はこのような寄付を法人の目的を促進するために合理的に行われたと緩やかに判断して、上記のコモンローのルールの中で認めてきた。」[74]

　「〔今日では〕ほとんどの富が法人の手元に移動され、個人には重い税金の負担が課されており、個人は増加する慈善活動の必要性に追いつくことができない。そのため個人は、正当な理由をもって、法人が、人間がするのと同じ方法により良き市民（good citizenship）の現代的な義務を引き受けることに頼ったのである。連邦議会と州の立法府は、法人の寄付を奨励する法を制定し、最近でも〔法人の寄付に対する〕ひっ迫した必要性のために、また、十分な法的根拠を示すために多くの立法が行われている。」[75]

　「法人が当初作られたときに支配的だった状況が法人は私的な利益のためだけでなく公的にも奉仕することを求めたのとちょうど同じように、現代の状況は法人が操業しているそのコミュニティーのメンバーとして、私的な責任だけでなく、公的な責任をも認識し、履行することを求めている。この広い概念の下において、法人の正当な目的に付随し、公共の福祉の助けになる場合には、合理的な限度において学術的な機関を支援するために法人の資産を寄付する法人の能力（power）を肯定することに何の困難もない。仮に我々が現在の状況にコモンローの要件を適用しなければならないとしても、このような支出は同様に法人の利益（benefit）であるとして容易に正当化されるだろ

---

74) *Id.* at 584.
75) *Id.* at 586.

う。実際、必要であれば、自由な企業システムにおける（in a free enterprise system）法人の実際の存続という意味において厳格にみることもできるだろう。……コモンローが公共財の発展に関する適切な道具として欠如していたことはないのである。」[76]

「……原告（A.P. Smith 社）による寄付の妥当性を支持するのに何のためらいもない。……〔寄付は〕高等教育の卓越した機関のために行われ、金額も控えめであって、制定法で課された限度に十分収まっており、公共の福祉を補助し、私的企業としての、また、これが操業しているコミュニティーの一部としての原告（A.P. Smith 社）の利益を促進するという合理的な信念のもとで自発的になされているのである。これはコモンローの原理の下での法人の黙示の付随的な能力（implied incidental powers）の合法な行使であって、適切な州の立法の明示的な許可の範囲内である。」[77]

A.P. Smith 判決はどのように評価されているのだろうか。A.P. Smith 判決を、従来の「利益要件テスト（benefit-test）」への単純な依存（single-minded reliance）を捨て去った判決であり、制定法や法人への利益がなかったとしても法人の慈善目的の寄付が妥当であることを示した判決であると評価する見解もある[78]。これに対して、A.P. Smith 判決は、単に法人による慈善活動への寄付が、間接的あるいは長期的な法人の利益という結果をもたらし得ることを認識したに過ぎないと指摘する見解もある[79]。

A.P. Smith 判決は「自由な企業システムにおける法人の実際の存続」をもって「法人の利益」と評価する可能性を示しており、この考え方によれば、事実上ほとんど全ての社会的責任に関する行為について営利法人の「利益」を認めることが可能になるように思われる。この意味においては、法人の「利益」という基準に実質的な意味を持たせることを放棄したと評価するこ

76) *Ibid.*
77) *Id.* at 590.
78) Blumberg, *supra* note 46, at 167, 174.
　　A.P. Smith 判決は立法について、「我々は現代の状況においては、明示の制定法の規定がなかったとしても、法人が合理的な慈善目的の寄付をする能力は存在するとみるのであるから、〔寄付を認める〕はこのような能力の単なる有益な確認的な宣言であり、これに上限のセーフガードが伴っているに過ぎない。」と述べている (A.P. Smith 判決 at 590)。
79) Knauer, *supra* note 63, at 27.

とができるだろう。

同時に、裁判所が法人の利益の基準を捨て切れていない点も無視することはできない。この点を重視すれば、A.P. Smith 判決の考え方は、慈善目的の寄付を認める際に、営利法人に対して何らかの利益が認められることを擬制することによって、営利法人の目的は利益の最大化であるという理論を堅持しようとするものだといえよう。

(2) Union Pacific Railroad Co. v. Trustees, Inc. (1958)

A.P. Smith 判決の 5 年後に出されたのが Union Pacific Railroad Co. v. Trustees, Inc.（以下、「Union Pacific Railroad 判決」という）[80]である。

> Union Pacific Railroad 社の取締役会が、同社により組織されている慈善、科学、宗教または教育目的の非営利法人に対して5,000ドルを寄付することを認める決議を行ったところ、一部の株主がこれを争い、訴訟を行うことを示唆したため、Union Pacific Railroad 社が確認判決（declaratory judgment）を求めた。
> 下級審は Union Pacific Railroad 社の主張を認めなかったが、ユタ州最高裁判所は次のように述べて、この寄付は法人の黙示の能力（implied corporate powers）に含まれると判示した。「寄付が、法人に利益を与えるだろうという、調査に基づきかつ不合理でない信念に基づいて行われたのであれば、それは経営者の合理的な裁量に任されるべきタイプの事柄であり、通常の法人のビジネスにおける黙示の権限の正当な行使の領域に含まれるべきだと信じる。」[81]
> 「……今日の産業及びビジネスの状況に鑑みれば、常識は、法人の黙示の能力に含まれるものとして、その寄付が現在または予見できる将来法人に利益を確保するように合理的に設計されているようにみえるのであれば（appear）、選ばれた慈善、科学、宗教または教育の機関に対して合理的な額の寄付をすることを認める権限があるべきことを示す……と考える。……本件における寄付はこのような原理の下で、法人の黙示の能力に含まれるようにみえる。」[82]

---

80) Union Pacific Railroad Co. v. Trustees, Inc., 329 P.2d 398 (Utah 1958).
81) Id. at 401-402.
82) Id. at 402.

Union Pacific Railroad 判決は、現在または予見できる将来法人に利益を確保するように合理的に設計されているように「みえるのであれば（appear）」、法人の黙示の能力に含まれるものとして寄付をすることが認められると判示しており、従来の利益の基準を用いながらも、寄付を認める基準を更に緩やかにしたものだと評価できるかもしれない。この点に関し、Blumberg は、現代の判例では一部の例外を除いて「利益（benefit）」という文言がみられるということを指摘した上で、「利益」の基準は、寄付が認められる場面を、寄付が法人に対して直接的で経済的なアドバンテージを生み出す場面から、寄付が、直接的な経済的な結果は生み出さず、ビジネスの目的を満たすための経営判断としてなされる場面に拡大することを隠すためのフィクション（fiction）になっていると指摘している。Union Pacific Railroad 判決以後の多くの判例は、それまで寄付を正当化するための理由づけとしては不十分だとされてきた、宣伝、グッドウィルの創出、あるいは「良い市民（good citizen）」としての義務への類推を用いるようになったと指摘される[83]。

　但し、Union Pacific Railroad 判決においても、A. P. Smith 判決と同様に、実際の判断としては緩やかに法人の利益を認定しているものの、「利益」の基準を放棄することはなく、建前としては、寄付が法人にとって何らかの利益を与えることを要件としていることに注意が必要である。

〔3〕 Theodora Holding Corp. v. Henderson（1969）

　1969年の Theodora Holding Corp. v. Henderson（以下、「Theodora 判決」という）[84] は、営利法人による寄付の審査基準として「金額と目的の両面において合理的な限度の範囲内」という「合理性（reasonableness）のテスト」を採用し、「合理性」を判断するに際しては IRC の規定に指針を求めた点に特徴がある。

　　被告 Henderson 氏は、被告法人 Alexander Dawson 社（「被告法人」）のプレジデント兼取締役会の議長であり、大株主であった。被告法人は約528,000ド

---

83) Blumberg, *supra* note 46, at 175-176.
84) Theodora Holding Corp. v. Henderson, 257 A.2d 398 (Del.Ch. 1969).

ル相当の自社株を、Henderson 氏がその活動を支配している慈善目的の信託である Alexander Dawson 基金に寄付した。被告法人の株主であった原告 Theodora 社が、これを争った。

デラウェア州衡平法裁判所は、次のように述べて管財人の選任の申立てを退けた。

「デラウェア州の Title 8 Del.C. s 122は次のように規定している。『この章の下で設立された全ての法人は次の権限を有する――(9)公共の福祉又は慈善の、科学の、もしくは教育の目的の、そして戦時または国の緊急時においてはこれを支援するための寄付を行うこと。』……現代の裁判所は、法人が慈善あるいは教育の活動を支援するためのより一層の負担を引き受けるのでなければ、法によって法人に与えられているビジネス上のアドバンテージは、奮起した公衆の代表にとって受け入れ難いものになるかもしれないことを認識している。法人の慈善、教育あるいは芸術に対する認識されている義務は、アリゾナ州とアイダホ州以外の全ての州の制定法に反映されている。」[85]

「〔A.P. Smith 判決の〕法廷意見の実際の判旨は、法人の慈善目的のあるいは教育のための寄付が有効とされるためには、ただ金額と目的の両面において合理的な限度の範囲内でなければならない（within reasonable limits both as to amount and purpose）ということであるように思われる。」[86]

「デラウェア州の制定法には〔法人の寄付について、A.P. Smith 判決が出されたニュージャージー州におけるような〕限定的な文言はないのであるから、私の考えでは、法人による慈善目的のまたは教育目的の性質のあらゆる合理的な寄付をも認めるように解釈されなければならない。」[87]

「本件で問題となっているような寄付の有効性を検討するのに適用されるべきテストは合理性（reasonableness）のテストであり、このテストにおいては法人による慈善目的の寄付に関連する IRC の規定が役に立つ指針を提供する。ここで争われている寄付は……収益（income）の5％という連邦の税の控除限度に十分に収まっていた。……私の意見によれば、問題となっている寄付がなされなかったのであれば原告と被告法人のその他の株主に支払われたで

---

85) Id. at 404.
86) Ibid. なお、裁判所はこれに続いて「Union Pacific Railroad 判決と比べよ。」と述べている。この趣旨は明らかではないが、A.P. Smith 判決においては、明示的には「利益」の基準が用いられなかったことに着目しているものと考えられよう。
87) Id. at 404-405.

あろう直接的な収益（income）の比較的小さな損失よりも、慈善目的のまたは教育上の支援を必要とする人の利益になるように寄付がされることによって生じる全体の利益の方がはるかに重要であり、これにより大きな私的企業の正当性を提供し、これにより長期的には原告を利する。」[88]

Theodora 判決は、寄付の正当性を認める理由として、営利法人による慈善目的の寄付を認めたデラウェア州の制定法を引用し、更に、寄付を行うことが「大きな私的企業の正当性を提供し、これにより長期的には原告を利する」と述べている。「私的企業の正当性」は基準としては極めて曖昧であり、ほぼ無条件に寄付を認める結論を導くと思われるが、それでも「これにより長期的には原告を利する」として、寄付が長期的に原告である株主に何らかの利益を与えるというロジックを捨て切れていない点にも注目すべきであろう。

〔4〕 Kahn v. Sullivan（1991）

Kahn v. Sullivan（以下、「Kahn 判決」という）[89]においても、Theodora 判決で示された「合理性のテスト」が採用された。

　　Hammer 氏は、亡くなった時には Occidental 社の CEO 兼取締役会の議長であり、熱心な美術収集家であった。Occidental 社の取締役会は、長年にわたって、美術コレクションの取得と展示を支援し促進することは Occidental 社の最高の利益になると判断していた。
　　Occidental 社の取締役会は、社外取締役から構成される特別委員会を通して、Occidental 社の本社に隣接する場所に Hammer 氏らが所有する美術コレクションのための美術館を建設するために、寄付を行うことを決定した。これに対して、複数のグループの株主がこれに反対する訴訟を起こした。この訴訟のうちの一つにおいて株主側が和解案に合意し、他の株主のグループはこれに対して異議を申し立てたが、デラウェア州衡平法裁判所は、和解についての不満を表現したものの、「和解を審査するにあたっての裁判所の役割はかなり

88) *Id.* at 405.
89) Kahn v. Sullivan, 594 A.2d 48 (Del. 1991).

制限されている」として、この和解を承認した[90]。

和解に反対する株主らは衡平法裁判所の決定と命令に対して控訴した。

デラウェア州最高裁判所は、次のように述べて、衡平法裁判所が和解を承認したことは裁量の濫用ではないと判断した。

まずデラウェア州最高裁判所は、同裁判所の機能について次のように述べた。「クラスアクションにおける和解の承認に続く、衡平法裁判所からの控訴においては、この裁判所〔デラウェア州最高裁判所〕の機能は、その性質上、より限定されている。……この裁判所は、『衡平法裁判所がその経営判断を行うことによりその裁量を濫用したか否かを判断する目的のみのために』記録を審査する……」[91]。

その上で、株主による、Occidental 社の取締役会と特別委員会が寄付を承認したことが法人の資産の浪費（waste of Occidental's corporate assets）にあたるとの主張を衡平法裁判所が検討した部分について次のように判示し、衡平法裁判所が和解を承認したことは裁量の濫用ではないと判断した。「衡平法裁判所は、デラウェア州の法人による慈善寄付は 8 Del. C. §122(9)により明示的に認められていることを認識している。また、衡平法裁判所は、§122(9)に法人による慈善目的の寄付の金額の限度についての定めはないものの、同セクションは『法人による慈善目的のまたは教育目的の性質のあらゆる合理的な寄付をも認める』（Theodora 判決）ように解釈されてきたと認識している。そのため、衡平法裁判所は、法人の浪費を争う主張を審査するために適用される基準は『合理性のテストであり、このテストにおいては法人による慈善目的の寄付に関連する IRC の規定が役に立つ指針を提供する』（Theodora 判決）と結論づけているのである。我々はこの結論に賛成する。」[92]。

Kahn 判決においても、慈善目的の寄付が認められる根拠としてデラウェア州の制定法を引用した上で、Theodora 判決で示された「合理性のテスト」を採用する考えが示された[93]。

Theodora 判決から Kahn 判決までの間に IRC が改正され、控除限度額は

---

90) *Id.* at 58.
91) *Id.* at 59.
92) *Id.* at 61.
93) なお、Kahn, *supra* note 46, at 607は、Theodora 判決と Kahn 判決は、目的の合理性としては、寄付を受ける者が IRC§501(c)(3)の要件を満たすことを基準としていると指摘するが、両判決からそこまで読み込むのは難しいように思われる。

incomeの5％から10％に引き上げられていたため[94]、Kahn判決がTheodora判決で採用された「合理性のテスト」をそのまま採用しているとすれば、明示されてはいないものの、incomeの10％が基準として想定されていたということになろう[95]。ただし、Theodora判決、Kahn判決のいずれにおいても、税法の控除限度額のみでなく、法人に生じる課税上の利益等も検討しており、必ずしも控除限度額のみがその基準となっているのではないことには注意が必要である。

「合理性のテスト」は、株主以外の利益を図ることを目的とした行為の上限金額の目安を定め、株主の利益に配慮した基準であると評価することも可能であろう。他方で、収益（income）の5％あるいは10％という基準は相当に緩やかな基準であり[96]、むしろ、裁判所としては、高額な上限を示したことで、営利法人の慈善目的の寄付に対して介入することに消極的な姿勢を示したものと評価することも可能であるように思われる[97]。

(3) 営利法人の慈善目的の寄付についての小括

営利法人による慈善目的の寄付は、実際には寄付が株主あるいは法人に対して具体的な経済的利益を与えていなくても、一定程度認められていると評価することができよう。判例においては、営利法人に対して「利益」があるかどうかは極めて緩やかに判断されている。A.P. Smith判決におけるように「自由な企業システムにおける法人の実際の存続」といった抽象的な利益をもって要件を満たすと認め、あるいはUnion Pacific Railroad判決のように、「現在または予見できる将来法人に利益を確保するように合理的に設計されているようにみえる」ことをもって要件を満たすと認めるのであれば、ほとんど全ての寄付はこの要件を満たすことになろう。また、Theodora判決や

---

94) IRC §170 (b) (2) (1994). 前掲注64とこれに対する本文を参照。
95) See Kahn, *supra* note 46, at 606-607.
96) See Id. at 607 n.109.
97) 日本では、八幡製鉄事件判決において、会社による寄付について、今後基準が定まっていくことを期待する旨の判示がされたが、その後具体的な基準は形成されていない。税法の控除限度額を基準に5％あるいは10％という具体的な基準に言及したことは、その是非については慎重に検討する必要があるものの、参考になるものと思われる。

Kahn 判決が、寄付を認めるデラウェア州の制定法を引用しているように、今日では各州において営利法人による慈善目的の寄付を認める制定法があることも、営利法人による慈善目的の寄付を広く認める根拠となる。

　他方で、営利法人による慈善目的の寄付を認める上記の判例は、寄付を認める理論的な根拠として、寄付を行うことが営利法人に何らかの利益を与えることを擬制するか、寄付を認める制定法が存在することを指摘しており、制定法がない場合に、営利法人が、営利法人の利益に寄与しない慈善目的の寄付を行うことができるという理論を正面から認めたものではない。営利法人の行為は利益を上げる目的のための行為でなければならないという理論自体は今日でも維持されているといえるだろう。

二　ステークホルダーの利益を考慮することの許容
　　――Shlensky 判決

　ここでやや視点を広げ、慈善目的の寄付以外にも、営利法人において株主以外のステークホルダーの利益を考慮したと評価されうる行為が行われた場合に、営利法人の能力（ultra vires の問題）や、役員の義務がどのように理解されるのかという点について、1968年の Shlensky v. Wrigley[98] をみておきたい。

〔5〕Shlensky v. Wrigley（1968）

　Shlensky v. Wrigley（1968）（以下、「Shlensky 判決」という）は、裁判所が BJR（Business Judgment Rule）を適用して取締役の意思決定を尊重した主要な例であると指摘されている[99]。取締役による株主利益以外の要素の考慮が BJR を用いることにより許容された例としてここで紹介する。

　　プロ野球チームであるシカゴ・カブスを所有し運営する営利法人（「被告法人」）の取締役であり社長である Philip K. Wrigley 氏は、同社の株式の約80％

---

98) Shlensky v. Wrigley, 237 N.E.2d 776 (Ill.App. 1968).
99) Anthony Bisconti, *The Double Bottom Line: Can Constituency Statutes Protect Socially Responsible Corporations Stuck in Revlon Land?*, 42 Loy. L. A. L. Rev. 765, 776 (2009).

を所有していた。同社が所有する球場にナイトゲーム用のライトを導入しなかったことについて、被告法人の少数株主が、被告法人と取締役らを被告として、損害賠償の支払いと、野球場にライトを導入しナイトゲームを計画することの命令を求めた。

　原告は「Wrigley 氏は法人の繁栄についての利益のためではなく、『野球は"昼のスポーツ"であって、ライトの導入とナイトゲームは近隣に悪影響を与えるだろう』という個人的な意見のために、ライトを導入することを拒んできた」[100]と主張した。

　裁判所は次のように述べて、原告の請求を退けた。

　「我々は〔……取締役らの〕動機が法人と株主の最大の利益に相反するものであるとは説得されていない。例えば、近隣に対する影響は、球場が貧しい地域にあったら試合に来る、あるいは来ない観客について考慮する取締役によって考えられてしかるべきものである。更に、球場の財産的価値という意味における会社の長期的な利益は、近隣が悪化することを防ぐためのあらゆる努力を必要とするかもしれない。これらの考慮によって、我々は取締役の判断が正しいものであったと判断したと言うつもりではない。そのことは我々の管轄と能力を超える。我々はただ、その判断は取締役らがすべきものであって、原告の主張に述べられた動機には、取締役らがその決定をするにあたって詐欺、違法、あるいは利益相反（fraud, illegality or conflict of interest）があったということは示されていないということを言っているのである。」[101]

a. Shlensky 判決の評価

　Shlensky 判決は、BJR を用いることによって、営利法人の役員が営利法人の経済的な利益以外の要素を考慮することを認めた判決であると評価される[102]。アメリカの学説では、具体的には次のような指摘がみられる。「利益の最大化が名目上の基準であるとしても、長期的な利益に、どんなに薄弱であっても、何らかの想像できる関係がある限り、BJR は実際の利益や経営者の実際の目的については踏み込むことなく、いかなる公共の目的の活動をも支持するだろう。そしてこのような関係はほとんどあらゆる場合に想像できる

---

100) Shlensky 判決 at 778。
101) *Id.* at 780。
102) Bisconti, *supra* note 99, at 776.

のである。」[103]「事実上、取締役が、彼らの意思決定は内心では法人の利益のために行われたということを示すことができれば、その利益が長期的であって、多少関係が薄く、または希釈されていても、BJR が一般的に取締役を責任から保護するのである。」[104]

b. Dodge v. Ford Motor Co. との比較

これに対して、経営者がステークホルダーの利益を考慮すること認められなかった事案として頻繁に引用されるのが、Dodge v. Ford Motor Co.（以下、「Dodge 判決」という）[105]である[106]。Dodge 判決は、Ford 社の株式の10％を所有していた Dodge 兄弟が、Ford 社は利益を上げているのに配当が中止されているとして、Ford 社とその取締役に対し、事業の拡大の差止めと配当の支払いを求めた事案である。ミシガン州最高裁判所は、下級審のうち、事業の拡大の差止めを認めた部分は覆し、配当の支払いを命じた部分は維持したが、その中で次のように述べた。

「事業会社は何よりもまず（primarily）株主の利益のために組織され運営される。取締役の力は、その目的（end）のために用いられなければならない。取締役の裁量は、その目的を達成するための手段の選択において行使されなければならないのであり、その目的自体を変更し、利益を削減し、あるいは他の目的に用いるために株主に利益を配当しないことには拡張されない。」[107]

「株主のただ付随的な利益のために、そして他人を利するという主要な目的のために法人の事業を形作り運営することは、取締役会の合法な（lawful）権限には含まれず、もし被告である取締役らの公然の目的が株主の利益を犠牲にすることであったなら、介入するのは裁判所の義務ではないとは誰も主

---

103) Einer Elhauge, *Sacrificing Corporate Profits in the Public Interest*, 80 N.Y.U. L. REV. 733, 772 (2005).
104) Bisconti, *supra* note 99, at 777. 但し、私見では、本件判旨からは、経営者が内心では会社の利益のために行ったということを示すことが必要であったとまでは読み取れないように思われる。
105) Dodge v. Ford Motor Co., 170 N.W. 668 (Mi. 1919).
106) ミルハウプト・前掲注40）68-69頁参照。
107) Dodge 判決 at 684。

張しないであろう。」[108]

　判旨によれば、Ford 社の社長である Henry Ford 氏は「私の野望は……より多くの人を雇い、この産業システムの利点をできる限り多数に広げ、彼らが生活や家を作るのを手助けすることである。このために、我々は、利益の最大の部分を事業に再投資している。」と述べていたとされる[109]。

　ステークホルダーの利益を考慮することが認められなかった Dodge 判決と Shlensky 判決との関係をどのように理解すればよいだろうか。

　まず、Dodge 判決においては、経営者が、配当を行わないことは株主利益の最大化を目的とするものではなくステークホルダーの利益を考慮するものであると主張していたために、ステークホルダーの利益考慮が認められなかったと説明する見解がある。Engel は、「Shlenskey 判決の教訓は、経営者が（Henry Ford が明らかにそうしたように）痛々しいほど明確に慈善目的の動機を主張しない限り、法人の何らかの議論されうる長期的な利益で足りるということである。」と指摘している[110]。この点は、経営者が行為の目的が株主利益の最大化以外にあることを主張した場合には、裁判所は当該行為が法人の利益に資するという擬制を行うことができなくなると理解することも可能であろう。

　また、「BJR が発展したおかげで、Dodge 判決のような先例の判旨にもかかわらず、最近では裁判所は取締役の経営判断に、より大きな裁量を与えるようになっている」[111]と指摘し、Shlensky 判決において経営者の判断が保護されたことの一因を BJR の発展に求める見解もある。

c. 小括

　Shlensky 判決は、営利法人の役員が株主以外のステークホルダーの利益を考慮することは、BJR を適用することによって事実上認められることを示したといえよう。但し、ここでも注意すべき点は、裁判所が BJR を用いて役員の判断を保護する際には、役員の行為が何らかの形で法人の利益になる可

---

108) *Ibid.*
109) *Id.* at 683.
110) David L. Engel, *Approach to Corporate Social Responsibility*, 32 STAN. L. REV. 1, 16-17 n.51 (1979).
111) Bisconti, *supra* note 99, at 775.

能性があるとの評価を前提としており、営利法人において営利を目的としない行為を行うことを正面から認めたわけではないということである。

三　営利法人が株主の経済的利益以外の目的を有すると評価されうる行為を行う場合の役員の責任についての小括

一では、営利法人が慈善目的の寄付を行うことができるのかどうかをめぐる立法や判例を検討してきた。立法や判例の自由化により、実質的には営利法人による慈善目的の寄付は緩やかに認められるようになったが、これは寄付を認める制定法が存在したり、寄付によって会社に何らかの利益が生じることを裁判所が擬制しているためであって、アメリカの裁判所は、寄付を認める制定法が存在しない場合に営利法人が株主の利益につながらない寄付をすることを正面から認めることはしていない。

二では、より視点を広げて、営利法人が株主以外のステークホルダーの利益を考慮することが認められるのかについて Shlensky 判決を検討した。BJRが適用されることによって、実際にはステークホルダーの利益を考慮することが認められると考えられる[112]。但し、この場合にも、裁判所は、ステークホルダーの利益を考慮することが何らかの形で株主の利益に資する可能性があるというロジックを咬ませているのであって、営利法人が株主の利益を目的としない行為を行うことを正面から認めているわけではない。また、当該州において取締役が経営判断を行う際に株主以外のステークホルダーの利益を考慮することを認める制定法であるステークホルダー法がある場合には、営利法人が株主以外の利益を考慮することを認める根拠として、制定法としてのステークホルダー法に依拠する場合もあり得よう[113]。

以上より、営利法人は株主の利益のために運営されなければならないという「建前」は維持されており、この意味において、少なくとも理論上は、営利法人の能力に制限が課されているといえよう。

---

112) Elhauge, *supra* note 103, at 770; Engel, *supra* note 110, at 14-18. 川濱・前掲注8)（二)48頁注159参照。
113) ステークホルダー法については前掲注45を参照。

第四款　営利法人の役員の信認義務についての小括

　以上、アメリカの営利法人の役員の信認義務について検討してきた。
　注意義務については、BJR が適用される場合には、取締役は単なる過失については責任から保護され、重大な過失がなければ責任を負わない点が特徴的である。次節で確認するように、信託の受託者については、単なる過失があれば注意義務違反が問われる。この点において、営利法人の役員の注意義務は信託の受託者の注意義務よりも緩やかであるといえる。
　忠実義務については、役員と法人間での自己取引が行われた場合を念頭に置いて検討してきた。営利法人においては、今日では自己取引を厳格に禁止するルールは採用されていない。自己取引の有効性を主張する取締役は、その取引が法人にとって公正であることを立証する必要があるが、当該自己取引について利害関係のない取締役会や株主総会による承認や追認があった場合には、BJR 等のより緩やかな審査基準が用いられる場合もある。他方で、次節で確認するように、信託の受託者については、自己取引は厳格に禁止されている。この点で、忠実義務についても、営利法人の役員の義務の方が信託の受託者の義務よりも緩やかであるといえる。
　また、本節では、以上の注意義務・忠実義務の検討に加えて、営利法人の目的や能力についても検討を加えた。慈善目的の寄付を認める判例や立法の発展や、BJR の発展等によって、営利法人が株主以外のステークホルダーの利益を考慮して行うほとんどの行為は事実上認められるようになっていると評価できるだろう。しかし、アメリカの裁判所は、少なくとも理論的には、営利法人は株主の利益のために運営されなければならないという原理を放棄していない。アメリカの裁判所は、営利法人は株主利益の最大化を目的とするという枠組みを堅持したまま、株主以外のステークホルダーの利益を考慮することが長期的に株主の経済的利益につながる可能性があるという理由づけを用いたり、あるいは慈善目的の寄付を認める制定法に依拠したりすることによって、ステークホルダーの利益を考慮することを認めているのである。

第二節 アメリカの信託の受託者の信認義務

　次に、アメリカの信託の受託者の信認義務の内容を確認していく。第五章で指摘するように、非営利法人の役員の信認義務に関するこれまでの判例の中には、信託の基準を適用しているものがある。また、非営利法人の役員の信認義務について盛んに議論されてきたのは、信託の受託者の基準と営利法人の役員の基準のどちらを適用すべきかという点であった。そこで、非営利法人の役員の信認義務を議論する前提として、信託の受託者の信認義務について確認しておく[114]。

第一款　私益信託（private trust）と慈善信託（charitable trust）

　慈善信託（charitable trust）は、いくつかの点で私益信託（private trust）と異なる。そこで、慈善信託とは何かを確認しておきたい。

一　慈善信託（charitable trust）の定義

　信託法第二次リステイトメント§348によれば、慈善信託（charitable trust）とは、「『公益目的』のために財産の管理運用を引き受ける受託者が、当該財産に関して持つ信認関係（fiduciary relationship）」と定義され、『公益目的』については同§368において「①貧困の救済、②教育の振興、③宗教の振興、④健康の促進、⑤政府または自治体の目的、⑥その他の目的で、その達成が共同体の利益となるもの」と定義されている[115]。

---

[114] なお、信託の受託者は、営利法人でいうところの注意義務や忠実義務の他にも、公平義務等、信託の受託者に特有の義務を負うが、公平義務を注意義務や忠実義務との関係でどのように位置づけるかについては議論がある（樋口範雄『アメリカ信託法ノートⅡ』160頁以下（弘文堂・2003年））。

二　慈善信託（charitable trust）と私益信託（private trust）の違い

　慈善信託（charitable trust）と一般的な私益信託（private trust）との違いのうち、本稿との関係で重要と思われるのは次の点である。

　まず、慈善信託の場合には、私益信託の場合と異なり、受益者が確定していない（indefinite）という事実は信託を無効にしない。逆に、全ての受益者が確定している場合には、信託は慈善信託ではない[116]。私益信託の受託者は特定の受益者に対して義務を負うのに対して、慈善信託の受託者は社会全般に対して義務を負うとされる[117]。そのため、慈善信託の受託者の義務は、公衆の利益を代表する AG が提起する訴訟においてエンフォースされる[118]。

　次に、慈善信託は期限を永久（perpetual）とすることが認められ、通常そのようにされる[119]。この点との関係で、私益信託においては、信託の期限があるために、裁判所は一般的に信託設定者の意思に介入することを避けるが、慈善信託においては、信託設定者が信託財産の使用方法を何世紀にもわたって指定することができるため、裁判所は、その目的を実行することが不可能になった場合には慈善信託を変更するためのシプレー（cy pres）原理により、信託設定者の意思に可能な限り近い効果を与えるように解釈する権限を有する[120]。

---

115) AMERICAN LAW INSTITUTE, RESTATEMENT OF THE LAW-TRUSTS, § 348, § 368 (2nd ed., American Law Institute Publishers 1959). 邦訳は樋口範雄『アメリカ信託法ノートⅠ』262頁（弘文堂・2000年）に依拠している。
116) AUSTIN WAKEMAN SCOTT, THE LAW OF TRUST 4 (3rd ed., Little, Brown and Company 1967) § 364, 2838-2839（以下、「SCOTT ON TRUSTS IV」という）、Note, *The Fiduciary Duties of Loyalty and Care Associated with the Directors and Trustees of Charitable Organizations*, 64 VA. L. REV. 449, 454 (1978)（以下、「Va note」という）。
117) Brand, *supra* note 36, at 651; SCOTT ON TRUSTS IV, *supra* note 116, at 2839.
118) SCOTT ON TRUSTS IV, *supra* note 116, at 2839. 第六章参照。
119) Evelyn Brody, *The Limits of Charity Fiduciary Law*, 57 MD. L. REV. 1400, 1421 (1998)（以下、「Brody (1998)」という）。
　　慈善信託の期限（duration）について説明した文献として、Note, *The Modern Philanthropic Foundation: A Critique and a Proposal*, 59 YALE L. J. 477 (1949) がある。全体としては税制についての論考である。

三 慈善信託の受託者に適用される信認義務と私益信託の受託者に適用される信認義務の関係

　それでは、慈善信託の受託者に適用される信認義務と私益信託の受託者に適用される信認義務はどのような関係に立つのだろうか。

　この点、慈善信託の受託者の権限や義務、責任については、一般的に私益信託の受託者の権限や義務、責任と同様であると考えられている[121]ため、以下では私益信託と慈善信託を含めて信託の受託者に課される信認義務一般について論じる。なお、信認義務のエンフォースメントについては、上述のように、慈善信託の場合にはAG（Attorney General）によるエンフォースメントが想定されており、私益信託の場合と大きく異なる点には注意する必要がある[122]。

　以下、信託の受託者が負う注意義務、忠実義務の順に検討する。

第二款　信託の受託者の注意義務

　本款では、まず、信託法第二次リステイトメントの当時における信託の受託者の注意義務を検討する。現在では信託法第三次リステイトメントが公表されているが、第五章で注目する、非営利法人の役員に対して、営利法人の役員の信認義務と信託の受託者の信認義務のいずれが適用されるのかという議論が行われていた際には、主として信託法第二次リステイトメントの当時におけるルールが念頭に置かれていたと考えられるためである（一）。

　その後、二において、投資運用の局面におけるルールの変遷を検討する。信託の受託者の義務については、受託者の行為一般に適用されるルールの他

---

120) Brody (1998), *supra* note 119, at 1421. 田中英夫編集代表『英米法辞典』225頁 (東京大学出版会・1991年)。
121) Brand, *supra* note 36, at 651; Brody (1998), *supra* note 119, at 1421.
　　なお、Va note, *supra* note 116は、慈善信託と慈善目的の法人の両者に適用される統一された原理が必要であると指摘し、その中で慈善信託と私益信託に対して同様の基準を用いることに対して疑問を呈している。
122) 第六章参照。

に、投資運用の局面において適用されるルールが発達している。非営利法人においても、役員の行為一般に適用されるルールの他に、その資産の投資運用の局面において適用されるルールが発達しており（第四章第四節で紹介するUMIFA、UPMIFA等）、これらのルールの発達は信託における投資運用の局面におけるルールの影響を受けている。そこで、非営利法人における投資運用ルールを理解する前提として、信託における投資運用ルールを概観しておく（二）[123]。

一　信託法第二次リステイトメントに規定される受託者の注意義務

(1) 注意義務

　受託者の一般的な注意義務を定める信託法第二次リステイトメント§174は、次のように規定した。「受託者は、信託を運営するのに際し、受益者に対して、通常の合理的な者（man of ordinary prudence）が自己の財産を扱うのに際して行使するであろう注意と技術を行使する義務を負う。そして、もし受託者が、通常の合理的な者が有するよりも高い技術を有することを示すことによって受託者としての指名を有しあるいは獲得したのであれば、彼はそのような技術を行使する義務を負う。」

　本章第一節で指摘したように、営利法人の場合には、BJRの適用により取締役は単なる過失については責任から保護されると理解されている。これに対して、信託の受託者については原則どおり単なる過失についても責任を問われると考えられる[124]。

　第五章で紹介するStern判決（〔9〕）は、「信託の受託者は統一的に高度な注意義務の基準に服し、単なる過失（simple negligence）に対しても責任を問われる。これに対して法人の取締役は、『重大な過失（gross negligence）』を犯すか、単なる判断ミス以上のことをしなければ、責任を問われないことが

---

123) 信託における投資ルールの発展についてはこれを緻密に検討した先行研究として新堂明子「アメリカ信託法におけるプルーデント・インベスター・ルールについて──受託者が信託財産を投資する際の責任規定」北大法学論集52巻5号426-372頁がある。本稿の信託の投資運用ルールについての理解は、この先行研究に大きく依拠している。

少なくない。」[125)]との理解を示している。

(2) 自己執行義務

更に、信託法第二次リステイトメント§171は「受託者は、自ら執行することが合理的に要求されうる行為について、他人に委任してはならないという義務を受益者に対して負う。」と規定した。そして、信託法第二次リステイトメントの公式コメントでは、投資先を選定する権限の委任ができないことが明示されていた[126)]。

以上のルールの下では、信託の受託者は、投資先を選定する権限については他人に委任することができないという自己執行義務を負うことになる。

この自己執行義務については、その後、緩和の動きが見られる。以下で紹介するプルーデント・インベスター・ルールの公式コメントは、受託者は投資権限を委任しなければならない場合があることを明示し、その後、信託法第三次リステイトメント[127)]においては、権限の委譲に関する§80が置かれた。

二 投資運用の局面におけるルールの発展

信託の投資運用の局面におけるルールは、時代の変遷とともに大きく変化してきた。第四章第四節で紹介するように、信託の投資運用に関するルールの変遷は、その後の非営利法人の投資運用に関するルールの変遷にも影響を与えているため、ここで検討しておく。

---

124) 但し、慈善信託の受託者については、遺言による当初の信託設定者は受託者に厳格な注意義務を課そうとするのに対して、受託者としても行動しようとする後の時点での信託設定者 (living settlor) は受託者の責任をできる限り緩和しようとするため、このことは一般的に慈善信託の受託者の責任を会社の経営者に課される責任のように緩やかにすることになるとも指摘されている (Brody (1998), *supra* note 119, at 1422. *See also Id.* at 1415)。更に、慈善信託の受託者に対して、法人法の基準を適用する裁判所もあったと指摘されている (Va note, *supra* note 116, at 455, 458)。

125) 第五章で紹介する Stern 判決 ([9]) at 1013。

126) 信託法第二次リステイトメント§171の公式コメント h。*See* Va note, *supra* note 116, at 452。

127) AMERICAN LAW INSTITUTE, RESTATEMENT OF THE LAW-TRUSTS (3rd ed., American Law Institute Publishers 2003-2012).

(1) 裁判所や議会による投資先の制限

信託法は判例法として発展したため、19世紀に至るまで、裁判所が投資先についてのルールを定めていた。この時代には、裁判所が信託の投資先として認めていたのは、国債等の公債と第一順位抵当貸付にほぼ限られていた（裁判所リストルール）[128]。20世紀に入ると、州の議会が制定法の中で、受託者の選択できる投資先を定めるようになった（法定リストルール）[129]。

(2) プルーデント・マン・ルール（prudent man rule）の採用と問題点

しかし、1930年代の恐慌の際に公債が価値を失ったことにより、裁判所や議会が公債等に投資先を限定することの不適切さが明らかとなり、1940年代以降、それまでマサチューセッツ州等ごく少数の州で採用されていたプルーデント・マン・ルールを採用する州が増加した。これは、合理的な（prudent）投資家の裁量によって投資判断をしてよいというルールであった[130]。

1959年の信託法第二次リステイトメントは、プルーデント・マン・ルールを明文化した[131]。信託財産の投資に関する義務を定める同§227(a)は、受託者が信託財産の投資を行うにつき、受益者に対して、「信託条項または法令に別段の定めがない場合、合理的な者（prudent man）が、財産の維持及び生じるであろう収入の金額と頻度を考慮して、自己の財産を投資するような

---

128) 樋口・前掲注114）53頁。
129) 樋口・前掲注114）54頁。
130) 樋口・前掲注114）54-55頁。
　　プルーデント・マン・ルールとして知られるルールの素となった判例は、1930年の Harvard College v. Amory, 26 Mass. 446 (Mass. 1830) である。マサチューセッツ州最高裁判所は次のように述べた。「投資を行う受託者に要求できることは、誠実に彼自身が行動し、健全な裁量を行使することのみである。彼は、合理的で裁量があり、知性を持つ者が（man of prudence, discretion and intelligence）、投機に関してではなく、その財産の永久的な処分に関して、予想される収入と投資された資本の予想される安全性をも考慮しながら、自己の事柄を処理する方法に、従わなければならない。」（*Id.* at 469.）
　　このプルーデント・マン・ルールは、法定リストルールによる規制を破棄した点に意義があると評価されている（新堂・前掲注123）404頁）。*See also* Susan N. Gary, *Charities, Endowments, and Donor Intent: The Uniform Prudent Management of Institutional Funds Act*, 41 GA. L. REV. 1277, 1282 (2007).
131) 樋口・前掲注114）55頁。

投資を行い、またそのような投資しか行わない」義務を負うと規定した[132]。

しかし、裁判所がプルーデント・マン・ルールの一般化を図り、受託者に指針を提供しようとする中で、プルーデント・マン・ルールはその一般性と適応性の多くを失っていく傾向にあった。投資を個別に判断し、分類することは、受託者によって行使される注意や技術や慎重さにかかわらず、多くの資産や行為を「投機的（speculative）」あるいは「それ自体として合理的でない（per se imprudent）」と分類することにつながった[133]。

そのような状況の中で、実際に広く行われている投資運用の実務は判例や法の解釈の下では禁止されているのではないかという不安が生じるようになった。現代における投資の世界の経験や知識、実務は、伝統的なプルーデント・マン・ルールの下での禁止が不当であり、非生産的にみえることを示していたのである[134]。

(3) プルーデント・インベスター・ルール（prudent investor rule）への発展

このような問題に対処するために、1990年に信託法第三次リステイトメントの一部として「プルーデント・インベスター・ルール（prudent investor rule）」が採択された[135]。

この§227がそのまま組み込まれた2005年の信託法第三次リステイトメント§90は「受託者は、受益者に対して、信託の目的、条項、配分要件、その他の状況を考慮して、合理的な投資家（prudent investor）が行うであろうように、信託資産を投資し運用する義務を負う。」と規定する。

その後、1994年には Uniform Prudent Investor Act（統一プルーデント・インベスター法。以下、「UPIA」という）が採択された[136]。UPIA§2(a)は、「受託者は、信託の目的、条項、分配要件、その他の状況を考慮することによって、

---

132) *See also* James J. Fishman, *Standard of Conduct for Directors of Nonprofit Corporations*, 7 PACE L. REV. 389, 401 (1987).

133) Edward C. Halbach, Jr., *Trust Investment Law in the Third Restatement*, 77 IOWA L. REV. 1151, 1152 (1992). 新堂・前掲注123）402頁も参照。

134) Halbach, *supra* note 132, at 1153. 新堂・前掲注123）402頁も参照。

135) 新堂・前掲注123）400頁。

合理的な投資家（prudent investor）がするであろうように、信託財産を投資運用しなければならない。この基準を満たすために、受託者は合理的な注意、技術、慎重さを行使しなければならない。」と規定する。

　プルーデント・インベスター・ルールの特徴については新堂明子の先行研究に詳しい[137]。本稿においてプルーデント・インベスター・ルールの下での投資ルールの詳細について検討することはできないが[138]、信託においては従来投資対象が制限されてきたこととの関係から、プルーデント・インベスター・ルールの下で、ある投資がどのように判断されるのかという点を確認しておきたい。

　プルーデント・インベスター・ルールの下では、特定の資産を保有することのリスクの適切性や合理性は、特定のポートフォリオや戦略における役割やコンテクストとの関係で判断されるのであって、当該資産を個別にみて判断されるわけではない。特定の投資やテクニックが、「それ自体として合理的または合理的でない（prudent or imprudent per se）」と判断されることはないのである[139]。

　更に、プルーデント・インベスター・ルールにおいては、その義務違反の判断基準にも特徴がみられる。信託法第三次リステイトメント§227の公式コメントbは、受託者が信認の基準に従ったかどうかの判断は、投資を決定した時点を基準にして行わなければならず、結果がどうなったのかを考慮に入れてはならないと説明する。また、UPIA§8は「プルーデント・インベスター・ルールを遵守しているか否かは、受託者の決定または行動の時に存在する事実と状況に照らして判断され、結果によって判断されることはない。」と規定する。こうした判断の方法は、受託者の注意義務違反の有無を判断するのに際して、営利法人におけるBJRと類似の枠組みを用いること

---

136) UPIAのリポーターであるLangbeinの解説として、John H. Langbein, *The Uniform Prudent Investor Act and the Future of Trust Investing*, 81 Iowa L. Rev. 641 (1996) がある。UPIAについては新堂・前掲注123）388-387頁に邦訳がある。
137) 新堂・前掲注123）。
138) プルーデント・インベスター・ルールにおいて採用された重要なルールとして、例えば分散投資義務が挙げられる。新堂・前掲注123）参照。
139) Halbach, *supra* note 133, at 1166. *See also* UPIA§2.

を表していると評価することもできるだろう。

(4) 営利法人の役員の義務への接近？

　プルーデント・インベスター・ルールの発展の結果、信託の受託者の投資運用の局面における注意義務は、ある面において営利法人の役員の注意義務の内容に接近したと評価することも可能であろう。すなわち、特定の投資対象がそれ自体として不合理と判断されることがなくなった点や、注意義務違反の有無の判断にあたっては結果責任を問わないことが明示された点をみると、伝統的な信託のルールが修正され、営利法人の注意義務のルールと類似のルールが採用されていると評価することもできるように思われるのである。

　この背景には、信託に期待される役割や信託が用いられる局面が変化してきたことがあると考えられる[140]。Langbein は、その論考の中で、信託が用いられる局面が、不動産の移転の場面から資産運用の場面へと変化していることを指摘している[141]。本章第一節第一款で紹介したように、営利法人の役員の責任の有無を判断する際に BJR を用いることの目的は、営利法人の役員が利益を上げるために必要なリスクをとることを躊躇しないようにすることであると説明されていた[142]。信託が用いられる局面が、伝統的な不動産の管理から資産運用へと変化し、受託者に対して、営利法人の役員に対するのと同様に、利益を上げることが第一の目的として期待されるようになれば、受託者の投資運用の局面における注意義務違反の有無を判断するのに際しても BJR と同様の考え方が採用されるようになるのは自然な流れであるように思われる。

---

140) 新堂・前掲注123) 425-422頁参照。
141) John H. Langbein, *The Contractarian Basis of the Law of Trusts*, 105 YALE L. J. 625, 632-643 (1995-1996).
　　新堂・前掲注123) 425-422頁は、プルーデント・インベスター・ルールの説明の前提として、信託を利用する目的が、不動産移転の手段から金融資産運用の手段へと変化したとする Langbein の指摘を紹介している。
142) 本章第一節第一款参照。

三　信託の受託者の注意義務についての小括

　信託の受託者は、重大な過失だけでなく、単なる過失についても責任を課されると考えられている。営利法人の役員についてはBJRの適用によって原則として重大な過失があった場合にしか責任を負わないことと比較すると、信託の受託者の負う注意義務は営利法人の役員の負う注意義務よりも厳格であったと評価することができよう。
　但し、プルーデント・インベスター・ルールの発展にみられるように、信託のルールは変化を続けていることを付言しておきたい。

第三款　信託の受託者の忠実義務

一　忠実義務についての信託の厳格なルール

　本章第一節で紹介したように、営利法人においては取締役と営利法人との間の自己取引を厳格に禁止するルールは採用されていない。自己取引を行った役員は、厳格な基準を用いて当該自己取引が公正であることを立証しなければならないが、当該自己取引について利害関係のない役員や株主による承認があった場合には、緩やかな審査基準が用いられる場合もある[143]。
　これに対して、信託の受託者による自己取引は、受益者の同意がなければ、受託者が誠実に行動し、取引があらゆる意味で公正で合理的であったとしても、受益者によって取り消されうる（voidable）[144]。しかし、私益信託（private trust）の場合であっても、全ての受益者の同意を得ることは必ずしも可能ではない。なぜなら、将来の潜在的な受益者は、取引の時点においては特定することができないことが少なくないからである[145]。更に、慈善信託

---

143) 本章第一節第二款参照。See Brody (1998), *supra* note 119, at 1424.
144) Austin Wakeman Scott, The Law of Trust 2 (3rd ed., Little, Brown and Company 1967) §170, 1298 (以下、「Scott on Trusts II」という)。See also Brody (1998), *supra* note 119, at 1421-1422; Moody (1984), *supra* note 38, at 755.
　　但し、例外として、裁判所は信託から受託者への信託財産の譲渡を承認することができる (Scott on Trusts II, §170.7, 1317)。

（charitable trust）の場合には、その定義上、そもそも特定された受益者（ascertainable beneficiary）が存在しないため[146]、受益者全員の承認を得ることは不可能である。そのため、信託の受託者の自己取引は厳格に禁止されることとなる[147]。

二　信託においても緩やかな自己取引のルールを用いるべきであるとする学説

Langbeinは、信託における自己取引の禁止のルールに疑問を呈している[148]。

Langbeinによれば、利害関係を含む取引が全面的に禁止されていた背景には、裁判所による事実認定のプロセスが不十分であったこと等により、自己取引を禁止しなければ、不適切な自己取引を行った受託者はその事実を隠すことができることが危惧されていたことがある[149]。しかし、現在では、事実認定の方法が改善され、受託者は記録をとることを義務づけられ、また、情報開示も要求されるようになる等、状況は変わっており、不適切な自己取引を行ったことが隠匿される危険は減っている[150]。利害関係のある取引を全て禁止することは、望ましい取引をも禁止してしまう過剰な制限（overdeterrence）となる可能性がある[151]。法人法は、従来は信託と同様に、利害関係を含む取引を禁止していたが、その後、利害関係を含む取引の中には法人を利する取引もあることを認識して、禁止ルールから、自己取引について一定の規制は課すが全面的に禁止はしないルールに変更した[152]。そして、信託についても、事前に裁判所の承認を得た場合には自己取引が認めら

---

145) Brand, *supra* note 36, at 659 n.138.
146) 本節第一款参照。
147) 但し、慈善信託の受託者に対して、法人法の基準を適用する裁判所もあったと指摘されている (Va note, *supra* note 116, at 455, 458)。
　また、第五章第一節において紹介するOberly v. Kirby判決（［22］）は、傍論において、慈善信託においても、裁判所は取引の公正さを認定することができ、営利法人において裁判所が厳格な公正さの基準を用いて自己取引を判断するのとその実質は変わらないと説明している。
148) John H. Langbein, *Questioning the Trust Law Duty of Loyalty: Sole Interest or Best Interest?*, 114 YALE L. J. 929 (2005).
149) *Id.* at 944.
150) *Id.* at 945-951.
151) *Id.* at 951-957.

れるといった例外や、金融サービス等において自己取引を認める類型的な例外によって、実際には自己取引を全面的に禁止するルールをベースラインとすることはフィクションになりつつある[153]。

以上の理由から、Langbein は、利害関係を含む取引を禁止するのではなく、利害関係を有する信託の受託者の取引が「受益者の最善の利益のために合理的に行われていた（prudently undertaken in the best interest of the beneficiaries）」という反証を認めるべきであると結論づける[154]。

第四款　営利法人の役員の信認義務と信託の受託者の信認義務の違いについてのまとめ

一　法人の基準と信託の基準の違い

本章で検討してきた営利法人の役員の信認義務と伝統的な信託の受託者の信認義務の違いをまとめておこう。信託の受託者が負う注意義務及び忠実義務は、営利法人の役員が負う義務よりも厳格であったといえる[155]。

(1)　営利法人の役員は単なる過失による責任からは保護される

まず注意義務について、営利法人の取締役は、「重大な過失（gross negligence）」がなければ、BJR により責任から保護される。言い換えれば、営利法人の役員は「単なる過失」による責任からは保護される。これに対して信託の受託者は、単なる過失についても責任を負う。

(2)　自己取引の規制

自己取引の規制については、信託の受託者による自己取引は、取引の内容が公正であるか否かに関わらず、厳格に禁止されていた。これに対して、営利法人においては自己取引を厳格に禁止するルールは採用されておらず、自

152）*Id.* at 958-962.
153）*Id.* at 963-980.
154）*Id.* at 980-990.

己取引を行った役員は、厳格な基準を用いて当該自己取引が公正であることを立証しなければならないが、当該自己取引について利害関係のない役員や株主による承認があった場合には、緩やかな審査基準が用いられる場合もある。

二　営利法人法の基準と信託法の基準の違いの理由についての考察

(1)　信託の受託者に対して厳格な責任が課される理由

このような営利法人法と信託法の基準の違いはどのように説明することができるだろうか。

(i)　信認関係に基づく説明

Harvey は、信託の受託者に対して法人の役員や取締役に対するよりも厳格な基準が適用されることを支える考え方として、Justice Cardozo による Meinhard v. Salmon の次の傍論を引用している[156]。「独立対等に行動する者のための平常の世界においては認められる行動の多くが、信認関係に拘束された者にとっては禁止される。受託者は、市場におけるモラルよりも厳格な何かに縛られている。……受認者の行為のレベルは、通常の人々によって作られたレベルよりも高いレベルに保たれてきたのである。」[157]

Harvey は、法人の取締役や役員は、受認者（fiduciaries）ではあるが、伝統的な意味における受託者（trustees）ではないとして両者を区別する[158]。

Justice Cardozo が指摘するように、受託者に対する信頼を基礎とする受託者と受益者の関係は、独立対等な当事者間の関係とは異なると理解される。この点、法人の取締役や役員も受認者（fiduciaries）であり、取締役や役員と法人との関係も信認関係であると理解されるものの[159]、伝統的な意味にお

---

155) *See also* Brody (1998), *supra* note 119, at 1428; DANIEL L. KURTZ, BOARD LIABILITY: GUIDE FOR NONPROFIT DIRECTORS 22 (Moyer Bell Limited 1988).
156) Bennet B. Harvey, Jr., *The Public-Spirited Defendant and Others: Liability of Directors and Officers of Not-For-Profit Corporations*, 17 J. MARSHALL L. REV. 665, 675 (1984).
157) Meinhard v. Salmon, 164 N.E. 545, 546 (N.Y. 1928).
158) Harvey, *supra* note 156, at 676.
159) *Ibid.* 第一章序も参照。

ける受託者とは異なるとして両者を区別することは可能である[160]。

　伝統的な委託者と受託者との関係は、法人とその役員との関係以上に緊密な信頼を基礎とすると考えることも可能であろう。そのため、より緊密な信頼を受けていた伝統的な受託者には、特別に厳格な義務が課されたと考えるのである。

(ⅱ)　業務範囲の違いによる説明

　また、第五章第一節で紹介する Stern 判決（〔9〕）は次のように述べる。

　「〔信託の〕受託者は統一的に高度な注意義務の基準に服し、単なる過失に対しても責任を問われる。これに対して、〔法人の〕取締役は、『重大な過失』を犯すか、単なる判断の誤り以上のことをしなければ、責任を問われないことが少なくない〔注省略〕。

　この区別は、伝統的な受託者は、信託財産の運用のみを任されていることが少なくなく、それゆえに、より多くの時間と経験をその業務に費やすことを期待されうるのに対して、法人の取締役は、多くの領域での責任を負っているという事実の認識とほとんど同じであろう。」[161]

　Stern 判決が指摘するように、典型的には伝統的な受託者に対して課される業務は、信託財産の運用だけであり、責任の範囲が狭いことから、より多くの注意を払うことが期待されたと考えることも可能であろう。

(ⅲ)　期待される役割の違いによる説明

　また、歴史的に、法人の取締役と信託の受託者の大きな違いは、営利法人の取締役の役割は、収益が継続し将来にわたって拡大することを確保することであり、また今日でもそうであるのに対して、信託の受託者の主要な役割は、信託を維持し、注意深くあり、リスクを避けることであったとも説明される[162]。

　期待される役割が異なること、特に、伝統的な信託においてはリスクを避

---

160)　*See* Harvey, *supra* note 156, at 676.
161)　Stern 判決（〔9〕）at 1013。但し、Stern 判決が参照している判決において「受託者」と呼ばれているのは、信託の受託者ではなく、商業的な不動産事業における共同の投機家であり、Stern 判決が参照した判決の裁判所は、その立場は信認義務を生じさせると判断していた (Harvey, *supra* note 156, at 676)。
162)　Fishman, *supra* note 132, at 402.

けて信託財産を維持することにその主眼が置かれていたことが、両者に異なる内容の責任が課される理由であると理解することも可能であろう。

(2) 信託の役割の変化

但し、こうした説明が行われる場合に典型的に念頭に置かれる信託は、例えば遺産を子孫のために用いるために信託財産とし、その際に信頼できる者を受託者とする事例のように、個人的な信頼の関係に基づいて信託事務の遂行が委託されるものであるように思われる。伝統的な信託の受託者は、個人的な信頼関係に基づいて信託事務を託され、信託財産の運用という比較的限定された役割のみを課されており、信託財産の運用にあたっては高いリスクを避けて慎重に信託財産を維持することが期待された。

しかし、Langbein が指摘していたように、信託が用いられる局面は変化している。信託が投資運用の手段として用いられるようになり、信託の受託者に期待される役割が変化すれば、信託の受託者に課される義務の内容が変化するのは自然の流れであろう。プルーデント・インベスター・ルールの発展の結果、信託の受託者の投資運用の局面における注意義務の内容が営利法人の役員の注意義務の内容に接近したと評価することができることも、この流れの中で捉えることが可能であろう。信託のルールも変化し続けており、固定的に捉えることはできないのである。

三 以下での検討

ここまで、非営利法人の役員の信認義務を検討する前提として、営利法人の役員が負う信認義務と信託の受託者が負う信認義務を検討してきた。以上を踏まえ、第四章からは、本稿の主要な課題である非営利法人の役員の信認義務についての検討を進める。第四章で非営利法人に関する法令を検討したのち、第五章で非営利法人の役員の信認義務の内容についての判例と学説を分析し、第六章で非営利法人の役員の信認義務のエンフォースメントについての検討を行う。

第四章

アメリカの非営利法人に
関する法令

序

　本章では、非営利法人の役員の信認義務に関連する法令を検討する。
　第一節では、非営利法人についてのモデル法の成立経緯と内容を検討し、続く第二節では、ニューヨーク州非営利法人法とカリフォルニア州非営利法人法を取り上げて分析する。
　ここでモデル法とニューヨーク州非営利法人法、カリフォルニア州非営利法人法の3つを検討するのは、「その発展のために費やされた努力と、それが採用された管轄の重要性と、これらが根本的な争点に対して取っている大きく異なるアプローチ」[1]のためである。アメリカの文献においても、州法としてはカリフォルニア州法とニューヨーク州法が紹介されることが多い[2]。
　検討にあたっては、役員の信認義務に影響を与えうる非営利法人の分類の仕方と、役員の信認義務に関する規定に着目する。特にカリフォルニア州非営利法人法は、非営利法人を3つに分類し、その分類ごとに役員の信認義務について異なる規定を設け、public benefit corporation の取締役の自己取引について、営利法人の場合よりも厳格な基準を設定していることや、非営利法人を通じた公益活動を促進するという政策目的に基づき、非営利法人の無報酬の役員らに対する責任制限の規定を置いていることに特徴がある。
　その後、第三節では、非営利法人等に所属する役員や従業員の不法行為責任を免責する連邦法であるボランティア保護法（Volunteer Protection Act）と、この由来である「慈善活動に対する免責の原理（doctrine of charitable immunity）」を紹介する。ボランティア保護法と「慈善活動に対する免責の原理」は、不法行為に関する制定法と原理であり、役員の信認義務に直接の影響を与える

---

1) Henry B. Hansmann, *Reforming Nonprofit Corporation Law*, 129 U. Pa. L. Rev. 497, 527 (1981) (以下、「Hansmann (1981)」という)。
2) 例えば James J. Fishman & Stephen Schwarz, Nonprofit Organizations 53 (4th ed., Foundation Press 2010) を参照。

ものではないが、公益活動を促進するという目的のために非営利法人に所属する者の責任を軽減するという点においてはカリフォルニア州非営利法人法における無報酬の役員の責任を制限する規定と共通点を持つ。また、第五章において検討するように、非営利法人の役員の信認義務の内容をめぐる学説の中には、非営利法人の役員が無報酬であることが多いことや、役員の人材を確保する必要があることといった政策的な目的を理由として非営利法人の役員の信認義務の内容を緩やかにすべきであると主張する見解があるが、こうした見解を理解するためにも、アメリカにおいて慈善活動にかかわる者の責任がどのように扱われてきたかを理解することが有益である。

　続く第四節では、非営利法人の資産の投資運用の局面について規定した統一州法を検討する。非営利法人については、第一節で検討する非営利法人の行為全体を規律するモデル法とは別に、1972年の Uniform Management of Institutional Funds Act（公益組織のファンドの運営に関する統一州法）とその改訂版である2006年の Uniform Prudent Management of Institutional Funds Act（公益組織のファンドの合理的な運営に関する統一州法）が制定されている。第四節ではこれらに規定された資産の投資運用の局面における役員の義務について検討する。

　更に、第五節では、ヘルスケア業界における非営利法人から営利法人への組織形態の転換（conversion）を規律する立法を検討する。アメリカでは1990年代にヘルスケア業界における非営利法人から営利法人への組織形態の転換が相次ぎ、取引の公正さに疑問が呈される事例もみられたことから、各州でこれに対応するための立法が行われた。こうした立法の経緯や立法の内容は、非営利法人の組織形態の転換の際にどのような信認義務の違反が生じうるか、また、各州がこの問題にどのように対応したかを示している。

　第六節では、連邦の税法の中で非営利法人の役員の信認義務に重要な影響を与えうる規定を紹介する。第六章で指摘するように、AG（Attorney General）による非営利法人の役員の信認義務のエンフォースメントが不十分であるとの指摘がある中で、課税庁によるエンフォースメントに期待する見解もみられる。非営利法人の役員の信認義務の規律づけの全体像を理解するためには、関連する連邦の税法を確認しておくことも不可欠である。

第一節 非営利法人についてのモデル法

　ABA は、1952年に Model Nonprofit Corporation Act（モデル非営利法人法。「MNCA」という）を採択し、1987年にはその改訂版である Revised Model Nonprofit Corporation Act（改訂モデル非営利法人法。「RMNCA」という）を採択した。更に、2008年には第三版となる Model Nonprofit Corporation Act (Third Edition)（第三版モデル非営利法人法。「第三版 MNCA」という）を採択した。

第一款　1952年のモデル非営利法人法（MNCA）

　MNCA は、1952年に ABA の法人、銀行、経営法部会（Section of Corporation, Banking and Business Law）の法人法委員会によって起草され、その後1957年と1964年に改訂された。この MNCA は大きな影響力を持ち、多くの州においてその全体または一部が採択された[3]。

　この MNCA は、意識的に、Model Business Corporation Act（モデル営利法人法。「MBCA」という）に可能な限り近づけるように起草され、起草者が営利法人と非営利法人の違いに適応させるために明らかに必要だと考えた範囲でのみ、MBCA から離れたとされる[4]。

　MNCA においては、1987年に制定された RMNCA にみられるような、非営利法人の内部での分類はされていなかった[5]。

---

3) Hansmann (1981), *supra* note 1, at 528.
4) *Ibid.* Hansmann は、非営利法人の果たす機能は営利法人の果たす機能と根本的に違うことから、MNCA を MBCA に近づけたことは理想的ではないと主張している(*Ibid.*)。

第二款　1987年の改訂モデル非営利法人法（RMNCA）

一　カリフォルニア州非営利法人法にならった三分類

　1987年にはRMNCAが採択された[6]。このRMNCAを起草するにあたっては、後述するカリフォルニア州非営利法人法の起草者であるHoneが招致された[7]。RMNCAは、ほとんど全ての重要な点においてカリフォルニア州非営利法人法に相当程度類似しており、特に、カリフォルニア州非営利法人法において採用された「公益の（public benefit）」「共益の（mutual benefit）」「宗教に関する（religious）」という三分類を採用している点に特徴がある

---

5) なお、非営利法人の目的については、1954年のMNCAは、§4に、二者択一の目的条項を設けた。一つ目のバージョンは、「この法に基づいて、法人は、以下の目的のうちの一つまたは複数を含み、<u>またこれに限定されず</u>〔下線は筆者が付した〕、あらゆる合法的な目的のために設立されることができる：チャリティー、慈善、教会、教育、……、運動、……動物愛護、……、但し、労働組合、cooperative organizations、そしてこの州の保険法の規定に服する組織は、この法に基づいて設立することはできない」と規定し、もう一つのバージョンは「この法に基づいて、法人は、あらゆる合法的な目的のために設立されることができるが、……（もしあれば列挙せよ）を除く」と規定した。
　この点について、起草者がモデル非営利法人法の序文（preface）に述べたところによれば、二つ目の条項が定められたのは、起草委員の中に、非営利法人にとって認められる目的を拡張することを望む者がいたためであるとコメントされている。このコメントによれば、一つ目の条項は、「これに限定されず」としながらも、何らかの限定的な意味を有していたと解することになろう。更に、起草者は、「〔二つ目の条項によれば、〕法人は、メンバーが利益を上げることを助け、また、いずれ解散の際にメンバーに分配するために、法人自身が収益やキャピタルゲインを通じて利益を上げるために設立されることができる」（preface ix）と述べていることから、起草者は二つ目の条項を用いることにより営利目的を追求する活動が認められると解釈すべきであると考えていたことがうかがえる。以上、Hansmann (1981), *supra* note 1, at 528-529。

6) RMNCAについて概観した文献として、起草者の一人であるHoneによるMichael C. Hone, *Aristotle and Lyndon Bains Johnson: Thirteen Ways of Looking at Blackbirds and Nonprofit Corporations-The American Bar Association's Revised Model Nonprofit Corporation Act*, 39 CASE W. RES. L. REV. 751 (1988-1989)（以下、「Hone (1988-1989)」という）がある。

7) Henry B. Hansmann, *The Evolving Law of Nonprofit Organizations: Do Current Trends Make Good Policy?*, 39 CASE W. RES. L. REV. 807, 816 (1988-1989)（以下「Hansmann (1988-1989)」という）、Michael C. Hone, *California's New Nonprofit Corporation Law- An Introduction and Conceptual Background*, 13 U.S.F. L. REV. 733, 733-736 (1978-1979)（以下「Hone (1978-1979)」という）。

（RMNCA§17.07）[8]。

　但し、カリフォルニア州非営利法人法が三分類についてそれぞれに別々の規定を設けているのに対して、RMNCAは、三分類すべてに共通して適用される一般的な規定を設けた上で、それぞれの分類にのみ適用される特別な規定を設けるという構造をとっており[9]、役員の信認義務については三分類について同じ規定が適用される。

二　非営利法人の取締役が信託の受託者でないことの明示

　第五章で紹介する判例や学説にみられるように、非営利法人の役員の信認義務の内容をめぐっては、営利法人の役員の基準と信託の受託者の基準のいずれを適用するかという問題が存在したが、この背景には、非営利法人の役員が信託の受託者としての性質を有するか否かという論点があったと考えられる[10]。RMNCAは、この点について、非営利法人の役員は信託の受託者ではないとの立場を明確にした。RMNCA§8.30(e)は、「取締役は、法人との関係でも、または法人が保有し運用するいかなる財産（その財産の寄付者または譲渡者により課された制限に服するものを含むがこれに限られない）との関係でも、受託者（trustee）とみなされることはない」と規定した。

三　営利法人の取締役に対する信認義務と同様の信認義務の導入

　RMNCAでは、取締役の注意義務と忠実義務について、営利セクターにおいて適用される規定とほぼ同様の規定が採用された[11]。このように非営利法人の取締役に対して営利法人の場合と同様の信認義務の基準を採用することに対しては、賛否が分かれた[12]。

---

8) Hansmann (1988-1989), *supra* note 7, at 816. Note, *Developments in the Law-Nonprofit Corporations*, 105 HARV. L. REV. 1578, 1587 (1992)（以下、「Harvard note (1992)」という）も参照。
9) この点について、カリフォルニア州非営利法人法の起草者であり、RMNCAも起草したHoneは、カリフォルニア州非営利法人法が三分類について別々に規定していることは非営利法人の内部における違いをより複雑なものとし、不要に強調していると指摘し、これに対してRMNCAは3つのカテゴリーをまとめて扱うことによって、それらの類似性を強調していると説明する。Hone (1988-1989), *supra* note 6, at 761-762.
10) 第五章第一節参照。
11) RMNCA§8.30, §8.31. Harvard note (1992), *supra* note 8, at 1594.

RMNCA における取締役の注意義務と忠実義務についての規定をみておきたい。

(1) 注意義務についての規定——RMNCA§8.30
(i) RMNCA§8.30(a)
取締役の注意義務に関する RMNCA§8.30 は、取締役が受託者でないことを明示した上述の RMNCA§8.30(e) を除くほか、基本的に営利法人についての MBCA（モデル営利法人法）の文言を採用している[13]。

RMNCA§8.30(a) は次のように規定する。「取締役は、取締役としての義務と、委員会のメンバーとしての義務を、(1) 誠実に（in good faith）、(2) 同様の立場にいる（in a like position）通常の合理的な人が、類似の状況において（under similar circumstances）行使するであろう注意をもって、(3) その取締役が法人の最高の利益であると合理的に信じる方法によって、果たさなければならない。」

RMNCA§8.30 の公式コメントは、次の点を指摘している。

まず、公式コメント1は、RMNCA§8.30 は、文言としては MBCA と同じ文言を採用しているものの、営利法人の取締役と非営利法人の取締役は「同様の立場」にはおらず、「類似の状況」で運営しているわけでもないと指摘している[14]。このことは、営利法人の基準を採用したとしても、非営利法人の役員が営利法人の役員と全く同じ内容の注意義務を負うわけではないことを示している。

次に公式コメント2は、「同様の立場」、「類似の状況」という文言に関して、この文言は、非営利法人の取締役が、その組織の性質や運営、ファイナンスや目的に適切な注意を払って判断を行うことを認めていると説明する[15]。「同様の立場」という概念は、非営利法人の取締役と営利法人の取締役は、同様の立場にはおらず、異なるゴール、目的、資源を有しているという事実

---

12) 第五章第二節参照。
13) RMNCA§8.30. Harvard note (1992), *supra* note 8, at 1594.
14) RMNCA§8.30 の公式コメント1。
15) RMNCA§8.30 の公式コメント2。

を考慮していると説明される[16]。

　また、公式コメント2は、次のように述べ、非営利法人の取締役が無報酬であることを、その責任の有無を判断するにあたって考慮することができる可能性を示している。「非営利法人の二つの特徴的な要素は、その取締役は無報酬で働いているかもしれないという点と、公共財（public good）を促進しようと試みている点である。取締役が彼らの義務の実行について責任があるか否かを決定する際には、裁判所はこれらの要素を考慮に入れることができる（may）。このことは、取締役は、ボランティアであるから、あるいは法人やその運営に経済的な利害関係を有しないからといって、その責任を無視することができるということを意味しない。」[17]

　更に、同コメントは、「類似の状況」は、法人の状況だけでなく、個々の取締役の背景や資格（qualification）、経営の経験、そして、当該取締役が法人で果たす役割にも関係していると説明する。非営利法人においては、多くの取締役は、寄付を集めるために、または彼ら自身が法人に対して行った寄付を理由として取締役に選任されている。個人は、取締役に就任するのにあたり、問題を無視する名目的取締役（figureheads）として行動することは認められず、あくまでも取締役として行動することを義務づけられるが、彼らがRMNCA§8.30の下でその義務を果たしていたかどうかを決定する際には、彼らの役割が考慮されるべきであると説明される[18]。

　次に、公式コメント3は、非営利法人の取締役に対してBJR（Business Judgment Rule）を適用することは、判例法によって確立しているとはいえないが、BJRを適用することは§8.30と矛盾しないと述べる[19]。

　また、公式コメント8は、非営利法人の取締役は、法人の事業が取締役会の指示の下で行われる限り、取締役の権限を役員や従業員、代理人に委譲す

16) RMNCA§8.30の公式コメント2。
17) RMNCA§8.30の公式コメント2。*See also* FISHMAN & SCHWARZ, *supra* note 2, at 151.
　この点に関して、裁判所は取締役の注意義務違反が判断される基準を決定するのに際してほとんどの取締役が報酬を得ていないことをも考慮してきており、このことは比較的緩やかな法人の基準をさらに骨抜きにする恐れをはらんでいると指摘する見解がある。James J. Fishman, *Standard of Conduct for Directors of Nonprofit Corporations*, 7 PACE L. REV. 389, at 401, 407 (1987)（以下、「Fishman (1987)」という）。

ることができる旨を明示している[20]。

(ii) RMNCA§8.30(d)

RMNCA§8.30(d)は、次のように規定する。「取締役は、このセクションを順守して行動した場合には、取締役として行った、または行わなかった行動に対して、法人、メンバー、その他の第三者（any other person）に対して責任を負わない。」この規定は取締役を第三者からの請求から保護するものであり、MBCAでは明示的には扱われていなかった。但し、個人的に不法行為（tort）を行った取締役はこの規定によっては保護されないと説明されている[21]。

(iii) RMNCA§8.30(e)

以上に加え、上述のRMNCA§8.30(e)は、非営利法人の役員は信託の受託者でないことを明確にした特徴的な規定である。この規定により、取締役がRMNCA§8.30の義務を満たしているにもかかわらず信託の違反（breach of trust）について責任があるという議論はできなくなると説明される[22]。

(2) 忠実義務についての規定——RMNCA§8.31

忠実義務についても、RMNCAは、営利法人における基準を採用した[23]。第三章第二節第三款で検討したように、信託の受託者が自己取引を行うこと

---

18) RMNCA§8.30の公式コメント2。
　この点に関連して、Fishman (1987), *supra* note 17, at 398は、非営利法人において著名な者を取締役にすることが、組織に正当性を与え、知名度を高める効果があることを指摘している。また、Fremont-Smithは、非営利法人においては、立場のある者や寄付を行う可能性のある者を取締役にすることが珍しくないことを指摘した上で、こうした慣行への対応として、取締役の義務の基準を緩やかにするのではなく、そうした者は名誉としての肩書き (honorary title) のみを与えるか、メンバーにすることとし、取締役にはしないことを提案している (MARION R. FREMONT-SMITH, GOVERNING NONPROFIT ORGANIZATIONS 225-226, 433 (Belknap Press 2004))。非営利法人の規模や性質、取締役自身の資質によってその注意義務が異なるのかという問題については、DANIEL L. KURTZ, BOARD LIABILITY: GUIDE FOR NONPROFIT DIRECTORS 48 (Moyer Bell Limited 1988) も参照。
19) RMNCA§8.30公式コメント3。
20) RMNCA§8.30公式コメント8。
21) RMNCA§8.30公式コメント9。
22) RMNCA§8.30公式コメント9。
23) RMNCA§8.31公式コメント6。Harvard note (1992), *supra* note 8, at 1594.

は、当該取引の内容が公正であるか否かに関わらず厳格に禁止される[24]。これに対して、RMNCA§8.31は、法人と取締役との間の自己取引について、①その取引が公正（fair）であった場合か、②規定された承認手続を経た場合には、取り消しうる（voidable）ものではなく、役員に責任を負わせるものではないと規定している。public benefit corporation の場合には、取締役会か州の AG か裁判所による承認手続を定めており、mutual benefit corporation の場合には、取締役会かメンバーによる承認手続が定められている[25]。

四　RMNCA における役員の信認義務の小括

以上のように、RMNCA は、非営利法人の営利法人との差異や特殊性は認識し、営利法人の役員と非営利法人の役員の義務に差が生じる場合がある可能性を認めながらも、原則としては非営利法人の役員の注意義務と忠実義務について、営利法人の場合と同様の基準を適用するという姿勢を明確にした。また、非営利法人の取締役は信託の受託者ではない点を明確に示した。

五　RMNCA の採用状況

1988年から2000年の間に多くの州が新たな非営利法人法を採用したが、RMNCA を全面的に使用した州は比較的少なかったとされる。中でも、非営利法人の三分類のシステムを採用した州は非常に少なかった。このような背景の中で、RMNCA は全体的に改訂されることになった[26]。

第三款　2008年の第三版モデル非営利法人法（第三版 MNCA）

一　三分類の排除

起草委員会は、第三版 MNCA を起草するにあたって、①従来の MNCA や

24）第三章第二節第三款参照。
25）RMNCA§8.31 (a) (b) (c); *See* Evelyn Brody, *The Limits of Charity Fiduciary Law*, 57 MD. L. REV. 1400, 1427 (1998)（以下、「Brody (1998)」という）。
26）Lizabeth A. Moody による第三版 MNCA のまえがき (Foreword) xx-xxi。

RMNCAと同様に、可能な範囲でMBCAに従うこと、そして、②RMNCAに含まれている三分類のシステムは排除することを決定した[27]。

　第三版MNCAは、非営利法人の内部での分類システムを排除したが、それでも一定の非営利法人が特別な立場を有していることは認識している[28]。具体的には、第三版MNCAは、「慈善法人（charitable corporation）」を「一つあるいは複数の慈善目的を主要な目的として、または唯一の目的として運営される州内の（domestic）非営利法人」と定義し（第三版MNCA§1.40(5)）、「慈善法人のメンバーまたは慈善法人に関連する者は、法人の解散に関連して、直接または間接の経済的な利益を受領してはならない」と規定している（第三版MNCA§14.05(d)）。

二　営利法人の取締役の信認義務をモデルとした信認義務の規定

　上述のように、RMNCAにおいては非営利法人の役員の注意義務と忠実義務について営利法人の役員の規定がモデルとされたが、この流れは2008年の第三版MNCAにも引き継がれた[29]。

　なお、役員が自己取引を行った場合の規定については、営利法人の役員の基準をモデルとしつつも、規定ぶりに変化がみられた。上述のRMNCA§8.31は、法人と取締役との間の自己取引について、①その取引が公正（fair）であった場合か、②規定された承認手続を経た場合には、取り消しうる（voidable）ものではなく、役員に責任を負わせるものではないと規定していた。これに対して、第三版MNCA§8.60は、規定された承認手続を経た場合かその取引が公正であった場合には、自己取引だという理由だけで無効になり（void）、または取り消しうる（voidable）ものではないと規定した。

---

27) Id. at xxi-xxii.
　第三版MNCAの規定のうち、本文中に紹介したものの他、役員の権利義務との関係で重要だと思われるのが「指定された者(designated body)」の概念である。これにより、取締役会の権限のうち一定部分が「指定された者」によって行使されることが認められることになり、その場合には、取締役会に対して適用されるルールが「指定された者」に対して適用され、実際の取締役は、「指定された者」によって代わられている限度において、義務と責任から解放されることになるとされる (Id. at xxiii-xxiv)。
28) Id. at xxii-xxiii.
29) 第三版MNCA§8.30、§8.60。

この規定はRMNCA§8.31と異なり、セーフ・ハーバー・ルールではなく、デラウェア州法人法において利益相反取引について定める同法§144と同様の枠組を採用したものだと思われる。

三 第三版MNCAに対する批判

以上のような第三版MNCAに対しては、第三版MNCAがモデル営利法人法とパラレルな形で規定されていることが、営利法人と非営利法人の法的な違いを軽視しているという批判がある。また、第三版MNCAは、有益なpublic benefitとmutual benefitの区別を放棄してしまったとの指摘もある[30]。

第四款 小括

以上のように、RMNCAにおいては非営利法人の三分類が採用されたにもかかわらず、その後の第三版MNCAにおいては三分類が廃止される等、非営利法人の分類の仕方については、いまだにモデル法が変化し続けている。

他方で、非営利法人の役員に課される注意義務や忠実義務について、RMNCA以降、営利法人法をモデルとした規定が採用されていることは、役員の信認義務を検討課題とする本稿との関係では重要な特徴であろう。

---

30) 批判を紹介するものとして、FISHMAN & SCHWARZ, *supra* note 2, at 62.

第二節
各州の非営利法人法

第一款　各州の非営利法人法

　各州は、非営利法人の制定法について、異なるアプローチを採用している。数は減っているものの、いまだに MNCA を全体的に、または部分的に採用している州もある。また、非営利法人について独立した制定法を有しない州においては、一般的な法人法の中に非営利法人についての規定を組み込んでいる[31]。多くの管轄では、1987年の RMNCA を採用している。但し、RMNCA はカリフォルニア州非営利法人法にならって非営利法人を3つに分類しているが、この分類は規定の他の部分ほどは採用されていない[32]。

　非営利法人の取締役の行為基準については、ほとんど全ての管轄が慈善信託の基準から営利法人の基準に移行したとされる[33]。

　各州の非営利法人法の改正は、一般的に営利法人法の規定の変化にあわせて行われてきた[34]。しかし、例外もある。最も注目されるのは、ニューヨーク州非営利法人法とカリフォルニア州非営利法人法である[35]。

　以下、非営利法人の分類について特徴的な方法をとるニューヨーク州非営利法人法とカリフォルニア州非営利法人法を検討する。

---

31) *Id.* at 53. 例えばデラウェア州法人法には営利法人に関する規定と非営利法人に関する規定の両方が含まれている。非営利法人の分類について、Lizabeth Moody, *State Statutes Governing Directors of Charitable Corporations*, 18 U.S.F.L. Rev. 749, 761 (1984) 参照。

32) Fishman & Schwarz, *supra* note 2, at 54.

33) James J. Fishman, *The Development of Nonprofit Corporation Law and an Agenda for Reform*, 34 Emory L. J. 617, 650 (1985)（以下、「Fishman (1985)」という）。*See* Denise Ping Lee, *The Business Judgment Rule: Should It Protect Nonprofit Directors?*, 103 Colum. L. Rev. 925, 942 (2003).

34) Moody, *supra* note 31, at 761.

35) *Id.* at 761-763.

第二款　ニューヨーク州非営利法人法

一　現在のニューヨーク州非営利法人法

　ニューヨーク州では1970年にニューヨーク州非営利法人法（New York Not-For-Profit Corporation Law）が制定された。このニューヨーク州非営利法人法は、注意義務と自己取引については、ニューヨークの営利法人法と実質的に同じ条件を採用した[36]。

　ニューヨーク州非営利法人法は、非営利法人をそれまでにないタイプAからタイプDまでの4つのタイプに分類している[37]。この分類を設けた目的は、異なるタイプの法人に異なる程度の規制を課すことであるとされる。法人の解散やその資産の分配について、いわゆる公益を目的とするタイプBが最も厳しく規制される[38]。

　非営利法人の役員が負う信認義務については、タイプごとに異なる規定は設けられていないが、Hansmannは、タイプBに属する慈善組織は比較的厳格な信認義務に服すること等を主張している[39]。

---

[36]　Fishman (1985), *supra* note 33, at 649-650.

[37]　各分類については、ニューヨーク州非営利法人法§201(b)を参照。タイプAは、政治的な目的や農業の目的を有する法人、その他職業団体等を広く含むカテゴリーである。タイプBは、いわゆる公益を目的とする法人がこれにあたる。タイプCは、「公的または準公的な目的を達成するためのあらゆる合法的なビジネスの目的のために」設立することができると定義されており、この点について同法の公式コメントは、これは「通常は営利目的の営利法人によって運営される目的のために」非営利法人が設立されることを認めようとするものであると説明している (Hansmann (1981), *supra* note 1, at 533)。タイプDは、宗教法人や住宅ファイナンスを行う組織のような、特定のタイプの非営利法人について、特別な目的を有する制定法を念頭に置いたものであると説明される (*Id.* at 531)。

[38]　*Id.* at 530-531. 法人の解散とその資産の分配について、異なる規定が設けられている(ニューヨーク州非営利法人法§1002以下)。

[39]　Hansmann (1988-1989), *supra* note 7, at 815. これらの基準の違いについて、Hansmannは、商業的な非営利組織 (commercial nonprofits) は、営利法人によって運営されている活動と似た活動をしているのであるから、メンバーや取締役や役員に課される注意義務や自己取引の制約について、大幅に厳しい基準を課されるべきではないとの理論を反映しているようにみえると指摘している (*Ibid.*)。

二 ニューヨーク州非営利法人法の改正

1970年に施行されて以来、ニューヨーク州非営利法人法には大きな変更は加えられてこなかったが、2013年、ニューヨーク州のAGは、ニューヨーク州非営利法人法を修正するために、非営利活性化法（Nonprofit Revitalization Act）と役員報酬改革法（Executive Compensation Reform Act）の2つの法案を提出した。これらの法案は、AGや非営利組織のリーダーたちが、非営利組織のガバナンスと監視機能を向上し、公衆に対する透明性を高め、役員報酬が合理的であることを確保し、非営利組織にかかる運営コストの負担を軽減しようとした努力の産物であると説明される[40]。このうち非営利活性化法については2013年12月18日に知事によって署名されており[41]、その大部分は、2014年7月1日に施行される[42]。

非営利活性化法の施行によりニューヨーク州非営利法人法が変更される点のうち、本稿との関係で特に重要な点を2点だけ紹介しておきたい。

(1) 4つのタイプの廃止

ニューヨーク州非営利法人法が非営利法人を4つに分類していることについては、混乱を招き、法人設立の申請が拒否される可能性を高めるとの指摘もみられる[43]。非営利活性化法の施行により、4つのタイプは廃止され、非営利法人の類型は「慈善の（charitable）」法人か「慈善でない（non-charitable）」法人かの2つに単純化される。慈善目的と慈善でない目的の両方の目的をもって設立された法人は、慈善法人とみなされることになる[44]。

---

[40] Andrew B. Roth & Nili S. Yolin, *United States: The Nonprofit Revitalization Act And Executive Compensation Reform Act* (http://www.mondaq.com/unitedstates/x/248346/Healthcare/The + Nonprofit + Revitalization + Act + And + Executive + Compensation + Reform + Act (last visited on 2013/9/28)).

[41] http://www.ag.ny.gov/press-release/ag-schneidermans-nonprofit-act-signed-law (last visited on 2013/12/31).

[42] 非営利活性化法 §132。

[43] Dawn Crowell, *Proposed Reform of New York's Charities and Nonprofits Laws Would Ease Burdens* (http://www.jdsupra.com/legalnews/proposed-reform-of-new-yorks-charities-21976/(last visited on 2013/9/28)).

(2) 慈善法人における自己取引の規制の厳格化

　また、非営利活性化法の施行により、慈善法人（charitable corporation）において、関係者が重大な経済的な利害を有する自己取引を行う場合には、取引に入る前に、代替取引を考慮することが義務づけられる[45]。この点は、取締役会は、法人にとってより有利な他の取引がないことを積極的に考慮しなければならないということだと説明される[46]。そして、取引を承認する際には、他の取引について考慮したことを含め、当該取引を承認する根拠を書面にすることが要求される[47]。他の取引の可能性を考慮したことを書面に残すことを要求することで、実際に他の取引の可能性を考慮することを確保しようとしていると考えられる。

　こうした改正は、公益を目的とする法人における自己取引をより厳格に規制する姿勢の表れであるといえよう。

第三款　カリフォルニア州非営利法人法

　カリフォルニア州非営利法人法は1978年に採択され、1980年1月1日に施行された[48]。カリフォルニア州非営利法人法が施行されるまでは、非営利法人の役員の信認義務について、信託の基準が用いられていたとされる[49]。カリフォルニア州非営利法人法は、初めて public benefit corporation（公益法人）、mutual benefit corporation（共益法人）、religious corporation（宗教法人）の三分類を導入したことで注目される[50]。また、カリフォルニア州非営利法人法は、① public benefit corporation の取締役の自己取引について、営利法人の場合よりも厳格な基準を設定したことと、②非営利法人の無報酬の役員らに対する

　　44）Roth & Yolin, *supra* note 40.
　　45）非営利活性化法 §74.「(1) 取引に入る前に、代替取引 (alternative transactions to the extent available) を考慮」しなければならないと定めている。
　　46）Roth & Yolin, *supra* note 40.
　　47）非営利活性化法 §74.「(3) 他の取引を考慮したことを含め、取締役会または権限のある委員会が承認した根拠(basis) を、同時に書面にすることを」しなければならないと定めている。
　　48）カリフォルニア州非営利法人法について概説した論文として、起草者である Hone による Hone (1978-1979), *supra* note 7 がある。
　　49）Fishman (1985), *supra* note 33, at 650.

責任軽減の規定を置いていることにも特徴がある。

一　カリフォルニア州非営利法人法の三分類

　カリフォルニア州非営利法人法は、ニューヨーク州非営利法人法とは違った定義によって、非営利法人を3つのタイプに分類する。異なるタイプを定義する目的は、それぞれに異なる基準を適用するためであり、そして、カリフォルニア州非営利法人法は、ニューヨーク州非営利法人法やRMNCAと異なり、3つのタイプのそれぞれについて、完全に分離された規定から成っている[51]。

　一つ目のタイプは、「非営利公益法人（nonprofit public benefit corporations）」と呼ばれる[52]。このカテゴリーに含まれるのは、「あらゆる公益のまたは慈善の目的のために」設立された非営利法人である[53]。この法は、「公益（public）」として認められる目的について、何の定義も与えていない[54]。二つ目のタイプは「非営利宗教法人（nonprofit religious corporations）」であり[55]、「主にまたはもっぱら宗教の目的のために」設立された非営利法人と定義されている[56]。この「非営利宗教法人」は、宗教に関係のない他の2つのタイプよりも緩やかな（weaker）信認義務の基準に服している[57]。非営利の宗教法人について、別の規定が制定されたのはアメリカにおいて初めてのことであった[58]。三つ目のタイプは、「非営利共益法人（nonprofit mutual benefit

---

50) *See* Hansmann (1981), *supra* note 1, at 535. なお、Hansmannは、カリフォルニア州非営利法人法が、それまでに存在する非営利法人法の中で最も包括的であり、注意深く起草されていると評価している(*Ibid.*)。但し、Hansmannが非営利法人を分類することに反対していることは、第二章第二節第二款のとおりである。

51) *Ibid.* 上述のように、RMNCAが起草される際には、カリフォルニア州非営利法人法の起草者であるHoneが招致された。RMNCAにおいては、カリフォルニア州非営利法人法の三分類を採用しながらも、三分類に共通して適用される一般規定が置かれた。本款の一を参照。

52) カリフォルニア州非営利法人法§5110以下。

53) カリフォルニア州非営利法人法§5111。

54) Hansmann (1981), *supra* note 1, at 535. この点、Hansmannは、Hone (1978-1979), *supra* note 7, at 739を引用して、立法者は意図的にこの用語を曖昧にしておいたようにみえると指摘している。Hansmann (1981), *supra* note 1, at 535 n.105.

55) カリフォルニア州非営利法人法§9110以下。

56) カリフォルニア州非営利法人法§9111。

corporations)」と呼ばれる[59]。このタイプの非営利法人は「あらゆる合法的な目的のために……」設立することができる。但し、「その資産の全てが終局的に慈善の、宗教の、又は公益の目的のために用いられ、法により、またはその定款（articles or bylaws）に従い、解散の際にはその資産を慈善、宗教または公益の目的を実行している人に分配しなければならない法人は、〔この法の〕この部分に基づいて設立することはできない」とされる[60]。

　Hansmannは、カリフォルニア州非営利法人法においては、「非営利共益法人」が、あるものにあてはまらない場合を全て含むカテゴリーとして定義されているため、ニューヨーク州非営利法人法や1954年のMNCAとは異なり、あらゆる合法的な目的に基づいて非営利法人を設立できることを明確に認めている点に利点があると評価する一方で、この3つのカテゴリーの境界は曖昧であると指摘している[61]。

　このカリフォルニア州非営利法人法の下では、伝統的な慈善組織（charity）は「非営利公益法人」のカテゴリーの下で設立されることになり、ソーシャルクラブは「非営利共益法人」のカテゴリーの下で設立されることになる。これらを念頭において、「非営利共益法人」は自己取引や利益の分配について、「非営利公益法人」よりも緩やかな基準に服している[62]。「非営利公益法人」については、以下で紹介するように、自己取引について、より厳格なルールが適用される[63]。

　州のAGは営利法人における株主と比較しうる役割を果たすことができる

---

57) Hansmann (1988-1989), *supra* note 7, at 815-816. 注意義務について、public benefit corporationについての規定(カリフォルニア州非営利法人法§5231 (a)) とmutual benefit corporationについての規定(同法§7231 (a))には「同様の立場にある通常の合理的な者が類似の状況の下で行使するであろう注意をもって」との規定があるが、religious corporationについての同法§9241 (a)では、「その状況の下で適切な注意をもって」と規定されている。

58) Hansmann (1988-1989), *supra* note 7, at 815-816.

59) カリフォルニア州非営利法人法§7110以下。非営利共益法人の例としては、事業者団体やカントリークラブ、共済組織 (fraternal organizations) が挙げられる (Hone (1978-1979), *supra* note 7, at 741)。

60) カリフォルニア州非営利法人法§7111。

61) Hansmann (1981), *supra* note 1, at 536.

62) Hansmann (1988-1989), *supra* note 7, at 816. *See also* Hone (1978-1979), *supra* note 7, at 739.

63) Hone (1978-1979), *supra* note 7, at 739, 751. カリフォルニア州非営利法人法§5233、§5227。

と説明され、AG は株主のような立場の者がいない「非営利公益法人」に対して大きな権限を有する[64]。

二　非営利公益法人における自己取引についての特徴的な規定

　カリフォルニア州非営利法人法においては、「非営利公益法人」の役員の自己取引についての規定が特徴的である。カリフォルニア州非営利法人法§5233は、自己取引を行った役員が責任を問われないための要件として、(A)法人が自らの利益のために取引を行ったこと、(B)当該取引が取引を行った当時において法人にとって公正で合理的であったこと、(C)取締役会が一定の要件の下で事前に取引を承認したことに加えて、「(D)(i)〔取締役会が〕当該取引を承認または承諾する前に、取締役会が、その状況における合理的な調査をした上で、その状況において合理的な努力をしても、法人がより有利な取引 (more advantageous arrangement) を得ることができないであろうと考え、誠実に (in good faith) 判断したこと、または、(ii)法人がその状況において合理的な努力をしたが、実際により有利な取引を得ることができなかったこと」を要求している[65]。カリフォルニア州は、法人と役員との間の自己取引を規制する際に、非営利法人について特別のニーズを考慮する唯一の州であると説明される[66]。この点、本節第二款で紹介したニューヨーク州の非営利活性化法が施行されれば、ニューヨーク州においても慈善法人における自己取引について特別の規定が適用されることになる。

三　無報酬の役員等に対する責任を制限する規定

　カリフォルニア州非営利法人法の特徴として、無報酬の役員等の法人に対する責任を制限する規定が置かれている点も挙げられる[67]。

---

64) Hone (1978-1979), *supra* note 7, at 741-744.
65) カリフォルニア州非営利法人法§5233 (d) (2). この他、AG や裁判所による適切な承認があった場合 (同§5233(d)(1)) にも、役員は責任を問われない。
　立法者である Hone によれば、立法に際して、「非営利公益法人」の役員の自己取引のルールについて、州の AG は厳格な信託のルールを採用することを主張したが採用されなかったとのことである。Hone (1978-1979), *supra* note 7, at 747.
66) Fishman (1985), *supra* note 33, at 650.

カリフォルニア州非営利法人法§5047.5(a)は、カリフォルニア州における公的な政策について次のように規定する。
「(a)議会は、報酬を受けていない非営利法人の取締役及び役員の働きが、公益サービスやカリフォルニア州の人々の慈善活動の効率的な実行や運営にとって重要であると理解し、かつ宣言する。ボランティアが活動に参加したいという意欲は、そうした活動をすることについて個人の財産にリスクが生じると考えるとなると委縮してしまう。適切な責任保険が利用できず、また手に入らないことは、こうした法人が十分な保険をかけて無報酬の意思決定者の個人財産を保護することを困難にする。このような重要な役割を遂行する個人にインセンティブと保護を与えることが、この州の公的な政策である。」
　その上で、カリフォルニア州非営利法人法§5047.5(b)において、無報酬で「非営利公益法人」、「非営利共益法人」または「非営利宗教法人」の取締役または役員として職務を遂行する者に対しては、「(1)取締役会の構成員として行動する取締役としての職務の範囲内において、もしくは正式な立場で行動する役員としての職務の範囲内において、(2)誠実に（in good faith）、(3)その者が法人の最良の利益であると信じる方法によって、(4)自らの政策決定の判断を行使した場合において発生する過失行為または不作為を理由として、金銭損害賠償請求のための訴訟原因は生じない」旨を規定する。
　但し、この責任が制限される取締役や役員の行為や、この規定が適用される非営利法人の性質については、次のような限定が付されている。カリフォルニア州非営利法人法§5047.5(c)は、自己取引や利益相反行為による場合、違法に分配や取締役に対する貸し付けを行った場合、慈善信託の場合で受益者が受託者を相手に起こした訴訟等における場合、AGが起こした訴訟等に

---

67) *See* Harvard note (1992), *supra* note 8, at 1594 n.22.
　なお、本文中に紹介した規定の他、カリフォルニア州非営利法人法§5239は、非営利公益法人の役員が報酬を受けていない場合に、役員の「第三者に対する」責任を軽減する旨の規定を定めている。また、ニューヨーク州非営利法人法§720-aにおいても無報酬の役員の責任を問わない旨の規定が設けられているが、これも「第三者に対する責任」を免除するものである。これらの規定は、後述する「慈善活動に対する免責の原理」との関係で理解することができるように思われる(本章第三節参照)。

おける場合、故意、未必の故意による行為、重大な過失、詐欺、脅迫または悪意を理由とする訴訟における場合等は、取締役または役員に対する責任が制限されるものではないと規定している[68]。

適用範囲に以上のような限定が付されていることから、カリフォルニア州非営利法人法§5047.5の規定が実際に責任の有無の判断の結論にどの程度影響を及ぼすかは必ずしも明らかではない。非営利法人の役員の信認義務違反の判断にあたってBJRが適用されるとすれば、役員はそもそも重大な過失がなければ注意義務違反の責任を負わない[69]。また、第六章で指摘するように、公益を目的とする非営利法人の役員の信認義務のエンフォースメントの中心はAGであることに鑑みれば、AGが提起した訴訟を対象としない規定によって役員の責任が制限される場合は多くない可能性がある。

しかし、カリフォルニア州非営利法人法§5047.5(a)に示されているように、こうした規定は、公益サービスや慈善活動における無報酬の取締役や役員を保護する政策を明確に打ち出している点に特徴があるといえよう[70]。

---

68) この他、カリフォルニア州非営利法人法§5047.5 (d)と同法§5047.5 (e)も同法§5047.5の適用範囲を制限している。同法§5047.5 (d)は、同法§5047.5はIRC501 (c) (3)または501 (c) (6)によって連邦税を免除される、宗教、慈善、文学、教育、社会または他の形の公的なサービスを提供するために設立された非営利法人に対してのみ適用されることを規定しており、また、同法§5047.5 (e)は、同法§5047.5は一定の金額の保障額の一般責任保険契約に加入している非営利法人の場合に限り適用されることを規定している。

69) 第三章第一節参照。

70) なお、カリフォルニア州非営利法人法§7231.5には、「非営利共益法人」の取締役が報酬を受けていない場合の責任についての規定が置かれている。しかし、この規定は役員に対して、誠実(in good faith)に職務を行うこと、法人の最善の利益であると信じて行動したこと、同様の立場にある通常の合理的な者が、類似の状況の下で用いるであろう注意を払ったことを要求しており、その文言自体は、法人の役員に通常課されている責任と同様であるように思われる。

第四款　小括

一　非営利法人の分類の方法

　以上のように、モデル法、ニューヨーク州非営利法人法、カリフォルニア州非営利法人法の3つを比較しただけでも、非営利法人を分類するか否か、分類する場合にはどのように分類するかについてのコンセンサスが得られていないことがうかがわれる。

　更に、仮に州法が表面的には「全ての法人」あるいは「商業に従事する全ての組織」に適用される場合であっても、裁判官は、非営利法人の中で区別をするための彼ら自身の方法を創設することが少なくないとも指摘されている[71]。

二　信認義務の内容

　モデル法では、RMNCA以降、非営利法人の役員に課される注意義務や忠実義務について、営利法人法と同様の規定が採用されている。RMNCAは、文言としては営利法人の役員の注意義務や忠実義務と同様の基準を採用しているが、その公式コメントは、営利法人の取締役と非営利法人の取締役は、「同様の立場」にはおらず、「類似の状況」で運営しているわけでもないことを指摘しており、営利法人の基準を採用したとしても、非営利法人の役員が営利法人の役員と全く同じ内容の注意義務を負うわけではないことを示している。具体的には、公式コメントは、非営利法人の役員は報酬を受け取っていないことや、公共財の提供のために働いていること、非営利法人に対して寄付を行うことを期待されて役員になっていること等を指摘していた。

　州法については、非営利法人の取締役の行為基準については、ほとんど全ての管轄が信託の基準から営利法人の基準に移行したと指摘されるが、非営利法人の場合に例外的な規定を設ける州もみられた。具体的には、カリフォ

---

[71] Harvard note (1992), *supra* note 8, at 1587.

ルニア州非営利法人法は、①「非営利公益法人」における自己取引について、営利法人における自己取引に適用されるルールよりも厳格なルールを課し、②公益活動を促進するという観点から、非営利法人の無報酬の役員に対する責任を制限する規定を置いている。

第三節
不法行為法における「慈善活動に対する免責の原理（doctrine of charitable immunity）」と連邦のボランティア保護法（Volunteer Protection Act）

　本章第二節第三款で紹介したように、カリフォルニア州非営利法人法においては、非営利法人の無報酬の役員の責任を制限する趣旨の規定が置かれており[72]、その背景には、非営利法人の役員となることで個人責任を追及されることに対する不安を軽減し、非営利法人による公益活動を促進しようとする公共政策があった。

　この点に関連して、不法行為法の原理として発達してきた「慈善活動に対する免責の原理（doctrine of charitable immunity）」を紹介しておきたい[73]。この原理は不法行為法の原理であり、非営利法人やその役員が第三者から責任を追及された場合にその責任を免除・制限しようとするものであって、原則として、役員の法人に対する信認義務を免除・制限する原理ではない[74]。しかし、その背景には、カリフォルニア州非営利法人法と同様に、無報酬で奉仕する非営利法人の役員の責任を免除・制限することによって公益活動を促進しようという公共政策があると考えられるため、この公共政策について理解を深めるために、「慈善活動に対する免責の原理」を紹介しておく。

　「慈善活動に対する免責の原理」は、当初は組織に対する免責の議論であったが、その後、形を変えて、個人に対する免責の議論も行われるように

---

72) 本章第二節第三款参照。カリフォルニア州非営利法人法§5047.5。
73)「慈善活動に対する免責の原理」やボランティア保護法を紹介した邦語文献として、松本浩平「非営利活動と不法行為責任（一）(二・完)――アメリカ法の対応」島大法学44巻3号43頁、同45巻1号167頁がある。
74)「これらの規定は、ボランティアの取締役を、適用される注意義務や忠実義務から解放するものではない。」(Harvard note (1992), *supra* note 8, at 1594.) 但し、Kurtz, *supra* note 18, at 99-100 は、取締役を免責する立法について、その対象を不法行為(tort) からの免責に限っている州もあれば、主として不法行為責任を念頭に置きながらも意図せずにより広い範囲の免責をもたらしうる立法を行っている州もあれば、取締役の注意義務違反による金銭的な責任を組織が免除することを認める旨の立法を行っている州もあると指摘する。

なった[75]。取締役の責任を検討する本稿において直接的に関係するのは個人に対する免責の議論であるが、「慈善活動に対する免責の原理」が組織に対する免責の議論として発生し、発達してきたため、その由来をたどる限度で、組織に対する免責の議論も紹介する。

第一款 「慈善活動に対する免責の原理」の発展と衰退

　非営利法人を不法行為責任について優遇することは、過去数百年にわたって、様々な形をとって行われてきたとされる。20世紀になる世紀の変わり目の頃に、裁判所は、非営利組織に対するほとんど全ての訴訟を禁じる原理である「慈善活動に対する免責の原理（doctrine of charitable immunity）」を発達させた[76]。1938年までには、「慈善活動に対する免責の原理」は40の州で採用された[77]。

　この「慈善活動に対する免責の原理」は、いくつかの異なる理論によって正当化されてきた。一つ目の理由づけは「信託財産の理論（trust fund theory）」であり、慈善組織（charity）による支出は、寄付者の意図によって制限されており、慈善組織の資産を損害賠償の支払いに充てることは、寄付者が意図したのと完全に異なる目的にこれを流用することになってしまうと説明する。第二の理由づけは、従業員やエージェントがその雇用関係の範囲で犯した不法行為について雇用者が責任を負うのは、雇用者が彼らの働きによって利益を得ているためである（doctrine of respondeat superior（使用者責任の原理））ところ、慈善組織においては従業員らの働きによって利益を上げるわけではないから、この原理があてはまらないというものである。第三に、慈善組織を従業員らの不法行為から免責することが公共政策にかなうという正当化がされる。そして第四に、慈善組織の受益者は慈善組織から受けるサービスに対して対価を支払っていないのであるから、受益者は過失によるリスクを引き受けており、責任を課すことを黙示的に放棄しているとの説明である[78]。

---

　75) Harvard note (1992), *supra* note 8, at 1682, 1685.
　76) *Id.* at 1679.
　77) *Id.* at 1680.

第三節　不法行為法における「慈善活動に対する免責の原理（doctrine of charitable immunity）」と連邦のボランティア保護法（Volunteer Protection Act）

この「慈善活動に対する免責の原理」は、1940年代と1950年代には、不法行為によって生じた損害の回復に対する制約を消去しようとする動きから不評になった。1985年までには、ほとんどの州が、少なくとも部分的に、この原理を撤回したとされる[79]。

　しかし、近年の〔筆者注：1992年に公表されたHarvard Law Reviewの論考による言及である〕非営利組織の責任に影響を与える変化は、非営利組織を不法行為の取扱いにおいて優遇することについての議論を再燃させた。第一に、不法行為責任が一般的に拡大したことにより、非営利組織や公益組織は潜在的により大きな額の責任にさらされることになった[80]。第二に、「慈善活動に対する免責の原理」が撤回されたことの背景には保険産業が発達したことがあったが、1980年代の中ごろから、保険料は上がり、保険によりカバーされる範囲は狭まり、多くの非営利組織や公益組織は責任保険を入手することが非常に困難であると訴えるようになった[81]。第三に、非営利セクターで働く個人がより多くの個人責任に直面することになった。歴史的に、非営利組織の取締役や役員やボランティアに対して、個人的に訴訟が提起されることは非常に少なかった。しかし、1990年頃までの10年程で、非営利組織のために活動する個人に対して提起される訴訟の数は急増した。この背景

---

78) FISHMAN & SCHWARTZ, *supra* note 2, at 159. *See also* Thomas H. Boyd, *A Call to Reform the Duties of Directors under State Not-for-Profit Corporation Statutes*, 72 IOWA L. REV. 725, 733 (1987) ; Bennet B. Harvey J., *The Fiduciary Duty of Nonprofit Directors and Officers*: *Paradoxes, Problems, and Proposed Reforms*, 23 J. CORP. L. 631, 734 n.400 (1997-1998).

79) Harvard note (1992), *supra* note 8, at 1679-1680.
　公益組織に対して責任の免除・軽減を与える制度についての批判としては次のものが挙げられる。第一に、こうした責任制限は、損害賠償を支払わせることが持つ「抑止効果」を減殺すると指摘されている。より具体的には、損害賠償を支払わせることは、利益 (benefit) よりも損害 (harm) をより多く生み出す組織を倒産させる効果と、組織に対して、リスクがあり有害である行動を避けることによって事故によって生じるコストをコントロールさせる効果があるが、責任制限や免除はこうした抑止効果を減殺すると指摘されている (「抑止問題 (deterrence problem)」)。第二に、こうした責任制限により公益組織が節約する基金は、不法行為の被害者の犠牲と引き換えであると指摘されている (損失拡散問題 (loss spreading problems))。以上、*Id.* at 1689-1691。

　See also Harvey, *supra* note 78, at 734; Boyd, *supra* note 78, at 733.

80) Harvard note (1992), *supra* note 8, at 1680-1681.

81) *Id.* at 1681.

210　第四章　アメリカの非営利法人に関する法令

には、個人よりも組織がより多くの資産を有している営利組織の場合と異なり、非営利組織の場合には、組織よりも個人のほうがより多くの資産（deeper pocket）を有していることがあることも指摘されている。仮に不法行為の訴えが根拠の弱いものだとしても、これに対して防御するだけでも、対処できない程の（prohibitive）コストがかかることから、責任を課されることの脅威は多くの個人が非営利組織のために働き、あるいはボランティアをすることを躊躇させてしまう[82]。

第二款　議論の再燃——ボランティア保護法等

　以上の変化を受けて、非営利組織や慈善組織の不法行為責任についての優遇は、様々な形で修正されて、存続し、あるいは再び現れた。従来のように組織レベルでの免責を採用した州もあれば、非営利セクターで働く特定の個人を責任から保護するための法を採択した州もあった[83]。

　新しい形での公益保護や個人保護を作り上げていくのに際して、ほとんどの州の立法府は、競合する公共政策のバランスをとろうとした。すなわち、一方において、無制限な責任を課すことは、組織や個人が公共の利益となる活動に従事することを妨げてしまうと心配した。他方で、広く免責を与えてしまえば、被害者に対する補償を否定することになってしまい、また、組織にリスクが高すぎて有害である行動をとることを回避させることができなくなると恐れた。その結果として、立法者は様々な調整を行い、無制限な責任と完全な免責という二つの極の間のどこかで責任の枠組みを制定したのである[84]。

　しかし、各州の間で、どのようにバランスをとるかについてのコンセンサスは発達していないため、非営利セクターにおける不法行為責任は、州ごと

---

　[82] *Id.* at 1681-1682.
　[83] *Id.* at 1682, 1685; Fishman (1987), *supra* note 17, at 412.
　　　報酬を受けていない役員個人の第三者に対する責任を制限しようとするものとして、例えば、カリフォルニア州非営利法人法§5239とニューヨーク州非営利法人法§720-aがある。
　[84] Harvard note (1992), *supra* note 8, at 1682-1683. *See also* Fishman & Schwartz, *supra* note 2, at 159.

第三節　不法行為法における「慈善活動に対する免責の原理（doctrine of charitable immunity）」と連邦のボランティア保護法（Volunteer Protection Act）

に異なるルールの気まぐれなパッチワークとなっていると指摘されている[85]。

以下では、新たに採用された枠組みのうち、個人レベルでの免責を試みる制度に焦点を当てる。

一　州における対応

コモンロー上の法理である当初の「慈善活動に対する免責の原理」は組織自体しか保護しなかったため、非営利組織に関わる個人の保護は、州の制定法の発達を通じて実現されることとなった。ほとんど全ての州が、非営利組織または慈善組織に関わる個人の責任に影響を与える立法を行った[86]。免責のタイプや程度は、州ごとに大きく異なる[87]。

各州の制定法は、保護を受ける個人の範囲についても異なる。多くの州では、制定法は、非営利または慈善組織の取締役、役員、取締役会のメンバーをカバーしている。これらの法のほとんどは、無報酬の取締役会のメンバーのみを保護しているが、報酬を支払われている取締役や役員をも保護している州もある。組織の内部での立場に関わりなく、全ての無報酬のボランティアを保護する制定法を有する州は半分程度に過ぎない。多くの場合には、組織を支配し、運営している個人は、ボランティアを行っているそれ以外の個人よりも大きな免責を受ける[88]。

但し、個人を免責している制定法があっても、個人による故意の（willful）、悪意の（wanton）あるいは意図的な（intentional）有害な行動についてはほとんどの州で保護が与えられない。同様に、ほとんどの州において、個人の行動が無謀であり（reckless）または重大な過失がある（grossly negligent）場合には、免責は否定される。その他にも、一般的に、その個人が誠実に（in good faith）行動していない場合には免責されない[89]。

---

85) Harvard note (1992), *supra* note 8, at 1682-1683.

86) *Id.* at 1685. *See also* FISHMAN & SCHWARTZ, *supra* note 2, at 160. David James Bush, 40 BAYLOR L. REV. 657, 662 n.41 (1988) は、各州法を列挙している。David Barrett, *A Call for More Lenient Director Liability Standards for Small, Charitable Nonprofit Corporations*, 71 IND. L.J. 967, 977-989 (1996) ではデラウェア州法とインディアナ州法を紹介している。なお、これらの規定は慈善信託の受託者には適用されないとされる (Brody (1998), *supra* note 25, at 1446)。

87) Harvard note (1992), *supra* note 8, at 1685. *See also* KURTZ, *supra* note 18, at 99-100.

二　連邦のボランティア保護法（Volunteer Protection Act）

　1997年に、連邦議会はボランティア保護法（Volunteer Protection Act）を制定した[90]。これは、非営利組織や政府機関のボランティアが第三者に対して与えた損害について、一定の条件を満たした場合にその責任を制限するものである。故意や重大な過失によって生じた損害については責任は制限されない[91]。ボランティア保護法における「ボランティア」は、同法が定義する「非営利組織」等のために労務を提供する者であって報酬等を受け取らない者をいい、この「ボランティア」には取締役や役員、受託者も含まれる[92]。

　ボランティア保護法が州法と矛盾する場合にはボランティア保護法が優先するが、州法が追加的な保護を与えている部分については州法に従うこととされる[93]。ボランティア保護法は、第三者からの訴訟においてボランティアを保護するが、非営利組織自体からボランティアに対する請求についてはボランティアを保護するものではない[94]。また、ボランティア保護法の責任制限は非営利組織自体に対しては適用されないため[95]、ボランティアが免責を受けた場合であっても、非営利組織は、ボランティアの過失について、州法の下で代位責任を問われる可能性が残ると解されている[96]。

三　州法やボランティア保護法の検討

　こうした州法やボランティア保護法は、非営利法人の役員の不法行為責任

---

88) Harvard note (1992), *supra* note 8, at 1685-1686.
　　例えばフロリダ州の法人法は、非営利法人に対する義務を履行する際の行動について、役員、取締役、従業員の民事責任、状況によっては刑事責任からの免除(immunity) を与える。この規定は、弁護活動のためにかかった費用の補償をも定める。Howard L. Oleck, *Mixture of Profit and Nonprofit Corporation Purposes and Operations*, 16 N. KY. L. REV. 225, 242 (1988).
89) Harvard note (1992), *supra* note 8, at 1686.
90) 松本・前掲注73）（二）190頁以下に、ボランティア保護法の邦訳が掲載されている。
91) ボランティア保護法 §14503 (a) (3)。
92) ボランティア保護法 §14505 (6)。
93) ボランティア保護法 §14502 (a)。 *See* FISHMAN & SCHWARTZ, *supra* note 2, at 160.
94) ボランティア保護法 §14503 (b)。 *See* FISHMAN & SCHWARTZ, *supra* note 2, at 160.
95) ボランティア保護法 §14503 (c)。
96) 松本・前掲注73）（二）176頁。

についてどのような影響を与えるのだろうか。これらの規定により、役員の第三者に対する不法行為責任が追及された場合に、重大な過失等がなければ第三者に対する責任を負わないといった効果が生じる。但し、第三者による取締役に対する不法行為責任の主張を含んだ判例はほとんどないと指摘されている。なぜなら、アメリカの不法行為（torts）の基本的な法理は不法行為責任を問うためには個人的な参加が必要であるとするところ、第三者からの不法行為責任の追及は取締役が第三者に対して直接何らかの行為を行ったというのではなくその監督責任を理由とするため、取締役や役員の不法行為責任を立証するのは難しいからである[97]。そうであれば、こうした規定が直接第三者に対して行為を行うことが少ない役員の不法行為責任について実際に与える影響は必ずしも大きくない可能性がある。

第三款　小括

　コモンローにおける当初の「慈善活動に対する免責の原理」は、組織に対して不法行為責任からの保護を与えるものであったが、1980年代の中頃からその形を変え、現在では各州法、及び、連邦法であるボランティア保護法が、慈善活動に携わる組織や個人をそれぞれ異なる形で保護している。
　こうした立法は不法行為責任を念頭に置いたものであり、原則として役員の信認義務に直接影響を与えるものではない。連邦のボランティア保護法も、第三者から責任が追及される場面を扱うものであって、法人から役員に対して責任が追及される場合に適用されるものではない。
　しかし、「慈善活動に対する免責の原理」に端を発する各州法やボランティア保護法の背景にある、無報酬で公共のために働く者を責任から保護することによって公益活動を促進しようとする公共政策の存在は、非営利法人の役員の信認義務を検討する上でも無視できないものだと考える。

---

97) KURTZ, *supra* note 18, at 97.

第四節
投資運用に関する統一州法——UMIFA と UPMIFA

　本章第一節で紹介したのは、ABA による非営利法人についての一般的なモデル法であったが、これとは別に、非営利組織における資産の投資運用に焦点を当てた統一州法が存在する。National Conference of Commissioners on Uniform State Laws（統一州法委員会の全米会議）は、1972年に Uniform Management of Institutional Funds Act（公益組織のファンドの運営に関する統一州法。以下、「UMIFA」という）を採択し、その後、投資理論の発展を受けて、2006年にはその改訂版である Uniform Prudent Management of Institutional Funds Act（公益組織のファンドの合理的な運営に関する統一州法。以下、「UPMIFA」という）を採択した。UPMIFA は、44州とコロンビア特別区で採用された[98]。

　非営利法人の役員が資産の投資運用を行う際の信認義務に影響を与えるルールとして重要であるため、ここで検討しておく。

第一款　適用対象となる組織と適用される行為

　UMIFA も UPMIFA も、主として非営利の組織を適用対象としている。受託者も慈善組織である場合等を除き、信託はその射程から除かれるため、銀行や信託会社が受託者である信託には適用されない[99]。信託に対しては、第三章第二節で紹介した UPIA（統一プルーデント・インベスター法）が適用される。

　また、UMIFA も UPMIFA も、適用対象となる組織がその資産の投資運用に関する行動をとる際の指針を提供するものである[100]。

---

　98) Fishman & Schwarz, *supra* note 2, at 208.
　99) UMIFA§1 (2) とその公式コメント。*See* Fishman & Schwarz, *supra* note 2, at 208-209.

第二款　権限委譲の許容

UMIFA§5とUPMIFA§5においては、それぞれ一定の条件の下で投資運用の権限を委員会や従業員に移譲したり、投資アドバイザーのサービスを購入したりすることが認められている[101]。

第三款　行為基準

一　UMIFA§6

UMIFAは、資産の投資運用について、信託のアプローチではなく、法人法のアプローチを採用した上で、慈善組織と営利組織の違いも考慮している[102]。UMIFA§6は、「取締役会のメンバーは、行為や意思決定の時の事情や状況の下で、通常のビジネスの注意と合理性（ordinary business care and prudence）を行使しなければならない……」と規定する。そして、その公式コメントは、基準は「一般的に、私益信託の受託者ではなく、営利法人の取締役の基準と比較しうるもの（comparable）であるが、非営利組織の経営者の義務と責任という意味において鋳造されたものである」[103]と述べ、この基準は単なるビジネスの基準ではないことを明確にしている。更に、同公式

---

100) UPMIFA序文。*See also* Susan N. Gary, *Charities, Endowments, and Donor Intent: The Uniform Prudent Management of Institutional Funds Act*, 41 GA. L. REV. 1277, 1279 (2007).
101) UMIFA序文の「権限委譲（authority to delegate）」の項において、慈善の機関の役員は、専門的な私的な信託の場合に課される自己執行義務(権限移譲の制限) に服するものではないと明示された。*See* Gary, *supra* note 100, at 1280, 1324.
102) なお、UMIFA序文の「注意の基準（stadard of care）」の項においては、注意義務について次のように述べられている。「私益信託における責任が課されるかもしれないという不安は、取締役会のメンバーを弱体化させる効果を持っているかもしれない。彼らは報酬を受けていない、公共のためを考える市民であることが少なくない。適切な責任の基準は、専門的な私益信託の受託者のそれではなく、営利法人の取締役のそれに、より類似すべきである。この法は、非営利の機関の運営の文脈において、ビジネスにおける注意と合理性の基準 (standard of business care and prudence) を確立する。」
103) UMIFA§6の公式コメント。

コメントは非営利の組織の経営者の注意義務の基準は、その組織が法人化していても法人化していなくても同じであることを指摘しており、慈善組織における資産の投資運用に際しての義務を統一しようとする姿勢がみられる[104]。

二 UPMIFA§3

UPMIFA§3も、注意義務について、UMIFAと同様に、「通常のビジネスにおける注意と合理性」の基準を規定しており、このUPMIFAの合理性（prudence）の基準の文言は、非営利法人についてのRMNCA（改訂モデル非営利法人法）と、信託についてのUPIA（統一プルーデント・インベスター法）に由来するとされる[105]。UPMIFA§3の公式コメントは次のように説明する。「UPMIFAで採用された合理性の基準（prudence standard）は、RMNCAと、UPIAのプルーデント・インベスター・ルールに由来する。この基準は、*慈善目的の組織に対して適用される場合の*〔筆者注：原文が斜体である〕、法人法の下でのBJRの基準と一致する。つまり、BJRの下で慈善目的の組織を運営する経営者は、プルーデント・インベスター・ルールによって特定されるのと同じ要素を検討することになるのである。〔本条で定められる〕合理的な投資家の基準は、まずRMNCAで規定されているような注意義務を規定するが、UPIAからの文言を取り入れることによって、慈善目的の資産を投資運用する者に対して、より具体的な指針を提供している。UPIAに由来する基準は、非営利法人に適用される現代の法の下でのグッドプラクティスに一致するのである。」そして、起草者はRMNCAとUPIAの両方から文言を採用することによって、UPMIFAは全ての慈善組織に共通の「合理的な投資の」基準が適用されることを明確にすることを意図したと説明する[106]。

UPMIFAは、法人法の基準を土台としつつも、経営者が投資判断を行う際には、UPIAにみられるプルーデント・インベスター・ルールによって特定

---

104) UMIFA§6の公式コメント。
105) UPMIFA§3の公式コメントの「改訂の目的と範囲（Purpose and Scope of Revisions）」の項、Gary, *supra* note 100, at 1299。UPIAとプルーデント・インベスター・ルールについては第三章第二節第二款を参照。
106) UPMIFA§3の公式コメントの「改訂の目的と範囲（Purpose and Scope of Revisions）」の項。*See also* Gary, *supra* note 100, at 1299; Fishman & Schwarz, *supra* note 2, at 208-209.

第四節　投資運用に関する統一州法――UMIFAとUPMIFA　**217**

される要素を検討すべきことを示したといえよう。また、上記で紹介した公式コメントからは、法人化しているか否かにかかわらず、全ての慈善組織に投資運用についての同様の注意義務を適用しようとする姿勢がうかがえる。

更に、UPMIFA§3の公式コメントは、注意義務の基準について、「RMNCAとUPMIFAにおける文言はMBCAの§8.30の文言と類似しているけれども、慈善組織のために判断を行う者に対して適用される基準は、その組織は慈善目的の組織であって、営利法人ではないという事実に影響を受ける」と述べており、やはり、慈善目的の法人の資産の運用に際しての注意義務の基準が、営利法人の場合の基準と全く同じではないことを指摘している[107]。

第四款　小括

以上のように、非営利組織の投資運用におけるルールを定めたUMIFAやUPMIFAの制定に際しては、営利法人のルールや非営利法人のモデル法であるRMNCA、信託における投資運用のルールであるUPIAが影響を与えている。

UMIFAやUPMIFAにおける義務は、法人法における注意義務を基本としながらも、営利法人との違いに着目し、慈善目的の組織における役員の注意義務は営利法人における役員の注意義務と全く同じではないことを指摘している点に特徴があろう。

また、慈善目的の組織の投資運用の場面における義務について、組織が法人化しているか否かにかかわらず、同様の基準を適用しようとする姿勢にも特徴があるといえよう。

---

107) UPMIFA§3の公式コメントの「(b)注意義務 (Duty of Care)」の項。

第五節
ヘルスケア産業における conversion（転換）に関する立法

　conversion とは、中核となる事業を、慈善事業から営利事業に転換する取引を指す（邦訳すると「転換」となるが、以下、原語のまま表記する）[108]。アメリカでは1990年代にヘルスケア産業における conversion に伴う問題が注目されたことをきっかけとして、各州において、これに対応するための立法が行われた[109]。各州は伝統的に conversion の適切な実行について取締役の信認義務の「自発的な遵守（voluntary compliance）」に委ねてきたが、これを濫用する事例が現れたことで、信認義務に対する信用がなくなったと指摘されている[110]。ヘルスケア産業における conversion に伴う問題は、非営利法人の役員の注意義務違反や忠実義務違反の問題と深く関わっている。以下、conversion に伴って生じ得る問題について検討した後に、各州で行われた立法を紹介する。

第一款　アメリカにおける病院の経営形態

　歴史的にみると、当初アメリカの病院は慈善目的の組織であると認識されていた。病院は、支払いを行う患者からは料金を受け取っていたが、貧しい者に対しては無料で治療を行っていた。しかし、医療技術の発達と Medicaid や Medicare といった貧困者向けの公的医療保険制度の発達により、

---

108) James J. Fishman, *Checkpoints on the Conversion Highway: Some Trouble Spots in the Conversion of Nonprofit Health Care Organizations to For-Profit Status*, 23 J. CORP. L. 701, 702 (1997-1998)（以下、「Fishman (1998)」という）。
109) Lawrence E. Singer, *The Conversion Conundrum: The State and Federal Response to Hospitals' Changes in Charitable Status*, 23 AM. J.L. & MED. 221, 240-245 (1997).
　本章第六節で紹介する IRC §4958が制定された背景にも、conversion に際して役員等に対して私的利益が帰属していることに対する危惧があったと指摘される（*See* Singer at 245-248）。
110) *Id.* at 248.

病院によって果たされる慈善目的の役割はその重要性を減少させてきたと指摘される。現在では、ほとんどの非営利病院は商業ベースで運営されており、寄付には部分的にしか依拠しておらず、同じ地域にある営利形態の病院と競争関係にあることも少なくないとも指摘されている[111]。

こうした歴史を経て、アメリカの病院は、①政府による公的なもの、②非営利のもの（non-profit）、③営利のもの（investor owned）の3つの形態に分類することができる[112]。若干古いデータではあるが、1995年には、非営利の病院が約3,200億ドルの収益を上げているのに対して、営利の病院が挙げている収益は290億ドルであり、営利の病院の割合は全体のマーケットの約8％に過ぎないと指摘されている[113]。アメリカの病院経営は、非営利による形態が中心的であるといえよう。

第二款　1990年代のヘルスケア産業における conversion

こうした中で、アメリカでは、1990年代に、多くのヘルスケア関連の非営利組織が営利目的の組織に事業形態を転換する動きがみられた[114]。

conversionの方法としては、例えば事業譲渡（asset sales）により、非営利法人がその営業資産を営利法人に売却する方法がとられる[115]。非営利の病院が営利法人に買収される場合には、この方法が典型的に用いられるとされ

---

111) Harvard note (1992), *supra* note 8, at 1629.
112) JAMES WILLARD HURST, THE LEGITIMACY OF THE BUSINESS CORPORATION IN THE LAW OF THE UNITED STATES, 1780-1970 at 751 (1970).
113) *See Ibid.*
114) Fishman (1998), *supra* note 108, at 702.
　主に税法の視点から公益法人の「営利転換法制」を分析した邦語文献として、石村耕治「アメリカにおける公益法人の営利転換法制の展開——課税除外法人から課税法人への転換に伴う『公益的資産の継承的処分』の必要性」白鷗法学23号1頁がある。
115) Fishman (1998), *supra* note 108, at 714. *See also* Singer, *supra* note 109, at 232. 事業譲渡以外の方法について解説した文献として、FISHMAN & SCHWARTZ, *supra* note 2, at 115-116、Fishman (1998), *supra* note 108, at 714-715、Vincenzo Stampone, *Turning Patients into Profit*: *Nonprofit Hospital Conversions spur Legislation*, 22 SETON HALL LEGIS. J. 627, 638 (1998)、Singer, *supra* note 109, at 233がある。

る。この場合、連邦と州の法は、売却による対価は慈善目的に使用されるべきことを要求している。事業譲渡型の conversion が行われた場合には、当初の非営利法人は解散し、対価である慈善目的に使用されるべき資産（charitable assets）の受け皿としては、foundation が用いられるのが通常である[116]。

conversion が起こる主要な理由としては、営利法人のほうが非営利組織よりも資本にアクセスしやすいことが挙げられており[117]、大きな市場がある製品やサービスを提供する組織は conversion の対象になりうることが指摘されている[118]。

その中でも、アメリカでは、1990年代に、ヘルスケア産業における conversion が注目を集めた[119]。病院の conversion は少なくとも1980年から起きていたとされるが[120]、1990年代の中頃に、営利形態の系列病院である Columbia/HCA 等が非営利形態の病院をターゲットとして業界の統合を続けたことにより、非営利形態の病院が営利形態となる conversion が激増した[121]。2000年以降は病院の conversion は減少したとされている[122]。

病院の conversion の他、Health Maintenance Organizations（健康維持機構。以下、「HMO」という）の conversion も注目を集めた[123]。HMO とは、料金を事前に支払ったメンバーに対して、第一次的なヘルスケアを提供するシステ

---

116) Fishman (1998), *supra* note 108, at 714; FISHMAN & SCHWARTZ, *supra* note 2, at 116-117.
117) Fishman (1998), *supra* note 108, at 713. *See also* KURTZ, *supra* note 18, at 119 n.14; Stampone, *supra* note 115, at 639-640; Singer, *supra* note 109, at 225-232; David A. Hyman, *Hospital Conversions: Fact, Fantasy, and Regulatory Follies*, 23. J. CORP. L. 741, 747 (1997-1998).
118) Fishman (1998), *supra* note 108, at 708.
119) *See* Singer, *supra* note 109, at 222.
120) Stampone, *supra* note 115, at 636 n.38.
　　アメリカでは、1967年から営利法人が病院産業に入ったと指摘されている (Henry B. Hansmann, *The Role of Nonprofit Enterprise*, 89 YALE L. J. 835, at 868 (1980))。1970年代から80年代までに183の病院の conversion があり、1990年から96年までに199件の conversion があったと指摘される (石村・前掲注114) 18頁)。
121) FISHMAN & SCHWARTZ, *supra* note 2, at 114.
122) *Id.* at 115.
123) *See e.g.* Fishman (1998), *supra* note 108, at 707.

ムである[124]。1973年の Health Care Maintenance Act（ヘルスケア維持法）を通じて、連邦政府は非営利の HMO に対してベンチャーキャピタリストとしての役割を果たし、貸し付けや保証を行っていた。しかし、1983年に連邦の貸付プログラムが終了すると、増加する資金需要を抱えた HMO は conversion を行うようになった[125]。3分の1もの非営利の HMO が、conversion を行って営利組織に転換したと指摘されている[126]。1981年には営利の HMO は20％よりも少なかったのに対して、現在ではほとんどの HMO は営利の組織であるとされる[127]。

第三款　conversion に伴って生じうる問題

非営利法人の conversion に際しては、次のような問題が生じる可能性がある[128]。

一　売却資産に対して十分な対価が支払われない可能性

非営利法人の資産が売却される場合には、次のような理由から、営利法人の株式が売却される場合と比較しても、十分な対価が支払われない恐れが大きいと考えられる[129]。不十分な対価で病院の資産を営利法人に売却した場合には、役員は注意義務違反を問われる可能性がある。

まず、非営利法人の資産については、営利法人の株式と異なり、その価格

---

124) *Ibid.*
125) *Id.* at 710.
126) *Id.* at 711.
　　ヘルスケアの分野における HMO 以外の組織(病院、Medicare、Medicaid、Blue Cross)の conversion の状況については、*Id.* at 708-712を参照。
127) Fishman & Schwartz, *supra* note 2, at 114.
128) なお、非営利の病院が営利形態に転換する conversion の場合だけではなく、非営利の病院が同じく非営利の病院に対して売却される場合にも問題が起こると指摘し、この場合にも同様の規制を課すべきだと主張している論文として、Rachel B. Rubin, *Nonprofit Hospital Conversion in Kansas: The Kansas Attorney General Should Regulate All Nonprofit Hospital Sales*, 47 U. Kan. L. Rev. 521 (1998-1999) がある。
129) Fishman (1998), *supra* note 108, at 737.

査定（valuation）が難しい[130]。その理由としては、株価のような市場価格が存在しないことや、非営利法人はアナリストや投資アドバイザーによって評価されないことが挙げられる[131]。また、非営利法人については開示規制が十分でないことも問題の一因であるとされる[132]。

また、非営利法人の取締役は、ほとんどがボランティアであり、買収の経験はほとんどなく、また、公正な価格を得るために必要な能力とは全く関係のない理由で選任されているため、conversion の取引において安値で買い叩かれる危険は営利法人の場合よりも大きいと指摘されている[133]。

更に、営利法人の場合には支配権の移動や資産の売却に際して株主による承認が要求されているのに対し、非営利法人の場合にはこのような要求はなく、そもそもほとんどの非営利法人にはメンバーがいないことも指摘されている[134]。

二　非営利法人の役員の利益相反が存在する場合──MBO と類似の問題

以上に加えて、非営利法人の役員が売却先の営利法人の持分を有している場合等には、利益相反取引の問題が生じる。典型的には、非営利法人の役員が持分を有する営利法人が当該非営利法人の資産を買い受ける場合には、非営利法人の役員は非営利法人の資産を安値で売却することにより利益を得る立場に立つ。これは、営利法人における MBO の問題状況と類似の問題状況であり、非営利法人の役員は忠実義務違反に問われる可能性がある。

一例として、Family Health Program（以下、「FHP」という）の conversion が挙げられる。FHP は、非営利形態で、先払い式の医療ケア及び歯科ケアを提供していた。FHP を率いていた Gumbiner と17人の投資家は FHP の資産を購入するために営利の組織である HMO Health Group, Inc. を設立し、

---

130) *Id.* at 718; Stampone, *supra* note 115, at 637.
131) Fishman (1998), *supra* note 108, at 718.
132) *Id.* at 721-724; Stampone, *supra* note 115, at 636-637.
133) Fishman (1998), *supra* note 108, at 737.
134) *Ibid.*

Gumbiner は HMO Health Group, Inc. の50.5%を保有していた。FHP から HMO Health Group, Inc. に資産を譲渡するのにあたり、当初、FHP は、その資産を1,350万ドルと査定したが、州の法人局（Department of Corporation）はこの査定価格を拒否し、4,700万ドルが公正な市場価格であると提案した。その後法人局と FHP は交渉の上、資産価格を3,850万ドルとした。conversion から8年後、HMO Health Group, Inc. は、1億5,000万ドルの市場価格で株式を公開した[135]。

　この他、非営利の HMO である Health Net が営利法人である Health System International を受け皿として conversion を行った際には、33人の役員は営利法人の株式の20%を150万ドルで購入したが、その4年後にはこれらの株式は約3億1500万ドルの価値を有していたとされる[136]。

　更に、conversion を指揮した非営利法人の役員にゴールデンパラシュートとして高額の退職金が支払われた事例も批判されている[137]。

三　問題への対応の必要性

　このように、conversion においては、非営利法人が営利法人にその資産を売却するのに際して十分な対価を受け取らず、本来公益のために用いられるべき資金を元手として、買い手側である営利法人が利益を得る恐れがある。これに加えて、買い手である営利法人が売り手である非営利法人の関係者である場合には、営利法人の MBO におけるのと同様の利益相反取引の問題が生じる。

　こうした問題に対して、Fishman は、conversion の場面における非営利法人の役員の信認義務について、通常の場合よりも厳格な基準で審査するべき

---

135) FISHMAN & SCHWARZ, *supra* note 2, at 116-117.
136) Singer, *supra* note 109, at 231 n.52.
　　以上の他、非営利法人であり Anclote Manor Hospital を運営する Anclote Psychiatric Center Inc. が、その病院と土地を、その取締役でありメンバーである者だけが完全に所有する営利法人に約630万ドルで売却し、その後その営利法人が病院を2,900万ドル以上で売却した事案として、State ex rel. Butterworth v. Anclote Manor Hospital Inc., 566 So.2d 296 (Fla.App. 1990) がある。
137) FISHMAN & SCHWARZ, *supra* note 2, at 117.

であると主張した[138]。また、Goldschmidは、大規模なconversionの事案では利害関係のない外部の専門家を利用することや、非営利法人の価格算定は難しいことから、売却の情報を公にし、競合する売却先を募ること等による市場テスト（market test）を課すこと等を提案した[139]。

以下では、こうした問題に対応するために各州で行われた立法を検討する。

第四款　問題に対応するための立法

一　各州の立法

非営利法人の役員の利益相反の可能性のあるconversionが注目を集めたことを背景として[140]、多くの州で非営利病院や非営利健康医療保険組織のconversionに対応するための立法が行われた[141]。その皮切りは1996年のネブラスカ州での立法だった[142]。各州の立法の中には、その対象を非営利病院や非営利健康医療保険組織に限らない包括的な立法もみられた[143]。

1999年の時点で、少なくとも16の州が非営利法人のconversionについての立法を行ったとされ[144]、2003年時点では24の州とワシントンD.C.が、非営利病院の買収やconversionに関する規制法を制定していたとされる[145]。

---

138) Fishman (1998), *supra* note 108, at 718, 735-736. Fishmanの主張については、第五章第二節第二款も参照。

139) Harvey J. Goldschmid, *The Fiduciary Duty of Nonprofit Directors and Officers*: *Paradoxes, Problems, and Proposed Reforms*, 23 J. CORP. L. 631, 651-652 (1997-1998).

140) 石村は、アメリカ最大の民間非営利の健康医療保険組織であるBlue Cross and Blue Shieldの他法人類型への転換は、後述する「非営利ヘルスケア事業のconversionのモデル法」の制定や、さらには多くの州におけるconversionについての法制の整備の呼び水ともなったと指摘している。石村・前掲注114) 67頁。

141) Singer, *supra* note 109, at 240-245; Naomi Ono, *Board of Directors under Fire*: *An Examination of Nonprofit Board Duties in the Health Care Environment*, 7 ANNALS HEALTH L. 107, 135-137(1998).

142) Stampone, *supra* note 115, at 629.

143) 石村・前掲注114)　5 - 6 頁、88頁以下。

144) Rubin, *supra* note 128, at 526.

二 モデル法

各州において立法がされる際には、1998年に National Association of Attorney General（全米州司法長官協会）が公表した Model Act for Nonprofit Healthcare Conversion Transactions（以下、「非営利ヘルスケア事業の conversion のモデル法」という）が参考とされた[146]。この非営利ヘルスケア事業の conversion のモデル法は9条からなり、一定の conversion には AG（場合によっては州裁判所）への通知とその承認が必要であることや、公聴会の手続、審査事項等について定められている[147]。そして、同モデル法の定める通知、審査または承認要件に違反している場合には、conversion を無効とし、また、conversion を取り消し得ることが定められている[148]。

三 conversion に関する州の立法に含まれる条項

各州の立法によくみられる規定は、州に対して conversion を通知し、これに加えて、またはこれに代えて州が conversion を承認するというプロセスを

---

145) 石村・前掲注114) 19頁。

なお、連邦のレベルでも、増加する病院の conversion を受けて、連邦議会に Medicare Nonprofit Hospital Protection Act の法案が提出された。この法案は Social Security Act を修正するもので、Department of Health and Human Service の承認を得ずにその資産やコントロールを営利組織に譲渡した非営利の病院に対して Medicare の支払いを拒否することを内容とするものであった (Stampone, *supra* note 115, at 655-656)。しかし、法案は1997年1月に Health Subcommittee に付帯されたものの、1999年の時点で動きはみられないと指摘されている (Kevin F. Donohue, *Crossroads in Hospital Conversions-A Survey of Nonprofit Hospital Conversion Legislation*, 8 ANNALS HEALTH L. 39, 93 (1999))。

146) Phill Kline, Robert T. Stephan & Reid F. Holbrook, *Protecting Charitable Assets in Hospital Conversions: An Important Role for the Attorney General*, 13 KAN. J. L. & PUB. POL'Y 351, 374 (2003-2004). 石村・前掲注114) 5頁。同モデル法について詳細に紹介する文献として、Donohue, *supra* note 145, at 51-63がある。同モデル法については、石村・前掲注114) 37頁以下に邦訳が掲載されている。

147) 同モデル法には注解 (Commentary to the Proposed Model Act for Nonprofit Healthcare Conversion Transactions) が付されており、その中の「2 実質的な審査」「A 信認スタンダード」の項目には、「その公益的資産に最高額が付くように広く市場で取引する努力をしていない場合には、注意をすべきである」（邦訳は石村・前掲注114) 53頁にならった）と記載されている。

148) 非営利ヘルスケア事業の conversion のモデル法 §2.01。石村・前掲注114) 45頁。

要求するものである。これらの規定は、典型的には、州の AG または健康局（Department of Health）が conversion を審査することを要求する[149]。この審査においては、慈善組織に対して十分な対価が支払われているか、慈善活動としての治療や利益の上がらないサービスが続けられるかどうか、conversion の意思決定のプロセスにおいて利益相反がないか、conversion の当事者が私的利益を得ることにならないかといった点が審査される[150]。

　更に、conversion の対価の使途について規定するものもある。カリフォルニア州法は、conversion の対価は公正な市場価格でなければならず、conversion を行う組織はその組織の公正な市場価格に相当する額を foundation に寄付しなければならないと規定する。そして、この foundation は AG によって監視され、その資産をカリフォルニアの人々のヘルスケアに資するように使うことが規定されている[151]。

　この他、conversion 後の株式公開を制限する規定や、次の取引を制限する規定を置いた州もある。コロラド州では、conversion をした法人は 3 年間株式公開をすることができないという立法を行った[152]。また、ロードアイランド州では、営利病院は、conversion の後、3 年間は次の病院を買収できないとの規定が設けられている[153]。

第五款　小括

　第六章で検討するように、歴史的に、ほとんどの州において、AG が慈善信託や慈善法人を監督し監視する責任を担っている[154]。公益を目的とする法人は、受益者を利することを通じて社会全体に利益を与えているところ、AG

---

149) Singer, *supra* note 109, at 241. カリフォルニア州非営利法人法 §5913-5914参照。
150) Singer, *supra* note 109, at 241. 各州の規定を紹介する文献として、Ono *supra* note 141、Stampone, *supra* note 115、Donohue, *supra* note 145、Fishman (1998), *supra* note 108, at 723、Kline et al., *supra* note 146, at 376-378がある。
151) *See* Ono, *supra* note 141, at 135. Cal. Health & Safety Code §1399.72.
152) Fishman (1998), *supra* note 108, at 718.
153) Rubin, *supra* note 128, at 554.
154) Fishman (1998), *supra* note 108, at 726; Stampone, *supra* note 115, at 652.

は州民の利益を代表する立場にあるためである[155]。各州で行われた立法は、このAGや、あるいは州の健康局等の公的機関の権限を更に強化することにより、公益のために使用される資産を確保しようとしたものだと評価することができよう[156]。但し、conversionの場面においてAGが実際に十分な役割を果たすことができるかどうかについては疑問も呈されている[157]。

---

155) 第六章参照。
156) See Fishman (1998), supra note 108, at 715-716; Stampone, supra note 115, at 646-648; Kline et al., supra note 146, at 369-372.
　　Kline et al., supra note 146は、カンザス州のAGの立場から、カンザス州にもconversionを規制し、AGに明確な権限を与える法が必要であることを主張したものである。
　　なお、Rubin, supra note 128, at 531は、新たな立法はAGがconversionに対応する手続を定めているが、そもそもAGにはコモンローによって公益 (public interests) を保護する権限が認められていると指摘している (Oberly v. Kirby 判決 (〔22〕) を引用している)。
157) Fishman (1998), supra note 108, at 716は、AGは経験もなく、conversionの際には営利法人側のカウンセルに圧倒されてしまっていると指摘している。

第六節
税法による規制

第一款　概説

　州の法人法によって非営利法人が設立されると、不法行為法、契約法、税法、破産法、労働法、証券法、独占禁止法といった法人法以外の各種の法も非営利法人を規制する。これらの法は非営利法人を営利法人よりも緩やかに規制したり、あるいは営利法人に適用される規制から完全に免除したりしている[158]。

　非営利組織に対して与えられるほとんどの利益、例えば所得税の免除や、寄付金を控除することが可能になることや、特別郵便料金や、資産税の免除といったものは、非営利法人法以外の法によって提供されている。非営利法人として設立されたからといって当然にこれらの利益を受ける適格性を有するのではなく、適格性を有するか否かについては別途の検討が必要となる[159]。

　各種の法のうち、連邦の税法である Internal Revenue Code（内国歳入法。「IRC」という）は、非営利法人の役員の信認義務の内容に実質的な影響を与えていると考えられるとともに、Internal Revenue Service（内国歳入庁。以下「IRS」という）が非営利法人の役員の信認義務違反をエンフォースすることを期待する見解もみられる[160]。そこで、IRC のうち、役員の信認義務に関連する規定を紹介する。

158）Harvard note (1992), *supra* note 8, at 1582-1583.
159）Ira Mark Ellman, *Another Theory of Nonprofit Corporations*, 80 MICH. L. REV. 999, 1001 (1982). *See also* Lee, *supra* note 33, at 931.
160）第六章第三節参照。

第二款　IRC§501(c)(3)――私的帰属禁止のテスト（private inurement test）

　非営利法人に関する税法上の規定の中で特に大きな影響を持つのがIRC§501(c)(3)である。非営利法人として設立されても、全ての非営利法人が課税免除を受けられるわけではなく、IRC§501は特に規定された組織に対してのみ課税免除を認めている。課税免除を受けているほとんどの組織は、IRC§501(c)(3)によって課税免除を与えられているとされる[161]。

　IRCの規定は、非営利法人の取締役の行為を制限するいわば第二の法を提供しており、IRSは、IRCによって定められた信認義務の違反について、課税免除されている組織を監視していると評価されることがある。IRCが定める義務に違反した場合の罰則には、法人の課税免除のステータス（tax-exempt status）の喪失も含まれている[162]。

　IRC§501(c)(3)の下で課税免除を受けるためには、当該組織はIRC§501(c)(3)に列挙された目的のためだけに組織され（organized）、運営され（operated）なければならない[163]。

　商業活動を行うこと自体は、ある組織が課税免除となる目的に仕えていると認められることを否定するものではないが、商業活動がその組織の主たる目的を構成するものであってはならない。当該組織の課税免除となる目的に関係のない商業活動から生じた収入は、unrelated business income tax（非関連事業についての所得課税。以下「UBIT」という）に服する可能性がある[164]。

　また、IRC§501(c)(3)は、「〔課税免除組織の〕収益のいかなる部分も、私的な株主あるいは個人の利益に帰しては（inure）ならない」と規定しており、

---

161) Harvard note (1992), *supra* note 8, at 1614.
　この他、IRC§501(c)(4)に該当する組織も一定の免税措置を受けることができるが、IRC§501(c)(3)とIRC§501(c)(4)の違いの一つは、IRC§501(c)(3)に該当する組織に対する寄付については、寄付者は所得税から控除することが可能であるのに対して、IRC§501(c)(4)に該当する組織に対する寄付については、寄付者は所得税から控除することができない点にある（*Id.* at 1665）。

162) *Id.* at 1598.

163) IRC §501(c)(3). *See* Brody (1998), *supra* note 25, at 1434-1435; Harvard note (1992), *supra* note 8, at 1614; Singer, *supra* note 109, at 245.

裁判所は、取締役による自己取引（self-dealing）を禁止するためにこの規定を解釈してきたとされる（私的帰属禁止のテスト（private inurement test））[165]。

第三款　IRC§4941とIRC§4958

これに加えて、1969年の立法（IRC§4941）と1996年の立法（その後、IRC§4958となる）も非営利法人の役員の忠実義務に影響を与える規制であるため併せて検討しておく[166]。

一　IRC§501(c)(3)の下におけるpublic charityとprivate foundation

IRC§501(c)(3)に該当する組織は、public charity（「公的慈善組織」と訳出できるが、原語のまま表記する）とprivate foundation（「私的基金」と訳出できるが、

---

[164] Harvard note (1992), supra note 8, at 1617.
　UBITの詳細については藤谷武史「非営利公益団体課税の機能的分析――政策税制の租税法学的考察（一）（二）（三）（四・完）」国家学会雑誌117巻11・12号1頁、118巻1・2号1頁、118巻3・4号38頁、118巻5・6号93頁のうち、（二）81頁以下と、（三）39頁以下を参照。
　Suginは、法人の使命(mission)と税法の関係を指摘している。Suginは、UBITは、取締役や役員に、収益をその慈善の使命と結びつけることを奨励していると分析する。即ち、慈善目的に関係のない活動によって上げられた収益に課税することにより、そのような活動を、よりコストがかかり、魅力的でないものにすると考えるのである。そして、慈善目的と関連のないビジネスを行っている組織が少ないことから、UBITはこの点において素晴らしくうまく機能しているのかもしれないと評価する。また、UBITによる規制は、組織の課税免除のステータスを脅かすことなく、慈善目的と関係のない収益に対して課税するという点において、厳しすぎることのない規制であると分析する(Linda Sugin, *Resisting the Corporatization of Nonprofit Governance: Transforming Obedience into Fidelity*, 76 FORDHAM L. REV. 893, 924 (2007))。
　このSuginの分析は、税制が、非営利法人がその目的に沿った活動を行うことを間接的に促しうることを示している。公益法人制度改革前の税制を前提とした議論ではあるが、日本銀行金融研究所・組織形態と法に関する研究会『『組織形態と法に関する研究会』報告書』金融研究22巻4号1頁、75頁は、日本の公益法人課税は、収益事業から生じる所得に対する課税について、「『公益法人等』の収益事業が、公益活動のための資金の獲得という本来の目的を逸脱して過度に行われることを抑制するために行われるとする考え方(抑制的補完課税説)」に依拠していると指摘しており、この見解はSuginの説明の仕方に親和的であるといえよう。

[165] Harvard note (1992), supra note 8, at 1598; Brody (1998), supra note 25, at 1934-1936.
[166] こうした制度を説明した邦語文献として、藤谷・前掲注164）（三）82頁以下を参照。

原語のまま表記する）に大別される[167]。public charity は、その資源のほとんどを政府や公衆一般から提供されており、その活動の性質から広く利害関係者に対して責任を負っている（accountable）。学校、病院、政府、そして公衆に支えられているチャリティーとその関連するものといった広いグループが public charity にあたる。これに対して、ほとんどの private foundation は、一人の個人や法人、または緊密な家族グループによって支えられている。ほとんどの private foundation の主要な役割は、他の非営利組織や個人、政府機関に対して寄付（grant）を与えることであるが、中には、研究や美術館の運営といったプログラムに直接従事している組織もある[168]。foundation は典型的には州法の下で、法人または信託として形成される[169]。

二　private foundation に対する規制——IRC§4941

非営利組織に対する税法の規制は、まず private foundation に対してなされた[170]。1969年に、連邦議会は、private foundation について、自己取引を禁止し、違反に対しては利益を得た個人とこれに参加した private foundation の経営者に対する excise tax（商品またはサービスの購入・消費という事実に着目して課される租税であり、所得課税以外の課税が広く該当することになるとも説明される[171]。「消費税」と訳出されることもあるが[172]、本稿では原語のまま表記する）によって対応することとした（IRC§4941）[173]。これは、自己取引が公正であるか否かを問題としないルール（no further inquiry）であり、自己取引を禁止される当事者（disqualified persons）には、private foundation の役員だけでなく、多額の寄付をした者も含まれた[174]。

---

167) private foundation と public charity の区別については、藤谷・前掲注164）（三）82頁を参照。
168) FISHMAN & SCHWARTZ, supra note 2, at 703, 710-711.
169) Id. at 710. なお、日本における財団法人の概念はアメリカには存在しないことについて、第二章第一節第六款参照。個人の富である資産を慈善目的のために組織したものが一般的に foundation と呼ばれ、foundation には、非営利法人形態をとるものも、信託の形態をとるものもある（Id. at 703, 710）。
170) Brody (1998), supra note 25, at 1436. See also KURTZ, supra note 18, at 66.
171) 田中英夫編集代表『英米法辞典』316頁（東京大学出版会・1991年）。
172) 田中・前掲注171）316頁参照。

IRC§4941によって、私益信託（private trust）に適用される忠実義務よりも、その範囲においても制裁の内容においてもより厳しい責任がルールとされることになった[175]。私益信託の忠実義務のルールにおいては、受託者が自己取引を行っても、信託に対して経済的な損失を生じさせず、受託者の利益にもならず、信託違反がなければ生じたであろう利益の減少もなかった場合には、受託者が同様の行為をすることを差し止められるに過ぎないのに対して、IRC§4941により、自己取引を禁止される当事者が private foundation と自己取引を行った場合には、たとえその取引が private foundation に対して経済的利益をもたらしたとしても、自己取引を行った者は excise tax を支払う責任を負うことになる[176]。更に、IRC§4941の違反は、自己取引を行った個人に対して経済的な制裁を課すだけでなく、これが正されなければ、private foundation 自体に対しても経済的な制裁が課され、更に private foundation が課税免除のステータスを失うこともありうる[177]。

173）Brody (1998), *supra* note 25, at 1436. *See also* KURTZ, *supra* note 18, at 147 n.98.
　　なお、1969年の改正にあたって、private foundation については、その慈善目的 (charitable purpose) を侵害するような投資を行ってはならないとの規定もおかれた (IRC§4944, Evelyn Brody, *A Taxing Time for the Bishop Estate: What is the I.R.S. Role in Charity Governance?*, 21 U. HAW. L. REV. 537, 566 (1999) (以下、「Brody (1999)」という))。この規制については1996年に public charity に対する改正がされた時には、public charity に対しては拡張されなかった (Brody (1999), at 572)。

174）Ronald A. Brand, *Investment Duties of Trustees of Charitable Trust and Directors of Nonprofit Corporations: Applying the Law to Investments that Acknowledge Social and Moral Concerns*, 1986 ARIZ. ST. L. J. 631, 657 (1986).
　　この他、IRC§4941によって、foundation の取締役や役員は、foundation の資産を購入する従業員や取締役、役員のグループに属することを禁じられる (KURTZ, *supra* note 18, at 147 n.98)。

175）Brand, *supra* note 174, at 657.

176）*Id.* at 657-658. 自己取引を行った者は、自己取引に含まれた金額の10%の excise tax を支払うこととされた (IRC§4941 (a) (1))。

177）KURTZ, *supra* note 18, at 66.

三 private foundation 以外の組織に対する規制——私的帰属禁止のテスト (private inurement test) から IRC§4958へ

(1) バックミラーアプローチ (rear view mirror approach) とも表現された私的帰属禁止のテスト (private inurement test)

　private foundation に対しては1969年に導入された IRC§4941によって、自己取引についての厳格な規制が課されたのに対して、これ以外の組織における自己取引については、IRC§501(c)(3)によって免税される組織全てに対して適用される上述の「私的帰属禁止のテスト (private inurement test)」に服するのみであった[178]。

　非営利法人の役員に対して私的な利益が分配される可能性がある例として問題となったのが、第五節で検討した conversion の場面である。conversion に際しては、役員にゴールデンパラシュートとして不適切な利益が提供される、または、非営利法人の経営者が承継側の営利法人の持分も有している場合に、非営利法人の資産の価格を不当に安く査定することにより営利法人を利するといった利益相反行為が生じる可能性が考えられる[179]。実際に、1990年代には、非営利形態のヘルスケア関連の組織がインサイダーに安値でバイアウトされる状況が問題となった[180]。

　「私的帰属禁止のテスト」に違反した場合には、理論的には免税ステータスが取り消される可能性がある。しかし、非営利の病院の conversion に際して役員に利益が提供された場合に「私的帰属禁止のテスト」によって病院の IRC§501(c)(3)による課税免除のステータスを取り消すことには二つの問題点があった。まず、個人に対する利益の帰属 (inurement) に対する制裁として課税免除のステータスを取り消すことは、違反行為に対する制裁としては不釣り合いに厳しすぎる[181]。これに加えて、病院が conversion を行い営利

---

[178] Brody (1998), *supra* note 25, at 1436.
[179] Fishman (1998), *supra* note 108, at 727; Singer, *supra* note 109, at 246.
[180] 本章第五節第三款参照。*See* Brody (1998), *supra* note 25, at 1436.
[181] Fishman (1998), *supra* note 108, at 727. *See also* Brody (1999), *supra* note 173, at 568-570.

の組織に転換しようとしている場合には、いずれにしても営利組織になることによって免税のステータスを失うため、IRC§501(c)(3)による課税免除のステータスを取り消されることは、病院にとってほとんど損害を与えないのである[182]。

そのため、IRSは、実際には、私的に利益が帰属している状況を発見することを避け、組織や受託者との間で「終結合意（closing agreement）」を締結することにより、ガバナンスや報酬を変更する方法を用いていた[183]。実際に課税免除のステータスが撤回されることは、その効果が衝撃的であるために、ほとんど起こらなかったとされる[184]。IRSのこの姿勢は、「バックミラーアプローチ（rear view mirror approach）」と表現されることもあった[185]。

以上に挙げたconversionの場面の他、非営利法人の役員に対する報酬の支払いについても、過度な報酬の支払いが行われているのではないかが問題視されるようになっていた[186]。

(2) IRC§4958――中間的な制裁（intermediate sanction）

conversionに際して役員に不当な利益分配が行われる懸念や、非営利法人の役員に対して過剰な報酬が支払われる懸念に対応するために、1996年、連

---

182) Fishman (1998), *supra* note 108, at 727; Singer, *supra* note 109, at 247.
183) Brody (1999), *supra* note 173, at 569. *See also* Singer, *supra* note 109, at 224; Brody (1998), *supra* note 25, at 1436.
184) Consuelo Lauda Kertz, *Executive Compensation Dilemmas in Tax-Exempt Organizations: Reasonableness, Comparability, and Disclosure*, 71 TUL. L. REV. 819, 828 (1997). *See also* Brody (1998), *supra* note 25, at 1436.
185) Fishman (1998), *supra* note 108, at 717.
186) Kertz, *supra* note 184, at 820, 832.
　　Kertzの論文では、非営利法人の役員に対する報酬について、どのような基準を用いて設定すべきかが論じられている。営利法人と非営利法人における報酬規制の在り方の比較は重要な課題であり、他日を期して検討を行いたい。特に、非営利法人の場合には、過剰な報酬を支払うことが、分配禁止規制の潜脱にあたりうる点が営利法人との大きな違いであり、また、非営利法人においては営利法人の株主にあたる者によるモニタリングが行われないことから、過剰な報酬が支払われるリスクが高まる可能性がある。
　　非営利法人の役員の報酬に関し、佐藤英明「学界展望・Bruce R. Hopkins & D. Benson Tesdahl, Intermediat Sanctions」国家学会雑誌111巻9・10号162頁は、非営利法人の役員の報酬額の問題とIRC§4958について扱った文献を紹介している。

邦議会は、課税免除組織（tax-exempt organization）[187]の役員等に対して経済的利益が提供された場合にexcise taxの制裁を課す立法を行い、これがIRC§4958となった[188]。

IRC§4958は、課税免除組織と一定の条件を満たす者（disqualified person）[189]との間で超過利益（excess benefit）[190]を提供するような取引が行われた場合に、excise taxを課す規制である。これは、private foundationに適用されていたIRC§4941と類似のexcise taxのアプローチを導入したものである[191]。ペナルティーとしては、超過利益を受け取った者に対して、超過利益の25%の第一次excise taxが課される[192]。第一次excise taxが課された後に、超過利益の状況が修正されない場合には、超過利益を受け取った者に対して、超過利益の200%に相当する追加的課税が行われる[193]。一定の条件が満たされる場合には、超過利益を生ずる取引に反対しなかった組織の役員に

---

187) IRC§4958(e)(1).
188) Brody (1998), *supra* note 25, at 1436-1437; Kertz, *supra* note 184, at 820, 822-823, 832. *See also* Singer, *supra* note 109, at 249; Ono, *supra* note 141, at 120-123.
　　IRSは、この他、課税免除を受けているヘルスケア組織に対して、各非営利法人がサンプルとして使用できる、利害関係があり得る行為を行う際の手順等を定めた指針を発表している。Onoは、各取締役会は、忠実義務の遵守のために、こうした指針を発展させる必要があると主張している (Ono, *supra* note 141, at 119)。
　　なお、Senate Finance Committeeのスタッフは2004年に、Joint Committee on Taxationは2005年に、それぞれ、IRSが、予定されているconversionを、公共の利益になることを確保するために事前に審査することを提案した。Joint Committee on Taxationの提案においては、更に、慈善組織のconversionや清算 (liquidation) について、終了する慈善組織の資産の価値のうち慈善目的に利用される資産の価値を越える部分に相当する取引税を課すことを提案している。これは、IRC§4958の中間的な制裁 (intermediate sanction) を拡大するものと評価することができる (FISHMAN & SCHWARZ, *supra* note 2, at 118-119)。
189) IRC§4958(f)(1)(A)によって、当該取引の前の5年間のどこかの時点で、「組織の活動に実質的な影響を行使する立場」にいた者を指すとされる。Ono, *supra* note 141, at 121によれば、中心となる医師 (key doctor) も含まれる可能性があると指摘される。
190) 「超過利益 (excess benefit)」をもたらす取引が行われたとされるのは、チャリティーが直接または間接に、インサイダーに対して、またはインサイダーの利益のために経済的な利益を提供し、「その提供された経済的な利益の価値が、その利益を提供したことに対して受け取った対価 (サービスの遂行を含む) の価値を超えている」場合である。IRC§4958(c)(1)(A); Brody (1999), *supra* note 173, at 572.
191) Brody (1999), *supra* note 173, at 572.
192) IRC§4958(a)(1).
193) IRC§4958(b). Singer, *supra* note 109, at 248.

対しても、超過利益の10%（各取引につき $10,000を上限とする）が課税されることもある[194]。この IRC§4958による excise tax の制裁は、課税免除の取消しよりは軽いという意味において中間的（intermediate）とも表現される[195]。

　ここでの連邦の税法の直接的な目的は、課税免除を受けている組織の資産が公益のために使われることを確保することであると考えられるが[196]、同時に IRC§4958は忠実義務のエンフォースメントを補うルールを形成している可能性がある。この点について、Fishman は、「〔IRC§4958の〕中間的な制裁（intermediate sanction）は、もしかしたら、州法の下で設立された法人の信認義務の監督という州の規制の伝統的な分野に取って代わる（preempting）という意図せぬ結果をもたらしたかもしれない」と指摘している[197]。また、IRC§4958は法人法の忠実義務と注意義務（fiduciary duties of loyalty and due care）の連邦による成文化（codification）であると評価している学説もある[198]。但し、Fishman は、この IRC§4958に基づいて課税が行われた事例は2003年の時点で2件に過ぎず、その実効性には疑問があることも指摘している[199]。

第四款　小括

　連邦の税法の規定は、非営利法人の役員の信認義務のうち、特にその忠実義務の内容に影響を与え、また、そのエンフォースメントを補完する可能性がある。

　IRC§501(c)(3)は収益を株主あるいは個人の利益に帰属させること（inurement）を禁止しており、裁判所は、取締役による自己取引（self-dealing）を禁止するためにこの規定を解釈してきた。これに加え、private foundation

---

194) IRC§4958 (a) (2). Excise tax regulations §53.4958-1. Singer, *supra* note 109, at 248; Brody (1998), *supra* note 25, at 1437-1438.
195) *See* Brody (1998), *supra* note 25, at 1437.
196) Singer, *supra* note 109, at 223-224.
197) James J. Fishman, *Improving Charitable Accountability*, 62 MD. L. REV. 218, 266 (2003) (以下、「Fishman (2003)」という)。
198) Singer, *supra* note 109, at 248.
199) Fishman (2003), *supra* note 197, at 266-267.

については、自己取引を禁止し、違反に対して excise tax を課す、IRC§4941 の規制が存在していた。

更に、private foundation 以外の組織に対しても、IRC§4958が導入され、利益を受けた個人や組織の役員に対して excise tax が課されることになった。この IRC§4958は、非営利の病院が営利法人に資産を売却する際に非営利法人の役員が利益を上げる恐れが懸念されたことや、非営利法人の役員に対して高額の報酬が支払われることが懸念されたことを背景として立法されており[200]、役員の忠実義務を効果的にエンフォースするために規制が導入されたと評価することもできる[201]。

公益を目的とする非営利法人に対するエンフォースメントの中心となっているのは AG である[202]。しかし、第六章第三節で紹介するように、アメリカの学説の中には、非営利法人の役員の信認義務について、AG によるエンフォースメントが不十分であることを踏まえ、IRS によるエンフォースメントに期待する見解があり、他方で、IRS によるエンフォースメントについて慎重であるべきだとする見解もみられる[203]。

非営利法人の役員の信認義務の内容及びエンフォースメントの方法の全体像を理解するためには、税法における規制をも視野に入れておくことが不可欠であるといえよう。

200) *See* Brody (1998), *supra* note 25, at 1436-1437.
201) 藤谷・前掲注164) (三) 90頁は、「公益目的に供されたはずの財産およびその果実から私人が私的な経済的利益を得てはならない」という規範に関わる問題は、「株式会社における会社財産と取締役によるその侵害と、問題の構造を共有する。」と指摘している。
202) 第六章第一節参照。
203) 第六章第三節参照。*See* FISHMAN & SCHWARZ, *supra* note 2, at 119.

第七節
非営利法人に関する法令についてのまとめと考察

　本章で検討してきた非営利法人に関する法令を総括すると、非営利法人の役員の信認義務についての法令は、大きな流れとしては営利法人についての法令をモデルとして発展しているものの、その規定自体や解釈の方法について、営利法人についての法令との違いが表れている部分も存在するという評価が可能であろう。

第一款　営利法人法をモデルとした発展

　非営利法人の役員の信認義務についての法令は、全体としては営利法人の役員の信認義務についての法令をモデルとして発展していると評価することができる。RMNCA は、役員の注意義務と忠実義務について、原則としては営利法人において適用される基準を採用し、その姿勢は第三版 MNCA にも引き継がれた。州法についても、ほとんどの州では、非営利法人法の改正は、営利法人法の規定の変化にあわせて行われてきたと指摘されている。

第二款　営利法人法との違い

　他方で、非営利法人についての法令の規定や解釈の中には、営利法人法との違いも存在する。こうした違いは、大きく次の2つの点に結びつけて理解することができる可能性がある。

一　ボランティアによる公益活動を促進しようとする政策目的の存在

　カリフォルニア州非営利法人法は、非営利法人を通じて公益活動を促進するという政策目的を明示した上で、無報酬の役員の責任を制限する規定を設

けていた。また、これに関連して、不法行為についての「慈善活動に対する免責の原理」やボランティア保護法等は、無報酬で働く者を第三者による責任追及から保護していた。

　非営利法人の場合には、ボランティアによる公益活動を促進するという政策目的が存在することは、営利法人の役員の信認義務と非営利法人の役員の信認義務の内容に違いをもたらす可能性があるといえよう。

二　営利法人と非営利法人の法的構造の違い

　この他に、法令の中には、営利法人と非営利法人の法的構造の違いと結びつけて理解することができる規定もみられた。

　本章第二節で検討したカリフォルニア州非営利法人法は、「非営利公益法人」における役員の自己取引について、一般的な営利法人の基準よりも厳格な基準を設けている。この点は、public benefit corporation においては法人の内部に役員の行動を監督するインセンティブを有する者がいない可能性があることから、自己取引について、より厳格な基準を要求したものと理解することもできる。

　また、本章第五節で検討した conversion に対応するための各州の立法は、AG や公的機関による監督権限を拡充するものであった。公益を目的とする非営利法人においては、営利法人における株主のように、役員の行動を規律するインセンティブを有する者がいない。そのため、非営利法人において役員の信認義務をエンフォースするためには外部からの監視が必要になるのであり、第六章で検討するように、公益を目的とする非営利法人の役員の信認義務のエンフォースメントは AG が中心となって行われている。conversion に伴う問題に対応するための各州の一連の立法は、この AG の権限を拡充しようとしたものだと理解できる。

　更に、本章第六節で検討した連邦の税法のうち、IRC§4941 や IRC§4958 は、営利法人の場合よりも厳格な内容の自己取引の規制を課すものであった。第六章で紹介するように、非営利法人の役員の信認義務のエンフォースメントについて、IRS の役割に期待すべきであるという議論が存在することを考え併せれば、内部のガバナンスが十分に働かない可能性のある公益を目的と

する非営利法人について、エンフォースメントを補充する効果を持ちうる立法であったと位置づけることも不可能ではないように思われる。

第三款　以下での検討

　本章では、非営利法人の役員の信認義務を規律する法令は、全体としては営利法人の法をモデルとして発展しているものの、営利法人の法とは異なる点も存在すること、そして、その違いは①ボランティアによる公益活動を促進しようとする政策目的の存在や②営利法人と非営利法人の法的構造の違いに結びつけて理解することができる可能性があることを指摘してきた。

　次に、第五章と第六章では、非営利法人の役員の信認義務の内容とそのエンフォースメントの方法について、判例と学説を中心とした検討を行う。この検討にあたっても、①ボランティアによる公益活動を促進しようとする政策目的の存在と②営利法人と非営利法人の法的構造の違いという点が役員の信認義務にどのような影響を与えるのかという視点を念頭に置くこととする。

第五章

アメリカの非営利法人の役員の信認義務の内容

序

　1970年以降、アメリカの非営利セクターは他の部門の4倍の割合で成長し、雇用人口の約10.5％もが非営利セクターに雇用されているとされる。非営利セクターの飛躍的な拡大を一つの要因として、非営利セクターのアカウンタビリティが注目されるようになった[1]。

　本章では、アメリカの非営利法人の役員の信認義務の内容について、判例と学説を中心に検討していく。ここでの課題は、非営利法人の役員の信認義務の内容を営利法人の役員の信認義務との比較の視点から分析することである。

　営利法人と非営利法人における役員の信認義務の内容は同じなのか、異なる点があるとすれば、その理由は何であるのかを検討していきたい。

　第一節で非営利法人の役員の信認義務を扱った判例を検討し、第二節で非営利法人の役員の信認義務に関する学説を検討する。

---

[1] Peggy Sasso, *Searching for Trust in the Not-for Profit Boardroom: Looking Beyond the Duty of Obedience to Ensure Accountability*, 50 UCLA L. REV. 1485, 1518 (2003).

第一節
非営利法人の役員の信認義務違反が争われた判例

第一款　分析の視点と前提

一　分析の視点

　本節では、非営利法人の役員の信認義務違反が争われた判例を紹介・検討していくが、その際には特に次の3点に着目する。

　第一に、非営利法人の役員の信認義務違反が争われている判例を事案ごとに分類することによって、どのような場面において非営利法人の役員の信認義務違反が争われているのかを理解する。非営利法人の役員の信認義務についての研究がほとんど存在しない現状においては、実際にどのような事案が問題となっているのかを探り、事案の類型ごとの判断を分析しておくことが不可欠な作業である。

　本稿では判例を、①注意義務に関する判例、②忠実義務に関する判例、③非営利法人の目的に関する判例に整理して検討する。非営利法人の目的に関する判例をまとめて検討するのは、非営利法人においてはその目的が役員の信認義務に与える影響が大きいと考えられるためである。法人の能力は法人の目的によって制限され、目的の範囲外の行為は無効であるとされるところ（ultra vires（能力外）の法理）、法人が能力外の行為を行った場合には、役員は責任を追及される可能性がある[2]。そして本節第四款において検討するように、非営利法人においては法人の行為がその目的の範囲内であるか否かについて、実質的な審査が行われている[3]。

---

2) JAMES J. FISHMAN & STEPHEN SCHWARZ, NONPROFIT ORGANIZATIONS 199-200 (4th ed., Foundation Press 2010)、第三版 MNCA §3.04 (c) 参照。
3) 本節第四款参照。

以上を更に分類すると、役員の注意義務違反が問題となっている事案には①-1）資産の不適切な運用が主張されている事案と①-2）資産の運用以外の局面における不適切な運営が主張されている事案がみられ、役員の忠実義務違反が問題となっている事案には②-1）法人の資産を自己の利益のために流用したことが主張されている事案と②-2）その他の自己取引の事案がみられる。法人の目的に関する事案としては、③-1）病院等の施設の売却や移転が問題になっている事案と③-2）それ以外で法人の目的の解釈が問題になっている事案がみられる。
　これらの事案ごとに判例を紹介し、それぞれの事例における裁判所の判断、考慮要素を分析する。なお、ある判例を注意義務・忠実義務・法人の目的の問題のどの個所で扱うかは、判旨が注意義務・忠実義務・法人の目的の問題のどの点に重点を置いて判断しているかを視点として分類しているが、事案の中には注意義務・忠実義務・法人の目的の問題のうちの2つ以上が問題となる事案もあることには留意されたい。
　第二に、判例の分析にあたっては、営利法人の役員の信認義務の基準との違いを中心とした、非営利法人の役員の信認義務の特徴を抽出することを意識する。以下で検討するように、判例の中には営利法人の役員と同様の基準を適用する判例が多くみられる。それでは、営利法人の役員の信認義務に適用される基準と非営利法人の役員の信認義務に適用される基準は全く同じであるのか、それとも違いがあるのか。この点を意識して判例の分析を進める。
　第三に、判例の分析にあたっては、「誰が」原告として訴訟を提起しているのかという点にも着目したい。第六章において検討するように、非営利法人における役員の信認義務のエンフォースメントの在り方は、営利法人における役員の信認義務のエンフォースメントの在り方と大きく異なる。営利法人においては主に株主代表訴訟によって役員の信認義務違反が追及されるのに対して、非営利法人の中でも、特に public benefit corporation においては、州の公衆の利益の代表者である AG（Attorney General）が役員の信認義務のエンフォースメントの中心となる[4]。実際に誰がエンフォースメントを行い、

---

4) 第六章第一節参照。

あるいは行っていないのかを観察するために、各判決における原告を確認しておくことが必要である。以下での検討からは、多くの事案において AG が原告として携わっていることが明らかになる[5]。

二 分析の前提①――非営利法人の役員の信認義務の分類方法

非営利法人の場合には、その信認義務を注意義務（duty of care）、忠実義務（duty of loyalty）に目的遵守義務（duty of obedience）を加えた 3 つの分類に整理することがある[6]。しかし、この目的遵守義務を独立の義務として整理することには批判もみられる[7]。そこで、目的遵守義務の内容と目的遵守義務に対する批判を紹介した上で、本章での検討の方法を示しておきたい。

(1) Kurtz による目的遵守義務の説明
(i) 信認義務の三分類

1988 年に非営利法人の役員の義務について論じ、その後の議論の土台を形成した Kurtz の著書は、非営利法人の役員の義務を次のように 3 つに分類している。

「非営利法人の役員は、彼らが仕える組織に対して、3 つの一般的に認識された義務を負っている。それは、注意義務（duty of care）、忠実義務（loyalty）、目的遵守義務（obedience）である。注意義務は役員としての役割を果たすにあたっての役員の能力に関連し、典型的には役員に『通常の合理的な者が、同様の立場で（in a like position）、類似の状況で（under similar circumstances）払う注意』を用いることを要求する。忠実義務は、役員が、役員自身や他の人、他の組織の経済的その他の利益ではなく、役員が仕える組織の利益を誠実に追及することを要求する。そして目的遵守義務は、役員

---

[5] Lynch 判決（[8]）、Johnson 判決（[10]）、Mount Vernon 判決（[12]）、Olson 判決（[13]）、Maxicare 判決（[17]）、Kelly 判決（[19]）、Larkin 判決（[20]）、Nixon 判決（[21]）、Oberly v. Kirby 判決（[22]）、Taylor 判決（[24]）、Hahnemann 判決（[28]）参照。
[6] Fishman & Schwarz, *supra* note 2 においても、この 3 つの義務について順に記述されている。但し、目的遵守義務についての記述は *Id.* at 199-202 の 4 頁分に過ぎない。
[7] American Law Institutes, Principles of the Law of Nonprofit Organization, Tentative Draft No.1, §300 のレポーターズノート g (3) (March 19, 2007)。

第一節 非営利法人の役員の信認義務違反が争われた判例 247

が、一般的に法の枠内で、基本定款（charter）や付属定款（by-laws）に表現された組織の『使命（mission）』に忠義をもって（with fidelity）行動することを要求する。」[8]

(ii) **目的遵守義務の意義**

Kurtz は目的遵守義務（duty of obedience）について次のように説明する。

「目的遵守義務は信託の受託者がその創設者（creator）の表現された希望に誠実な方法で信託を運営する義務と同質の義務である。取締役は、その使命（mission）を創設し定義した法的な書類に表現されているように、その組織の目的を実行する責任を負う。この点についての説明の少なくとも一部分は、『〔慈善〕法人に対する……寄付は、その慈善目的を満たすことを信頼して行われる（Trustees of Rutgers College in New Jersey v. Richman, 125 A.2d 10, 26 (Ch.Div. 1956)）』という認識にあり、法人の資産をこのほかの目的に流用することは、それがどんなに高貴な目的であったとしても、法的に正当化できない。

法人の目的は組織の基本定款や付属定款によって特定されるかもしれないが、IRS への課税免除のステータスの申請書のようなその他の書類や、その活動についての説明……によっても敷衍される可能性がある。

……慈善目的の組織は特定の活動を行い、公衆に……特定の利益を与えるために組織され、運営され、存在する。こうした特定の活動を永久に続けること（perpetuation）が慈善組織の本質の中心である。

法によって認められている場合を除き、非営利法人の取締役はその組織が創設された特定の目的を満たす義務から相当に逸脱してはならない。但し、取締役は、そのような目的をどうすれば最もよく満たすことができるかという点を判断するにあたっては、相当な裁量を持つことができる。状況によっては、取締役は組織の活動の大幅な変更を開始することができると説明される。[9]

以上の Kurtz の主張は、非営利法人は、その組織が創設された時点におけ

---

8) DANIEL L. KURTZ, BOARD LIABILITY: GUIDE FOR NONPROFIT DIRECTORS 21 (Moyer Bell Limited 1988). *See also* Harvey J. Goldschmid, *The Fiduciary Duty of Nonprofit Directors and Officers: Paradoxes, Problems, and Proposed Reforms*, 23 J. CORP. L. 631, 640 (1997-1998).

9) KURTZ, *supra* note 8, at 85.

る特定の目的を維持する必要があるが、その目的を満たすためにどのような活動を行うかという点については、一定の裁量を取締役に認めているものだと理解することができよう。

なお、Kurtz の説明においては、「法人の目的」とは基本定款や付属定款に記載された目的そのものを示すわけではないことが前提とされていることに注意する必要がある。Kurtz は上述のように、法人の目的は組織の基本定款や付属定款によって特定されるかもしれないが、IRS への課税免除のステータスの申請書のようなその他の書類や、その活動についての説明によっても敷衍される可能性があると説明しているのであり、Kurtz の理解においては、基本定款や付属定款に記載された目的は、「法人の目的」を特定するための一つの方法に過ぎないのである。

(iii) **目的遵守義務が課される理由**

Kurtz は、このような目的遵守義務が課される理由は、公益を目的とする非営利法人に対して寄付をする者は資金が組織の特定の目的のために用いられると信頼しているためであると説明する。そして、潜在的な寄付者が、資金が意図された目的に使われないと考えた場合には、その寄付は行われないであろうと指摘する[10]。

(2) **裁判例における目的遵守義務の表現**

裁判例の中には、この目的遵守義務に言及したものもある。本節第四款で紹介する MEETH 判決（〔29〕）[11] において、裁判所は次のように述べた。

「取締役が慈善法人（charitable corporation）の使命（mission）が遂行されることを確保する義務を負っていることは自明のことである。この義務は『目的遵守義務（duty of obedience）』と表現されてきた。これ〔目的遵守義務〕は、非営利法人の取締役が『その組織の目的とゴールに対して誠実であること』を要求する、なぜなら『収益を上げることが究極的な目的である営利法人と異なり、非営利法人は特定の目的によって定義されるからである』。すなわち、

---

10) *Id.* at 85-86.
11) 判決名の後に括弧付きで番号を付す場合には、本稿で当該判決を紹介する際に付している通し番号を指す。

特定の活動を永続させることが組織の存在理由の中心なのである』〔引用省略〕。」[12]

(3) 目的遵守義務に反対する見解

Kurtz の主張は、その目的を満たすためにどのような活動を行うかについては取締役に一定の裁量を認めるものであるとはいえ、特定の活動を永久に続けることが慈善組織の本質であると理解し、法人が「創設された」特定の目的を満たすことを要求するものである[13]。そこで、組織の当初の使命がもはや意味を持たなくなっている場合にまで当初の使命に従うことを要求することは公益目的の資産の効率的な使用を妨げるとの批判が生じることになる[14]。

(i) ALI の「非営利組織法の原理」の試案

ALI の「非営利組織法の原理」の試案（Principles of the Law of Nonprofit Organization, Tentative Draft No.1）は、信認義務を注意義務と忠実義務に二分する方法を採用しており、その公式コメントにおいて目的遵守義務について次のように述べる。

「慈善組織の受認者に特有の第三の法、すなわち『目的遵守義務』の下で、法や組織の書類や方針に従う義務を課す論者もいる。本質的には、こうした論者にとっては、このような義務は、慈善組織の目的に誠実であることを含む。しかしながら、本原理は目的遵守義務という用語を採用しない。取締役会のメンバーは、組織の書類を尊重しなければならない一方で、慈善組織の

---

12) MEETH 判決（[29]）152頁。
13) KURTZ, *supra* note 8, at 86.
14) *See* FISHMAN & SCHWARZ, *supra* note 2, at 202.
　このほか、目的遵守義務を独立の義務として捉えるか、注意義務や忠実義務の一部として捉えるかという点についても見解が分かれる。目的遵守義務を注意義務に含めて捉えている見解として Goldschmid, *supra* note 8, at 641。目的遵守義務を注意義務や忠実義務の一部として捉えている見解として Evelyn Brody, *The Limits of Charity Fiduciary Law*, 57 MD. L. REV. 1400, 1406 (1998)（以下、「Brody (1998)」という）。他方で注意義務や忠実義務と区別された目的遵守義務の必要性を論じる文献として、Malanie DiPietro, *Duty of Obedience*: *A Medieval Explanation for Modern Nonprofit Governance Accountability*, 46 DUQ. L. REV. 99 (2007)、Sasso, *Supra* note 1 がある。

目的を、最新で (current)、有益なものに維持しなければならない義務をも負う。そのため、取締役会は、そうすることが必要であり、適切である時には、法と存在する組織の書類に従って、表現された目的を修正しなければならない。」[15]

(ii) **目的遵守義務を課すことに対する懸念**

目的遵守義務を課すことに反対する立場の背景にあるのは、その組織の目的が既に何の意味も持たなくなった場合にまでその組織の当初の使命に従うことを要求することは、慈善目的の資産の非効率的な使用に結び付くということに対する懸念であるといえよう[16]。

(4) **本稿での検討の方法**

目的遵守義務を認める見解と認めない見解の実質的な差は、実際には、①法人の目的の範囲をどのように解釈するか、②定款の目的の変更をどの程度認めるかといった点に現れると考えられる。

Kurtz が主張する目的遵守義務を前提とした場合には、法人の目的の範囲を解釈する際に、当初の寄付者や創設者の意図を重視することになると考えられる。

また、この目的遵守義務を前提とした場合には、法人を創設した当初の「法人の目的」自体は変更することができない。但し、上述のように、当初の目的を実現するための具体的な方法については取締役に広い裁量が与えられているため、当初の「法人の目的」の範囲内であれば、定款の目的の変更が全く認められないということではないとも考えられる。上述のように、Kurtz は、「法人の目的」と「基本定款や付属定款に記載された目的」は必ずしも同じではないことを前提としており、Kurtz の理解においては、基本定款や付属定款に記載された目的は、「法人の目的」を特定するための一つ

---

15) AMERICAN LAW INSTITUTES, PRINCIPLES OF THE LAW OF NONPROFIT ORGANIZATION, Tentative Draft No.1, §300 のレポーターズノート g (3) (March 19, 2007)。

16) *See* FISHMAN & SCHWARZ, *supra* note 2, at 202. 資金を効率的に使用する必要性を指摘した文献として、Robert A. Katz, *Let Charitable Directors Direct: Why Trust Law Should Not Curb Board Discretion over a Charitable Corporation's Mission and Unrestricted Assets*, 80 CHI.-KENT L. REV. 689, 718, 720 (2005)。

の方法に過ぎないためである。そうはいっても、Kurtz の主張する目的遵守義務を前提とすれば、定款の目的の変更ができる範囲は、「法人の目的」の範囲内である場合に限られることになろう。

　そこで本稿では、本節第四款において、法人の目的に関連する事案をまとめて取り上げ、裁判所が法人の目的についてどのような判断を行ってきたのかを検討することとしたい。

三　分析の前提②——非営利法人が保有する資産の性質と役員の立場

　非営利法人の役員の信認義務についての判例を分析する前提として、非営利法人が保有する資産の性質と役員の立場について理解しておく必要がある。

(1)　資産の性質や役員の立場の理解が信認義務の内容に影響を与える可能性

　非営利法人の役員の信認義務については、信認義務違反の検討に際して信託の基準を適用するか、営利法人の基準を適用するかが論点となってきた[17]。この論点は、慈善法人はその資産を信託として保有しているのか否かという論点や[18]、慈善法人の役員は信託財産の受託者であるのか否かという論点[19]と関連する可能性がある。

---

17) *See* Bennet B. Harvey, Jr., *The Public-Spirited Defendant and Others*: *Liability of Directors and Officers of Not-For-Profit Corporations*, 17 J. Marshall L. Rev. 665, 670 (1984).

18) Note, 64 Harv. L. Rev. 1143, 1171-1173 (1951)(以下、「Harvard note (1951)」という)は、この点について取扱いが様々であったことを説明している。

19) Holt 判決([25'])は、慈善法人の取締役は本質的に受託者であると判示した。
　この点について論じた文献として Committee on Charitable Trusts, *Duties of Charitable Trust Trustees and Charitable Corporation Directors*, 2 Real Prop. Prob. & Tr. J. 545, 545 (1967) を参照。Committee on Charitable Trusts のレポートは、慈善法人の財産が信託であるとすると (held in trust)、受託者は誰であるのかが問題になるが、以下の理由から、法人自身を受託者と考えることにも取締役を受託者と考えることにも問題があると指摘した (*Id.* at 546-547)。まず、慈善法人そのものを受託者であると考えた場合には、信認義務の違反があった場合に責任を取るべき財産が法人の慈善資産 (charitable funds) だけとなってしまう。これに対して、慈善法人の取締役は受託者が通常有するような権限 (title) を有していないことから、取締役を受託者と考えることにも困難がある。

非営利法人の役員に対して信託の基準を適用すべきであるとする主張は、非営利法人はその資産を信託として保有している、または、非営利法人の役員は信託財産の受託者であるという理解と親和的である可能性がある。

(2) 資産の性質

　慈善法人がその資産を信託として保有しているのか否かという点については、慈善法人に対してなされた贈与は真正な信託（true trust）を構成するのか、それとも単に使途に制約を付した贈与（restricted gift）であるのかが問題となった[20]。

　慈善法人が保有する資産の性質については、判例においても様々な見解がみられた[21]。

　信託法第二次リステイトメントにおいては、慈善法人に対して贈与された資産が信託を形成するか否かについて必ずしも明確に述べられていなかった[22]。その後、2003年の信託法第三次リステイトメント§28の公式コメント a では、資産が信託を構成するどうかは、一般的な目的のために制約のない（outright）遺贈や寄付が行われたか、特定の目的のために（for a specific purpose）譲渡されたかによって異なると説明された。同公式コメントは、次のように解説する。「非営利の病院や大学やその他の慈善目的の組織に対す

---

20) J. Frederic Taylor, *A New Chapter in the New York Law of Charitable Corporations*, 25 CORNELL L.Q. 382, 383-384, 388 (1939-1940).

21) 慈善法人の資産が信託の性質を有するとした判例として次のものがある。Lynch 判決（[8]）は次のように述べた。「慈善法人の資産は信託の印を押される（impressed with）〔引用省略〕。このような法人の取締役会のメンバーは、本質的に受託者〔trustees〕である〔Holt 判決（[25']）を引用〕。信託財産を投資するにあたっては、慈善信託の受託者は、私益信託の受託者に対する義務と類似した義務を負う。」(Lynch 判決 at 89。) Queen of Angels Hospital 判決（[27]）は次のように述べた。「『チャリティーの目的のためのみに設立された法人の資産は、法人の目的の明示的な宣言により慈善信託（charitable trust）の性質を持つ（impress）ものとみなされ、そのような資産を寄付した者が、寄付がなされた目的について明示的に宣言しなかったとしても、関係ない。』〔引用省略〕。」(Queen of Angels Hospital 判決 at 365。) また、役員の信認義務についての事案ではないが、Samarkand of Santa Barbara Inc. v. Santa Barbara County は、その判旨の中で、「慈善目的の法人（benevolent corporation）に保有される全ての財産は、慈善信託（charitable trust）の性質を持つ（impress）」と述べた (Samarkand of Santa Barbara Inc. v. Santa Barbara County, 216 Cal.App.2d 341, 355 (Cal.App. 1963))。

22) 信託法第二次リステイトメント §348の公式コメント f。

る、制約のない遺贈や寄付で、明示的または黙示的に一般的な目的（general purposes）のために使用されるべきものは、慈善目的ではあるが（charitable）、このリステイトメントにおいて使われている意味での信託を構成するものではない。しかし、こうした組織に対する、例えば医学の、もしかしたら特定の病気についての、研究を支援するため、または、一定の学問分野における奨学金を設立するため、といった特定の目的のための譲渡は、慈善信託を構成し、その組織が、このリステイトメントの文言とルールでいうところの受託者となる。」[23]

但し、使途の制約を付された贈与の法的性質をどのように理解するかについては、州によって異なると指摘されていることに注意する必要がある[24]。また、非営利組織に対する制約付き贈与について信託と理解することについては、疑問を投げかける見解もある[25]。

(3) 非営利法人の役員の立場

非営利法人の役員は信託の受託者であるか否かという点については、第四章第一節第二款で指摘したように、1987年のRMNCA（改訂モデル非営利法人法）において決着が図られた。RMNCAは、非営利法人の役員は、信託の受託者ではない旨を明示した[26]。

なお、以下で紹介する判例の中には、非営利法人の役員の肩書きが「受託者（trustee）」であるために、受託者という言葉を使用しているものがあることに留意する必要がある。

(4) 各判例はそれぞれ異なる理解を前提としている可能性があること

以下で紹介する各判例は、非営利法人が保有する資産の性質や、非営利法人の役員の立場について、それぞれ異なる理解を背景としている可能性があり、その理解の仕方が信認義務の内容の理解にも影響を与えている可能性が

---

23) 信託法第三次リステイトメント§28の公式コメントa。
24) Evelyn Brody, *From the Dead Hand to the Living Dead: The Conundrum of Charitable-Donor Standing*, 41 GA. L. REV. 1183, 1206-1207 (2007) (以下、「Brody (2007)」という)。
25) *Id.* at 1208-1209.
26) RMNCA§8.30 (e).

ある。

第二款　非営利法人の役員の注意義務についての判例

まずは、非営利法人の役員の注意義務違反が争われた判例を検討していく。非営利法人の役員の注意義務違反が争われた事案は、大きく①-1）資産の不適切な運用が主張されている事案と①-2）資産の運用以外の局面において不適切な運営が主張されている事案に分類することができる。

一　資産の不適切な運用が主張された事案

非営利法人において資産の不適切な運用が主張された事案を時系列に沿って紹介する。

〔6〕　Graham Bros. Co. v. Galloway Woman's College（1935）

Collegeの基金（endowment fund）に寄付した資産がCollege本体に貸し付けられたことについて、資産の不適切な運用であるとして争われたのが1935年のGraham Bros. Co. v. Galloway Woman's College（以下、「Graham判決」という）[27]である。

> James Graham（James）は、Galloway Woman's Collegeの基金（endowment fund）に対して、Jamesの死亡に際して15,000ドルが支払われる約束手形を贈与した。契約によれば、「〔資金は〕Collegeによって運用され、その利子は、永久的に、Collegeの維持管理のために用いられなければならない」[28]とされていた。また、契約においては、Collegeの女子4年制大学としてのステータスが変わった場合には、寄付はJamesまたはJamesとその兄弟が構成員であるGraham Brothersというパートナーシップのメンバーの相続人に復帰する旨が規定されていた。その後、Collegeは4年制大学からjunior collegeに変更され、James自身はこのことに気づいていたが、Graham Brothersのパートナーシップを引き継いだGraham Brothres Companyの他の株主はこのことに気づい

---
27) Graham Bros. Co. v. Galloway Woman's College, 81 S.W.2d 837 (Ark. 1935).
28) *Id.* at 838.

ていなかった。James の死後、15,000ドル相当が College に支払われたが、Graham Brothers Company は、College に対して、4年制大学でなくなったことを理由に、15,000ドルを返還することを要求するとともに、15,000ドルを College 本体に貸し付けたのは不適切な運用であったとして、College の役員個人に対しても金銭の回復（recovery）を求めた。

　裁判所は、4年制大学でなくなったことを理由として College に寄付金相当額を返還するように命じた原審を維持したが、役員個人の責任については、下記のように述べて、これを認めなかった。

　「委ねられた資産を注意（care）とスキル（skill）をもって扱うのは受託者〔trustee〕の義務であるが、法は、受託者の判断に誤りがないことを要求しているわけではなく、通常のスキルのある合理的な者（ordinary skillful prudent man）の判断の行使を要求しているに過ぎない。実際のルールは、受託者は、信託財産（trust fund）に関しては、通常の合理性と判断力と知性を有した者（man of ordinary prudence, judgment, and intelligence）が、自分の同様の事柄を扱う際に、投機という観点ではなく、その資産の永久的な処分という観点から、投資される資産の予測される収入と予測される安全性を考慮に入れて行使するであろう合理性（prudence）や勤勉さ（diligence）を行使すること以上に高度な義務を負わされているわけではない、というものであるようにみえる。つまり、彼は、他人の金の受託者である通常の合理的な者（ordinary prudent man）がとるであろうリスクだけをとらなければならない。そのため、受託者が適切な注意（care）と勤勉さ（diligence）を行使していたとすれば、彼は単なる判断の誤りやミスによって責任を負わされることはない。彼が誠実に（in good faith）、合理的な勤勉さと合理性を持って行動していたとすれば、彼は個人的な責任から解放されるのである。」[29]

　Graham 判決の判旨では、その責任の基準について、信託法第二次リステイトメントにおいて表現されているプルーデント・マン・ルールと同様の文言が使用されており[30]、Graham 判決を信託法と同様の基準が採用された判決だと評価する見解もある[31]。

---

29) *Id.* at 840.
30) 第三章第二節参照。

但し、実際に責任の有無を判断するのに際しては「単なる判断の誤りやミスによって責任を負わされることはない。」と判示しており、実質的には、単なる過失については役員を責任から保護する営利法人の基準と同様の基準が採用されていると評価することもできよう[32]。

なお、プルーデント・マン・ルールやプルーデント・インベスター・ルールは資産の投資運用という局面において従わなければならない点を明確にしたルールであって、プルーデント・マン・ルールやプルーデント・インベスター・ルールの考え方を採用することは、信認義務についての法人法の基準を採用することと必ずしも相容れないものではないと考える。例えば、第四章第四節第三款において紹介したUPMIFA§3の公式コメントは、「BJR（Business Judgment Rule）の下で慈善目的の組織を運営する経営者は、プルーデント・インベスター・ルールによって特定されるのと同じ要素を検討することになるのである。」と説明していた[33]。

〔7〕 George Pepperdine Foundation v. Pepperdine（1954）

foundationの創設者らが、創設者が出資した資産を、違法で投機的な取引と経営ミスによって失わせたとして、foundationが創設者らに対して損害賠償を請求した事案が1954年のGeorge Pepperdine Foundation v. Pepperdine（以下、「Pepperdine判決」という）[34]である。

> George Pepperdine Foundation（Foundation）はカリフォルニア州の非営利法人である。Foundationの創設者であるPepperdine氏は、Foundationとカレッジに、彼の資産である300万ドル以上を寄付した。Foundationは、11年間にわたる違法で投機的な取引と経営ミスにより300万ドル以上の資産が消失し、損害を受

---

31) James J. Fishman, *Standard of Conduct for Directors of Nonprofit Corporations*, 7 PACE L. REV. 389, 403 n.50 (1987)（以下、「Fishman (1987)」という）。

32) *See* Taylor, *supra* note 20, at 395-396.
　Harvey, *supra* note 17, at 725 (1984) は、Graham判決は営利法人の基準を適用したと評価している。

33) 第四章第四節第三款参照。

34) George Pepperdine Foundation v. Pepperdine, 271 P.2d 600 (Cal.App. 1954).

けたとして、その創設者であり取締役である Pepperdine 氏と、その妻と、前の取締役に対し、損害賠償を請求した。

　判旨は次のように述べ、Pepperdine 氏らの責任を否定した。

　「主張されている損失が Pepperdine 社長に率いられた取締役会の……目に余る誤りによるものであり、また、Pepperdine 氏の過失と、その他の者の熱心な興味が欠けていたことの結果であると仮定したとしても、なぜ Pepperdine 氏が、いったん彼の恵み深さから寄付し、彼の無知あるいは注意不足の判断によって失われたにすぎないものを、今度は法人に返さなければいけないということになるのか？　このような法人の取締役は最高程度の栄誉と高潔さに服するが、判断のミス（mistake of judgment）に対して個人的に責任を負わない〔Graham 判決（〔6〕）を引用〕。」[35]

　「もし Pepperdine 氏が Foundation を設立せずに、彼の財産を慈善事業に贈与する予定で、同時に彼自身の財産を『投資し、再投資し』続け、見込み違いによってそれを全て失ったとしたら、いったい誰が大騒ぎして、彼が他人に贈与しようと計画していた財産を無傷で保存できなかったことについての彼の不注意について、残酷にも、彼に対して賠償を請求するであろうか。『Foundation』が彼の分身ではないとしたら、いったい Pepperdine 氏の影以外の何者であろうか。慈善目的で使うことを計画していた彼自身の財産を投資することに過失があったことについて彼が個人的に責められることがないとすれば、なぜ他人に運営される彼自身の『Foundation』が、過失によって Foundation のために失ったものを、そもそもの寄付者（donor）とその友人から回復するための訴えを起こすべきなのであろうか。」[36]

　「また、控訴人〔Foundation〕は、本申立ての原告適格を持たない。慈善法人の資産は、結局のところ州に帰属し、その回復の訴えは州によって指定された役人によってのみ維持されることができる。」[37]

a.　Pepperdine 判決において採用された基準

　Pepperdine 判決は、Graham 判決（〔6〕）を引用し、「このような法人の取締役は……判断のミス（mistake of judgment）に対して個人的に責任を負わな

---

35)　*Id.* at 604.
36)　*Ibid.*
37)　*Id.* at 605.

い。」と判示した。これは、単なる過失については役員の責任を問わない、営利法人の基準と同様の基準を採用したと評価することもできよう。なお、Pepperdine 判決については、裁判所が、取締役のボランティアとしての性質のために、注意義務の基準は法人の基準よりも更に緩やかであるべきだと判示したとの評価もある[38]。

この Pepperdine 判決が採用した基準は、その後の慈善組織の効果的な監督を難しくした原因の一つであるとも評価される[39]。

b. 寄付者であることの指摘

裁判所は Pepperdine 氏が Foundation の設立者、寄付者であることを指摘し、その責任を問うことについて極めて消極的な姿勢を示している。

Kurtz は、Pepperdine 判決は、裁判所がしばしば根拠としながらも明確には示さず曖昧にしてきたことを明らかにしていると指摘する。つまり、ある意味において創設者は財産についての利益（proprietary interests）を有しているとみなされるために、法は創設者による無駄遣いは許容する可能性があるという点である[40]。

このように慈善組織に対して既に寄付された財産を創設者である Pepperdine 氏自身の財産と混同して評価したアプローチについては批判があ

---

38) FISHMAN & SCHWARZ, *supra* note 2, at 142; Fishman (1987), *supra*. note 31, at 410.
39) Fishman (1987), *supra* note 31, at 413.
40) KURTZ, *supra* note 8, at 157 n.21.
　Kurtz は、Miami Retreat Foundation v. Ervin, 62 So.2d 748 (Fla. 1952) についても同様の評価をしている (*Ibid.*)。Miami Retreat Foundation は、精神病患者らのための施設を運営していた。同事案では、同 Foundation が事業によって上げた利益が蓄積されており、慈善目的のために使用されていないことを理由として、AG が、慈善法人としての設立 (franchise) を取り消すことを請求していた。この点について裁判所は、同法人においては利益が分配できない定めが置かれていることを指摘して、設立を取り消す理由にはならないとした (*Id.* at 750)。また、下級審が、受託者を解任した点についても、これを覆したが、その中で裁判所は次のように述べた。「証拠はその創設者によって法人が支配されていたことを明らかに示していることには賛成するが、我々は、人間の性質として、このことは珍しいことではなく、必ずしも非難されるべきことではないとの意見でもある。慈善組織の唯一の創設者は、その運営についてかなりの裁量を与えられるべきことは明らかであり、その事業の運営についての彼自身の好みと意向に合う人物を、それほどの制約なく、彼のアソシエイトとして選ぶことができる。……法人の事業の運営は、批判されているものの、AG の検査監督権による介入を保障するほどには悪質または嫌悪されるものではない……。」(*Id.* at 752.)

る[41]。

c. ボランティアであることの考慮？

Pepperdine 判決は、非営利法人の取締役のボランティアとしての性質から、法人のスタンダードよりも更に低い基準を適用すべきであるという考え方を反映した判決であると分析されることもある[42]。Pepperdine 判決のアプローチは、非営利法人の取締役は本質的にボランティアであり、彼らの責任をエンフォースしようとする攻撃的な試みは不適切であって、個人が取締役として仕えるのを躊躇させてしまうという広くみられる態度を反映していると指摘される[43]。

d. Foundation の原告適格の否定

なお、Pepperdine 判決においては、Foundation 自身が原告として訴訟を提起したが、判旨は Foundation は原告適格を有しないと判断した。この点については第六章において後述する。

〔8〕 Lynch v. John M. Redfield Foundation (1970)

foundation の資産を長期にわたって利子のつかない口座で保管していたことが問題となったのが、1970年の Lynch v. John M. Redfield Foundation (以下、「Lynch 判決」という)[44] である。

> Redfield Foundation (Foundation) は、証券の配当収入を、利子のつかない口座において保管していた。州の AG は、約 5 年間にわたって現金を累積してきたこと、Foundation の資産をビジネスライクな方法で運用しなかったこと、Foundation の慈善の目的を実行することに失敗したことに対して、取締役の経営の誤り (mismanagement) を主張した。
> 　判旨は次のように述べ、取締役が 5 年以上の期間にわたって配当収入を利

---

41) Kenneth L. Karst, *The Efficiency of the Charitable Dollar: An Unfulfilled State Responsibility*, 73 HARV. L. REV. 433, 444 (1959-1960).
42) FISHMAN & SCHWARZ, *supra* note 2, at 142; Fishman (1987), *supra* note 31, at 410.
43) FISHMAN & SCHWARZ, *supra* note 2, at 142; Fishman (1987), *supra* note 31, at 411. *See also* Brody (1998), *supra* note 14, at 1411-1412.
44) Lynch v. John M. Redfield Foundation, 88 Cal.Rptr. 86 (Ct.App. 1970).

子のつかない口座に預金してきたことは、取締役に課された、資産が収入を生むように合理的な者（prudent man）がするように資産を投資するという義務の違反であり、取締役はその結果として失われた利息の総額について責任を負うと判示した。

「慈善法人の資産は信託の印を押される（impressed with）〔引用省略〕。このような法人の取締役会のメンバーは、本質的に受託者（trustees）である〔Holt判決（〔25'〕）を引用〕。信託財産を投資するにあたっては、慈善信託の受託者は、私益信託の受託者に対する義務と類似した義務を負う。」[45]

「合理的な（sound）法律実務という観点からすれば、カリフォルニア州における慈善法人の取締役に対して、その義務を履行する際に適用される唯一のテクニックは、厳格な信託の原理（strict trust principles）の遵守である。……慈善法人の取締役は、彼ら自身の詐欺、悪意（bad faith）、過失行為、またはその他の義務違反に対する個人責任から免責（immune）されるものではない。」[46]

「通常、受託者は資産が収益を生むように、資産を投資する義務を負っている。」[47]

「義務の違反があったかどうかを判断する際には、その注意の基準は……いわゆるプルーデント・マン・ルール（prudent man investment rule）である。……受託者は、その当時の状況の下で、……合理的で、裁量があり、知性のある者が、投機に関してではなく、彼自身の資産の永続する処分について、予期される収入とその資本の予期される安全性を考慮して、彼自身の業務を扱う際に行使するであろう判断と注意を行使しなければならない。」[48]

「被告である取締役らは、彼らが報酬を受けずに働いていることを指摘して、そのような事実が、報酬を受けている受託者に比べて、彼らを緩やかな信認義務に服させることを暗に指摘している。〔しかし、この点については〕何の先例（authority）も引用されておらず、我々も先例を発見していない。〔無報酬の取締役が緩やかな義務に服するというような〕結論には何の根拠もない。」[49]

「……取締役らは、5年間にわたって収入を投資することを怠ったことによ

---

45) *Id.* at 89.
46) *Ibid.*
47) *Ibid.*
48) *Ibid.*
49) *Id.* at 91.

り、プルーデント・マン・ルール（prudent man investment rule）に違反した。」[50]

　Lynch 判決は、慈善法人の役員に対して、厳格な信託の基準を適用した点に特徴がある[51]。
　同判決は、判旨において「慈善法人の資産は信託の印を押される（impressed with）」と指摘していることから、Lynch 判決が厳格な信託の基準を適用していることには、慈善法人の資産は信託財産としての性質を有するとの理解が影響を与えている可能性がある。
　また、Lynch 判決は、取締役が報酬を受け取っていないことは、その信認義務を緩やかにする理由にはならないと述べている点においても注目される[52]。
　なお、Lynch 判決は、州の AG が原告として取締役らの責任を追及した事案である。

〔9〕 Stern v. Lucy Webb Hayes National Training School for Deaconesses & Missionaries（1974）

　Lynch 判決の事案と同様に、非営利法人の多額の資金を金融機関の利子のつかない口座に保管していたことが問題とされたのが Stern v. Lucy Webb Hayes National Training School for Deaconesses & Missionaries（1974）（以下、「Stern 判決」という）[53]である。Stern 判決は、非営利法人の取締役が不作為

---

　50) *Id.* at 92.
　51) Lynch 判決が信託の基準を適用していることを指摘するものとして、Fishman (1987), *supra* note 31, at 403 n.50、Denise Ping Lee, *The Business Judgment Rule: Should It Protect Nonprofit Directors?*, 103 COLUM. L. REV. 925, 937 (2003) 等。
　　Lynch 判決は Holt 判決（〔25'〕）を引用した。但し、Holt 判決は、慈善法人の取締役が法人のために (in behalf of) 訴訟を起こす原告適格を有しているかどうかという争点について判断するのに際し、信託の受託者も慈善法人の取締役も「その信託の義務を履行することについての受認者 (fiduciaries) なのである。」(Holt 判決 at 937) として慈善法人の取締役に原告適格を認めたものであり、役員の信認義務の内容について信託の基準を適用した事案ではないことに注意する必要があろう。
　52) *See* Lee, *supra* note 51, at 937.

によって義務に違反したと認定された判決のうち、広く認識された最初の判決であり、Stern 判決の結果、既に個人責任の可能性に敏感であった慈善法人の取締役は、補償され、保険が付されるのでなければ、取締役として仕えることにますます消極的になったと指摘される[54]。

Stern 判決の事案は、非営利法人の取締役が資産を預金していた金融機関の役員でもあった点で、自己取引としての性質も有する。ここでは、主に注意義務に関する点を紹介し、忠実義務違反に関する点、原告適格に関する点については、それぞれ後述する。

 Sibley Memorial Hospital（Hospital）は、1895年にワシントン地区の貧しい者に対して医療を提供するために、慈善法人として設立された。Hospital は、流動資産の大部分を、Hospital の 5 人の取締役が役員を務める金融機関の利子のつかない手形口座に預金していた。
 患者と、患者になる可能性のある者が原告となり、取締役の資産運用において注意義務と忠実義務の違反があると主張した。
 判旨は次のように述べ、営利法人の基準を適用しながらも、役員らの注意義務違反、忠実義務違反を認定した。ここでは注意義務違反についての判旨を紹介する。
 「基本的に、受託者〔筆者注：判決に付された（注 1 ）は、Sibley Memorial Hospital の付属定款がその取締役を『受託者』と表現しているため、判旨も『受託者』の言葉を使用しているが、このことは彼らが Hospital や患者に対して負う義務についての法的な結論を示すものではないと説明している〕は、経営の誤り（mismanagement）、経営の放棄（nonmanagement）、自己取引について責任を負う。適用される法については明らかでない。慈善法人は比較的新しい法的な機関であり、法人や信託について確立されてきたコモンローの分類にきちんとあてはまらない。しかし、以後論じるように、最近の傾向は、慈善法人の取締役の責任を判断するのに際して信託ではなく法人の原理を適用するというものである。なぜなら、慈善法人の役員の役割は、『純粋な

---

53) Stern v. Lucy Webb Hayes National Training School for Deaconesses & Missionaries, 381 F.Supp. 1003 (D.D.C. 1974).
54) Lizabeth Moody, *State Statutes Governing Directors of Charitable Corporations*, 18 U.S.F.L. Rev. 749, 751 (1984).

(pure)』法人の役員の役割と実質的に区別することができないからである。」[55]
　「1. 経営の誤り（Mismanagement）
　信託の受託者も法人の取締役も、彼らの過失のある投資の運営のミスによって生じた損失について責任を負う。しかし、多くの管轄において、要求される注意の程度は異なるようにみえる。〔信託の〕受託者は統一的に高度な注意義務の基準に服し、単なる過失（simple negligence）に対しても責任を問われる。これに対して、〔法人の〕取締役は、『重大な過失（gross negligence）』を犯すか、単なる判断の誤り以上のことをしなければ、責任を問われないことが少なくない〔注省略〕。
　この区別は、伝統的な受託者は、信託財産の運用のみを任されていることが少なくなく、それゆえに、より多くの時間と経験をその業務に費やすことを期待されうるのに対して、法人の取締役は、多くの領域での責任を負っているという事実の認識とほとんど同じであろう。ほとんどの大きな慈善法人の役員は、進行中のビジネスの運営に責任を持つために信託のモデルよりも法人のモデルにあてはまるため、彼らはより厳格でない法人法の注意義務にのみ服するべきだと主張されてきた〔注省略〕。より具体的には、慈善法人の取締役は、その義務の遂行にあたって、正直さと誠実さを示し、通常の合理的な注意を払うことを要求される〔注省略〕。」[56]
　「2. 経営の放棄（Nonmanagement）
　原告は被告が Hospital の投資の運営を監督しなかった、または、そのような監督の役割を持つ委員会の会議に出席すらしなかったと主張している。信託の受託者はこのような非難に特に弱い。なぜなら、彼らは『合理的な投資（prudent investment）によって信託の収入を最大化する』積極的な義務を有するだけでなく〔引用省略〕、同僚の受託者の委員会に対してでさえも、その義務を委譲することができないからである〔信託法第二次リステイトメントを引用〕。これに対して、法人の取締役は、その投資についての責任を同僚の取締役や法人の役員、更には外部者に対してでも委譲することができるが、委譲した活動について、全般的な監督を続けなければならない。もう一度述べるが、慈善法人に対するルールは、伝統的な法人法のルールにより近い。取

---

55) Stern 判決 at 1013。
56) *Ibid.*

締役会のメンバーで構成される委員会の仕事を定期的に精査することによりその委員会を監督する責任を全ての取締役が負う限りにおいて、取締役は、少なくとも投資についての判断を取締役会のメンバーで構成される委員会に委譲することが認められるべきである〔信託法第二次リステイトメントの公式コメント他を引用〕。」[57]

「しかし、監督する役割を完全に放棄することは、伝統的な法人法の基準の下でも不適切である。投資の方針を監督するために必要な情報を得ることをせず、あるいはそうした方針が検討される会議に参加することを恒常的に怠る取締役は、その法人に対する信認義務に違反したものと考えられる〔注省略〕。」[58]

「被告である各受託者は、Hospital の投資の運営を監督する信認義務（fiduciary duty to supervise）に違反したと認められる。」[59]

a. 法人の基準と信託の基準

Stern 判決は、信託の基準と法人の基準の違いを明確に指摘した上で、慈善法人の役員に対して緩やかな法人の基準を適用したが[60]、結論としては役員の責任を認めた。

単なる過失（simple negligence）によっても責任を問われる信託の受託者と重大な過失（gross negligence）を犯さなければ責任を問われない法人の取締役を区別して、Judge Gesell は次のように述べた。「伝統的な受託者は信託財産の運営のみを任されていることが少なくなく、それゆえにより多くの時間と経験をその業務に費やすことを期待されうるのに対して、法人の取締役は多くの領域での責任を負っている」[61]。

この点について、Fishman は、Judge Gesell の区別の本当の基準は、組織のサイズであると主張する。病院のような大きな組織は、信託のモデルよりも特に法人のモデルに類似しており、それゆえに法人の基準が使われたと指摘するのである[62]。この他、Stern 判決が述べている理由が小さな慈善法人

---

57) *Ibid.*
58) *Id.* at 1014.
59) *Id.* at 1015.
60) *See* Fishman (1987), *supra* note 31, at 404.
61) Stern 判決 at 1013。

に対してもあてはまるかには疑問があると指摘する見解もある[63]。

　Stern 判決は、法人の基準を適用しながらも、結論としては役員の信認義務違反を認めている。この点について Fishman は、裁判所はこれまで、行為が不適切であると判断すれば義務違反を認定するという「結果中心の（result oriented）アプローチ」をとっており、信託の基準は裁判所が義務違反を認定することを容易にするものであったが、Stern 判決においては、裁判所は法人の基準を採用した上で注意義務の違反を認定しており、非営利法人の取締役に対する注意義務の基準について、信託の基準から法人の基準への移行を反映するものであると分析している[64]。

b. 役員の責任が認められた理由

　役員の責任が認められなかった Graham 判決（〔6〕）、Pepperdine 判決（〔7〕）及び次に紹介する Johnson 判決（〔10〕）においては、その手法はともかくとしても、資産を何らかの方法で運用していたのに対して、責任が認められた Lynch 判決（〔8〕）と Stern 判決においては、多額の資金を長年にわたって、利子の付かない口座に放置していたことが問題とされた。この点については、資産運用を全く行っていないという職務の放棄については厳しい判断が下されており、他方で、何らかの方法で運用が行われている場合には、その方法自体については必ずしも厳格な審査は行われていないという評価ができるかもしれない。

　他方で、Stern 判決において注意義務違反が認められたのは、当該事案に忠実義務違反の要素があったためではないかとの指摘もみられる[65]。法人の基準がとられた Stern 判決においては、裁判所は注意義務違反を認めない可能性もあったが、忠実義務違反があったために注意義務違反も認定されたとの分析である。

---

62) Fishman (1987), *supra* note 31, at 405.
63) Harvey, *supra* note 17, at 686. 但し、Harvey 自身は、営利法人における取締役の注意義務は全ての営利法人の取締役に対して適用されるのであるから、もし営利法人の基準が非営利法人についても採用されるのであれば、サイズにかかわらず全ての非営利法人の役員に適用するのが合理的であろうと主張している。
64) Fishman (1987), *supra* note 31, at 405-406.
65) Brody (1998), *supra* note 14, at 1442, 1426.

c.　その他の特徴

また、Stern 判決においては、患者及び患者となる可能性のある者が原告となっている点にも特徴がある。

Stern 判決における忠実義務違反の問題と原告適格の問題については、それぞれ本節第三款と第六章において後述する。

〔10〕　Johnson v. Johnson（1986）

慈善基金（charitable foundation）の資産の投資計画とその実行についての過失が争われた事案としては、Johnson v. Johnson（以下、「Johnson 判決」という）[66]も挙げられる。但し、当該行為が訴えられた背景には、同族法人における内紛があり、事案に特殊性があることには留意する必要がある。

　　有名な Johnson & Johnson の主要株主であった Johnson 氏が設立した 2 つの慈善基金（charitable foundation）において、Johnson 氏の死後、その妻と息子との間で内紛が生じた事案である。法人形態をとる慈善基金の前の役員である原告（Johnson 氏の妻）が、約 1 億ドルの価値がある資産の投資計画とその実行について過失があるとして、現在の役員でありインベストメント・マネージャーである Johnson 氏の息子（被告役員）と 2 つの foundation を被告として、被告役員を資産を運用する地位から排除することと同氏からの損害賠償（surcharge）を求めて訴えを起こした。

　　インベストメント・マネージャーであった被告役員は、ファイナンスの経験を有する者ではなかったが、メリルリンチ証券の助言を得て、運用システムを導入し、実行していた。

　　裁判所は、原告による訴えは、クリーンハンドの原則により棄却されるとした上で、同訴訟については州の AG も原告として参加していたことから、AG を原告と考え、慈善基金の資産の運用について不適切な点がなかったかを判断することとした[67]。

　　その上で、裁判所は次のように述べた。

　　「……本件の foundation のような慈善法人に適用される基準は、通常の注意

66)　Johnson v. Johnson, 515 A.2d 255 (N.J.Super.Ch. 1986).
67)　*Id.* at 263-264.

第一節　非営利法人の役員の信認義務違反が争われた判例　　267

（ordinary care）の基準である。これはニュージャージー州の UMIFA 法に定義されている〔引用省略〕。

……また、ニュージャージー州の非営利法人法も、foundation に適用される〔引用省略〕。」[68]

「Midlantic 判決[69]において、裁判所は、foundation の取締役の責任は、投資運用の分野においては『信託法よりも、むしろ発達した営利法人法の下で考慮されるべきである』と判示した。そのため、受託者〔trustee〕が営利法人における取締役と制定法においても対等である本件においては、信託の受託者に適用されるようなより厳格な受認者（fiduciary）の基準は適用されない。〔筆者注：この部分に付された注14として、「受託者（trustees）は、信託財産の運用において、注意深く、スキルを有していることに加えて、慎重である（cautious）ことも要求される。」と述べられている〕被告は、営利法人法における『経営判断』ルールの適用を主張する。このルールの下では、裁判所は取締役や役員が誠実であるかどうか、そして、法人の利益になるという合理的な信念に基づいて、情報を得た上での判断を行ったかどうかを審査する〔引用省略〕。このルールは Midlantic 判決においても適用された。しかし、これを適用しても、類似の状況における通常の合理的な者との比較を要求している、先ほど引用したニュージャージー州の非営利法人法の文言以上のことを意味するわけではない。」[70]

その上で、裁判所は、ファイナンスの専門家による証言に依拠して、被告役員の投資運用の手法を評価し、被告役員の過失は証明されていないと判断した[71]。

「裁判所は、……原告は……通常の過失（ordinary negligence）を証明することに失敗したと結論づける。」[72]

68) *Id.* at 264.
69) Midlantic 判決 (Midlantic National Bank v. Frank G. Thompson Foundation, 405 A.2d 866 (N.J.Super. Ch. 1979)) は、Frank G. Thompson Foundation が、金融機関との間で、資産の保管と投資アドバイスを受ける有償の契約を締結することの可否が争われた事案である。裁判所は契約を締結することは認められると判示したが、その中で Stern 判決を参照して次のように述べた。「裁判所は、ニュージャージー州の非営利法人法……を、投資運用の分野においては、慈善法人の取締役会のメンバーの責任は、信託法よりも、むしろ発達した営利法人法の下で考慮されるべきであるという立法府の表現であると理解する。」(*Id.* at 871.)
70) Johnson 判決 at 264。
71) *Id.* at 264-269.
72) *Id.* at 269.

Johnson 判決においては、裁判所は営利法人と同様の基準を適用し、また、BJR を適用することはニュージャージー州の非営利法人法における基準を適用すること以上のことを意味しないと述べた。しかし、判旨は被告の過失が認められるか否かについて詳細に検討しており、また、重大な過失ではなく、通常の過失を判断基準にしているようにも読めるため、一般的に認識されている BJR の基準を適用したものではない可能性があることには注意する必要がある。

　それでは、同判決は、信託の基準と営利法人の基準の違いをどのように捉えていたのだろうか。上記に引用した同判決中の注では、「受託者（trustees）は、信託財産の運用において、注意深く、スキルを有していることに加えて、慎重である（cautious）ことも要求される。」[73]と述べられている。第三章第二節第二款において信託の受託者の注意義務について述べたように、かつては、信託の受託者がその信託財産を投資できる範囲は比較的リスクが低いと考えられていた対象に限定されていた。裁判所は、信託の受託者の基準が適用される場合には、営利法人の役員の基準が適用される場合と比較して、リスクの高い手法をとることが認められにくいと考えていたように思われる。

二　不適切な運営について責任が問われた事案

　資産運用以外の局面における不適切な運営を理由として役員の信認義務違反が主張された例としては以下の事案がある。

〔11〕　Beard v. Achenbach Memorial Hospital Association（1948）

　Beard v. Achenbach Memorial Hospital Association（以下、「Beard 判決」という）[74]は、非営利法人の取締役の責任について、BJR と同様の基準を適用した判決である。

　　非営利法人である病院の取締役が、当初の契約よりも多い報酬を医師に支

---

73)　Id. at 264 n.14.
74)　Beard v. Achenbach Memorial Hospital Association, 170 F.2d 859 (10th Cir. 1948).

払ったことについて、病院のメンバーがクラスアクションを起こした事案である。

裁判所はまず、取締役は医師との間で、医師の報酬について、黙示的に当初の契約を修正していたと認定した。その上で、次のように判示し、取締役の責任を否定した。

「法人の取締役は、その業務を正直に、誠実に（in good faith）運営する義務を負っており、彼らはその義務を遂行するにあたって、通常の合理的な注意を払わなければならない。彼ら〔取締役〕は、法人の利益に対して忠義を持って（with fidelity）行動しなければならず、その義務を執行するに際しての悪意（bad faith）、信託の詐欺的な違反、あるいは重大または意図的な過失（gross or willful negligence）によって直接にもたらされた法人の損失について連帯して（jointly and severally）責任を負う。しかし、カンザス州の法においては、誠実に、法の制限内で行動している法人の取締役は、その政策を決定し、業務を運営する権限を有する。」[75]

a. BJRと同様の基準の適用

Beard判決は、非営利法人の取締役は「重大な」過失について責任を負うという基準を採用している。BJRが適用されることの特徴的な効果が、重大な過失がなければ、単なる過失については責任を問わないという点にあることを考えれば、Beard判決は、BJRと同様の基準を採用したと評価することができよう[76]。

b. 非営利法人におけるBusiness Judgment Rule/Best Judgment Rule

ここで、非営利法人におけるBusiness Judgment Rule/Best Judgment Ruleについて確認しておきたい。

非営利法人のBJRは、その内容としては、営利法人におけるBJRを引き継いだものであるとされる[77]。その内容としては、取締役が、①BJRが適用できなくなる利益相反状況がなく、②情報を得て、③誠実に（in good faith）意思決定をした場合には、仮にその行為が組織やメンバーにとって不

---

75) Id. at 862.
76) Beard判決がBJRを適用したと評価するものとして、Harvey, *supra* note 17, at 718; FISHMAN & SCHWARZ, *supra* note 2, at 153.

幸なものであったとしても、司法において問題とされることや責任を課されることはないとされる[78]。

営利法人におけるところのBJRは、非営利法人の文脈においては「最善判断原則（Best Judgment Rule）」と呼称されることもある[79]。

〔12〕 United States v. Mount Vernon Mortgage Corporation（1954）

United States v. Mount Vernon Mortgage Corporation（以下、「Mount Vernon 判決」という）[80] においては、非営利法人の資産である株式を廉価で売却したことについて、役員らの責任が問われた。なお、株式の一部を役員であるMrs. Mittel に贈与していることから、忠実義務違反の要素も含んだ事案であるが、判旨は注意義務を中心に検討しているため、ここで扱う。

National Home Library Foundation（Foundation）は読書の促進等をその目的とする非営利法人である。president であった Mr. Mittell の死後は、妻である Mrs. Mittell とその他 2 名が Foundation の受託者（trustee）であった。Foundation が保有していた Longfellow Building Corporation（Longfellow）の株式833株の前年度末の簿価が一株当たり176ドルであり、売却当時の市場価格は一株当たり123ドルであったところ、Foundation はこの833株を Mount Vernon Mortgage Corporation（Mount Vernon）に対して一株当たり33.50ドルで売却し、この他、Longfellow の株式100株（そのうちの94株は生前に Mr. Mittell に帰属しており、6 株は Foundation に帰属することが判決で認められた）について、Foundation から Mrs. Mittell に無償で譲渡した。

77) Lee, *supra* note 51, at 927 n.9.
　　但し、営利法人における BJR と非営利法人における BJR の内容が異なる可能性を指摘する見解もある。Kurtz は、営利法人における BJR が取締役の経営判断に対する審査を制限するとしても、非営利の文脈においては市場の制約が働かないことから、取締役の法的な説明責任が取締役の失敗に対する主要な防御方法であるため、非営利法人における BJR は、営利法人の意思決定プロセスに対して与えるのと同様のセーフガードを与えるものではないと指摘する (KURTZ, *supra* note 8, at 49)。但し、Kurtz は、法人法の基準を適用した場合には、BJR が適用されなくとも、重大な過失がない限り取締役は責任を負わないことを前提としているが、この理解の仕方は一般的なものではないと思われる (第三章第一節第一款参照)。
78) FISHMAN & SCHWARZ, *supra* note 2, at 152-153. *See also* Fishman (1987), *supra* note 31, at 400.
79) Fishman (1987), *supra* note 31, at 400. *See also* Goldschmid, *supra* note 8, at 651 n.117.
80) United States v. Mount Vernon Mortgage Corporation, 128 F.Supp. 629 (D.C.D.C. 1954).

これに対して AG が、Mrs. Mittell を含む Foundation の役員と Mount Vernon を被告として、訴訟を提起した。

　裁判所は Longfellow の株式833株と 6 株について、それぞれ Foundation への返還を命じ、これに対して支払われた配当金相当額を Foundation に支払うことを命じた。その中で、833株の売却については次のように述べた。

　「Foundation の受託者（trustees）は、それ〔Foundation〕とその知られていない受益者に対して信認関係に服する。……Longfellow の株式833株の Mount Vernon への売却を交渉するにあたって、受託者は株式の価値についての情報を得ることをせず、通常の合理性を持った者（man of ordinary prudence）が彼自身の資産を扱うのにあたって行使するであろう慎重さ（caution）、注意（care）、そしてスキル（skill）を行使しなかった。……彼らは信託に違反したのである。」[81]

　Mount Vernon 判決においては、「通常の合理性を持った者が彼自身の資産を扱うのにあたって行使するであろう」注意という、信託法第二次リステイトメントにおけるのと同様の基準が用いられており、非営利法人の役員の注意義務違反について、信託の基準を適用した判例と評価することができる[82]。

　但し、大量の株式を売却するにあたって、その価格についての十分な情報を得ていないという事案の内容からは、仮に営利法人の基準が適用されていたとしても、重大な過失があったとして同様に責任が認められた事案であるように思われる。

　なお、同判決が、「Foundation の受託者（trustees）は、それ〔Foundation〕とその知られていない受益者に対して信認関係に服する。」[83] と述べていることから、同判決は注意義務違反の判断にあたって信託の基準を適用しているというだけでなく、被告らを信託の受託者として理解している可能性もある。但し、判旨において「受託者（trustee）」という言葉が用いられているのは、Foundation における役員の肩書が「受託者（trustee）」であったためだと

---

81) *Id.* at 636.
82) Mount Vernon 判決が信託の基準を適用していると評価したものとして、Fishman (1987), *supra* note 31, at 403 n.50。
83) Mount Vernon 判決 at 636。

考えられる。

〔13〕 Attorney General v. Olson（1963）

州のAGが非営利法人の役員の解任を求めて提訴したのがAttorney General v. Olson（以下、「Olson判決」という）[84]である。

> 遺言によって、将来美術館を建設することを目的とした慈善信託が設定され、受託者が選任された。受託者らは、裁判所の許可を得て、法人を設立し、信託財産を法人に譲渡する方法で信託を法人化した。その後、州のAGが受託者の解任を求めて提訴した。AGは、美術館の建設が遅れていることや、受託者の一人が、自分の土地を〔当該法人の利用のために〕受託者らに売却しようとしていたこと等を理由として挙げた。但し、土地の売却については、承認を求める申立てが裁判所に対して行われていた。
> なお、本件では、控訴後に、新たなAGが前任のAGの主張（brief）を取り下げたいと申し出たが、この申し出は認められなかったという特殊な事情がある。
> 裁判所は、受託者を解任する理由はないとして、下級審判決を覆した。

裁判所は、受託者を解任する理由はないとしているが、その際に、特に適用すべき基準については言及していない[85]。本事案は、遺言により設定された慈善信託が後に法人化されている点に特徴がある。

〔14〕 Yarnall Warehouse & Transfer, Inc. v. Three Ivory Brothers Moving Co.（1969）

Yarnall Warehouse & Transfer, Inc. v. Three Ivory Brothers Moving Co.[86]は、本稿

---

84) Attorney General v. Olson, 191 N.E.2d 132, 139 (Mass. 1963).
85) Lee, *supra* note 51, at 936は、同判決は信託の基準を適用したと評価しているが、裁判所は非営利法人の役員を表現する文言として「受託者 (trustees)」という単語を使用しているものの、適用される基準については特に言及しておらず、信託の基準を適用したものではないとも考えられる。
86) Yarnall Warehouse & Transfer, Inc. v. Three Ivory Brothers Moving Co., 226 So.2d 887 (Fla.App. 1969).

で紹介する他の多くの判決が公益目的の非営利法人の事案であるのと異なり、同業者によって構成されている共益目的の組織である情報センターに関する事案であり、また、内紛の性質を持つ。

　訴外 Allied Van Lines, Inc（Allied）は、独立した、競合することも少なくない輸送保管会社によって構成される非営利の組織である。Allied は、州際輸送の情報センター（clearing house）でもあった。Allied によって承認された代理店は、それぞれ Allied の株式 1 株（one share of stock）を有していた。Allied は、その stockholder である代理店の収益の一定割合が支払われることによって経済的に維持されていた。

　原告 Yarnall は、フロリダ法人であり、Allied によって承認された代理店であり、その州際運送の権限を Allied から受けていた。Michigan Ivory は、ミシガン州法人であり、Allied の承認された代理店であった。Florida Ivory はフロリダ州法人であり、Michigan Ivory の支部代理店である。

　Michigan Ivory は Florida Ivory をその支部代理店として、Allied から州際運送の権限を受けるための申請を行った。Michigan Ivory の社長は Allied の取締役であったところ、Allied の取締役会がこの申請を承認したことから、Yarnall は、この承認は Allied の定款や規則に反し、ultra vires であり、違法であること等の宣言を求めて訴訟を起こした。

　裁判所は次のように述べて、取締役の経営判断の内容に踏み込むことをせずに、原告の訴えを退けた下級審を支持した。

　「法人のビジネスの経営は法人の取締役に委ねられており、フロリダ州の裁判所は取締役がその義務を遂行するのに際して経営判断を行う場合に、広い裁量を与えている。エクイティ裁判所は、単なるビジネスの便宜や単なる経営判断の行使の問題に踏み込むことはない、それは法によって法人の経営主体に委ねられているのである。」[87]

　「……悪意（bad faith）、差別（discrimination）または経営判断の濫用の明らかな提示がない中で、下級審裁判所が、その判断をもって法人の経営者の判断に代えなかったことは正しかった。」[88]

---

87) *Id.* at 890-891.
88) *Id.* at 892.

Alliedは、メンバーの利益を追求するための非営利法人であり、public benefit corporationではなく、mutual benefit corporationに分類できる組織だと考えられる。

　判旨は、非営利法人の役員について、営利法人と同様の基準を採用し、また、BJRと同様の基準を適用していると評価することができる。しかし、同判決の事案は、Michigan Ivoryの社長でもあったAlliedの取締役が、Michigan Ivoryの利益が関係する事案において権限を行使しているといえ、利益相反の事情を含むため、BJRと同様の基準を適用すべき事案であったのかどうかについては疑問が残る[89]。

〔15〕　McDaniel v. Frisco Employes' Hospital Association（1974）

　医療サービスを提供する非営利法人を、メンバーの意思に反して解散したことについて取締役の責任が問われたのがMcDaniel v. Frisco Employes' Hospital Association（以下、「McDaniel判決」という）[90]である。同判決は、非営利法人の解散の場面においては厳格な基準が適用されることを示している点で重要である。

　　Frisco Employes' Hospital Association（Association）は非営利法人であり、その定款の目的は、St. Louis and San Francisco Railroad Companyとその関連会社の従業員に対して、医療を提供することであった。
　　ミズーリ州法の352章により、Associationの自発的な解散について決議する権利はメンバーに委ねられていた。Associationを解散するためのメンバーによる書面投票において必要な賛成が得られなかったにもかかわらず、Associationの受託者（trustee）らは、Associationが医療サービスを提供することを終了することを決議し、また、役員による解散の決議を可能とするように基本定款を変更するための決議をした。医療サービスは提供されなくなり、その主要な財産であるSt. Louis Hospitalは売却された。受託者のボードは、Associationの解散を決議し、AGにその資産の分配計画を提出した。

---

89) KURTZ, *supra* note 8, at 139 n.45.
90) McDaniel v. Frisco Employes' Hospital Association, 510 S.W.2d 752 (Mo.App. 1974).

以上に対して、Associationのメンバーが、①メンバーの賛成なく医療サービスを終了させることにより、受託者らは基本定款に違反し、彼らの義務に反したこと、②受託者らはAssociationの最終的な解散について投票する権利をメンバーから奪ったことを主張してクラスアクションを起こした。
　裁判所は次のように述べて、受託者らはその義務に反しており、解散は無効であること等を判示した。
　「受託者らは、特に法人資産の処分や解散を含む状況においては、法人の富を守る者としての受認者（fiduciary）としての役割において、完全なる誠実の基準（standard of scrupulous good faith）に服する。」[91]
　「……〔受託者らの〕隠された動機は、解散を有効にし、Associationのメンバーの希望を覆す……ことである。」[92]
　「……基本定款を変更し、〔役員が解散を決議できるとする〕州法355章を採用し、Associationを解散させるための手続をした受託者らの行為は、適切な理由が証明されておらず、誠実になされたものでもなく、信託の違反であり、誤っており、高度に不適切である。」[93]

　判旨では、受託者らの行為について、「信託の違反」となるとの文言を使用しているが、同判決が信託の基準と法人の基準のどちらを適用したものであるかは、判旨からは必ずしも明らかではない[94]。
　McDaniel判決は、「法人資産の処分や解散を含む状況においては、法人の富を守る者としての受認者としての役割において、完全なる誠実の基準に服する。」と述べており、法人資産の処分や解散を含む状況においては特に厳格な基準が適用されることを判示している点で重要である。この考え方に依拠すれば、非営利法人の役員の信認義務違反を判断する際にBJRが適用され、役員に広い裁量が与えられるのが原則であるとしても、法人資産の処分や解散を含む状況においては、役員に広い裁量は与えられず、役員の経営判断は厳格な審査に服することになろう。その理由は、非営利法人の役員は法

---

91) *Id.* at 758.
92) *Id.* at 759.
93) *Ibid.*
94) Harvey, *supra* note 17, at 669-670は、McDaniel判決を、法人の目的違反の判決に分類している。

人の富を守る者としての受認者としての役割を負っており、法人の資産の処分や解散を含む場面では、役員の経営判断が法人の富に極めて大きな影響を及ぼす可能性があることに求められるだろう。

〔16〕 John v. John (1989)
　John v. John（以下、「John 判決」という）[95]は宗教法人についての事案である。宗教法人については、憲法上の問題についてその他の非営利法人と異なる考慮を行う必要があるため、原則として本稿では検討の対象としていないが、John 判決は役員の権限の濫用と詐欺が問題になった事案であり、宗教法人に特有の問題が判旨に影響を与えている可能性が少ないことから、ここで取り上げる。なお、本事案で問題となっている行為には役員と法人との利益相反取引の性質を持つものも含まれるが、判旨は注意義務違反の事例と同様に判断を行っているため、ここで取り上げる。

　　被告 John 氏は、宗教法人（religious corporation）である De Rance 社の取締役兼受託者（trustee）であった。本事案では、John 氏が、De Rance 社との間で自己取引を行って利益を上げたこと、「市場操作（market manipulation）」や「フロント・ランニング（front running）」と呼ばれる証券詐欺を行ったこと、虚偽の経費や旅費を De Rance 社に支払わせ、税の虚偽申告を行い、De Rance 社の多額の資産を、詐欺的な、深海の財宝探索に投資したこと等が指摘された。De Rance 社の代表者が、John 氏の解任を求め、下級審が John 氏の解任を認めたのに対して、John 氏が控訴した。
　　争点は多岐に渡ったが、裁判所は次のように判示して、John 氏に「重大な非行（gross misconduct）」があったと認定した下級審判決を支持した。
　　「〔制定法〕は、事実審（trial court）に対して、重大な非行（gross misconduct）が証明された場合には取締役または役員を解任する権限を与えている。しかし、この『重大な非行（gross misconduct）』という言葉は、制定法において定義されていない。ウィスコンシン州の最高裁判所は、確立した法として、法人の役員による権限の濫用、悪意（bad faith）、裁量の意図的な（willful）濫用、または積極的な詐欺を明らかに示す嫌疑がなければ、裁判所

---

95) John v. John, 450 N.W.2d 795 (Wis.App. 1989).

は法人の業務に介入しないことを宣言している。……〔制定法における〕『重大な非行（gross misconduct）』は、役員の権限の濫用、悪意、裁量の意図的な濫用、または積極的な詐欺の概念を採用したものであると結論づける。……本件においては、原審における発見は、John 氏による権限の濫用と、ある事例においては、De Rance 社に対する積極的な詐欺の実行を証明している。そのため、彼の行為は、『正直な経営判断』という隠れ蓑の下で許されるものではない。」[96]

同判決は、単なる過失ではなく、「重大な非行（gross misconduct）」を基準としていることから、営利法人と同様の基準を用いているものと考えられる。

〔17〕 Maxicare Health Plans v. Gumbiner (1985)

1985年の Maxicare Health Plans v. Grumbiner（以下、「Maxicare 判決」という）[97]は、非営利法人の資産をその経営陣が設立した営利法人に売却しようとしたところ、AG が売却の差止めを求めて提訴した、いわゆる MBO の事案である。利益相反の性質の強い事案ではあるが、外部の買い手が経営陣よりも高値を付けていたにも関わらず裁判所は AG の主張を退けていることから、ここでは役員は最高値を付けた売り手に売却する義務を負うのかという点を中心に検討しておきたい。

カリフォルニア州のヘルスケア関係の非営利法人である Family Health Plan（FHP）は、FHP の全ての資産を約3,800万ドルでその経営陣に売却することについて、州の法人局に承認を求め、州の法人局はこれを承認した。しかし、外部の買い手は5,000万ドルの買値を付けており、FHP が会計情報を提供する

---

96) *Id.* at 357-358.
97) Maxicare Health Plans v. Grumbiner, No. C-565072 (Cal.Super.Ct. Oct. 18, 1985). 本判決についての記述は、Colin T. Moran, *Why Revlon Applies to Nonprofit Corporations*, 53 Bus. Law. 373 (1998) に依拠している。James J. Fishman, *Checkpoints on the Conversion Highway: Some Trouble Spots in the Conversion of Nonprofit Health Care Organizations to For-Profit Status*, 23 J. CORP. L. 701, 720-721 (1998)（以下、「Fishman (1998)」という）、Rachel B. Rubin, *Nonprofit Hospital Conversion in Kansas: The Kansas Attorney General Should Regulate All Nonprofit Hospital Sales*, 47 U. KAN. L. REV. 521, 549 (1998-1999)、David A. Hyman, *Hospital Conversions: Fact, Fantasy, and Regulatory Follies*, 23. J. CORP. L. 741, 772 (1997-1998) も参照。

ことを条件に、価格を7,000万ドルまで上げようとしていた。そこで、州のAGは、非営利法人の取締役会は、最高値の買い手に売却する義務を負うと主張して、資産の経営陣に対する売却の差止めを求めて提訴した。裁判所はAGの訴えを退けた。

a. 事案の性質

Maxicare判決の事案は、非営利法人の資産を内部の経営者に売却するという、いわゆるMBOの事案であり、利益相反の要素が強い。また、経営陣が資産を購入する受け皿としての営利法人を設立し、非営利法人の資産を購入した翌年に1億5,000万ドルの価格で株式を公開したことから[98]、売却価格が妥当であったのかについては強い疑問が残る。

b. 非営利法人の資産の売却についてレブロン義務に類似の義務を課すべきであるか

同事案においては、5,000万ドルの買値を付けている買い手が存在し、FHPが会計情報を提供することを条件に、価格を7,000万ドルまで上げようとしていたが、判決は、3,800万ドルで経営陣に売却することの差止め請求を棄却した。

(a) **レブロン義務に類似の義務を課すべきであるとする学説**

営利法人においては、取締役は会社の売却価格を最大化する義務を負う場合がある（レブロン義務）。そこで学説の中には、非営利法人の資産の売却についても、売り手である非営利法人の役員は、非営利法人の資産を最高値で売却する義務を負うべきであると主張する見解がある[99]。

ここでの問題は、非営利法人の全ての事業・資産を売却する場合に、売り手である非営利法人の役員が、最高値での売却義務を負うかどうかという点にある。

---

98) Moran, *supra* note 97, at 373.
99) *Id.* at 375. レブロン義務の詳細については白井正和『友好的買収の場面における取締役に対する規律』236頁以下 (商事法務・2013年) を参照。*See* Revlon, Inc. v. MacAndrews & Forbes Holdings, Inc., 506 A.2d 173 (Del. 1986).

(b) テネシー州の AG の見解

この点について、テネシー州の AG である Burson は次のように主張する。「現金買付けのオファーが、資産に対して、他の類似の現金買付けのオファーよりも相当程度に (materially) 高い金額である場合には、完全な審査によって、その使命 (mission) に対してマイナスの影響があり、または不適当な帰結を生じさせることが完全な審査によって結論づけられない限りは、……取締役は、低い価格のオファーを採用することを正当化できない。〔そのような事情がある場合にも、〕取締役は……価格の違いとそのような考慮を調整しなければならないだろう。」[100]「法人法のある理論は、一旦法人の資産の売却が避けられないものになれば、その取締役の義務は、法人の使命 (mission) を守る者としての義務から、その資産について最高の価格を得る役割を負う競売人としての義務になるという。しかし、……非営利法人の取締役にとってより適切な基準は、その慈善のゴールを促進するという彼らの義務を認識し、取引において現実的な市場価格 (realistic market price) を得ることを確保することによってその資産を保護することである。」[101]

Burson の見解は、資産の売却に際してその価格を重視しつつも、非営利法人の使命 (mission) を一定程度考慮に入れることを許容しようとするものであるといえる。

(c) 考察

営利法人の目的は株主の利益を最大化することであるのに対して、非営利法人の目的は、経済的利益を最大化することではなく、当該非営利法人の特定の目的を促進することである[102]。非営利の病院がその施設を売却する際に、買い手候補である A の方が B よりも高い買値を付けていたとしても、B に売却したほうがはるかに高いレベルの公益やサービスをコミュニティーに提供できるのであれば、病院の施設を B に対して売却することは役員の信認義務を満たすと考えられる[103]。但し、この場合においても価格の高低を

---

100) Moran, *supra* note 97, at 382.
101) *Id.* at 388 n.83.
102) *See* Goldschmid, *supra* note 8, at 641. 非営利法人における目的については、本節第四款を参照。
103) Goldschmid, *supra* note 8, at 641.

全く無視できるわけではない。資産の売却によって非営利法人が得た対価は、その後も同様の目的のために使用されることになる。そのため、資産を安値で売却してしまうことは、その後、同様の目的の遂行のために使用できる資産を確保できなくなることを意味するためである。

以上より、非営利法人の資産の売却の場面においては、役員に資産を最高値で売却する義務を課すべきではなく、売却先の検討にあたっては、価格の高低と併せて、法人の目的の実現への影響も考慮に入れることが認められると考える。

〔18〕 Morris v. Scribner (1987)

Morris v. Scribner（以下、「Morris 判決」という）[104]は、ニューヨーク州にある Bartholomew's 教会の内紛の事案である。

宗教法人については、特に憲法上の問題についてその他の非営利法人と異なる考慮が必要となるため、原則として本稿では検討の対象としていない。しかし、Morris 判決は法人役員に与えられる裁量について興味深い判示をしていることから、ここで取り上げることとする。

> 宗教法人である Bartholomew's 教会が、教会の隣接地に高層ビルを建設しようとしたところ、これに反対する教区民が、目的外に教会の資産を流用するものだとして、ニューヨーク州の慈善法人についての法（charitable corporation law）に違反していることの確認と、今後の違法行為の差止めを求めた。
> 裁判所は次のように述べ、訴えを退けた。
> 「本件におけるように、宗教法人の受託者（trustee）によって行われた利益を上げるための活動が、宗教法人のサポートと維持に合理的に付随して起こるものであり、『神聖な教会（spiritual church）』の必要性が満たされることを確保することに向けられている場合には、裁判所がその手順に介入する機会はない。特定の投資や支出の合理性は、法的な問題であるが、これは教会のメンバーによる決定に任されなければならない。」[105]
> 「他の裁判所が適切に述べたように、『もし裁判所が営利法人の取締役会が正

---

104) Morris v. Scribner, 508 N.E.2d 136 (N.Y. 1987).
105) *Id.* at 139.

直に、公正に到達した意思決定に介入しないのであれば、宗教法人の場合においても明らかに介入すべきでない。〔宗教法人の〕世俗的な事柄についての行為は、金銭的には計れない考慮によって動かされていることが少なくないからである。』〔引用省略〕。原告の……請求原因は、……受託者が正直でなく、または不公正に行動したこと、または商業的な事業に取り組むために教会の目的を放棄したことを主張していない。そのため、今回は、St. Bartholomew 教会の開発計画に裁判所が介入することを支持する根拠はない。」[106]

　同判決は、宗教法人の役員の判断に対して BJR を適用した事案であると評価されている[107]。

　Morris 判決は、宗教法人の役員の判断に対して裁判所が介入しない理由は、営利法人の役員の判断に対して裁判所が介入しない理由とは異なることを示している点で重要であると考える。第三章第一節において指摘したように、営利法人において BJR が適用される背景には、リスクを回避しがちな取締役が、会社にとって必要なリスクをとることを促す必要性があった。これに対して、Morris 判決では、裁判所が事後的に役員の判断に介入しない理由として、「〔宗教法人の〕世俗的な事柄についての行為は、金銭的には計れない考慮によって動かされていることが少なくない」という事情を考慮している。

　Morris 判決は宗教法人についての判決であるため、判旨の射程が宗教法人ではない非営利法人に及ぶか否かは慎重に考慮する必要がある。しかし、宗教法人の行為が金銭的には計れない考慮によって動かされる場合があるという点については、その他の非営利法人に対しても同様にあてはまると考えられる。非営利法人の目的は、利益の最大化ではないためである。

〔19〕 **Kelly v. Michigan Affiliated Healthcare Systems, Inc.（1996）**
　非営利の病院が、営利法人とジョイントベンチャーを形成するために、資産の大部分を出資しようとした事案として、Kelly v. Michigan Affiliated Healthcare Systems, Inc.（以下、「Kelly 判決」という）[108] がある。

---

106) *Id.* at 140.
107) Kurtz, *supra* note 8, at 139 n.45.

非営利の病院である Michigan Affiliated Healthcare Systems, Inc.（MAHSI）は、営利法人である Columbia/HCA Healthcare Corporation とジョイントベンチャーを形成しようとした。MAHSI は、その資産の大部分を、現金と有限責任パートナーシップの組合員権（limited partnership interests）と引き換えに出資することになっていた。AG は、①取引は慈善信託の法（charitable trust law）に違反し、②取締役は受認者としての注意義務（fiduciary duty of care）に違反するとして取引を差し止めようとした。

　裁判所は、①非営利組織から資産を取得して営利組織の利益を生じさせるためにその資産を使用することは州法において許されないと判断し、取引の差止めについてはサマリージャッジメントを与えたが、②取締役の信認義務違反の主張については、取締役会は勤勉に行動し（by performing due diligence）、要求される水準の注意を払って行動したことにより、責任を果たしたと判断した。

　Kelly 判決は、取引自体は差し止めたが、取締役の信認義務違反は認めなかった点に特徴があるといえよう。

三　注意義務違反が争われた判例の特徴

(1) 営利法人と同様の基準が適用される傾向

　以上検討してきたように、Lynch 判決（〔8〕）と Mount Vernon 判決（〔12〕）においては明確に信託の基準が採用されているものの[109]、全体の傾向としては、判例は非営利法人の役員の負う注意義務については営利法人と同様の基準を適用する傾向にあることが指摘できよう。

　裁判所が法人の基準を適用した判例のうち代表的なものとしては、1974年

---

108) Kelly v. Michigan Affiliated Healthcare Systems, Inc., No. 96-838-CZ (Mich.Ct.Cl. Sept. 5, 1996). 本判決についての記述は、Naomi Ono, *Board of Directors under Fire*: *An Examination of Nonprofit Board Duties in the Health Care Environment*, 7 ANNALS HEALTH L. 107, 133 (1998) や FISHMAN & SCHWARZ, *supra* note 2, at 200に依拠している。

109) Kurtz は、注意義務が取締役の自己取引と独立して判断された事例は数える程しかないとした上で、注意義務が取締役の自己取引と独立して判断された事例においては、Lynch 判決を除いて、全て法人の基準が適用されていると整理している (KURTZ, *supra* note 8, at 23, 131 n.10)。*See also* Lee, *supra* note 51, at 937.

のStern判決（〔9〕）が挙げられる。Stern判決においては、非営利法人の取締役は多様な業務を負っており、営利法人の取締役の役割と非営利法人の取締役の役割は実質的に区別できないことが指摘された[110]。

Fishmanは、「近年では、よりフレキシブルな法人の注意義務の方向に向かって、急激ではないとしても、移行がみられる。今日では法人法の基準が注意義務に適用される基準であるという実質的な合意がある。」[111]と指摘している。但し、現在でも裁判所が信託の基準を適用することもあるとの指摘もみられる[112]。

(2) 営利法人の基準との違い

非営利法人の役員の負う注意義務について営利法人と同様の法人の基準が適用されるとしても、各判例の検討からは、非営利法人の役員の注意義務違反の有無を判断するに際しては、営利法人の場合と異なる点を考慮する必要がある可能性が示された。

(i) 営利法人の役員に裁量が与えられる理由

非営利法人の役員の信認義務違反の検討においてBJRに類似の基準を採用したBeard判決（〔11〕）からは、非営利法人の役員に対しても広い裁量が与えられることが示された。

但し、非営利法人の役員に対して裁量が与えられる理由は、営利法人の役員の場合と異なる可能性がある。

Morris判決（〔18〕）では、BJRを適用する理由として、「〔宗教法人の〕世俗的な事柄についての行為は、金銭的には計れない考慮によって動かされていることが少なくない」[113]という宗教法人の事情を考慮した。

---

110) Stern判決 at 1013。
111) Fishman (1987), *supra* note at 31, 403-404.
信認義務全体について法人の基準へのシフトの傾向を指摘するものとして、Brody (1998), *supra* note 14, at 1429、James J. Fishman, *The Development of Nonprofit Corporation Law and an Agenda for Reform*, 34 EMORY L. J. 617, 645-646 (1985)（以下、「Fishman (1985)」という）も参照。
112) Lee, *supra* note 51, at 936は、慈善法人と慈善信託の類似性と、慈善法人が慈善信託を引き継いだものであることから、多くの裁判所は非営利法人の取締役に信託の原理(trust principle)を適用し、彼らに受託者(trustees)としての厳格な基準を課していたし、現在でもこれを適用することもあると指摘している。

宗教法人の行為は、金銭的には計れない考慮によって動かされる部分があるため、行為が適切であるかどうかについての判断は、裁判所ではなく、取締役に委ねられるべきであるとの考え方であり、金銭的には計れない考慮が行われるという点は、宗教法人に限らず、非営利法人一般にあてはまると考えられる。

(ii) 資産処分または解散の場面において適用される厳格な基準

　但し、McDaniel 判決（〔15〕）で示されたように、非営利法人の資産処分や解散の場面においては、法人の富を保護するという観点から、役員の注意義務はより厳格な審査基準に服する可能性がある。McDaniel 判決において、裁判所は「受託者は、特に法人資産の処分や解散を含む状況においては、法人の富を守る者としての受認者としての役割において、完全なる誠実の基準に服する。」[114]と述べた。公益を目的とする非営利法人の役員は、公益目的に使用されるべき資産を保護する立場にあることに鑑み、公益目的の資産の状況に大きな変更を与えうる場面では厳格な基準を用いて信認義務違反の有無を評価することにしたものと理解できよう[115]。

　但し、このことは、営利法人におけるレブロン義務のように、法人の資産を最高値で売却しなければいけない義務を役員に課すものではないと考える。非営利法人の目的は、経済的利益を最大化することではなく、当該非営利法人の特定の目的を促進することであるため、非営利法人の施設を売却する際に、最高値を付けている A に売却するよりも、それよりも少し安い値を付けている B に売却したほうがその非営利法人の目的の実現に資するのであれば、資産を B に売却することが許される場合もあると考えるべきである[116]。

(iii) 非営利法人の役員が無報酬であることについての考慮？

　本款で検討した判例の中には、役員の責任の有無を考慮するにあたって、

---

113) Morris 判決 at 140。
114) McDaniel 判決 at 758。
115) *See* Kevin F. Donohue, *Crossroads in Hospital Conversions-A Survey of Nonprofit Hospital Conversion Legislation*, 8 ANNALS HEALTH L. 39, 46 (1999).
116) Goldschmid, *supra* note 8, at 641. Maxicare 判決（〔17〕）参照。

非営利法人の役員が報酬を受けていないことを、役員に有利な事情として明示的に用いたものはみあたらなかった。非営利法人の役員の責任を緩やかに解した Pepperdine 判決（〔7〕）については、取締役のボランティアとしての性質から緩やかな基準を適用すべきであるという考え方を反映した判決であると評価する学説もあるが、Pepperdine 判決の判旨は、むしろ、取締役が foundation の創設者であり、資金提供者であった点を重視しているように読める。

但し、学説の中には、裁判所は、非営利法人の役員の責任の有無を判断するにあたって、役員が報酬を受けていないこと等を暗黙のうちに考慮している可能性があるということを指摘するものがある[117]。この分析によれば、裁判所が、暗黙のうちに緩やかな基準を用いて無報酬の役員の責任を判断している可能性は否定できないということになろう。

第三款　非営利法人の役員の忠実義務についての判例

次に非営利法人の役員の忠実義務違反が争われた判例を検討する。忠実義務違反が争われた判例を分類すると、②-1）法人の資産を取締役が自己の利益のために使用した事案と、②-2）その他の自己取引の事案に大別することができる[118]。

一　法人の資産を自己の利益のために使用した事案

役員が法人の資産を自己のために使用した事案としては、次の2つの判例が挙げられ、いずれも、役員の責任が認められている。

---

117) KURTZ, *supra* note 8, at 30. *See also* Fishman (1987), *supra* note 31, at 410.
118) なお、取締役に対する貸付は、各州の制定法によって厳格に禁止されていることが多い。Ronald A. Brand, *Investment Duties of Trustees of Charitable Trusts and Directors of Nonprofit Corporations: Applying the Law to Investments that Acknowledge Social and Moral Concerns*, 1986 ARIZ. ST. L. J. 631, 663-664 (1986).

〔20〕People v. Larkin (1976)

People v. Larkin（以下、「Larkin 判決」という）[119]は、厳格な信託の基準を適用して、信託の違反を認めた。

　　Kay Foundation は、慈善目的のために設立された非営利法人である。Kay Foundation をコントロールしていた[120] Larkin 氏は、Larkin Aircraft Corporation という営利法人も所有していた。Larkin 氏は、Larkin Aircraft Corporation が銀行から借り入れをするのに際して、Kay Foundation の資産である農場を抵当に入れた。この資産は Kay Foundation に信託財産として保有されていた（in trust）[121]。AG が Kay Foundation と Larkin 氏らを被告として提訴した。
　　裁判所は次のように述べ、信託の違反を認めた。
　　「Kay Foundation の資産を抵当に入れることは信託の違反である（a breach of trust）。」[122]
　　「1901年に、既にカリフォルニア州の最高裁判所は、誠実であること（good faith）は信託財産を個人的な目的のために流用した受託者に対して防御を与えないことを判示した。『受託者は、信託財産を自己の利益のために使用してはならない。受託者は彼自身、または彼がその者のために行動する者が、実際にまたは潜在的に、彼の受益者の利益と反する利害関係を有しているいかなる取引にも参加してはならない。……裁判所はその取引が公正であるか不公正であるかについて調査することを認めてはならず、受託者がその取引が受益者の最善の利益であることを示すことを認めてはならない。』……『この原理は厳格に守られなければならず、契約の公正さまたは不公正さについてのいかなる質問も認められない。』」[123]
　　「カリフォルニア州の厳格な信認義務のルールの下では、Kay Foundation の

---

119) People v. Larkin, 413 F.Supp. 978 (D.C.Cal. 1976).
120) 判旨からは Larkin 氏の立場が明らかでないが、判旨の最初に「我々は慈善法人の受託者の信認義務を定義すること……を求められている」と述べられており、また、Kay Foundation は、Wallace Keith Larkin と Cynthia Larkin によって資産を与えられ、支配されていたという記述があるため、役職名等は明らかではないが、Kay Foundation を運営する立場にいたものと考えられる。
121) Id. at 982.
122) Id. at 981.
123) Id. at 981-982.

資産を抵当に入れたことは、信託違反を構成する。」[124]

　Larkin 判決は、信託の受託者はその内容が公正であるか否かにかかわらず自己取引を行ってはならないという、厳格な信託の基準を適用したものといえる[125]。なお、この資産は非営利法人に信託財産として保有されていた（in trust）[126]ため、このことが忠実義務違反の判断において信託の厳格な基準が課されたことに影響を与えている可能性があることには留意する必要がある。

　但し、Larkin 判決の事案は自己の利益のために法人の資産を抵当に入れた事案であるため、仮に信託の基準ではなく営利法人の基準が適用されていたとしても、役員の責任は認められたであろう。

〔21〕Nixon v. Lichtenstein（1997）

　Nixon v. Lichtenstein（以下、「Nixon 判決」という）[127]で問題となっている非営利法人は、当初信託証書によって創設された慈善基金（charitable foundation）が解散され、その資産を投入された非営利法人である。

> 　The David B. Lichtenstein Foundation（Foundation）は、David B. Lichtenstein（David）が執行した信託証書によって創設された慈善基金（charitable foundation）であった。David の死後は、Daniel を含むその息子たちが Foundation を運営していた。
> 　1987年に Daniel とその娘は、David の財産をめぐって訴訟を起こしたが、その際、Foundation も原告とされた。裁判所は、Foundation には利害関係がないとして Foundation を原告から排除したが、その後も訴訟費用は Foundation から支払われた。

---

124) *Id.* at 982.
125) Brand, *supra* note 118, at 658; Fishman (1987), *supra* note 31, at 439.
　　その後、カリフォルニア州非営利法人法は、非営利法人における自己取引について、信託の基準ではなく、一定の要件の下で自己取引を認めるルールを導入している（カリフォルニア州非営利法人法 §5233。Fishman (1987), *supra* note 31, at 439 n.212)。
126) Larkin 判決 at 982。
127) Nixon v. Lichtenstein, 959 S.W.2d 854 (Mo.App. 1997).

その後、Foundation は役員に対して多額の報酬を支払うようになり、また、個人的な財産の購入のために70万ドルを超える額が支出された。
　1991年に、当初の信託証書に従って、Daniel は Foundation を解散し、その資産を非営利法人（Corporation）に投入した。Corporation は、上記の訴訟についての訴訟費用を支出し続け、また、その取締役に対して多額の報酬を支払い、取締役の自宅に Corporation の費用で電話システムが取り付けられた。
　州の AG は、当初の信託証書や Corporation の定款に定められた限度を超えた報酬が役員に支払われていることや、Corporation の費用で個人的な資産を購入していること、上記の訴訟費用を以前の役員から回収することを怠ったこと、法人の資産で個人的な電話システムを導入したこと等について、取締役らは自己取引を行っており、Corporation に対する信認義務に違反しているとして、Corporation の 2 人の取締役を解任することと、Corporation の資産を自身のために費消した取締役は資産を返済することを求めて訴えを起こした。
　裁判所は次のように述べ、① BJR は慈善信託を引き継いだ慈善法人には適用されないこと、②取締役らは、Corporation に個人債務を支払わせたことによって、その信認義務に違反したこと等を判示した。
　「原審は……BJR の下でのより厳しくない基準よりも、信託の受託者に適用される、より厳格な基準がここでは適用されると判断した。原審は、次のように理由づけた。『信託として保有された財産の運営についての責任に対して法によって課せられた信認義務は、この資産を慈善法人に対して移動したことによって消滅するものではない。』……我々もこれに賛成する。」[128]

　以上のように、Nixon 判決は信託の基準を適用しているが、同判決の事案には既存の信託を解散して法人にその資産を投入したという特殊性があることには留意すべきだろう[129]。
　この点に関連して、信託を法人化した場合には、「その目的は信託の運営と執行を容易にすることであり、これを構成する個人を、経営を行う受託者としての信認義務に伴う義務から解放する目的ではない。」[130] と述べた判例があり、この見地から、信託が法人化した場合には裁判所は法人形態である

---

128) *Id.* at 858.
129) Lee, *supra* note 51, at 936.
130) Boston v. Curley, 177 N.E. 557, 562 (Mass. 1931). *See* Harvard note (1951), *supra* note 18, at 1170.

ことを無視するかもしれないと指摘した文献がある[131]。

なお、Nixon 判決の事案は、法人に自己の債務を支払わせていた事案であり、仮に信託の基準でなく営利法人の基準が採用されていたとしても、役員の責任が認められていたように思われる。

二 その他の自己取引の事案

一では、役員が法人の資産を自分のために使用した事案を紹介してきた。以下では、この他に自己取引が問題となった3つの判例を確認しておく。

〔9'〕 Stern 判決（1974）

注意義務の問題についても紹介した Stern 判決である（〔9〕）。ここでは事実と判旨のうち、忠実義務違反に関する部分について紹介する。

> 忠実義務に関する主な事実は、非営利法人の取締役が、彼らが役員の立場にある金融機関との間での取引を行うことについての判断に参加し、時にはより有利な条件で他の機関と取引することが可能であることを、非営利法人の役員に知らせなかったというものである。

上述のように（Stern 判決（〔9〕））、まず裁判所は次のように述べた。

「適用される法については明らかでない。慈善法人は比較的新しい法的な機関であり、法人や信託について確立されてきたコモンローの分類にきちんとあてはまらない。しかし、以後論じるように、最近の傾向は、慈善法人の取締役の責任を判断するのに際して信託ではなく法人の原理を適用するというものである。なぜなら、慈善法人の役員の役割は、『純粋な』法人の役員の役割と実質的に区別することができないからである。」[132]

その上で、忠実義務については以下のように判示した。

「コロンビア自治区の法においては、信託の受託者も、法人の取締役も、その支配する資産を、彼ら自身の組織との兼務取締役（interlocking directorship）を有する銀行に預けることは完全に禁止されてはいない。」[133]

---

131) Harvard note (1951), *supra* note 18, at 1170, 1174.
132) Stern 判決 at 1013.
133) *Id.* at 1014.

「明らかな悪事（wrongdoing）の証拠がなければ、裁判所は、その法律関係によって、その救済が適切であるかを判断するために異なる基準を適用してきたようにみえる。信託の受託者は、彼らが関係を持っている銀行の口座の維持について、単なる過失（mere negligence）についても信託の違反の責任を認定されるかもしれないのに対して、法人の取締役は、一般的に、法人に対する『完全な公正』を示すことと、取締役会に対して潜在的な利益相反の『完全な開示』をすることを求められるに過ぎない。」[134]

「ほとんどの裁判所は、この分野においても、慈善法人に対して、より厳格でない法人のルールを適用している。しかし、時には、これに加えて、取締役は取締役を兼務しているという点を開示するだけでなく、彼が重要な利害関係またはコントロールを有している法人との間のビジネスを行うかどうかの法人の決定について投票することや、その他の方法で影響を与えることを控えることをも要求される。」[135]

「被告である受託者は、Hospital に対する注意義務と忠実義務に違反した。」[136]

「追加での安全策として、裁判所は新しく選任された受託者がこの法廷意見と添付された命令を読むことを要求する。……取締役会の前に、取締役会のメンバーは、遅くとも一週間前に、Hospital の会計係か検査官が用意した、前回の取締役会以降に〔Hospital の役員が関係を有する金融機関等との間で行われた〕取引の全貌を詳細に開示した正式な書面を受け取ることを指示する。これに加えて、そのような取引は、毎年の監査の際に Hospital の監査役によって要約され、……〔Hospital の患者が検査を要求した場合には〕コピーが利用できるようにしなければならない。このようなアレンジは5年間続けるものとする。」[137]

Stern 判決は、非営利法人の役員の注意義務と忠実義務について、信託法の基準よりも緩やかな法人法の基準を適用しながらも、結論としては、取締役は注意義務及び忠実義務に違反したと認定した[138]。但し、被告である受

---

134) *Ibid.*
135) *Ibid.*
136) *Id.* at 1017.
137) *Id.* at 1019.
138) *See* Fishman (1987), *supra* note 31, at 405-406.

託者に対して、解任や個人賠償の請求といった厳しい救済を求めることはしなかった[139]。

また、Stern 判決は、「法人の取締役は、一般的に、法人に対する『完全な公正』を示すことと、取締役会に対して潜在的な利益相反の『完全な開示』をすることを求められるに過ぎない。」[140] とした上で、「ほとんどの裁判所は、この分野においても、慈善法人に対して、より厳格でない法人のルールを適用している〔……が、〕時には、これに加えて、取締役は取締役を兼務しているという点を開示するだけでなく、彼が重要な利害関係またはコントロールを有している法人との間のビジネスを行うかどうかの法人の決定について投票することや、その他の方法で影響を与えることを控えることをも要求される。」[141] と述べ、慈善法人の場合にはより厳格な要件が課される可能性を示した。

〔22〕 Oberly v. Kirby （1991）

Oberly v. Kirby（以下、「Oberly v. Kirby 判決」という）[142] は、①メンバーが役員を選解任するにあたってのメンバーの受認者としての責任の問題と、②役員の自己取引の問題の両方を含んでいる。①は役員の信認義務違反の問題ではないが、ここで併せて検討しておく。同判決は、傍論において営利法人と非営利法人の違いを踏まえた両者の取扱いの違いを示唆している点でも注目すべき判決である。

1. 事案〔筆者注：1から4までの表題は筆者が付した〕

　Fred はその祖父が設立した慈善法人（Foundation）の唯一のメンバーであった。Foundation の取締役は Fred とその兄弟姉妹3名であった。Foundation の定款によれば、メンバーは、新たなメンバーと取締役を選任できることとなっていた。Fred がその妻と子供をメンバーに選任したことに、兄弟姉妹で

139) *See* Harvey, *supra* note 17, at 705-706.
140) Stern 判決 at 1014。
141) *Ibid.*
142) Oberly v. Kirby, 592 A.2d 445 (Del. 1991).

ある取締役達は反発し、「取締役のみがメンバーになれる」旨の定款変更をした（この定款変更は本判決によって無効と判断される）。メンバーである Fred とその妻と子は、取締役である兄弟姉妹を解任し、妻と子を取締役に任命した。

これに対して、取締役の地位を解任された兄弟姉妹が、メンバーとして彼らを解任した Fred に対して、兄弟姉妹を違法に取締役の地位から追い出したとして、Fred を解任する訴えを起こし、州の AG も原告に参加した。

また、Foundation は営利法人である Alleghany の株式を大量に保有していたが、これを Alleghany 自身に売却する取引を行うこととし、Foundation の取締役はこれを全員一致で承認した。Fred ともう一人の役員は Alleghany の役員を兼務しており、また、その他の二人の取締役も Alleghany の株式を保有していたことから、AG は Foundation の取締役らの忠実義務違反を主張した。

2. 判旨①：Fred がメンバーとして兄弟姉妹を取締役から解任したことが義務に違反するかどうか

裁判所は、Fred がその兄弟を取締役から解雇し、Fred の妻と子供を取締役に任命したことは、その義務に違反するものではないと判断したが、その判示の中で適用されるべき基準について次のように述べた。

「Fred の〔最後の一人の〕メンバーであるという立場は、支配株主が会社とその他の株主に対して負う、自己利益を考慮することなく、公正に忠実に行動するという信認義務に類似の受任者としての責任 (fiduciary responsibility) を生じさせる。」[143]

「裁判所は、営利法人の取締役の経営判断に疑問をはさむことができないのと同様に、チャリティーの受認者によってなされた表面上は有効な意思決定の賢さについて、後から疑いを差し挟んではならない (second-guess)。しかし、Foundation は、一般的な営利の目的ではなく、限定された慈善目的のために設立されているため、これを支配する者は、そのチャリティーのゴールを促進し、その資産を保護する特別な義務を有する。このゴールに対して明白で特定できる脅威をもたらし、またはその資産を危険にさらす行動は、定款 (Certificate) に反し、それゆえに法人の能力の範囲外 (ultra vires) である。」[144]

---

143) *Id.* at 462.
144) *Ibid.*

第一節　非営利法人の役員の信認義務違反が争われた判例　293

3．判旨②：Alleghany 株式の売却取引について信認義務の違反があったかどうか

　裁判所は、Foundation が Alleghany の大量の株式を Alleghany 自身に売却した利益相反関係のある取引は、「本質的に公正（intrinsically fair）」であったと判断したが、その判示の中で次のように述べた。なお、判決文の本文を紹介した後、4において、判決文中の重要な脚注を紹介する。

　「Denckla 判決において、当裁判所は、『〔慈善〕法人の取締役会によってとられる行動の正当性（legality）についてのテストは、技術的な信託の受託者とその信託との間の信認関係を支配する原理ではなく、法人法の原理に従って決定されるべきである』と述べた。」[145]

　「AG は、慈善信託と慈善法人は同じ目的のために創設されていると主張し、異なる基準を適用することは、形式（form）を機能（function）に優先させることになると主張する。しかし、この文脈においては、形式は重要でない考慮要素ではない。……チャリティー企業の創設者は、異なる法的なルールが慈善信託と慈善法人の運営を統治することを認識し、それらのルールを念頭に置きながら、形式を選択するのである。慈善信託の創設者は、その資産を信託の書類に明示された制限と条件で拘束し、その受託者に、厳格で頑固な信託法の原理を課す。これに対して、慈善法人の創設者は、贈与（gift）を、『法人の目的のために使われるように、制約を付けずに、法人に対して行い』、

145) Oberly v. Kirby 判決 at 466。
　なお、判旨の中で引用されている Denkla 判決は、Independent Foundation の創設者の死後、派閥争いが起こったため、新たに別の foundation を設立して、その foundation に Independent Foundation の資産の55%を贈与しようとしたところ、55%の資産の贈与は取締役の権限の範囲外であるとして差止め請求がされた事案である (Denckla v. Independence Foundation, 193 A.2d 538)。裁判所は、Independent Foundation の基本定款の内容によれば、取締役会は、ほとんど同様の目的を有する慈善法人に対して資産の55%を贈与することができると判示した。その中で裁判所は次のように述べた。「〔信託法第二次リステイトメント§348の〕コメントfからは、資産がその処分方法についての制約を付けずに (without restriction) 慈善法人に贈与された場合には、法人は、その法人が設立された慈善目的のうちの一つまたは複数のため以外に資産を流用してはならないという義務に服するに過ぎない。そうであれば、技術的な意味での慈善信託は創設されず、法人の取締役会によってとられる行動の正当性についてのテストは、技術的な信託の受託者とその信託との間の信認関係を支配する原理ではなく、法人法の原理に従って決定されるべきである。」(Denkla 判決 at 541。) 但し、信託法第二次リステイトメント§348のコメントfは、慈善法人に対して使途を定めて、または使途を定めずに贈与を行った場合に慈善信託が創設されるか否かについては明確な答えを提供していないように思われる。

はるかに柔軟で融通の利く法人法の原理を採用する。それぞれの形式は我々の法によって完全に認識されており、それぞれがその機能（function）を有している。信託法の基本的な原理の一つは、信託設定者の意図が最も重要であることである。我々は、Kirby 氏が1931年に信託ではなく法人を設立する方法で遺贈したことには、同様に従われる権利があると信じる〔筆者注：原文ではここに（注15）が付されている〕。」[146]

「信託の基準ではなく法人の基準が Foundation に適用されるべきであると判示したことによって、Alleghany についての取引を判断すべき基準についての疑問が終わるわけではない。……〔利害関係のある取引についてのデラウェア州法人法 §144の〕規定は、慈善法人の取締役の行為を争っている受益者や AG の役割について規定していないことから、この規定を直接 Foundation に適用することはできない。しかし、§144に規定された基準と類似の基準が Foundation に対して適用されるべきである。」[147]

「法人が株主のためではなくチャリティーの受益者のために（on behalf of）運営されているという事実は、利害関係のある取引がそれ自体で悪いものではないという基本的な前提を変えるものではない。利害関係のある取引を維持するために重要なことは、なんらかのニュートラルな意思決定機関による承認である。§144の下では、取引は、独立取締役の委員会か、株主か、または裁判所によって承認されていれば、株主による争いから保護される。独立取締役や裁判所が慈善法人によって行われた利害関係のある取引の公正さを評価する権限を持つべきでないとする理由はみあたらない。営利法人における株主と理論的に同じ立場に立つ受益者については、彼らの利益は AG によって代表されなければならない。AG は、独立委員会によって承認されておらず、AG が慈善法人にとって不利であると考える利害関係のある取引の公正さを評価するように裁判所に呼びかける権限と義務を有する。こうした取引について争うことを怠った場合には、AG はその効果としてその取引を受益者のために追認したこととなる。」[148]

「〔本件では〕4人の取締役全てが取引について利害関係を有しているため、独立委員会による承認は不可能である〔筆者注：原文ではここに（注17）が

146) Oberly v. Kirby 判決 at 466-467。
147) *Id.* at 467.
148) *Id.* at 467-468.

第一節　非営利法人の役員の信認義務違反が争われた判例　　295

付されている〕。」[149]

「Alleghany との間の取引は、『本質的な公正（intrinsic fairness）を示すための唯一の場所が……司法的なそれである』とされた Marciano 判決の状況と似た状況を表している。本質的な公正を判断するための基準は、Weinberger 判決によって示された厳重な（searching）基準である。利害関係のある取締役は、価格の公正さと取締役の取扱いの公正さの両方を含む、全ての側面における取引の完全な公正（entire fairness）を証明する責任を負う〔筆者注：原文ではここに（注18）が付されている〕。」[150]

「〔下級審は〕Alleghany との取引が本質的に公正（intrinsically fair）であると正しく判断した。」[151]

「法人法の原理が一般的にはこのような〔慈善〕法人の活動にも適用されるが、その受認者はその慈善の目的を促進し、その財産を保護するという特別な義務を有する。しかし、取引が本質的に公正で（intrinsically fair）あり、または独立取締役の委員会によって承認されている限り、慈善法人は取締役が利害関係を持っている取引を行うことを禁じられるわけではない。」[152]

4. 判決文中の脚注

〔筆者注：原文の（注15）は以下のとおり〕「慈善信託に適用される原理の下においてさえも、AG が利害関係のある取引を自動的に無効にできるのかどうかは明白ではない。……信託法でさえも、信託の受益者に対して、利害関係を含む取引を承認することを認めている。しかし、慈善信託の受益者は正確に特定することができないことから、受益者の承認は得ることができない。このことは、慈善信託による利害関係のある取引を承認するか排除するかの審査されない権限が AG に帰属することを意味しない。それ以上に、……裁判所は、もし受益者が sui juris ではなく、その取引が受益者の最善の利益であれば、利害関係のある取引を承認するエクイティの権限を有している。個人が特定できない受益者は sui juris ではないことに疑いはない。そのため、AG によって訴えられた慈善信託による利害関係のある取引は、受託者に対して、

---

149) Id. at 458.
150) Id. at 468-469.
151) Id. at 472.
152) Id. at 472-473.

その取引が受益者の最善の利益であることを証明する責任を課しているに過ぎないと信じる。この責任は、会社の取締役が Weinberger 判決によって示された『完全なる公正』を証明する責任と大きく異なっているようにはみえない。」[153]

〔筆者注：原文の（注17）は以下のとおり〕「慈善法人の受認者（fiduciaries）は、その慈善の目的を保護し促進するという特別な義務を負っているため、裁判所による独立委員会の承認についての審査は、慈善法人に対しては、営利法人に対するよりも、厳しく（more searching）なるだろう。もし利害関係のない取締役が法人の慈善の目的や資産に明らかな脅威をもたらす取引を承認したら、彼らの承認は『法人の能力外（ultra vires）』であって、法的には拘束力を持たない。そのため、独立委員会が取引を承認した時であっても、AG はこれを争う余地がある。独立委員会の承認に対して適用される審査基準が、利害関係のある取締役の意思決定に適用される『完全な公正（entire fairness）』の基準とどの程度異なるものかについては、今我々が解決を求められている問題ではない。少なくとも、このような場合においては、証明責任は取締役ではなく、AG にあるだろう。」[154]

〔筆者注：原文の（注18）は以下のとおり〕「〔本件における〕本当の問題は、Fred や原告が Foundation をコントロールする資質があるかどうかである。営利法人の文脈においては、Weinberger 判決の基準が、不公正な取引を承認した利害関係のある取締役の権限を除去し、または制限するために用いられるかどうかには疑問がある。Weinberger 判決は『エクイティの、または金銭的な救済を創り出す、適切である、あらゆる形の Chancellor の権限』を認識しているものの、取締役がその資質を有するか否かの究極的な決定者は株主であると一般的に認識されるべきである。しかし、慈善法人が問題となった場合には、我々の裁判所は、誠実でない受認者を役職から解雇する権限と義務を明らかに有しているのであり、受認者を選任する責任のある個人らが受認者と密接な関係を持ち、または彼ら自身が利害関係を有しているのであれば、特にそうである。慈善組織の受認者が Weinberger 判決の基準の下において不公

---

153) Id. at 467 n.15。なお、「sui juris」について、田中英夫編集代表『英米法辞典』825頁（東京大学出版会・1991年）では、「行為能力（を有する）者 = of his own right」と訳出している。Weinberger 判決（Weinberger v. UOP, Inc., 457 A.2d 701 (Del. 1983)）については、白井・前掲注99）226-227頁を参照。
154) Oberly v. Kirby 判決 at 459 n.17。

正である取引を承認したという事実は、彼が職務に留まることの適性について、もしかしたら決定的ではないとしても、深刻に疑問を提起するだろう。」[155]

a. 判旨①について

判旨①では、非営利法人における役員の注意義務が争われているのではなく、非営利法人における唯一のメンバーの受認者（fiduciary）としての義務が争われている。

判旨①は、慈善法人においても、営利法人の場合と同様に、裁判所が受認者の判断に後から疑いを差し狭んではならないと述べた上で、これに続けて非営利法人における受認者の「特別な義務」について論じ、「〔チャリティーの〕ゴールに対して明白で特定できる脅威をもたらし、またはその資産を危険にさらす行動」については ultra vires であると判示している[156]。こうした行動にあたるか否かが実質的に判断されるということであれば、メンバーの受認者としての責任は、BJR よりも厳格な、あるいは追加的な審査基準を用いて判断されることになろう。

b. 判旨②について

判旨②は、非営利法人の役員の忠実義務違反を判断するのに際して基本的には営利法人の役員に適用される基準を適用しながらも[157]、非営利法人と営利法人の違いにも言及している。

なお、本件の事案を解決するためには、非営利法人の役員が行った利害関係のある取引について独立取締役の委員会の承認がない場合には、営利法人において適用されるのと同様に Weinberger 判決において示された「完全なる公正」のテストを用いて判断するという点のみを判示すれば足りたはずであり、判旨②の多くは傍論に過ぎない。しかし、営利法人と慈善法人の違いを裁判所がどのように捉えているのかという点について示唆に富む指摘であることから、ここで併せて分析しておきたい。

---

155) *Id.* at 469 n.18.
156) *Id.* at 462.

(a) 慈善法人における利害関係のある取引の審査基準

　判旨②によれば、慈善法人における利害関係のある取引は次の基準によって審査される。

　本件では、利害関係のない取締役による承認は存在しない。判旨②は、「本質的な公正を判断するための基準は、Weinberger 判決によって示された厳重な基準である。」[158]と述べており、利害関係のない取締役による承認がなくとも、営利法人についての Weinberger 判決によって示された厳重な基準によって取引の「完全な公正（entire fairness）」が証明された場合には、利害関係のある取引も維持されることになる。

　次に、利害関係のある取引が利害関係のない取締役によって承認されている場合については、判決文中の「（注17）」に示されているように、裁判所による利害関係のない取締役の承認の審査は、営利法人の場合よりも厳しく行われる可能性がある。具体的には、「利害関係のない取締役が法人の慈善の目的や資産に明らかな脅威をもたらす取引を承認した」[159]場合には、その承認は ultra vires であると判断されることになる。第三章第一節第二款で紹介したように、デラウェア州においては、営利法人の場合には、自己取引について利害関係のない取締役による承認が行われれば、当該取引については BJR によって緩やかな審査が行われる場合がある。これに対して、判旨②は、非営利法人の場合には、利害関係のない取締役による承認が行われたとしても、実質的に取引の内容をも審査することを示したものだと考えられる。そこでは、役員が法人の慈善目的や資産に明らかな脅威をもたらす取引を承認していないかという点について検討されることになる。

　本節第四款で指摘するように、非営利法人においては、その目的の範囲が実質的に審査される。上記の「（注17）」は、自己取引についての独立取締役の承認を裁判所が審査する際にも、非営利法人の目的に脅威をもたらさないか否かを検討する必要があることを指摘しており、非営利法人の目的が、忠実義務違反の有無の判断に影響を与える可能性を示している。

---

157) See Rob Atkinson, *Obedience as the Foundation of Fiduciary Duty*, 34 J. CORP. L. 43, 81 (2008).
158) Oberly v. Kirby 判決 at 469。
159) *Id.* at 459 n.17。

(b) 慈善法人において裁判所が役員を解任する権限と義務を有していること

次に、傍論ではあるが、判決文中の「(注18)」では、営利法人と非営利法人の違いを指摘して、慈善法人においては裁判所が誠実でない取締役を解雇する権限と義務を有していると判示している。判旨は、営利法人においては「取締役がその資質を有するか否かの究極的な決定者は株主である」[160]と述べ、営利法人の場合には裁判所が取締役の権限を除去したり、制限したりすることに疑問を示した上で、慈善法人が問題となった場合には、「我々の裁判所は、誠実でない受認者（faithless fiduciary）を役職から解雇する権限と義務を明らかに有している」[161]と述べて、裁判所が取締役の権限に介入する必要性を明確に述べている。

(c) 信託の基準が適用される場合の自己取引についての取扱い

更に、やはり傍論である判決文中の「(注15)」においても、本稿との関係で重要な指摘がなされている。「(注15)」は、たとえ信託の基準が適用されたとしても、裁判所は自己取引が公正であるか否かを判断するエクイティの権限を有しているとし、その際の基準は Weinberger 判決における完全な公正の基準と実質的に同じである可能性を示唆している。第三章第二節第三款で述べたように、慈善信託における自己取引についての従来の一般的な理解は、慈善信託においては明確に特定された受益者が存在せず、自己取引に対する同意を与えることができないため、自己取引は厳格に禁止されるというものであった。しかし、「(注15)」が指摘するように「裁判所は、もし受益者が sui juris〔行為能力（を有する）者〕ではなく、その取引が受益者の最善の利益であれば、利害関係のある取引を承認するエクイティの権限を有している」[162]のであれば、慈善信託についての自己取引についても、当該取引を行った受託者が、「その取引が受益者の最善の利益であること」[163]を証明すれば、受託者は忠実義務違反に問われることはないことになる。

---

160) *Id.* at 469 n.18.
161) *Ibid.*
162) *Id.* at 467 n.15.
163) *Ibid.*

〔23〕 Scheuer Family Foundation Inc. v. 61 Associates（1992）

　Scheuer Family Foundation Inc. v. 61 Associates（以下、「Scheuer 判決」という）[164]は、利益相反取引の要素があることを理由に、BJR を適用しなかった事案である。

　　原告である慈善法人（Foundation）のメンバーと取締役が、被告である取締役ら（「被告取締役ら」）に対して、被告取締役らが所有者等である投資顧問の 61 Associates が、過失により基金の資産を投資し、損失を与えたことや、被告取締役ら以外の取締役に対して情報を隠していたこと等を理由として代表訴訟を起こした。下級審は BJR を適用して請求を棄却したが、これに対して原告が控訴した。
　　判旨は BJR が適用される事案ではないことを指摘し、下級審に差し戻した。
　　「本控訴の結論は、被告取締役らによる本件で争われている行為に対して『BJR』が適用されるかどうかに依拠する。」[165]
　　「被告取締役らそれぞれが Foundation だけでなく 61 Associates にも参加し、重要な利益を有していたことは、BJR によって提供される保護からの例外をもたらし、……取締役会の不適切さの嫌疑を司法判断に託すことになる、利益相反（the type of dual interest）や自己取引の可能性を正確に主張するのに十分であると結論づける。」[166]
　　「ここでの我々の決定の観点からは、非営利法人の取締役に対しては決して BJR を適用すべきではないという原告の追加的な主張について検討することは必要ではない。」[167]

　Scheuer 判決において BJR が適用されなかった理由は、同事案に利益相反の要素があったためであり、Scheuer 判決は非営利法人の役員に対して一般的に BJR を適用すべきか否かという点については判断していない。そのため、Scheuer 判決が営利法人の基準を適用していたのか信託の基準を適用していたのかは明らかではない。

---

164) Scheuer Family Foundation Inc. v. 61 Associates, 179 A.D.2d 65 (N.Y.A.D. 1992).
165) Id. at 68.
166) Id. at 70.
167) Id. at 73.

三 忠実義務違反が争われた判例の特徴

(1) 信託の基準と法人の基準

　第三章第二節第三款において確認したように、信託の受託者による自己取引は、当該取引が公正であるか否かを問わず、受益者全員による承認がない限り、受益者によって取り消されうる。そして、受益者が特定されていない慈善信託においては、受益者全員による承認を得ることは不可能である。そのため、自己取引は厳格に禁止され、自己取引を行った信託の受託者は、その忠実義務に違反することになる[168]。

　これに対して、第三章第一節第二款において確認したように、営利法人においては、自己取引を行った取締役はその取引が「完全に公正」であることを立証すれば、忠実義務違反に問われることはなく、当該取引が利害関係のない役員や株主による承認を受けている場合には、当該取引を審査するのにあたって緩やかな BJR が適用される場合もある。

(2) 信託の基準が適用された事例

　非営利法人の役員の忠実義務違反が争われた上記5件の判決（Larkin 判決（〔20〕）、Nixon 判決（〔21〕）、Stern 判決（〔9'〕）、Oberly v. Kirby 判決（〔22〕）、Scheuer 判決（〔23〕））のうち、Larkin 判決と Nixon 判決においては、信託の基準が適用され、役員の責任が認められていた。

　この点、Larkin 判決は、流用された資産が信託財産として保有されていた事案であり、Nixon 判決は、当初の信託を解散して、法人にその資産を投入した事案であった。そのため、両判決では、その事案の特殊性が忠実義務違反の判断の際の審査基準に影響を与えている可能性は否定できない。

　また、Larkin 判決と Nixon 判決の事案は役員が法人の資産を自己の利益のために流用した事案であり、法人の犠牲の下で役員が利益を得ている事案であることから、仮に営利法人の基準が適用されていたとしても、役員の責任が認められたと考えられる。

---

[168] *See* Fishman (1987), *supra* note 31, at 433-434; Committee on Charitable Trusts, *supra* note 19 at 555; Moody, *supra* note 54, at 755; Brody (1998), *supra* note 14, at 1419-1422.

(3) 営利法人の基準が適用された事例

これに対して、Stern 判決（〔9'〕）や、Oberly v. Kirby 判決（〔22〕）においては、営利法人におけるのと同様に、取引が公正であるか否かが基準とされていた。

Stern 判決と Oberly v. Kirby 判決においては、役員の忠実義務違反の有無を審査するにあたって営利法人の基準を適用する理由が述べられていた。すなわち、Stern 判決においては、裁判所は、現代の「慈善法人の役員の役割は、『純粋な』法人の役員の役割と区別することができない」[169]と判示した。Oberly v. Kirby 判決においては、「チャリティー企業の創設者は、異なる法的なルールが慈善信託と慈善法人の運営を統治することを認識し、それらのルールを念頭に置きながら、形式を選択」[170]しているとして、その選択を尊重すべきであることを示した。

(4) 判例が採用している基準の傾向

判例が非営利法人の役員の忠実義務違反の有無を判断するのに際して信託の基準と営利法人の基準のどちらを採用してきたかについては次のような評価がある。

Fishman は、自己取引について、当初は信託の基準が適用され、その後、判例が法人の基準に向かっていく際には、裁判所が信託の基準と法人の基準のどちらを適用するかについては一貫性や指針はほとんどみられず、その理由は後付けであり、法人と信託のどちらの基準が適用されても、その結果は同じであったと指摘する[171]。

また、判例は自己取引を厳格に禁止する信託法の基準を採用するものと、より緩やかな営利法人法の基準を好むものに、ほぼ半々に分かれているとの指摘もある[172]。

事案が少ないため、非営利法人の自己取引を判断するのにあたって信託の

---

169) Stern 判決 at 1013。
170) Oberly v. Kirby 判決 at 467。
171) Fishman (1987), *supra* note 31, at 438.
172) Brand, *supra* note 118, at 658.

基準と法人の基準のいずれが適用される傾向があるのかについて評価をすることは難しいが、少なくとも、今日では Stern 判決や Oberly v. Kirby 判決にみられるように、法人の基準が適用される場合もあるということは指摘できよう。

(5) 非営利法人であることによる特殊性

但し、非営利法人の役員の自己取引について法人の基準が適用される場合であっても、非営利法人と営利法人の違いから、その基準は全く同じではない可能性があることに注意が必要である。

(i) より厳格な手続？

Stern 判決は慈善法人の場合には、「取締役は取締役を兼務しているという点を開示するだけでなく、彼が重要な利害関係またはコントロールを有している法人との間のビジネスを行うかどうかの法人の決定において投票することや、その他の方法で影響を与えることを控えることをも要求される」[173] 場合があると述べており、慈善法人の場合には営利法人の場合よりも厳格な手続が要求される場合がある可能性を示している。

(ii) 法人の目的や資産に脅威をもたらさないかの審査

Oberly v. Kirby 判決の傍論は、慈善法人の利害関係のない取締役の承認がある場合であっても、「法人の目的や資産に明らかな脅威をもたらす取引を承認した」[174] 場合には、その承認は ultra vires であると指摘している。利害関係のない取締役の承認がある自己取引について、営利法人の場合と比較してより厳格に審査される可能性を示唆したものであり、また、非営利法人の目的が、忠実義務違反の有無の判断に影響を与える可能性を示している。

(iii) 役員の解任についての裁判所の介入の必要性

同じく Oberly v. Kirby 判決の傍論においては、営利法人においては役員の解任は株主に委ねられるべき事項であるが、慈善法人においては「裁判所は

---

173) Stern 判決 at 1014。
174) Oberly v. Kirby 判決 at 459 n.17。

誠実でない受認者を解雇する権限と義務を有している」[175]と述べられていた。

第四款　非営利法人の目的に関連する判例

　非営利法人の目的に関連する判例の多くは、病院の施設の売却、貸出、病院の運営の終了をめぐる事案である。ここでは、役員の信認義務が直接争われた事案だけでなく、非営利法人の目的の範囲が争点となった事案についても紹介する。これは、目的の範囲外であり、ultra vires（能力外）の行為を行った場合には、取締役は、これによって法人に生じた損害について責任を追及される可能性があるためである[176]。

　なお、病院の売却の事例が多い理由の一つとしては、第四章第五節で紹介したように、1990年代に非営利病院が営利法人にその資産を売却するconversionが盛んに行われたという事情が挙げられよう。

一　病院の施設の売却、貸出、病院の運営の終了についての判例

〔24〕　Taylor v. Baldwin（1952）

　「相当な逸脱のテスト」を適用して取締役会の行為が裁量の範囲内であると判断したのがTaylor v. Baldwin（以下、「Taylor判決」という）[177]である。

> 　非営利法人であるBarnard Free Skin and Cancer Hospital（Barnard Hospital）は、Barnard夫妻から条件付きの贈与を受けており、その条件には、「病院は支払い能力のない者に対しては無償であること」、施設は移転されてはならないが、例外として、「その所在地を取り巻く状況の変化の理由により」「取締役会がその所在地が病院の維持のためにふさわしくなくなったことを決定した」場合は例外とすること等が定められていた。更に、Barnard夫妻は、遺言により信託を設定し、また、遺贈を行った。Barnard Hospitalの基本定款によれば、

---

175)　Id. at 469 n.18.
176)　FISHMAN & SCHWARZ, supra note 2, at 199-200、第三版MNCA§3.04 (c)参照。
177)　Taylor v. Baldwin, 247 S.W.2d 741 (Mo. 1952).

Barnard Hospital の目的は、皮膚の病気や癌に苦しむ人々に対して医療を提供するために、組織を設立し、支え、運営することであった。

　Barnard Hospital が、Washington University と提携し、病院をセントルイスにある Washington University のキャンパスに移転させようとしたところ、AG がこれを争い、Barnard Hospital とその取締役らを被告として、提携の差止めを求める訴訟を提起した。原告は、もし Washington University との提携がなされれば、無料のクリニックがなくなってしまうこと、Washington University との提携は、Barnard Hospital の当初の創設者の意思から逸脱し、Barnard Hospital の基本定款や、贈与証書や遺言信託の条件にも違反すること等を主張した。

　ミズーリ州の最高裁判所は、次のように述べて、Washington University との提携契約を受け入れたことは、Barnard Hospital の取締役会の裁量の合理的な行使であると判示した。

　「〔本件の主要な争点は、〕Barnard Hospital の取締役会が提携契約を承認し、受け入れたことが、Barnard Hospital の基本定款、〔寄付者である〕George D. Barnard 夫妻からの贈与証書、そして彼らの遺言の範囲内であるか（within）どうかという点である。」[178]

　「（本件における取締役のように）公共の慈善組織（public charity）の運営と統治の責任を課されているものは、これを意図された慈善目的（charitable purposes）のために運営しなければならないが、『（基本定款に制約のない限り、）それが達成される手段と方法については、裁量を行使することができる』〔引用省略〕。彼らは、彼らに与えられた裁量を行使しなければならず、これが公正に合理的になされている限り、この裁量は裁判所によって介入されることはない。取締役に非行（misconduct）があり、慈善活動を実行することが不可能であり、または失敗しそうであり、またはその目的が歪められ、あるいはまさに歪められようとしている場合を除き、裁判所は、その判断や裁量を、慈善組織の取締役の判断や裁量に置き換えてはならない〔引用省略〕。

　公共の慈善組織を合理的に運営している者の裁量に裁判所が介入するかどうかの境界線は、慈善組織の主要な目的から取締役会が相当に逸脱した（substantial departure）点であり、その悪用にあたる程に慈善組織の主要な目的からの相当な逸脱があるように取締役が運営していないのであれば、裁判所は介入しない〔引用省略〕。慈善組織の取締役の裁量は、健全に、公正に、そ

---

178) *Id.* at 744-745.

して合理性の範囲内で行使されなければならず、裁量がそのように行使されているかどうかを判断することは、裁判所にとって、事実の問題である〔引用省略〕。」[179]

「取締役会の裁量は、当然、濫用がないかの審査に服する。」[180]

「〔現状を維持することは、〕経済的にみて、公共の慈善組織としてのBarnard Hospital の宣言された目的と有用性を、手足を縛って、損なうことになり、〔Washington University との提携と移転は、〕取締役会が Barnard Hospital の目的と〔寄付者の〕真の意図を実現し続けることを可能にする。」[181]

「本件における主要な争点は、……提案された提携が……Barnard の基本定款の目的からの相当な逸脱 (substantial departure) を構成するか否かであった。我々は、提案された提携は、Barnard の基本定款の目的から逸脱しないと結論づける。」[182]

a. Taylor 判決の評価

Taylor 判決は、「相当な逸脱のテスト (substantial departure test)」を適用して、非営利法人が変化する状況に順応するのに際して、より柔軟性を認めた判決であると分析される[183]。また、同判決は、裁判所が、BJR よりも厳しい責任を受託者に課すことを拒んだものであるとの分析がある[184]。

b. 法人の目的や寄付の条件の解釈

Taylor 判決の特徴として、裁判所が、現状を維持することは「Barnard Hospital の……目的と有用性を、手足を縛って、損なうことにな」ると指摘している点が挙げられよう。

法人の目的や寄付の条件をどのように解するかという問題に直面した際には、一方で、資金提供者が寄付を行った際の意図を考慮する必要がある。公益を目的とする非営利法人に対して資金を提供する者は、特定の目的のために寄付を行うのであって、資金が意図された目的以外のために使用されるこ

---

179) *Id.* at 750-751.
180) *Id.* at 751.
181) *Id.* at 756.
182) *Ibid.*
183) Sasso, *supra* note 1, at 1529 n.184.
184) Rubin, *supra* note 97, at 543.

とが予想される場合には、そもそも寄付が行われなくなってしまう恐れがある[185]。資金提供者の意図を考慮することは、法人の目的や寄付の条件を狭く解することにつながる。他方で、資金を、現時点において、より必要とされている事業のために、より効率的に使用することを重視すれば、法人の目的や寄付の条件をある程度緩やかに解する必要性が生じる[186]。法人の目的や寄付の条件を解釈する際には、この両者のバランスをとる必要があると考えられる[187]。

本件においては、裁判所は、法人の目的や寄付の条件を緩やかに解することが寄付者の「真の意図」を実現するという理由づけを用いることによって、二つの考慮要素を調整する必要があるという問題を回避しているが、Taylor 判決の判旨は、法人の目的や寄付の条件を厳格に解することは、資産の効率的な活用を妨げる可能性があることを示唆しているといえよう。

〔25〕 Holt v. College of Osteopathic Physicians and Surgeons (1964)

Holt v. College of Osteopathic Physicians and Surgeons（以下、「Holt 判決」という）[188]では、整骨療法の学校が対症療法を教える学校としての認証を得ようとしたことは、その法人の目的の範囲ではない行為であると判断された。

なお、原告適格の問題については第六章で扱う。

> 原告は、カリフォルニア州の慈善法人である College of Osteopathic Physicians and Surgeons（COPS）の3人の受託者（trustee）である。被告は、COPS と、COPS の残りの23人の受託者と、カリフォルニア州の AG である。原告は、被告である受託者が対症療法を教える学校としての認証を得ようと Association of American Medical Colleges に申請したこと等は、整骨療法を教える学校を設

---

185) *See* KURTZ, *supra* note 8, at 85-86.
186) AMERICAN LAW INSTITUTES, *PRINCIPLES OF THE LAW OF NONPROFIT ORGANIZATION*, TENTATIVE DRAFT No.1, §300のレポーターズノート g (3) (March 19, 2007) 参照。*See also* FISHMAN & SCHWARZ, *supra* note 2, at 202.
187) 後述する本款の三を参照。
188) Holt v. College of Osteopathic Physicians and Surgeons, 394 P.2d 932 (Cal. 1964).

立・運営するという当該法人の目的に違反しているとして、目的に違反した行動の差止めを求め、また、法人の運営における受託者の権利と義務についての宣言的判決（declaratory relief）を求めた。

裁判所は基本定款の目的について、次のように判断した。

「COPS の基本定款は、その慈善目的を『整骨医の（osteopathic）医療、外科のカレッジを設立し、維持し、実行し、運営すること……』と述べている。」[189]

「原告の主張は、整骨療法と対症療法の違いを十分に主張している。その結果、……COPS のカリキュラムを変更すること、または、対症療法の医療カレッジとしての認証を得る目的でその他のステップをとること、そして、対症療法の医師や外科医を訓練することは、整骨療法のカレッジを運営するという目的の範囲ではない行為であると十分に主張されているのである。」[190]

Holt 判決は、非営利法人においてはその定款の目的が実質的に審査され、時にはある行為が実際に定款の目的の範囲ではないと判断されることがあるということを示している点で重要である。

〔26〕 City of Paterson v. Paterson General Hospital（1967）

Taylor 判決（〔24〕）と同様に、相当な逸脱のテストを適用し、病院の移転の計画は「相当な逸脱」ではないと判断したのが City of Paterson v. Paterson General Hospital（以下、「Paterson 判決」という）[191] である。なお、原告適格の問題については第六章で扱う。

　　非営利法人の形態をとる病院である Paterson General Hospital は、Paterson 市に位置する。Paterson General Hospital の当初の基本定款（charter）は、Paterson 市で病院を運営することを明記していたが、新しい法の下で再度設立された際には（reincorporate）、病院を Paterson 市で運営することは基本定款（certificate of incorporation）に明記されなかった。その後、同病院は、Paterson 市でも、隣の自治体である Township of Wayne でもその活動を続けることができるよう

189) Id. at 937.
190) Id. at 938-939.
191) City of Paterson v. Paterson General Hospital, 235 A.2d 487, 495 (N.J. 1967).

にするため、基本定款を変更した。同病院が、Paterson 市にある施設を売却して Township of Wayne に移転しようとしたところ、Paterson 市と 2 名の住民、納税者が、同病院とその役員を被告として、施設の売却を阻止し、既存の施設での運営を続けることを求めて訴訟を提起した。

裁判所は、次のように述べて、同病院が移転することを認めた。

「〔Rutger 判決において〕Schettino 裁判官は次のように述べる。『修正は、慈善組織の目的とその基本定款から相当に逸脱するか（substantial departure）どうかを判断するように分析しなければならない。……。』

この理由づけを本件においても適用する。病院の経営者は、十分にみえる理由によって、移転することが病院の最善の利益になるであろうと判断した。修正されたその基本定款は、このような行動を認めている。病院の立地を当該自治体の範囲の中に留めることが当初のスキームの絶対的な一部であったと仮定したとしても、本件〔移転〕計画が Schettino 裁判官のいうところの『基本定款（charter）の目的からの相当な逸脱である』とは考えられない。」[192]

Paterson 判決は「相当な逸脱」のテストを用いて、隣町への病院の移転を差し止める訴えを却下した。

なお、本件では、修正された基本定款（certificate of incorporation）は病院の移転を認める内容であるため、裁判所は、病院の移転が、病院の設立当初の目的から相当に逸脱しているか否かを判断しているものだと考えられる[193]。

〔27〕 Queen of Angels Hospital v. Younger (1977)

法人が行おうとしている行為が法人の目的に反すると判断された判例として、Queen of Angels Hospital v. Younger（以下、「Queen of Angels Hospital 判決」

---

192) Id. at 492.
　　なお、Paterson 判決において引用されている Rutger 判決は、大学に対する州の権限を強化するために、州が大学の定款を変更すること等を内容とした立法を行った事案である。当該立法は、大学の受託者のボードが承認しなければ効力を有しない旨が規定されていた。Rutger 判決において争点となっていたのは、当該立法を承認することが受託者のボードの信認義務に反するか否かであり、定款変更をすることそのものが信認義務に違反するか否かが争われていたわけではない。Trustees of Rutgers College in New Jersey v. Richman, 125 A.2d 10 (Ch.Div. 1956).
193) 目的遵守義務についての本節第一款の二 (1) (ii) を参照。

という）[194]）がある。取締役の責任が問われた事案ではないが、非営利法人の目的に関する判例であるので、ここで併せて紹介する。

　非営利法人である Queen of Angels Hospital（Queen）の基本定款は、その目的として、病院の運営以外にも、複数の目的を定めていた。Queen of Angels Hospital は、病院施設を営利形態の病院にリースし、その対価を病院の運営ではなく、経済的に恵まれないコミュニティーのための外来患者向けのクリニックの創設と維持に充てようとし、AG を相手方として宣言的判決を求めた。
　裁判所は次のように判示し、クリニックを運営するために病院のビジネスの運営を放棄することは、法人に課された信託と矛盾することになると結論づけた。
　「非営利の慈善目的の組織の資産についてのルールは、十分に確立されている。『チャリティーの目的のためのみに設立された法人の資産は、法人の目的の明示的な宣言により慈善信託（charitable trust）の性質を持つ（impress）ものとみなされ、そのような資産を寄付した者が、寄付がなされた目的について明示的に宣言しなかったとしても、関係ない。』〔引用省略〕。」[195]
　「AG は、基本定款（article）が『信託財産が使用される用途を決定する』と主張し、原告も同様に主張する。AG はまた、組織の性質は、基本定款（charter）で定義された法人の権限によってのみならず、その活動を行う方法によっても決定づけられると主張し、原告も同様に主張する。……原理についてのこのような明らかな共通の理解（agreement）に基づいて、基本定款の分析……を行う。」[196]
　基本定款は複数の『目的』に言及しているが、これらの複数の目的の骨組みは、病院の運営である。クリニックについては言及さえされていない。
　……基本定款一つをとってみても、……Queen は病院の運営に加えて多くのことを行う権限を有しているが、それらのその他すべての活動にとって不可欠なのは病院の運営の継続である。
　……この結論は、1927年に Queen が最初に設立された時から1971年にリース契約が締結された時まで、当該法人は実際継続的に病院を運営してきたと

---

194) Queen of Angels Hospital v. Younger, 136 Cal.Rptr. 36 (Cal.App. 1977).
195) *Id.* at 39.
196) *Ibid.*

いう、争いのない追加的な証拠によっても不可避なものとなる。……。
　まとめると、当該法人がその基本定款の下で他の何を行うことができるとしても、当該法人は病院を運営することを意図され、実際に運営してきたのであり、クリニックを運営するために病院のビジネスの運営を放棄することは当該法人に課された信託と矛盾することになる。」[197]

　Queen of Angels Hospital 判決は、まず、「チャリティーの目的のためのみに設立された法人の資産は、法人の目的の明示的な宣言により慈善信託（charitable trust）の性質を持つ（impress）ものとみなされる」と述べて、公益目的の法人が保有する資産は信託の性質を有しているとの解釈を示している[198]。
　また、同判決は、「組織の性質は基本定款で定義された法人の権限によってのみならず、その活動を行う方法によっても決定づけられる」との当事者の主張を前提として判示を行っている。この立場は、本節第一款の二(1)(ii)で紹介した、定款の目的は法人の目的そのものではなく、法人の目的を表現するものに過ぎないとの Kurtz の理解と親和的である。
　同判決は、「相当な逸脱のテスト」を厳格に適用した事案であると評価されている[199]。

〔28〕 Attorney General v. Hahnemann Hospital（1986）

　Attorney General v. Hahnemann Hospital（以下、「Hahnemann 判決」という）[200]の傍論においては、慈善法人の定款の目的の変更についての興味深い説明がみられる。

　　非営利の病院である Hahnemann Hospital（Hahnemann）は、病院の施設を売却して病院や回復期患者の施設に対して寄付を行う組織となることを計画した。Hahnemann の受託者（trustees）は、病院の資産を売却するために、その

---

197) Id. at 40-41.
198) Id. at 39. 慈善法人が保有する資産の性質の解釈については本節第一款を参照。
199) See Rubin, supra note 97, at 540-541.
200) Attorney General v. Hahnemann Hospital, 494 N.E.2d 1011 (Mass. 1986).

目的を変更し、「慈善目的の病院」や「回復期患者の施設」を「設立し、維持し、あるいはサポートし」、また、「一般公衆の健康を増進するあらゆる活動に参加すること」という目的を追加した。

　州の AG は、そのような資産の売却は、病院の運営の閉鎖を意味し、病院の受託者の権限を越えるとして、売却を差し止めようとした。また、AG は、Hahnemann は、定款変更によって、その基本定款の目的を放棄することはできないという内容の宣言的判決をも求めた。

　争点は多岐にわたるが、ここでは、基本定款における目的の変更について述べた傍論の部分を紹介する。裁判所は AG の主張に応答して次のように述べた。

　「AG は、信託法が〔定款変更に関する G.L.c.180 の〕§ 7 に読み込まれなければならず、〔基本定款の〕変更は、その『主要な慈善の目的 (dominant charitable purpose)』を促進する変更だけが認められると主張する。AG は、このような制限は、慈善目的の寄付が、寄付者が意図した目的のために使用されることを確保するために必要であると主張する。

　立法府は、G.L.c.180, § 7 を採用するのに際して、変更された目的の範囲を『主要な慈善の目的を促進する』目的に限定することはしていない。我々は、制定法のシンプルな文言の中に、彼らによって表現されていない意図を読み込むことはしない〔引用省略〕。もし AG が主張するように慈善目的の寄付を保護するためにそのような制限が必要であるのならば、AG は立法府に対して、制定法を修正することを勧めるべきである。」[201]

　更に、裁判所は、次のように述べた。

　「この機会を利用して Hahnemann の議論についてコメントしたい。〔Hahnemann は〕G.L.c.180, § 7 の下においては、Hahnemann は、その目的を、あらゆる慈善目的を含むものに変更することができるため、Hahnemann はその使途に制約のない資産 (unrestricted funds) を、定款変更によって基本定款に組み込まれたいかなる慈善目的のためにでも使用することができると主張する。Hahnemann による〔ルールの〕解釈は、その効果として、慈善法人に対して、資産をいかなる慈善目的にも使用することのできる、制限のない裁量を与えることになる。慈善法人は、単にその基本定款の目的を変更することによって、受託者がそのように判断した場合には、新しい目的が〔元の目

---

201) *Id.* at 1020. See FISHMAN & SCHWARZ, *supra* note 2, at 200-201.

的と〕類似しており、矛盾しないという要件もなく、資産を新しい目的に使用する権限を行使することができることになってしまうのである。公衆（public）は、彼らが寄付した資産が、類似の公共の慈善目的に使用されることを保障されなくなってしまうのである。（〔筆者注：この部分に付された（注18）は次のとおりである〕AG が……正しく指摘するように、『捨てられた動物のホームのために寄付した者は、将来の取締役がその慈善組織の目的を研究のための生体解剖を行うことに変更するとは予想していない。』）更に、法人は、自身を再構成し、全ての資産を新しい目的のために使用することによって、解散を回避することができることになってしまう。このような解釈は、『〔チャリティー〕資産の適切な適用をエンフォースし、……その運営にあたっての信託の違反を阻止する』（G.L.c.12, §8）という AG の権限と責任を骨抜きにするものでもある。」[202]

　Hahnemann 判決は、その傍論において、慈善法人の定款の目的を変更することができる範囲については制定法では制限が行われていないと判断し、この制定法の下では、裁判所は、定款の目的の変更の範囲に制限を付することはしない意図を表している。その上で、寄付者の意図を保護するためには慈善法人の定款の目的を変更することができる範囲を制限する必要がある可能性を指摘しており、注目される[203]。

〔29〕 Manhattan Eye, Ear & Throat Hospital v. Spitzer（1999）
　Manhattan Eye, Ear & Throat Hospital v. Spitzer（以下、「MEETH 判決」という）[204] の争点は、提案された売却がニューヨーク州非営利法人法 §511 の基準を満たしているかどうかである。同判決は、非営利法人の取締役の信認義務違反について直接に判断した事例ではないが、非営利法人の取締役の目的遵守義務の存在と性質について明確に述べた事案であり、また、営利法人と非営利法人の違いについて詳細に分析しているため、ここで紹介する。

---

202) Hahnemann 判決 at 1021。
203) *See* Rubin, *supra* note 97, at 546.
204) Manhattan Eye, Ear & Throat Hospital v. Spitzer, 715 N.Y.S.2d 575 (N.Y.Sup. 1999).

ニューヨーク州非営利法人法§511は、非営利法人が実質的に全ての資産を売却する場合には、裁判所に「取引の対価と条件が公正で合理的であること」と「法人の目的が促進されること」を納得させ、裁判所が取引を承認することを要求していた。非営利の病院であったManhattan Eye, Ear & Throat Hospital（MEETH）は、ニューヨーク州の最高裁判所に対して、病院を閉め、ほとんど全ての不動産資産を他の病院とディベロッパーに売却することの承認を求めた。

　裁判所は、提案された売却は、法人にとって公正かつ合理的ではなく、法人の目的を促進するものでもないと判断した。その中で裁判所は、非営利法人に対して裁判所が果たす役割や非営利法人の取締役の信認義務について次のように述べた。

　「非営利法人は伝統的な営利法人のためにデザインされた法的な枠組みの下で運営されている。しかし、非営利法人と営利法人の根本的な構造の違いにより、このアプローチは、取締役の無思慮なチャリティー資産の使用を防ぐための効果的な内部メカニズムを提供することができない。例えば、営利法人の文脈においては、株主の権限が、取締役が用心深い意思決定をすることを保証するのに対して、非営利法人においてはこの内部のチェックが存在しない。別の言い方をすれば、非営利法人には、『所有者』や、取締役の行動をモニターし、審査することに金銭的な利害関係を有する私的な当事者がいないのである。MEETHのような慈善法人の場合には、メンバーがおらず、取締役会は本質的に自己継続的（self-perpetuating）であるため、この区別はより一層重大である。」[205]

　「非営利法人法においては、承認を行う株主がいないため、タイプBの〔筆者注：ニューヨーク非営利法人法は、第四章第二節第二款で紹介したように、非営利法人を4つのタイプに分類している〕慈善法人の、全てのまたは実質的に全ての資産の処分のような、存続についての根本的な変更については、裁判所の承認を要求することによって説明責任（accountability）の欠如に対応している。このような申立においては、AGが制定法において当事者とされており、その『積極的な参加』が想定されている。これは、法人の最終的な受益者である公衆（public）の利益が十分に代表され、無思慮な取引から保護されることを確保するためである〔引用省略〕。当裁判所が実質的に全ての

---

205) *Id.* at 592.

MEETHの資産の……売却を審査することを求められたのは、この義務によるところである。」[206]

「非営利法人の取締役会は、本質的には、非営利法人とその資産の管理人（caretaker）である。管理人として、取締役会は、『誠実に（in good faith）、通常の合理的な人が類似の状況で同様の立場において行使するであろう勤勉さ（diligence）と注意（care）と技術（skill）のレベルをもって』（ニューヨーク州非営利法人法§717［a］）『法人のために行動し……その利益を促進する信認義務を負う。』〔引用省略〕。この取締役会の注意義務の公式は、『注意（care）』や『技術（skill）』という言葉を含まない営利法人法の該当するセクションの『拡張』であって〔引用省略〕、非営利法人の取締役の適切な注意の基準を堅く打ち立てている。」[207]

「取締役が慈善法人の使命（mission）が遂行されることを確保する義務を負っていることは自明のことである。この義務は『目的遵守義務（duty of obedience）』と表現されてきた。これ〔目的遵守義務〕は、非営利法人の取締役が『その組織の目的とゴールに対して誠実であること』を要求する、なぜなら『収益を上げることが究極的な目的である営利法人と異なり、非営利法人は特定の目的によって定義されるからである。すなわち、特定の活動を永続させることが組織の存在理由の中心なのである。』〔注省略〕。……目的遵守義務は、必然的に、全てのまたは実質的に全ての慈善組織の資産を売却する取引が、§511の下で分析される場合に、慈善法人の目的を促進するかという問題の本質である。」[208]

MEETH判決は、非営利法人においては、営利法人の場合と異なり、取締役をモニタリングすることに金銭的な利害関係を有する者がいないこと、そのため、ニューヨーク州非営利法人法は、慈善法人の存続についての根本的な変更については、AGを当事者とする訴訟における裁判所による承認を要求することによって説明責任の欠如に対応していることを説明している。非営利法人の役員のモニタリングに特有の問題点に対処するための制定法による手当を説明したものである。

206) *Id.* at 592-593.
207) *Id.* at 593.
208) *Ibid.*

また、MEETH 判決は、非営利法人の役員の目的遵守義務について明確に述べている点でも重要である。

二　非営利法人の目的に関するその他の判例

〔30〕Cross v. Midtown Club, Inc.（1976）

　Cross v. Midtown Club, Inc.（以下、「Cross 判決」という）[209]では、いわゆる「クラブ」において女性を排除するポリシーを設けることが ultra vires にあたるか否かが争われた。

　　Midtown Club の定款によれば、その唯一の目的は、「メンバーに対して、ランチその他の食事を提供するための設備を提供すること」であった。メンバーは、ランチにゲストを同行することが認められていた。原告は Midtown Club の代表者であり、メンバーであったが、ランチに女性のゲストを同行したところ、ゲストが女性であるからという理由によりランチへの参加を拒否された。原告は、Midtown Club の代表としての立場とメンバーとしての立場で、Midtown Club とその取締役が女性を排除するポリシーを設けることは ultra vires であり、これにより、原告の Midtown Club のメンバーとしての権利を侵害したと主張した。
　　裁判所は、Midtown Club とその取締役が女性を排除していたことは ultra vires であったと認めたが、Midtown Club が被告である取締役らに対して賠償や訴訟費用等を補償する（indemnify）ことを否定する命令を求めていた点については、次のように判示して、これを否定した。
　　「〔各取締役はその信認義務に違反していないが、〕仮に違反していたとしても、……裁判所が彼らは『公正かつ合理的に補償に値する……』と判断すれば、費用を補償させることはできる。ソーシャルクラブの報酬を受け取っていない取締役は、単にクラブの既存の不文の方針であると信じたところに従っただけであり、クラブに経済的な損失も与えておらず、彼ら自身も利益を受けていないという本件の事実からすれば、いかなる裁判所も彼らに合理的な費用を補償することを拒否することは考えにくい。」[210]

209）Cross v. Midtown Club, Inc., 365 A.2d 1227 (Conn.Super. 1976).
210）*Id.* at 1231-1232.

Cross 判決は、法人の行為が ultra vires にあたると判断しながらも、取締役の信認義務違反についてはこれを否定した。法人の行為が ultra vires にあたる場合であっても役員の信認義務違反にあたらない場合があることを示した事例であるといえる。

　また、同判決は、その傍論において、被告である取締役が仮に信認義務に違反していたとしても、取締役に対する補償を否定することは考えにくいとの判断を示しているところ、その考慮要素の一つとして、取締役が報酬を受け取っていないことを挙げている点にも特徴がある[211]。

三　非営利法人の目的に関連する判例の特徴

⑴　法人の目的についての実質的な判断が行われていること

　以上の判例の検討からは、非営利法人においてはその行為が法人の目的の範囲内であるか否かについて、実質的な判断が行われていることが明らかになる。

ⅰ　法人の目的が具体的に検討されている事例

　営利法人においては、営利法人の行為が ultra vires であるとして無効とされることや、ultra vires である行為を行った取締役の責任が追及されることはほとんどないのに対して[212]、本稿で検討してきたように、非営利法人においては、その行為が法人の目的の範囲内であるか否かについて、実質的な判断が行われている。

　Holt 判決（〔25〕）においては「対症療法の医師や外科医を訓練することは、整骨療法のカレッジを運営するという目的の範囲ではない行為である」[213]との判断がされ、Queen of Angels Hospital 判決（〔27〕）においては「クリニックを運営するために病院のビジネスの運営を放棄することは当該法人に課された信託と矛盾することになる。」[214]との判断がされた。更に、MEETH 判決（〔29〕）においては、裁判所は、提案された病院の売却は、法人にとって

---

　211) Kurtz, *supra* note 8, at 139 n.47.
　212) 第三章第一節第三款参照。
　213) Holt 判決 at 939。
　214) Queen of Angels Hospital 判決 at 41。

公正かつ合理的ではなく、法人の目的を促進するものでもないと判断した[215]。

(ii) 法人の目的と定款に表現された目的との関係

なお、以上の判決の検討からは、裁判所は法人の目的を解釈するにあたって、必ずしも定款に記載された目的と法人の目的を同じものだと考えていない場合があることがうかがわれる。言い換えれば、裁判所は、定款に記載された目的は、法人の目的を表現したものに過ぎず、法人の目的を明らかにするために、定款を解釈する必要があるとの理解に立っている場合があると考えられる。

例えば、Paterson 判決（〔26〕）においては、修正された基本定款は病院の移転を認める内容であったところ、裁判所は、病院の移転が、病院の設立当初の目的から相当に逸脱しているか否かを判断していると考えられる[216]。

また、Paterson 判決が引用している Rutger 判決においては、「修正は、慈善組織の目的とその基本定款から相当に逸脱するかどうかを判断するように分析しなければならない。」[217]と述べられており、「慈善組織の目的」と「基本定款」が別のものであるとの理解を示している可能性がある。

更に、Queen of Angels Hospital 判決（〔27〕）においては、裁判所は次のように述べ、組織の性質を決定するのに際して法人の実際の活動を考慮している。「AG は、基本定款（article）が『信託資産が使用される用途を決定する』と主張し、原告も同様に主張する。AG はまた、組織の性質は、基本定款（charter）で定義された法人の権限によってのみならず、その活動を行う方法によっても決定づけられると主張し、原告も同様に主張する。……原理についてのこのような明らかな共通の理解（agreement）に基づいて、基本の分析……を行う。」[218]

---

215) MEETH 判決参照。
216) Paterson 判決参照。
217) Id. at 492に引用されている。
218) Queen of Angels Hospital 判決 at 39。

(2) 営利法人の目的と非営利法人の目的の取扱いの違い

　裁判所による営利法人と非営利法人の目的の取扱いは、二つのレベルで異なっていると考える。

　第一に、法人の目的の範囲内か否かを検討する場合に、定款等に表現された、法人の具体的な目的を基準として用いているか否かという点である。第三章第一節第三款で検討してきたように、営利法人においてはその活動が法人の目的の範囲内であるかが争われるのは、法人の活動が株主の利益に資するか、すなわち「営利目的」にあたるか否かが争われる場面である。大学に対する寄付が問題となったA.P. Smith 社[219]の定款に記載された目的が「器具の製造販売」であったとしても、判決においては、寄付を行った行為が「器具の製造販売」の目的に含まれるか否かではなく、営利目的に含まれるか否かが検討されると考えられる。これに対して、非営利法人においては、法人の目的が「病院の運営」であれば、あくまでも「病院の運営」が行われているか否かが基準とされる。公共の利益に資するからといって、「病院の運営」を目的とする法人が「学校の運営」のみを行うことは、法人の目的の範囲外であると判断されると考えられる。

　第二に、上記の基準を用いる際に、営利法人の場合にはある行為が営利目的のために行われていることが「擬制」されているのに対して、非営利法人の場合には法人の目的から逸脱していないかが実質的に審査される。第三章第一節第三款で検討したように、営利法人においては、ある行為がステークホルダーの利益を重視しているようにみえ、株主の経済的利益を目的としているかに疑問が生じるような場合であっても、「法人の長期的な利益」[220]や「自由な企業システムにおける法人の実際の存続」[221]といった抽象的な概念を用いて、営利目的にあたることを擬制している。これに対して、非営利法人については、Taylor 判決（[24]）や Queen of Angels Hospital 判決（[27]）にみられるように、ある行為が法人の目的の範囲内かどうかが実際に審査されている。

219) A.P. Smith 判決（[1]）参照。
220) Shlensky 判決（[5]）at 780。
221) A.P. Smith 判決（[1]）at 154。

こうした違いをどのように説明することができるだろうか。

まず一つ目の違いである、法人の具体的な目的を判断の基準として用いているか否かの違いについては、営利法人における出資者である株主と、非営利法人における出資者である寄付者の意図という視点から説明できるように思われる。営利法人においても非営利法人においても、資金を集めるためには、資金提供者の意図を尊重することが必要である。営利法人における株主の目的は利益を最大化することであって、通常、株主は利益を最大化するための方法は重視していないことが多い。これに対して、非営利法人においては営利法人における株主に該当するものは存在せず、寄付者等の資金提供者が非営利法人に対して資金を提供している。

第一節第一款で紹介したように、Kurtz は、目的遵守義務の理由として、慈善法人に対して寄付を行う者は、その法人の特定の活動に資金が利用されることを信頼していることを指摘し、法人の目的以外のために法人の資金を使用することは、その目的がどんなに高貴なものであっても法的に認められないと指摘していた[222]。そして、潜在的な寄付者が、資金は意図された目的のために使用されないだろうと考えたならば、寄付は行われないことになるだろうと指摘していた[223]。

Kurtz が指摘するように、非営利法人においては、その資金提供者は、必ずしも「公益一般」のために寄付を行っているのではなく、当該非営利法人の目的に賛同し、自らの出資した資金が、当該非営利法人の特定の目的のために使用されることを期待していると考えられる[224]。法人の目的が遵守されず、自分の拠出した資金が意図のとおりに使用されないのであれば、寄付者はそもそも寄付を行わなくなってしまうことも考えられる。そのため、非営利法人は、その具体的な目的の範囲内で活動する必要がある。そして、法人の目的の範囲外の行為を行った取締役は、これによって生じた損害につい

---

222) KURTZ, *supra* note 8, at 85.
223) *Id.* at 86.
224) 資金提供者の中には、具体的な目的にはこだわらず、何らかの公益のために使用されることのみを期待している者もいると思われる。しかし、当該非営利法人の具体的な目的に賛同して寄付を行っている者が一定数存在することは否定できないだろう。

て責任を追及される可能性があるため[225]、法人の具体的な目的の範囲内で活動することが、非営利法人の役員の信認義務の内容にも組み込まれることになる。

次に、二つ目の違いである、営利法人についてはある行為が営利目的のために行われていることが「擬制」されているのに対して、非営利法人については法人の目的から逸脱していないかが実質的に審査される点については、社会の要請の存在によってこの違いを説明できる可能性がある。すなわち、営利法人については、その経済的利益を犠牲にしてでも一定程度の社会的責任を果たさせようとする、社会の要請が存在すると考えられる。第三章第一節第三款で紹介した営利法人に対して一定の範囲での慈善目的の寄付を認める州法は、まさにこうした社会の要請を具体化したものであるとも評価できる。Kahn は、20世紀半ばまでに各州において行われた営利法人の慈善目的の寄付を認める立法について、これらの規定のほとんどが営利法人の慈善目的の寄付にかなりの限定と条件を課すものであったことを指摘した上で、これらの立法は、株主利益の最大化の優先と、会社の出捐による社会的活動とのバランスをとろうとした実験であったと評価していた[226]。

(3) 非営利法人の目的の範囲の解釈に際して考慮すべき点

それでは、非営利法人の目的の範囲を解釈するのにあたっては、どのような点が考慮されているのだろうか。

本款で取り上げた判例の検討からは、非営利法人の目的の範囲を解釈するのに際して考慮する必要がある二つの要素が浮かび上がってくる。一つは資金提供者の意図に配慮する必要性であり、もう一つは社会の状況の変化に対応し、資産を効率的に活用する必要性である。非営利法人の目的の範囲を解釈するに際しては、この二つの考慮要素のバランスをとる必要があると考える[227]。なお、法人の目的に関して本節で取り上げた判例のほとんどは公益

---

225) FISHMAN & SCHWARZ, *supra* note 2, at 199-200、第三版 MNCA §3.04 (c) 参照。

226) Faith Stevelman Kahn, *Pandora's Box: Managerial Disclosure and the Problem of Corporate Philanthropy*, 44 UCLA L. REV. 579, 594, 597, 599-600 (1996-97).

を目的とする非営利法人に関するものであったことから、ここでは、非営利法人の中でも公益を目的とする非営利法人を念頭において検討する。

(ⅰ) 非営利法人制度の目的

まず、公益を目的とする非営利法人についての制度の目的を検討しておきたい。ここで検討するのは、制度全体の目的であり、個々の非営利法人の目的とは異なるレベルの問題である。

一つの可能性としては、制度の目的は社会全体の厚生の最大化であるという考え方がありえよう。また、別の可能性としては、制度の目的は、潜在的な受益者を含めた受益者全体の厚生の最大化であるという考え方もありえよう[228]。公益を目的とする非営利法人の受益者は金銭やサービスといった何らかの支援を必要とする者である場合が多いと考えられるところ、後者の考え方は、社会全体ではなく、何かを必要としている (needy) 者の厚生を中心に考えている点で前者と異なる。

しかし、前者の考え方をとった場合であっても、潜在的な受益者を含めた受益者の厚生は、重要な要素となることから、いずれの考え方をとる場合であっても、潜在的な受益者を含めた受益者全体の厚生を検討することが重要な課題になると考える。

(ⅱ) 公益目的に使用することができる資金の額

潜在的な受益者を含めた受益者全体の厚生を考える際に、第一に検討する必要があるのは、公益目的に使用することができる資金の額である。非営利法人が受益者に対して何らかのサービスを提供するためには資金が必要となる。ここで、公益を目的とする非営利法人においては、寄付者が重要な資金

---

227) 田中亘は、いわゆる「後継ぎ遺贈」の問題において、「後継ぎ遺贈の有効性とその限界を考える上では、後継ぎ遺贈という財産処分の自由を認めること自体のメリットと、これを認めることによってその後の財産処分が一定の制約を被ることのデメリットとの比較考量が必要」(田中亘「後継ぎ遺贈――その有効性と信託による代替可能性について」米倉明編著『信託法の新展開――その第一歩をめざして』211頁、257頁 (商事法務・2008年)) であると指摘している。後継ぎ遺贈がなされる時点での状況と、その後の時点で社会的厚生を増大させる取引を行うことの必要性の双方を考慮する必要があるという指摘は、本稿に大きな示唆を与えている (田中・211頁以下参照)。

228) 非営利法人制度の目的についての詳細な検討は他日を期したい。

提供者である[229]。寄付者は非営利法人の特定の目的に賛同して寄付を行っていると考えられるため、裁判所が法人の目的の範囲を広く解することが予想され、提供した資金が自らが意図した目的に使用されない可能性が高いことが予想されれば、寄付者は寄付を行うインセンティブを失い、寄付者から提供される公益目的に使用することができる資金の総額が減少する可能性がある[230]。寄付者の意図を尊重するためには、法人の目的を厳格に解釈する必要がある。

(iii) 資金利用の効率性

他方で、資金提供者の当初の意図を完全に守らなければならないとすれば、社会の状況が変化した際に、資金をより有効な方法で使用することが妨げられる。

そこで、第二に検討する必要があるのは、資金利用の効率性である。公益目的に使用することができる資金を利用して、あるサービスが非営利法人から受益者に対して提供された場合に、潜在的な受益者を含む受益者の厚生の総和がどの程度増加するか、すなわち、資金がどの程度有効に使用されているのかという点である。

a. Taylor 判決（[24]）からの示唆

非営利法人の行為が法人の目的から逸脱しないと判断された Taylor 判決（[24]）においては、「〔現状を維持することは〕経済的にみて、公共の慈善組織としての Barnard Hospital の宣言された目的と有用性を、手足を縛って、損なうことになり、〔Washington University との提携と移転は〕取締役会が Barnard Hospital の目的と〔寄付者の〕真の意図を実現し続けることを可能にする。」[231]との指摘がされている。

Taylor 判決の判旨は、法人の目的や寄付の条件を緩やかに解することが寄付者の「真の意図」を実現するという理由づけをすることによって、当初の資金提供者の意図とその後の社会の状況の変化を踏まえて資金を効率的に使用する必要性が異なる方向性を示す可能性があるという問題を回避している

229）第二章参照。
230）*See* KURTZ, *supra* note 8, at 85-86.
231）Taylor 判決 at 756。

が[232]、同判旨は、目的の範囲を厳格に解することは、資産の効率的な活用を妨げる可能性があることを示唆しているといえよう。

b. Hansmann の指摘

この点に関連して、第二章第二節第二款の三で紹介したように、Hansmann によれば、非営利の形態は、ある意味において「過渡期における形態 (transitory form)」である。非営利の形態は、サービスの性質自体も、そのサービスについての契約の方法も、市場が機能する程には標準化されていない新しい産業における組織において、特に重要な役割を果たすと説明する。そして、これらの産業が成熟すると、非営利の形態に依存する度合いは少なくなるが、「惰性」によって、その産業における非営利組織の大きな存在感はその後何十年も維持されることになると指摘する[233]。

Hansmann は、病院等の古い産業ではなく、非営利形態が今日において最も貢献できる分野を特定し、非営利企業の資産を時代遅れの非営利組織から活力のある新しい非営利企業に移行させる方法を探る必要があると主張していた。そして、非営利法人法を改革して、非効率的な非営利法人が営利法人に「転換 (convert)」し、または解散することを容易にし、そうした法人の資産が経営者や取得者や仲介者ではなく、より活力のある活動に移転することを確保するための方法を探る必要があると主張していた[234]。

c. 検討

あるサービスが非営利法人によって提供されている場合に、営利法人によっても同様のサービスを提供することができるのであれば、そのサービスの提供のために公益目的に使用されるべき資金を利用することは効率的な資金の利用とはいえないだろう。非営利形態の病院であっても営利形態の病院であっても、同じの金額で同じ治療を提供できると仮定する。病院で治療を受けたい者は、営利形態の病院に対して、非営利形態の病院に支払ったであ

---

232) *See Ibid.*
233) Henry B. Hansmann, *Response to Review Essay of "The Ownership of Enterprise": Nonprofit Organizations in Perspective*, NONPROFIT AND VOLUNTARY SECTOR QUARTERLY 2000 29: 179, 181 (2000).
234) Hansmann, supra note 233, at 182. 藤谷武史「非営利公益団体課税の機能的分析――政策税制の租税法学的考察 (四・完)」国家学会雑誌118巻5・6号93頁、141頁注443も参照。

ろう金額と同じ金額を支払うことによって、同じ治療を受けることができる。ここで大学進学のための奨学金に対する大きな需要があると仮定した場合に、公益目的に使用されるべき資金を、非営利の病院の運営ではなく、この大学進学のための奨学金に充てれば、奨学金を受けた受益者の厚生は増加する。この場合には、公益目的に使用することができる資金を大学進学のための奨学金として使用したほうが、受益者全体の厚生に資する可能性が高い[235]。

　公益目的に使用することができる資金を有効に使用するためには、例えば病院の運営を目的としていた法人が、より需用のあるその他の公益事業を行うことができるように、個別の法人の目的を広く解釈する必要が生じる。

　(iv)　**資金提供者の意図の尊重の必要性と資金の効率的な利用の必要性の調整**

　ここで、資金提供者の意図を尊重することとし、資金提供者が寄付を行うインセンティブを高め、公益目的に使用することができる資金を調達するという第一の要請と、この資金を受益者の厚生を増加させるために効率的に使用するという第二の要請は、互いに衝突しあう場合があることを確認しておきたい。資金提供者の意図する資金の利用方法が、受益者の厚生を増加させるという観点からみても効率的なものである場合には、第一の要請と第二の要請は衝突しない。これに対して、当初の資金提供者の意図する資金の利用方法が効率的でなくなった場合には、資金提供者の意図を尊重する必要性と、資金を効率的に使用する必要性が衝突する。

　法人の目的をどの程度厳格に解釈するかを判断する際には、この互いに衝突しうる二つの要素を検討し、受益者の厚生の総和を増加させるべく、両考慮要素のバランスをとる必要がある。

(4)　定款の目的の変更を無制限に認めることが、寄付者の意図に反する可能性

　Hahnemann 判決（〔28〕）は、その傍論において、非営利法人の定款の目的

---

[235]　但し、この場合には、病院で使用してもらうことを想定して寄付を行った寄付者が、その資金が奨学金として使用されたことを知り、気分を害することによって寄付者の厚生が減少する可能性がある。

の変更を無制限に認めることの問題点を指摘していた[236]。

非営利法人に対して寄付を行った者は、その非営利法人の特定の目的のために寄付金が使用されることを期待していたと考えられることから、その後非営利法人がその目的を180度変更し、寄付金を新たな目的のために使用することは、寄付者の意図に反する可能性がある。

法人の定款の目的が変更された場合にも自らが提供した資金がその意図に沿って使用されることを確保したい寄付者は、特定の使途に資金を使用することを目的とした信託を設定する方法で寄付を行うこと等が考えられよう。

(5) 非営利法人に対する裁判所による規律の必要性

MEETH判決（〔29〕）は、非営利法人と営利法人との法的構造上の違いに着目した判示を行っている。非営利法人においては営利法人における株主がおらず、営利法人におけるモニタリングが機能しないため、慈善法人の、全てのまたは実質的に全ての資産の処分のような、存続についての根本的な変更については、裁判所の承認を要求することによって、説明責任（accountability）の欠如に対応していると判示している[237]。株主が不在である非営利法人においては、裁判所等の他の機関がより大きな役割を果たす必要があることを指摘した重要な判示である[238]。

---

236) Hahnemann判決 at 836参照。
237) MEETH判決 at 151。
238) 公的機関によるエンフォースメントの必要性については、第六章を参照。

第二節
非営利法人の役員の信認義務についての学説

　以上、非営利法人の役員の信認義務についての判例を検討してきた。次に、非営利法人の役員の信認義務についての学説を紹介・分析していきたい。

第一款　分析の視点——考慮要素の抽出

　学説を分析することにより、各論者が役員の信認義務違反の有無を判断する際に考慮するべきであると考えている要素を抽出することが期待される。

　注意義務と忠実義務については、その中心的な争点は、信託の受託者の基準のような厳格な基準を適用するか、営利法人の役員の基準のような緩やかな基準を適用するかという点にある[239]。厳格な基準を適用すべきだとする主張、緩やかな基準を適用すべきだとする主張の背景にある考慮要素を探りたい。

　なお、目的遵守義務に関する見解については、本章第一節第一款を参照されたい[240]。

第二款　非営利法人の役員の注意義務についての学説

　非営利法人の役員の注意義務についての学説は、①営利法人の役員に適用される基準よりも厳格な基準を用いるべきだとする立場、②営利法人の役員に適用されるのと同様の柔軟な基準を用いるべきだとする立場、③営利法人の役員に適用される基準よりも更に柔軟な基準を用いるべきだとする立場に整理することができる[241]。

---

239) 信託の受託者の義務と営利法人の役員の義務については、第三章を参照。
240) 特に、Kurtzの見解とALIの「非営利組織法の原理」の試案の見解の違いに注目されたい。

一 非営利法人の役員に対して、営利法人の役員に対するよりも厳しい基準を用いるべきだとする見解

非営利法人の役員の注意義務についての学説に多くみられるのは、非営利法人の役員に対しては営利法人の役員に対するよりも厳しい基準を用いるべきだとする立場である。

(1) Virginia note (1978)

1978年の Virginia Law Review の論考（以下、「Virginia note」という）は、慈善目的の法人と慈善信託の両方に適用される法の必要性を論じたものである。その中で、非営利法人の場合には取締役を監視する番犬（watch dog）として行動する特定の受益者や株主がいないことを指摘し、非営利法人の役員に営利法人の役員と全く同様の基準を採用することは、営利法人と慈善目的の法人の大きな違いを無視することになると主張している[242]。

(2) Fishman (1987)

Fishman は、役員を監視するメカニズムが弱い非営利法人において、役員の注意義務の基準として営利法人法の基準を適用することは緩やかすぎる場合があると指摘し[243]、非営利法人のタイプと特定の取引における取締役の行為や利益の性質に応じた「シフトする基準」を採用することが必要であると主張する[244]。この「シフトする基準」とは、①組織の運営に関する事項については、取締役は、経営の放棄（nonmanagement）、意図的な経営の誤り

---

241) 学説を紹介したものとして、Note, *Developments in the Law-Nonprofit Corporations*, 105 HARV. L. REV. 1578, 1594（以下、「Harvard note (1992)」という）。注意義務について、法人法の基準と信託の基準について解説した文献として、Mary Frances Budig, Gordon T. Butler & Lynne M. Murphy, *Pledges to Nonprofit Organizations: Are They Enforceable and Must They be Enforced?*, 27 U.S.F. L. REV. 47, 85-119 (1992) も参照。
242) Note, *The Fiduciary Duties of Loyalty and Care Associated with the Directors and Trustees of Charitable Organizations*, 64 VA. L. REV. 449, 460 (1978)（以下、「Virginia note (1978)」という）。
243) Fishman (1987), *supra* note 31, at 414.
244) *Id.* at 393, 414-423.

(intentional mismanagement)、または最高程度に重大な過失（grossest negligence）がある場合にのみ責任を問われるべきであるとする一方で、②その事柄が法人の慈善目的の機能や、その課税免除された目的への影響を含んでいる場合には、高度な信託の基準が適用されるべきであり、取締役は単なる過失（mere negligence）に対しても責任を負うべきであるとするものである。この高度な基準は、合併や解散、その組織が設立された目的の変更や、非営利法人の受益者である公衆（public）にとって重要な事柄といった、組織の将来に関して重要な事柄に適用されると説明される[245]。

また、Fishman は、conversion に際しての非営利法人の役員の信認義務の審査基準について次のように述べる。Fishman は、conversion の場面においては、非営利法人の役員に対して、支配権の移動に際して営利法人の役員に課される高度な審査基準（heightened scrutiny）に類似する、より厳格な審査基準と信認義務を課すべきであると主張し、裁判所は conversion の場面において適切な特別な行為の基準と、適切に厳格な法的な審査基準を形成するべきであると主張する[246]。更に、Fishman は、全ての取引が利害関係のない外部取締役による独立委員会により承認され、交渉されるべきであり、それができない場合には取締役側に証明責任のある「完全なる公正（intrinsic fairness）」のテストで取引を審査するべきであると主張する[247]。

(3) Boyd（1987）

Boyd は、各州の制定法は、public benefit corporation と mutual benefit corporation の違いを認識し、その取扱いを分けるべきであると主張する[248]。具体的には、public benefit corporation に対しては信託の基準を適用する必要

---

[245] Id. at 414. Fishman はこの二重の基準（Dual Standard）について、銀行や金融機関の取締役に対して高度な注意義務が課されることや、ERISA 年金基金の受託者に高度な義務が課されることを引き合いに出して説明しているが（Id. at 414-415）、銀行や金融機関の取締役に高度な注意義務が課されるのは組織自体の果たす役割の特殊性に着目したものであり、ここで Fishman が提案している二重の基準は、同じ組織の中で行われる行為の性質に着目したものであることには注意が必要であろう。See also FISHMAN & SCHWARTZ, supra note 2, at 156-157.

[246] Fishman (1998), supra note 97, at 737.

[247] Id. at 718.

があるが、mutual benefit corporation でメンバーによる支配が行われている場合（Boyd によれば、メンバーによって取締役が選任・解任されるだけでなく、メンバーが当該法人に一定の規模の支払いをしている場合を指す）には、営利法人の株主に類似した立場に立つメンバーによって取締役の監視が行われるため、厳格な信託の基準ではなく、営利法人法の基準で十分であると主張する[249]。

(4) Lee (2003)

Lee は、非営利法人の取締役に対して BJR を適用することに疑問を呈する[250]。Lee は、非営利法人の役員に対しては、BJR を適用せず、営利法人法の通常の過失レベルの審査を適用すべきであると主張する[251]。Lee は、営利法人において BJR を適用することが正当化される根拠としては、より効率的な市場のメカニズムによって取締役が規律されていること等が挙げられるが、非営利法人にはこの点はあてはまらないこと等を指摘し、非営利法人の取締役に BJR による保護を認めることは、非営利法人の取締役として働くことを奨励することと引き換えに、説明可能な責任の基準を維持することを犠牲にしてしまうため、認められないと主張する[252]。

また、Lee は、mutual benefit と pubic benefit について適用する基準を分ける可能性も示唆している。mutual benefit については、法人に対してセーフガードとなるメンバーがいるため、営利法人の基準を適用し、これに対して、

---

[248] Thomas H. Boyd, *A Call to Reform the Duties of Directors under State Not-for-Profit Corporation Statutes*, 72 IOWA L. REV. 725 (1987). *See also* Harvey, *supra* note 17, at 674. Harvey は、非営利法人の役員に対して、これを監視する株主に相当する者がいないためにより厳しい審査基準を適用すべきであるとの理屈は、mutual benefit にはあてはまらないと指摘する (Harvey, *supra* note 17, at 674)。
[249] Boyd, *supra* note 248, at 744-745.
[250] Lee, *supra* note 51.
[251] *Id.* at 944.
[252] *Id.* at 945-960. Lee は、営利法人における BJR を正当化するのに最もよく用いられる理由として、①リスクをとることを促進すること、②有能な者が取締役となることを奨励すること、③司法による後知恵の判断を防ぐこと、④取締役が会社を運営するのに際して、十分な裁量を認めること (株主ではなく取締役に会社の業務を運営させること)、⑤より効率的な市場のメカニズムによって取締役の行動が規律されることを挙げた上で、これらが非営利法人の場合にあてはまるかを検討している。

public benefit については、監視についてのより大きな必要性があることから、信託の基準を適用することが考えられると指摘する[253]。

二　非営利法人の役員の注意義務について、営利法人の役員と同様の基準を課すべきだとの見解

　非営利法人の役員の注意義務について厳格な注意義務を課すべきであるとの主張が多くみられるのに対し、非営利法人の役員に対して営利法人の役員と同様の基準を用いることを積極的に主張する見解は多くない。こうした見解が少ないことの理由の一つとしては、既にモデル法や制定法が、非営利法人の役員に対して営利法人の役員と同様の基準を用いているため、あえてこれに賛成する旨の主張をする必要がないことが挙げられよう。

　但し、非営利法人の役員の注意義務について営利法人のモデルを採用したRMNCAの起草者の一人であるHoneは、その著作の中で非営利法人と営利法人の違いを強調しており[254]、Honeが非営利法人と営利法人の類似性を理由として営利法人法のモデルを採用したのかどうかは疑わしい。Honeは、RMNCA（改訂モデル非営利法人法）がMBCA（モデル営利法人法）に構造的に類似していることについては、法律家らがよく知っているルールを扱うことができること等をメリットとして指摘していた[255]。

(1) Marsh (1980-1981)

　Marshは、非営利法人の役員の責任の問題として扱われる問題は、営利法人の役員の場合と共通点を有するとして、原則として営利法人の取締役に適用されるのと同様の基準を適用すべきであると主張した[256]。

---

253) *Id.* at 944 n.118. Boyd, *supra* note 248, at 744-745を参照している。
254) Michael C. Hone, *California's New Nonprofit Corporation Law-An Introduction and Conceptual Background*, 13 U.S.F. L. Rev. 733, 733-734 (1979).
　　また、Honeは、「非営利法人の法は、州のビジネス法のかわいそうな継子である。」と表現し、立法者や研究者が注意を払ってこなかったことや、非営利法人に適用される制定法や判例法が少なく未発達であることを指摘している。Michael C. Hone, *Aristotle and Lyndon Bains Johnson: Thirteen Ways of Looking at Blackbirds and Nonprofit Corporations-The American Bar Association's Revised Model Nonprofit Corporation Act*, 39 Case W. Res. L. Rev. 751, 759 (1988-1989) (以下、「Hone (1988-1989)」という)。

(2) Brand (1986)

　Brand は、慈善信託と慈善法人に対しては、同様の基準を適用すべきであるとし、忠実義務については両者に対して厳格な私益信託（private trust）の基準を適用すべきであるが、注意義務については両者に対して緩やかな営利法人法の基準を適用すべきであると主張する[257]。注意義務については緩やかな基準を適用し、忠実義務については厳格な基準を適用しようとしている点で特徴的な見解である。

　Brand は、慈善信託や慈善法人の目的は、特定の受益者のための経済的な利益ではなく、慈善活動（charity）であるため、慈善信託の受託者や慈善法人の取締役には、営利法人の取締役に認められるのと同様のレベルの裁量を認める必要があると主張する[258]。Brand は、私益信託における受託者の注意義務が営利法人における取締役の注意義務よりも厳格である理由の一つとして、私益信託の受託者は個人である受益者に対して忠実義務を負うのに対して、営利法人の取締役は機関としての会社に対して忠実義務を負い、忠実義務の焦点がより一般的であるため、営利法人の取締役には、特定の信託の受託者の利益よりも多様である可能性のある会社の目的に対応するために、より大きな裁量が必要とされると説明する[259]。そして、個人である受益者の経済的な利益を目的とするのではなく、その目的を経済的な条件だけによっ

---

[255] Hone (1988-1989), *supra* note 254, at 763 n.72. は、次のように指摘する。「RMNCA は MBCA と構造的に類似している。RMNCA は、州の当局に対する行政上の書類提出（filings）について、その規定を真似している。このことは、州の立法府が非営利法人法を評価することを容易にし、州の官僚が法に反対するインセンティブを減らし、法律家やその他の者がよく知っているルールを扱うことを可能にする。」また、Hone は、RMNCA について、その構造は比較的シンプルであるため、専門家でない者や素人がこれを使うことが可能となり、RMNCA が多くの州で採用される可能性を高めるとも指摘している（*Id.* at 763）。*See also* Paul L. Basile. Jr., *Directors' Liability under the New California Nonprofit Corporation Law*, 13 U. S. F. L. REV. 891, 912 (1979).

[256] Gordon H. Marsh, *Governance of Non-Profit Organizations: An Appropriate Standard of Conduct for Trustees and Directors of Museums and Other Cultural Institutions*, 85 DICK. L. REV. 607, 622 (1980-1981).

[257] Brand, *supra* note 118. 特に *Id.* at 656-657。

[258] *Id.* at 632.

[259] *Id.* at 647.

ては定義できないことがほとんどである慈善信託や非営利法人の場合にも、広範な裁量が必要であると説明する[260]。そして、裁判所は自己取引や詐欺、または裁量の濫用を認定したときにのみ受託者や取締役の行動に疑問を差し挟むべきであると主張する[261]。

他方で、忠実義務については、慈善法人や慈善信託においては、監督機能を果たす株主や特定の受益者がいないため、自己取引を厳格に禁止する、私益信託における忠実義務に類似した、厳格な忠実義務の基準が適用されるべきであると主張している[262]。この点については忠実義務についての第三款において後述する。

(3) Sasso (2003)

Sassoは、非営利法人の役員についてもBJRが適用されることに賛成している。Sassoによれば、BJRは、取締役会における、創作的で、革新的で、戦略的で、起業的な考え方を促進し、容易にするために営利セクターにおいて発展したルールであるところ、非営利の場合においてもこのような考え方が必要であることは明らかであり、既に多くの裁判所が非営利セクターについてもBJRを用いて注意義務を緩和していることは驚くべきことではないと説明する[263]。

三 非営利法人の役員の注意義務について、営利法人の役員よりも更に緩やかな基準を課すべきだとの見解

非営利法人の役員の注意義務について、営利法人の役員よりも更に緩やかな基準を課すべきであるとの考え方も存在する[264]。その論拠は、非営利法人の役員がボランティアであることや、ビジネスの経験を有していない場合があることに求められる[265]。

---

260) *Id.* at 677, 688.
261) *Id.* at 686.
262) *Id.* at 632.
263) Sasso, *supra* note 1, at 1525. *See also Id.* at 1525 n.165.

Barrettは、「小さな」慈善目的の非営利法人の取締役に対しては、営利法人の取締役に対するよりも緩やかな（lenient）基準が適用されるべきであると主張する[266]。Barrettは、実際に訴訟を起こされることがなくとも、訴訟を起こされるかもしれないという「脅威」が存在することによって、ボランティアが非営利法人の取締役になることを妨げると論じる。そして、小さな慈善目的の非営利法人は営利法人とは異なること、こうした非営利法人の取締役はボランティアであり、営利法人の取締役とは異なって、ビジネスの経験を有しているかどうかも人によって異なることを指摘する[267]。

　Barrettは、各州は、非営利法人法を営利法人法とは別に制定し、非営利法人のサイズや活動、サービスのタイプに応じて、非営利法人を、モデル法等で採用されている三分類よりも細かく分類することが必要であると主張する[268]。そして、小さな慈善目的の非営利法人の取締役については、「意図的に法人に損害を生じさせた場合」または「意図的に刑事法に違反した場合」にのみ取締役の責任を問う規定を採用すべきであると提案する[269]。

四　非営利法人の役員の注意義務についての学説の小括——学説とその考察から抽出された考慮要素

　学説からは、非営利法人の役員に対して厳格な注意義務を課すべきであるとの方向に傾く考慮要素として、また、逆に緩やかな注意義務を課すべきで

---

264) 本文中で紹介した論者の他、Chidlawも、人々が非営利法人の役員として働くことを誘引するために、非営利法人の役員には営利法人の役員よりも緩やかな注意義務の基準を適用することが正当化できるようにもみえると主張している。但し、Chidlawが引用しているのは、営利法人の役員と同様の責任を課したと解される州法や、BJRが適用される営利法人の役員と同様の基準を課したと解されるBeard判決（〔11〕）であることに注意する必要がある。Ben E. Chidlaw, *Non-Profit and Charitable Corporations in Colorado*, 36 U. COLO. L. REV. 9, 34-35 (1963).

265) David Barrett, *A Call for More Lenient Director Liability Standards for Small, Charitable Nonprofit Corporations*, 71 IND. L.J. 967, 971-975 (1996). *See* Taylor, *supra* note 20 at 398; Chidlaw, *supra* note 264, at 34; Marsh, *supra* note 256, at 627.

266) Barrett, *supra* note 265, at 994.

267) *Id.* at 971-975.

268) *Id.* at 999-1000.

269) *Id.* at 1000.

あるとの方向に傾く考慮要素として、以下の点が抽出される[270]。

(1) 非営利法人の役員に対して厳格な注意義務を課すべきであるとの方向に傾く考慮要素

非営利法人の役員に対して厳格な注意義務を課すべきであるとの方向に傾く考慮要素としては、以下の点が挙げられる。

(i) 役員を監視するメカニズムの弱さ

非営利法人の役員の注意義務について厳格な基準を課すべきであるとする見解の中には、非営利法人においては役員を監視するメカニズムが弱いことをその理由とするものがある[271]。

非営利法人の中でも、特に public benefit corporation においては、メンバーが存在しない場合がほとんどであり、メンバーが存在する場合であっても、メンバーは法人に対して経済的な利害関係を持たない。非営利法人の寄付者や受益者についても、第六章で検討するように、役員の責任を追及するための訴訟の原告適格を持たないのが原則であり、営利法人における株主に代替する者とはいえない[272]。更に、非営利法人の場合には、営利法人の場合のように市場の規律が働かない[273]。

それでは、モニタリングや監視メカニズムが不十分であるから厳格な注意義務を課すべきであるとはどういうことだろうか。この点、株主にあたる者がいないことからエンフォースメントが行われにくい場合、注意義務違反の行為の抑止効果を高めるためには、まず賠償額を増額する等、サンクションを大きくすることが考えられる。しかし、ここで主張されているのは、サンクションを大きくすることではなく、注意義務違反が認められやすい基準を用いることである。この点、一つの考え方としては、注意義務違反が認めら

---

270) 各論者の主張の詳細については、本款でのここまでの記述を参照。
271) Fishman (1987), *supra* note 31, at 414. *See* Virginia note (1978), *supra* note 242, at 460.
272) *See* Henry B. Hansmann, *Reforming Nonprofit Corporation Law*, 129 U. Pa. L. Rev. 497, 568 (1981) (以下、「Hansmann (1981)」という)。第六章第二節参照。
273) Lee, *supra* note 51, at 956-960. Kurtz, *supra* note 8, at 49は、「非営利組織の場合には、市場の力が働かないため、取締役の法的な説明責任が、取締役の失敗に対する防御の中心である。」と指摘している。

れやすい基準を用いることにより、エンフォースメントを行いやすくすることが考えられる。例えば、注意義務違反を問うためには重大な過失が必要であったところを、単なる過失があれば責任を問えることにすれば、注意義務違反を認めることが容易になるため、エンフォースメントが行われやすくなる。責任を問われる可能性を高めることによって、不適切な行為が行われることを抑止しようとする考え方であると理解することができよう。

(ii) public benefit corporation と mutual benefit corporation の違いに着目する見解

　Boyd と Lee は、メンバーがいる mutual benefit corporation については緩やかな営利法人法の基準で足りるが、メンバーがいない public benefit corporation については厳格な信託の基準を適用すべきであると主張する。その理由は、mutual benefit corporation においては、メンバーが mutual benefit corporation に対して経済的な利害関係を有するため、メンバーが営利法人における株主に類似した立場に立つためである[274]。

　この点、確かに、メンバーがいる mutual benefit corporation とメンバーがいない public benefit corporation とでは、役員の監視を行う者の有無という点において違いがあるように思われる。

　但し、mutual benefit corporation においても、財産の分配は組織の解散時に限られることから、mutual benefit corporation のメンバーが営利法人の株主と同様のインセンティブを持っているとは限らず、また、営利法人における経済的な利益の最大化という目的に比べて、mutual benefit corporation の目的が達成されているかどうかを評価することは必ずしも容易ではない。そのため、mutual benefit corporation のメンバーがどの程度営利法人における株主と同様の役割を果たすことができるのかという問題が残ることに留意する必要があろう。

(iii) 慈善法人（charitable corporation）の目的に影響を与える場合に厳格な基準を課す見解

　学説の中には、Fishman の主張のように、慈善法人（charitable corporation）について、全ての場合に厳格な基準を課すのではなく、慈善法人の目的に関

---

274) 第二章第一節第三款参照。

するような重要な場面においてのみ厳格な基準を課すことを提案する見解がある。Fishman は、高度な基準は、合併や解散、その組織が設立された目的の変更や、非営利法人の受益者である公衆（public）にとって重要な事柄といった、組織の将来に関して重要な事柄に適用されるべきであると説明している。

(2) 非営利法人の役員に対して緩やかな注意義務を課すべきであるとの方向に傾く考慮要素

他方で、非営利法人の役員に対して緩やかな注意義務を課すべきであるとの方向に傾く考慮要素としては、以下の点が挙げられる。

(i) 慈善活動に際して裁量を認める必要性

Brand の主張にみられるように、慈善信託や慈善法人の目的は、特定の受益者のための経済的な利益ではなく、慈善活動（charity）であるため、慈善信託の受託者や慈善法人の取締役には、営利法人の取締役に認められるのと同様のレベルの裁量を認める必要があると主張する見解がある。また、Sasso の主張にみられるように、非営利法人においても、創作的で、革新的な考え方を促進するために BJR のような基準を適用することが有益であるとの指摘もされる。いずれも、非営利法人の役員に裁量を与える必要性を指摘する見解である[275]。

(ii) 非営利法人の役員が報酬を受け取っていない場合があること

非営利法人の役員に対して緩やかな注意義務を課すべきだとする学説の中には、多くの役員が報酬を受け取っていないことを指摘し、役員の人材の確保の観点からも、厳格な信認義務を課すべきでないと主張するものがある。

この点について、Fishman & Schwarz は次のように指摘する。「……判例にみられるように、非営利法人の取締役に対して期待される注意の程度は様々である。裁判所と立法府は、ほとんどの取締役は報酬を受け取っておらず、市民としての義務の意識から奉仕していることを認識している。人々が取締役に就任しなくなったり、その組織がリスクをとることを認めなくなったり

---

275) Morris 判決（〔18〕）も参照。

するほどに、取締役の地位を法的に負担のあるものにしてはならない。しかし、有能でエネルギーのある人々が取締役として働くことを奨励する願望と、公益目的の組織（public benefit）の場合にはコミュニティーに仕え、共益目的の組織（mutual benefit）の場合にはメンバーに仕えることがその存在の根拠である組織の活動について取締役に責任を果たさせる（accountable）必要があるということとの間には緊張関係がある。」[276]

　この Fishman & Schwarz の指摘からも読み取れるように、非営利法人の役員の信認義務をどの程度厳格にすべきかについては、一方で、人材確保のためにも厳格な義務を課すべきではないという考え方と、他方で、非営利法人の受益者であるコミュニティーやメンバーに対して責任を果たさせる必要があるという考え方との間でバランスをとる必要がある[277]。

　なお、無報酬で役員として働く人材を確保するために、役員が責任を負うリスクを減らす必要があるという視点は、第四章において紹介したカリフォルニア州非営利法人法や、ボランティア保護法にもみられる考え方である。

(iii) 非営利法人の役員の経験の不足の可能性

　この他に、特に小規模な非営利法人においては役員はビジネスの経験を有しているとは限らないことを、厳格な義務を課すことに反対する理由として指摘している見解もみられた。

　なお、これと関連した点として、非営利法人は「お飾りの（window dressing）」取締役を多く擁しがちであって、こうした取締役は実際には経営を行わないことが指摘されている。このような取締役は、「名目上の（figurehead）」取締役と呼ばれることもある[278]。非営利法人においてこのような取締役が存在する背景としては、特に小さな非営利法人は、寄付を集めたり、組織の正当性や知名度を高めたりするために、著名な個人を取締役にする必要があるという事情が指摘されている[279]。

---

276) Fishman & Schwartz, *supra* note 2, at 137.
277) *See Ibid.*; Fishman (1987), *supra* note 31, at 398; Moody (1984), *supra* note 54, at 749; Sasso, *supra* note 1, at 1521.
278) Fishman (1987), *supra* note 31, at 397.
279) *Ibid.*

第四章第一節第二款において紹介したRMNCAの公式コメントによれば、役員の責任を検討するにあたっては、各取締役の立場が考慮されるものの、これは名目的取締役であることによってその責任を免除する趣旨ではないとされる[280]。

第三款　非営利法人の役員の忠実義務についての学説

次に、非営利法人の役員の忠実義務についての学説を紹介する。

第四章第一節で紹介したように、RMNCA§8.31や第三版MNCA§8.60においては、自己取引を厳格に禁止するルールは採用されていない。

学説においては、自己取引を一定の場合に認めるか、それとも全面的に禁止するか、認める場合にはどのような条件で認めるのか、という点について見解が分かれている。

以下、①非営利法人においては自己取引を禁止すべきであるとする見解、②自己取引を禁止すべきとの立場には立っていないが、非営利法人においては忠実義務について厳格な基準を用いるべきであるとする見解、③非営利法人であることを理由として特に厳格な基準を用いる必要はないとする見解の順に紹介する。

一　非営利法人においては自己取引を禁止すべきであるとする見解

(1)　Hansmann (1981)

Hansmannは、非営利の組織においては、会社を支配する者（controlling person）を含む自己取引を全て禁止すべきであると主張している[281]。

Hansmannは、非営利の分野においては市場の制約が営利法人の場合のように効率的に働かず、資金提供者（patron）は非営利法人法の下においては組織やその役員を監視する能力も、利益も、権限もないことを指摘したうえ

---

280)　第四章第一節第二款参照。
281)　Hansmann (1981), *supra* note 272, at 569-573.

で[282]、「非営利法人の役員を監視することができるメカニズム、特に『パトロン』が直接使用可能なメカニズムが弱いことは、非営利法人の役員に対して、営利法人の役員に対するよりも、より強力で明確な受認者としての行為の基準の必要性を示す。」[283]と主張する。

　Hansmann は、営利法人における公正のルールよりも厳格なルールとして、カリフォルニア州で public benefit corporation について採用されているように、取引を行う者が、その取引が公正であること等に加えて法人にとってより有利な取引を行うことができなかったこと等を立証した場合にのみ自己取引を認めるルールを紹介しているが[284]、「公正」や「有利」といった判断を行うことの難しさを考慮すれば、単純に全ての自己取引を禁止するルールがより望ましいのではないかと主張している[285]。

(2)　Brand（1986）

　Brand は、本節第二款で紹介したように、慈善信託と慈善法人に対しては同様の基準を適用すべきであるとした上で、注意義務については両者に緩やかな基準を適用すべきであると主張している。そして忠実義務については、慈善法人や慈善信託においては監督機能を果たす株主や特定の受益者がいないため[286]、慈善信託の受託者と慈善法人の取締役に適用される忠実義務の基準は、営利法人の取締役に適用される、より緩やかな基準よりも、私益信託の受託者に適用される基準と同様の基準が適用されるべきであると主張する。具体的には、慈善信託の受託者や非営利法人の取締役に対しては、取引が公正であるか否かを問わず自己取引を禁止する（no further inquiry）ルールを適用すべきであると主張する[287]。

---

282)　Id. at 568.
283)　Id. at 568-569.
284)　Id. at 569-573. カリフォルニア州非営利法人法 §5233参照。第四章第二節第三款も参照。
285)　Hansmann (1981), supra note 272, at 573.
286)　Brand, supra note 118, at 632.
287)　Id. at 676.

二 自己取引を禁止すべきであるとの立場には立たないが、非営利法人においては忠実義務について厳格な基準を用いるべきであるとする見解

⑴　Fishman (1987)

　Fishman は、エンフォースメントに要するコストは、それによって得られる結果よりも小さくなければならないと指摘する[288]。Fishman が提案するアプローチは、利害関係のある取引は完全には禁止しないが、「公正さ」を基準とした厳格なルールを用いるべきであるというものである。

　利害関係のある取引を規制するための制定法には、ルールの明確さと、取締役が判断を行い決断するための十分な柔軟性の両方が必要である。非営利法人についての法が営利法人のルールを採用したことにより、両者のバランスは取締役の裁量や柔軟性を重視する方向に移っている。しかし、全ての慈善組織の活動の究極の受益者である公衆（public）は、特にメンバーのいない非営利法人に対しては、弱いコントロールしか有していないため、非営利法人の取締役に対する基準は、営利法人の取締役に対する基準よりも厳格であるべきである[289]。

　とはいえ、利害関係のある取引を完全に禁止することは、非営利法人、特に小さな非営利法人が生き残るために必要である有用な利害関係のある取引をも禁止することになってしまうため、厳しすぎる[290]。

　Fishman は、制定法については次のようなアプローチを提案する。まず、利害関係のある取引に対する制定法のアプローチは、非営利法人の種類の違いを認識し、規制や禁止の様々なレベルの必要性を反映しなければならない。そして、組織の保護を、取締役に与えられる柔軟性よりも優先するコモンローのアプローチに回帰すべきである[291]。

　具体的には、「公正さ」があらゆる制定法において明確に要求されるべき

---

[288] Fishman (1987), *supra* note 31, at 456.
[289] *Ibid.*
[290] *Id.* at 458.
[291] *Id.* at 459.

であると主張する。承認手続や実質的な契約の条項は、利害関係のない取締役の判断において公正でなければならない。利害関係のある取締役は、もしどうしても必要であれば、定足数を満たすためだけに関与すべきである。取引や取締役の利害関係の説明が終わった後は、利害関係のある取締役は、取締役会のいかなる評議（deliberation）からも排除されなければならない。利害関係のある取締役はすべての重要な事実を開示する義務を負い、開示をしなかったことは、本質的に（per se）不公正（unfair）であり、適切な手続が取られたとしても、その取引は取り消されうる（voidable）[292]。

(2) DeMott（1993）

営利法人の場合、利益相反取引を、利害関係のない取締役が承認した場合には、多くの州では BJR が適用される[293]。これに対し DeMott は、非営利法人における利害関係のある取引については BJR を適用すべきではなく、取引の有効性を主張する側が、取引の時点における公正を積極的に立証しなければ取り消されうる（voidable）と解すべきであると主張する[294]。

(3) Goldschmid（1998）

Goldschmid は、Hansmann による自己取引を全て禁止すべきであるとの主張には、自己取引が非営利組織側にとって有利で効率的な場合があるといった非営利セクターの特徴を理由に反対している[295]。

その一方で、Goldschmid は「DeMott の立場にはかなりの強みがある。」とし、非営利法人における利害関係のある取引については、利害関係のない取締役の承認があっても、BJR を適用すべきでないと主張する。Goldschmid はその理由として、①非営利組織の取締役は、批判しあい、分析しあう環境にいないこと、②非営利のセクターにおいては、SEC の開示規制や、エン

---

[292] *Id.* at 459-460.
[293] Goldschmid, *supra* note 8, at 648. 第三章第一節第二款も参照。
[294] Deborah A. DeMott, *Self-Dealing Transactions in Nonprofit Corporations*, 59 BROOK. L. REV. 131, 143 (1993).
[295] Goldschmid, *supra* note 8, at 647-648.

フォースメントのシステムや、私的な訴訟が存在しないこと、③非営利の組織には、一般的に議決権や株式買取請求権（appraisal rights）等の、営利法人において認められている制度がないことを挙げている[296]。Goldschmidは、この場合には、BJRよりも厳格な基準が適用されるべきであると主張する[297]。

また、Goldschmidは、非営利法人の役員については、①利害関係があるか否か自体をより厳しく判断し、②審査基準もより厳しくあるべきだと主張する[298]。

三　非営利法人であることを理由として厳格な基準を適用することを要求していない見解

(1)　ABAのCommittee on Charitable Trusts（1967）

ABAの慈善信託委員会（Committee on Charitable Trusts）の論考は、自己取引は「取締役や受託者が慈善組織に利益を与えたいと願っている場合において避けることができない」と指摘した上で、取締役会において取引に個人的な利害関係を持たない十分な数の取締役や受託者がいる場合には、営利法人における株主や私益信託における受益者による監視に代替するものが存在していると主張する[299]。

(2)　Virginia note（1978）

Virginia noteの論考は、忠実義務についての信託の基準も営利法人法の基

---

296) Id. at 648.
297) Id. at 649. Goldschimidは、ALIのコーポレート・ガバナンス原則§5.02に定められた中間のテスト（intermediate test）か公正のテスト（fairness test）が適用されるべきであると主張する（Ibid.）。Goldschimidは自身の考え方に親和的な判例としてOberly v. Kirby判決（〔22〕）を参照している。
298) Goldschmid, supra note 8, at 649, 650-651.
299) Committee on Charitable Trusts, supra note 19, at 558. ABAの不動産・相続・信託法部会（Section of Real Property, Probate and Trust Law）の慈善信託委員会（Committee on Charitable Trust）による論考である。
　　この見解に対しては、利害関係のある取締役が、利害関係のない取締役会のメンバーを支配する可能性があるという点を考慮していないとの批判がある（Brand, supra note 118, at 661）。

準も、いずれも有害な自己取引を防ぐには十分であると指摘した上で、慈善組織にとって有益な取引から受ける重大な利益を考慮すれば、有害な自己取引のみを禁止する営利法人法の基準が好ましいと主張する[300]。そして、Mountain Top Youth Camp, Inc. v. Lyon, 202 S.E.2d 498（N.C.App. 1974）で用いられた、修正された営利法人法の基準が現代の慈善組織の必要性を最もよく満たすと主張する。この基準とは、①利害関係のある取引は、事前の承認または追認を受けなければならず、②法は利害関係のある取引は違法であると推定し、財産の買い手である取締役は、取引が公正で、オープンであり、圧力、不当なアドバンテージ、詐欺または擬制詐欺がないことを証明する責任を負い、③当該取引について堕落した要素があるかどうかは陪審員が判断する、というものである。この基準の下では、開示がなされていなかった場合には、取引が公正であることを主張して防御することが認められないこととされている[301]。

(3) Moody（1984）

　Moody は、次の理由から、慈善法人の取締役の忠実義務については、信託の基準ではなく営利法人の基準によって判断すべきであると主張する。信託の受託者は、受益者による承認がない限り、受託者と信託との間の取引を禁止される。しかし、慈善信託においては、明確に特定できる受益者がいないため、この同意を与えることのできる者がおらず、受託者の自己取引の禁止は、絶対的なルールとなってしまう。そのため、Moody は、同じように明確に特定できる受益者がいない慈善法人においても、信託に適用されるルールではなく、営利法人に適用されるルールのほうが、慈善法人の取締役の行為を評価するためのより使いやすい（workable）基準であると主張する[302]。

---

300) Virginia note (1978), *supra* note 242, at 460.
301) *Id.* at 461-462.
302) Moody (1984), *supra* note 54, at 756.

四 非営利法人の役員の忠実義務についての学説の小括——学説とその考察から抽出された考慮要素

(1) 厳格な忠実義務を課すべきであるとする主張の考慮要素——モニタリングの不足

厳格な忠実義務を課すべきであるとする主張が主に考慮していたのは、非営利法人におけるモニタリングの不足である。具体的には、非営利法人においては、監督機能を果たす株主や特定の受益者がいないことや、資金提供者である「パトロン」が役員を監督するためのメカニズムが弱いことが指摘されていた。

(2) 自己取引を完全に禁止すべきではないとする主張や、緩やかな忠実義務で足りるとする主張の考慮要素——非営利法人にとって有益な自己取引の存在

これに対して、自己取引を完全に禁止すべきではないとする見解や、緩やかな忠実義務で足りるとする見解は、非営利法人と役員との間の自己取引の中には、非営利法人にとって有用な取引も含まれているため、このような自己取引を認めるべきことを主張していた。

特に、非営利法人においては、RMNCA の公式コメントでも指摘されているように、「多くの個人は、非営利法人の利益のために、自ら非営利法人と取引を行い、または関係者に非営利法人と取引を行わせる能力を有していることを理由として、非営利法人の取締役に選任されている。」[303] ことから、非営利法人とその役員との取引を禁止することのデメリットは大きいと考えられる[304]。

(3) 二つの考慮要素の調整

学説の結論の違いは、厳格な基準を課すことの必要性と、非営利法人に

---

303) RMNCA§8.31 の公式コメント1。
304) *See also* Harvard note (1992), *supra* note 241, at 1603; Committee on Charitable Trusts, *supra* note 19, at 554-558.

とって有益な取引を有効とすることの必要性のどちらを重視するかという視点によってある程度説明することが可能であろう。

五　自己取引の審査について提案されている具体的なルールの検討

以上で検討してきた忠実義務に関する学説の中には、自己取引の審査に際して用いられるべき具体的なルールを提案したものもみられた。ここでは特徴的である Hansmann と DeMott の提案について検討を加えておきたい。

Hansmann は、自己取引を全面的に禁止するルールがより望ましいとしながらも、このルールの実現が難しい場合の代替案として、通常の公正のルールよりも厳格なルールを提案している。Hansmann が提案するのは、カリフォルニア州非営利法人法において public benefit corporation について採用されているルールのように、取引が公正であることに加えて、取締役会が、法人がより有利な取引を得ることができないであろうと誠実に判断したこと等を要件とするルールである。このルールが採用された場合には、自己取引を争う側は、取締役が当時気づくべきであった、非営利法人にとってより有利な代替取引の存在を示せば、役員の責任を追及できることになる[305]。

しかし、このようなルールを採用することは、好意で非営利法人にとって有利な自己取引を行おうとする役員の行動を委縮させる効果があることに留意する必要があろう。

DeMott は、非営利法人における利害関係のある取引については、利害関係のない取締役が取引を承認した場合であっても、BJR を適用すべきではなく、取引の有効性を主張する側が、取引の時点における公正さを積極的に立証しなければ取り消しうる（voidable）と解すべきであると主張する[306]。

DeMott の主張を検討するには、まず、営利法人の役員と非営利法人の役員の立場の違いを確認する必要がある。営利法人においては、取締役は株主の選解任権に服しているのに対して、非営利法人においては、役員は、法人

305）Hansmann (1981), *supra* note 272, at 572-573. カリフォルニア州非営利法人法 §5233 (d)参照。
306）DeMott, *supra* note 294, at 143.

に対して経済的な利害関係を有するメンバーによる監督を受けていない。そのため、非営利法人における取締役の承認を、営利法人における取締役の承認と同様に評価してよいのかには疑問が残る。この観点からは、DeMott が主張するように、非営利法人においては、利害関係のない取締役が自己取引を承認した場合であっても、BJR を適用するのではなく、取引を主張する側が取引の公正さを立証することを要求するルールには一定の合理性があるように思われる。

第三節 非営利法人の役員の信認義務の内容についてのまとめ——非営利法人の役員の信認義務の内容の特徴

第一款 視点

　第四章で検討してきたように、非営利法人の役員の信認義務についてのモデル法や制定法は、営利法人の役員の信認義務をモデルとして発展してきた。そして、本章で検討してきたように、判例においても、非営利法人の役員の信認義務違反を判断する際に、営利法人の基準を適用するものが多くみられる。

一 営利法人と同様の基準を適用する理由

　非営利法人の役員の信認義務違反の有無を判断するのに際して営利法人と同様の基準を適用する理由として、どのようなことが考えられるだろうか。

　第一に、Stern 判決（〔9〕）の判旨が述べるように、慈善法人の役員の役割と営利法人の役員の役割とは実質的に区別することができない[307]という理由が考えられる。第二章第三節第二款で紹介したように、当初、非営利法人は慈善信託の代用として用いられはじめたが、その後非営利法人が大規模化し、その活動範囲が営利法人と重複するような場面が出てくる中で、営利法人と非営利法人の役員に対して、同様の役割が期待されるようになったものだと考えられる。

　第二に、既に発展していた営利法人の基準を採用することが実務家にとって便宜であり、また、裁判所の判断についての予測可能性を高めることになった可能性が指摘できる。カリフォルニア州非営利法人法と RMNCA の起草者である Hone は、営利法人と同様の基準を用いることが、営利法人の

---

[307] Stern 判決 at 1013.

法をよく知っている法律実務家にとって便宜であることを指摘していた[308]。

　第三に、営利法人のルールが信託のルールよりも合理的であると考えられた可能性も考えられる。信託のルールのうち、特に、受託者と信託との間の自己取引を厳格に禁止するルールについては、Langbein により、過剰な規制である可能性があり、取引の内容が適切であることの反証を認めるルールを採用すべきであるとの主張が行われていた[309]。特に、非営利法人の場合には、役員が好意で非営利法人にとって有利な条件で取引を提示することも考えられるところ、自己取引の厳格な禁止のルールは、非営利法人にとって有利な自己取引をも制限することになってしまう。営利法人については、当初は自己取引を厳格に禁止するルールが採用されていたが、これを廃止して、公正な内容の自己取引は認めることとなった経緯がある[310]。非営利法人についても、より合理的である、またはより望ましいと判断されたルールを採用した結果、信託のルールではなく営利法人のルールが採用された可能性も考えられる。

二　営利法人と非営利法人の違い

　一方で、営利法人と非営利法人の信認義務の内容には無視できない違いも存在する。

　ここでは、営利法人の役員の信認義務と比較した場合の非営利法人の役員の信認義務の特徴を整理することで、本章のまとめとする。

　以下、①注意義務、②忠実義務、③法人の目的との関係についてそれぞれ述べる。

---

308) Hone (1988-1989), *supra* note 254, at 763 n.72.
309) John H. Langbein, *Questioning the Trust Law Duty of Loyalty: Sole Interest or Best Interest?* , 114 YALE L. J. 929 (2005). 第三章第二節第三款参照。
310) 第三章第一節第二款参照。

第二款　注意義務について

一　営利法人法をモデルとした法令・判例の発展

　非営利法人の役員の注意義務は、全体的にみれば、営利法人法をモデルとして発展してきたといえるだろう。

　1987年のRMNCAは、非営利法人の役員の注意義務について、営利法人の役員の注意義務と同様の規定を採用した。判例においても、1974年のStern判決（〔9〕）に象徴されるように、非営利法人の役員の注意義務について、営利法人の役員の注意義務と同様の内容の義務が課される傾向がみられる。

二　営利法人の役員の注意義務との違い

　しかし、本章での検討からは、非営利法人の役員と営利法人の役員に適用される基準が全く同じというわけではない可能性があることが示された。以下、法令、判例、学説で示された非営利法人の役員の注意義務の特徴をまとめておきたい。

(1) 法令にみられる非営利法人の役員の注意義務の特徴
　(i) RMNCA§8.30

　RMNCA§8.30(a)は、非営利法人の役員の注意義務について、その文言としては営利法人の役員の注意義務と同様の文言を採用した上で、公式コメントにおいて、営利法人の役員の注意義務と非営利法人の役員の注意義務の内容が異なる可能性、更には、非営利法人の役員の中でも各役員の役割に応じて個人の注意義務の内容が異なる可能性を指摘していた。第四章で紹介した点であるが、簡単にまとめておく[311]。

　RMNCA§8.30(a)は次のように規定する。「取締役は、取締役としての義

311）第四章第一節第二款参照。

第三節　非営利法人の役員の信認義務の内容についてのまとめ——非営利法人の役員の信認義務の内容の特徴

務と、委員会のメンバーとしての義務を、(1)誠実に（in good faith）、(2)同様の立場にいる（in a like position）通常の合理的な人が、類似の状況において（under similar circumstances）行使するであろう注意をもって、(3)その取締役が法人の最高の利益であると合理的に信じる方法によって、果たさなければならない。」

　この点について、公式コメントは、RMNCA§8.30は、文言としてはMBCAと同じ文言を採用しているものの、営利法人の取締役と非営利法人の取締役は「同様の立場」にはおらず、「類似の状況」で運営しているわけでもないと指摘している[312]。

　公式コメントによれば、「同様の立場」という概念は、非営利法人の取締役と営利法人の取締役は、同様の立場にはおらず、異なるゴール、目的、資源を有しているという事実を考慮していると説明される[313]。そして、次のように述べ、非営利法人の取締役が無報酬であることを、その責任の有無を判断するにあたって考慮することができる可能性を示している。「非営利法人の二つの特徴的な要素は、その取締役は無報酬で働いているかもしれないという点と、公共財（public good）を促進しようと試みている点である。取締役が彼らの義務の実行について責任があるか否かを決定する際には、裁判所はこれらの要素を考慮に入れることができる（may）。このことは、取締役は、ボランティアであるから、あるいは法人やその運営に経済的な利害関係を有しないからといって、その責任を無視することができるということを意味しない。」[314]

　更に、公式コメントは、「類似の状況」は、法人の状況だけでなく、個々の取締役の背景や資格（qualification）、経営の経験、そして、当該取締役が法人で果たす役割にも関係していると説明する。非営利法人においては、多くの取締役は、寄付を集めるために、または彼ら自身が法人に対して行った寄付を理由として取締役に選任されている。個人は、取締役に就任するのにあたり、問題を無視する名目的取締役（figureheads）として行動することは認

312) RMNCA§8.30の公式コメント1。
313) RMNCA§8.30の公式コメント2。
314) RMNCA§8.30の公式コメント2。

められず、あくまでも取締役として行動することを義務づけられるが、彼らがRMNCA§8.30の下でその義務を果たしていたかどうかを決定する際には、彼らの役割が考慮されるべきであると説明される[315)]。

このように、RMNCAの公式コメントは、非営利法人の役員の注意義務の内容は、営利法人の役員の注意義務の内容と異なる可能性を示した上で、更に、非営利法人の内部においても、個々の取締役のバックグラウンドや資格、経験や役割によってその注意義務の内容が異なる可能性を示している。

(ii) 無報酬の役員の責任についての規定

カリフォルニア州非営利法人法は、非営利法人の無報酬の役員について、重大な過失等がない場合に責任を制限する規定を置いている[316)]。無報酬の役員が注意義務を負う場合を制限することにより、非営利法人を通じた公益活動を促進させようという政策的判断が示されたものといえる。

(2) 判例にみられる非営利法人の役員の注意義務の特徴

判例にみられる非営利法人の役員の注意義務の特徴は主に次の点である。

(i) 非営利法人の役員に対して裁量を与える理由

第一に、非営利法人の場合には、役員に対して広い裁量を与える理由が営利法人の場合と異なる可能性がある。

営利法人の目的は利益を最大化することである。営利法人においてBJRが適用され、役員に広範な裁量が与えられる理由としては、リスクを回避しがちな役員が会社にとって必要なリスクをとることを促す必要があることが挙げられた[317)]。

これに対して、非営利法人の目的は経済的な利益を最大化することではなく、非営利法人が活動を行う場合には、経済的な要素に加えて、いかに当該非営利法人の目的を達成するかという要素が考慮される[318)]。この点については取締役の判断を尊重すべきであると考えられるため、非営利法人の役員

---

315) RMNCA§8.30の公式コメント2。
316) 第四章第二節第三款参照。
317) 第三章第一節参照。
318) *See* Brand, *supra* note 118, at 677, 688.

第三節　非営利法人の役員の信認義務の内容についてのまとめ——非営利法人の役員の信認義務の内容の特徴

には広い裁量が与えられる必要がある。

　宗教法人についての判決ではあるが、Morris判決（〔18〕）においては、「〔宗教法人の〕世俗的な事柄についての行為は、金銭的には計れない考慮によって動かされていることが少なくない」[319]ことを理由として、取締役会の判断に裁判所が介入すべきではないことが判示されていた。

　(ii)　**法人資産の処分や解散を含む状況において厳格な審査が行われる可能性**
　第二に、McDaniel判決（〔15〕）で示されたように、非営利法人の資産処分や解散の場面においては、法人の富を保護するという観点から、役員の注意義務はより厳格な審査基準に服する可能性がある[320]。

　但し、このことは、営利法人におけるレブロン義務のように、法人の資産を最高値で売却する義務を役員に課すものではないと考える。非営利法人の目的は経済的な利益を最大化することではない[321]。非営利の病院がその施設を売却する際に、買い手候補であるAの方がBよりも高い買値を付けていたとしても、Bに売却したほうがはるかに高いレベルの公益やサービスをコミュニティーに提供できるのであれば、病院の施設をBに対して売却することは役員の信認義務を満たすと考えられる[322]。

　(3)　**学説が注意義務を設計する際に考慮している要素**
　学説においても、非営利法人の役員の注意義務を、営利法人の役員の注意義務に比して、より厳格にすべきである、またはより緩やかにすべきであるという主張がみられる。

　学説のうち、非営利法人の役員に厳格な注意義務を課すべきであるとする見解は、その主な理由として、非営利法人においては役員を監視するメカニズムが弱いことを指摘していた。特に公益を目的とする非営利法人においては、メンバーがいない場合がほとんどであり、寄付者や受益者は原則として役員の信認義務違反を追及するための原告適格を持たず、また、市場による

---

319) Morris判決 at 140。
320) McDaniel判決 at 758。
321) *See* Goldschmid, *supra* note 8, at 641.
322) *Ibid.*

監督も機能しない。

　他方で、非営利法人の役員の注意義務を緩和すべきであると主張する学説は、主に、非営利法人のために無報酬で取締役として奉仕する人材を確保する必要性を挙げていた。

第三款　忠実義務について

一　営利法人法をモデルとした法令・判例の発展

　非営利法人の役員の負う忠実義務についても、1987年の RMNCA 以降、モデル法では、営利法人の役員の負う忠実義務と同様の規定が定められた。
　判例においては、信託財産を使用したことが問題となった Larkin 判決（〔20〕）や信託が法人化した事案である Nixon 判決（〔21〕）では信託の基準が採用されていたが、Stern 判決（〔9〕）や Oberly v. Kirby 判決（〔22〕）は、法人の基準を採用していた。

二　営利法人の役員の注意義務との違い

　一方で、カリフォルニア州非営利法人法と、2014年7月に施行される改正後のニューヨーク州非営利法人法では、特徴的な忠実義務の規定がみられ、また、判例において法人の基準をベースとした忠実義務の基準が用いられている場合であっても、営利法人の場合とは異なる考慮が行われている場合がある。法令、判例、学説で示された非営利法人の役員の忠実義務の特徴は以下のとおりである。

(1)　法令にみられる非営利法人の役員の忠実義務の特徴

　営利法人における自己取引が争われた場合には、取引の有効性を主張する者が、取引が公正であることを立証する必要があるが[323]、カリフォルニア州非営利法人法は、公益を目的とする非営利法人における自己取引について

---

　323)　第三章第一節第二款参照。

第三節　非営利法人の役員の信認義務の内容についてのまとめ——非営利法人の役員の信認義務の内容の特徴

は、取引が公正であることに加えて、取締役会が、法人がより有利な取引を得ることができないであろうと誠実に判断したこと等を要件としている。公益を目的とする非営利法人の役員の自己取引について、営利法人におけるよりも厳格な基準を課すものである。ニューヨーク州非営利法人法においても、カリフォルニア州非営利法人法と類似のルールを導入する改正が2014年7月に施行される[324]。

こうした規定は、役員に対するモニタリングが不十分である可能性がある非営利法人において、役員の自己取引をより厳格に規制しようとするものだと理解できよう。

(2) 判例にみられる非営利法人の役員の忠実義務の特徴

法人の基準を採用した判例においても、非営利法人の場合には営利法人の場合とは異なる考慮がされる可能性が示唆されていた。

Stern判決（〔9'〕）では、「時には、〔法人のルール〕に加えて、取締役は取締役を兼務しているという点を開示するだけでなく、彼が重要な利害関係またはコントロールを有している法人との間のビジネスを行うかどうかの法人の決定について投票することや、その他の方法で影響を与えることを控えることをも要求される。」[325]として、慈善法人の場合には、自己取引を行うのに際して、営利法人の場合よりも厳格な手続が要求される可能性が示された。

また、Oberly v. Kirby判決（〔22〕）の傍論では、自己取引について利害関係のない取締役による承認があったとしても、慈善法人の目的や資産に明らかな脅威をもたらす取引を承認していないかといった点について、実質的な審査が行われることが示唆された。利害関係のない取締役が慈善法人の目的や資産に明らかな脅威をもたらす取引を承認している場合にはその承認はultra viresになるとするものであり、この点は、非営利法人の目的が忠実義務違反の有無の判断に影響を与える可能性を示しているともいえるだろう[326]。

324) 第四章第二節参照。
325) Stern判決 at 1014。
326) Oberly v. Kirby判決 at 459 n.17参照。

同じく Oberly v. Kirby 判決の傍論においては、営利法人においては役員の選解任は株主に委ねられるべき事項であるが、慈善法人においては「裁判所は、誠実でない受認者を役職から解雇する権限と義務を明らかに有している」[327] と言及され、裁判所がより積極的に介入する必要がある可能性が示された。

(3) 学説が忠実義務を設計する際に考慮している要素

　学説の中には、非営利法人においては「パトロン」が十分な監視の手段を有しないことを理由として、非営利法人における自己取引は全面的に禁止すべきであるとする主張もみられた。しかし、非営利法人における自己取引を全面的に禁止することは、非営利法人にとって有益な取引をも禁止することになるとの反対もみられた。忠実義務についての学説は、次の二つの考慮要素のどちらを重視するかによってその結論が異なっていたと整理することができよう。一つは、非営利法人においては役員を監視するメカニズムが弱いために、自己取引の完全な禁止という基準を採用することで法人に損失を与える可能性のある自己取引を制限しようとする要請であり、もう一つは、非営利法人における自己取引の中には非営利法人にとって有益なものもあることから、これを保護しようとする要請である。

第四款　非営利法人の目的について

　非営利法人においては、法人の行為が法人の目的の範囲内か否かという点が実質的に審査されていた。目的の範囲外であり、ultra vires にあたる行為を行った場合には、役員はこれによって生じた損害について責任を追及される可能性があるため、非営利法人の目的の解釈は役員の信認義務の内容に影響を与えることになる。営利法人においては ultra vires の法理は実質的には消滅したと指摘されており、この点についての取扱いは営利法人と非営利法人とで大きく異なる。

---

327) *Id.* at 469 n.18.

一　営利法人との違い

　法人の目的をめぐる取扱いについては、営利法人と非営利法人とでは二つのレベルで違いがみられた。
　第一に、ある行為が法人の目的の範囲内か否かを検討する場合に、営利法人においては法人の特定の目的ではなく、「営利目的」か否かが基準とされるのに対して、非営利法人の場合には、「整骨医の医療」[328]といった、法人の具体的な目的が基準として用いられる。
　第二に、上記の基準を用いて判断が行われる際に、営利法人の場合には、例えば大学に対して寄付を行うことは、「自由な企業システムにおける法人の実際の存続」[329]という意味において営利法人に利益があると評価される等、ある行為が営利目的のために行われていることが「擬制」されているのに対して、非営利法人の場合には、法人の目的から逸脱していないかが実質的に審査される。
　まず一つ目の違いである、法人の具体的な目的を基準として用いているか否かの違いについては、営利法人における出資者である株主と、非営利法人における出資者である寄付者の意図という視点から説明することが可能であろう。営利法人における株主の目的は利益を最大化することであって、通常、株主は利益を最大化するための方法は重視していないことが多い。これに対して、非営利法人における寄付者は、必ずしも「公益一般」のために寄付を行っているのではなく、当該非営利法人の目的に賛同し、自らの出資した資金が、当該非営利法人の特定の目的のために使用されることを期待していると考えられる。法人の目的が遵守されず、自分の拠出した資金が意図したとおりに使用されないのであれば、寄付者はそもそも寄付を行わなくなってしまうことも考えられるため、非営利法人は、法人の具体的な目的の範囲内で活動する必要がある。
　二つ目の違いである、営利法人の場合にはある行為が営利目的のために行われていることが「擬制」される点については、その背景に社会からの要請

　　328）Holt 判決（[25]）参照。
　　329）A.P. Smith 判決（[1]）at 586。

が存在することが考えられる。すなわち、営利法人について法人の目的の範囲が問題となるのは、主として営利法人が株主以外のステークホルダーの利益を考慮することが認められるか否かが問題となる場合であるところ、株主の経済的利益を多少犠牲にしてでも営利法人の社会的責任を果たさせようとする、社会の要請が存在することから、営利法人によるステークホルダーの利益の考慮が営利目的の範囲内であるとの評価が行われている可能性があると考えられる。

二　非営利法人の目的の範囲の解釈——資金提供者の意図に配慮する必要性と資産を効率的に活用する必要性

　以上のように、非営利法人の目的については、法人の具体的な目的を基準とした実質的な審査が行われる。法人の目的の範囲を解釈する際には、次の二つの点を考慮する必要がある。

　一つは資金提供者の意図に配慮する必要性である。非営利法人の目的が緩やかに解釈され、資金提供者の意図に反して資金が使用されるのであれば、資金提供者は寄付を行うインセンティブをなくし、公益目的のために使用できる資金の全体量が減少してしまう可能性がある。

　もう一つは社会の状況の変化に対応し、資産を効率的に活用する必要性である。非営利法人の目的を厳格に解することは、公益目的に使用される資金が、その時点においてより資金が必要とされる事業に使用されることを妨げ、既に需要のない事業のために資金が使用されることに結びついてしまう可能性がある。

　非営利法人の目的を解釈するにあたっては、潜在的な受益者を含めた受益者全体の厚生を増加させるために、この相反しうる二つの考慮要素のバランスをとる必要があろう。

第五款　非営利法人の法的構造との関係

　ここまでの検討からは、非営利法人の役員の信認義務の特徴の中には、非営利法人の法的構造と結びつけて理解することが可能である点が存在するこ

とが明らかになった。非営利法人の役員の信認義務の内容の特徴が非営利法人の法的構造が営利法人の法的構造と異なることに「起因」することを証明することは困難であるが、非営利法人の役員の信認義務の特徴の中に、非営利法人の法的構造と結びつけて理解することが可能である点が存在することは、少なくとも、非営利法人の役員の信認義務の内容を検討する際には、非営利法人の法的構造を踏まえ、営利法人の場合とは異なった独自の検討が必要になることを示しているといえるだろう。

第六章

アメリカの非営利法人の役員の信認義務のエンフォースメント――原告適格を中心に

序

　第五章では非営利法人の役員の信認義務の内容について論じてきた。本章では、非営利法人の役員の信認義務を実際にエンフォースする場面における問題に焦点を当てたい。

　営利法人の場合には、役員の信認義務違反は主として株主代表訴訟によって追及される。これに対して、公益を目的とする非営利法人の場合には、営利法人の場合に存在する株主がいないだけでなく、私益信託の場合に存在する確定的な受益者もいない。そのため、公益を目的とする非営利法人のモニタリングとエンフォースメントを誰がどのように行うかは難しい問題である。

　なお、メンバーの共益を目的とする mutual benefit corporation の場合には、そのメンバーと法人との関係を、営利法人における株主と法人との関係に類推して理解することができると考えられる。そこで、本章では公益を目的とする public benefit corporation を中心に検討を行う。

　本章の検討を始める前に確認しておきたいのは、アメリカの学説においては、非営利法人に対するエンフォースメントが不十分であるという指摘がよくみられるということである[1]。例えば、Goldschmid の次の指摘は、アメリカにおけるエンフォースメントの状況を象徴している。

　「極めて制限的な原告適格のルールと政府によるエンフォースメントの欠如が、非営利セクターにおける注意義務と忠実義務の基準を、ほとんど完全に単なる抱負にしてしまってきた。」[2]

　アメリカにおけるエンフォースメントの制度も完全なものではなく、エン

---

1) *See e.g.* Mary Grace Blasko, Curt S. Crossley & David Lloyd, *Standing to Sue in the Charitable Sector*, 28 U.S.F. L. REV. 37, 39 (1993) ; Geoffrey A. Manne, *Agency Costs and the Oversight of Charitable Organizations*, 1999 WIS. L. REV. 227, 251 (1999) ; George Gleason Bogert, *Proposed Legislation regarding State Supervision of Charities*, 52 MICH. L. REV. 633, 636 (1954).

2) Harvey J. Goldschmid, *The Fiduciary Duty of Nonprofit Directors and Officers*: *Paradoxes, Problems, and Proposed Reforms*, 23 J. CORP. L. 631, 653 (1997-1998).

フォースメントが不足していることを認識しながら改善の道を探っている状況にあるといえる。本章では、このことを念頭に置きながら、アメリカにおけるエンフォースメントの制度、指摘されている問題点や新たな提案を分析していく。

　アメリカの非営利法人の役員の信認義務のエンフォースメントの中心は各州のAG（Attorney General）である。以下では、AGによるエンフォースメント（第一節）を検討した後、役員、メンバー、受益者、寄付者といった私人によるエンフォースメントが認められるのかを分析する（第二節）。更に、学説の中には課税庁によるエンフォースメントに期待する見解があるため、これを紹介し（第三節）、最後にまとめを行う（第四節）。

第一節 Attorney Generalによるエンフォースメント

　今日、公益を目的とする非営利法人の役員の信認義務をエンフォースする主体として特徴的であり重要なのは、各州のAttorney General（法務総裁。「AG」という）である[3]。AGは通常、慈善信託（charitable trust）と慈善法人（charitable corporation）の監督と監視の責任を有し、公益を保護するために適切な行動を起こすことができる[4]。第五章第一節で検討してきた判例のうちの多くについて、AGが原告として関わっていた。

　AG以外の主体に原告適格が認められるか否かについては、後述のとおり、判例上も学説上も争点となってきたが、これらを分析するのに先立ち、まず、AGによるエンフォースメントの由来、性質等について確認しておきたい。

　なお、非営利法人に関するアメリカの原告適格の議論の多くは、被告が非営利法人などの慈善組織自身である場合と、非営利法人の役員である場合とを必ずしも区別していないことを付言しておく。

第一款　Attorney Generalによるエンフォースメントの由来

　イギリスにおいてはQueenが国の母、すなわち「parens patriae（英語ではparent of the countryとなる。「後見人としての国」と訳出される[5]）」であり、その従属物（her subject）を保護する義務を負っていたため、王位（Crown）が公衆（public）の利益を代表していた。アメリカの各州はこの原理を採用し、「州は、parens patriaeとして、全ての公共の慈善組織または信託の運営を監

---

3) *See* Blasko et al., *supra* note 1, at 43.
4) JAMES J. FISHMAN & STEPHEN SCHWARZ, NONPROFIT ORGANIZATIONS 226 (4th ed., Foundation Press 2010).
5) 田中英夫編集代表『英米法辞典』619頁（東京大学出版会・1991年）。伝統的には、法的能力に制約のある者に対して国王が有する保護者としての役割を指したと説明される。

督し、これらの事項については、AG を通じて行動する」と論じられた[6]。公衆を代表する義務は各州の AG に任されたのである[7]。

　AG が parens patriae としての役割を担うことは次の二つの理論によるとされる。第一に、数え切れない当事者からの終わりのない訴訟に耐えることのできない非営利組織を存続させるためには、一本化した（centralized）エンフォースメントが不可欠であった[8]。第二に、非営利組織の直接の活動の中心は、一定の人々や目的のために奉仕することであるが、その仕事を行う中で、非営利組織は社会全体に利益を与えているのであり、そのため、信認義務のエンフォースメントを行うのに適切なのは人々（general population）の代表であると考えられた[9]。

　AG は、営利法人における株主のように役員を監視する役割と、公衆の利益を保護する役割という二つの役割を担っているとする分析もある[10]。

　このように、AG が非営利法人の役員の信認義務違反を追及するための原告適格を有するのは、公衆の法的な代表（representative）であるという理由

---

[6] Blasko et al., *supra* note 1, at 40-41が People ex rel. Ellert v. Cogswell, 45 P. 270, 271 (Cal. 1896) を引用している。See also Bogert, *supra* note 1, at 634.

[7] Kenneth L. Karst, *The Efficiency of the Charitable Dollar*: *An Unfulfilled State Responsibility*, 73 HARV. L. REV. 433, 449 (1959-1960).

[8] Peggy Sasso, *Searching for Trust in the Not-for Profit Boardroom*: *Looking Beyond the Duty of Obedience to Ensure Accountability*, 50 UCLA L. REV. 1485, 1531 (2003). Karst は、社会のメンバーが慈善組織の受託者を訴えることができない理由について、公衆には受益者としての利益がないからということではなく、濫訴を避けるためであると指摘する (Karst, *supra* note 7, at 449)。See also Blasko et al., *supra* note 1, at 42.

[9] Sasso, *supra* note 8, at 1531.
　Bogert は、「州は〔慈善組織の〕エンフォースメントについて法的な利害関係を有する唯一の当事者なのであり、信託の執行によって恩恵を受ける個人は、彼らを通じて社会的な利益が公衆に与えられる媒介 (media) に過ぎない。」と説明した (Bogert, *supra* note 1, at 633)。
　また、Chisolm は、非営利法人の個々の受益者に原告適格が認められないことについて、「伝統的な法の枠組みの中心的な前提は、慈善組織の活動の直接の受益者は、単に慈善組織が社会全体に対して公共財 (social good) を届けるための媒介 (vehicle) に過ぎず、慈善組織の失敗を追及することは、社会全体の代表 (AG) の責任となる」と説明する (Laura B. Chisolm, *Accountability of Nonprofit Organizations and Those Who Control Them*: *The Legal Framework*, NONPROFIT MANAGEMENT & LEADERSHIP, vol.6, no.2, WINTER 1995, 141, 147)。

[10] Michael C. Hone, *California's New Nonprofit Corporation Law-An Introduction and Conceptual Background*, 13 U.S.F. L. REV. 733, 741-744 (1979).

による[11]。

第二款　Attorney General によるエンフォースメントの不十分さの指摘

　しかし、AG によるエンフォースメントについては、しばしばその不十分さが指摘されてきた[12]。AG によるエンフォースメントが十分でないことから、非営利法人の取締役は「監督されずに行動している（acting free from supervision）」と表現されることもある[13]。

　AG によるエンフォースメントの問題点としては、大きく次の二つが挙げられる。第一に、AG は十分なエンフォースメントを行うだけの資源を有していないという点である。第二に、AG は政治的に任命される機関であるため、そのエンフォースメントに際しても、利害関係の対立がある場合があるという点である。この AG の政治的な立場は、必要なエンフォースメントを行うことを躊躇させる場合がある[14]。

　この点に関連して、エンフォースメントが行われる場合に、AG が当該慈善信託や慈善法人の受益者の利益よりも当該地方の利益を重視してしまうという問題が指摘されることもある[15]。一例として、Milton Hershey School

---

11) David Villar Patton, *The Queen, the Attorney General, and the Modern Charitable Fiduciary: a Historical Perspective on Charitable Enforcement Reform*, 11 U. FLA. J.L. & PUB. POL'Y 131, 165 (1999-2000).
　　Oberly v. Kirby 判決（〔22〕）においては、AG は慈善法人と慈善信託の受益者を保護するためのコモンロー上の権限に従って行動した旨が説明されており、AG の権限がコモンローに基づくものであることが示されている (Oberly v. Kirby 判決 at 454 n.4)。
　　但し、州によって AG の権限も限定されていることを指摘する文献として、Lawrence E.Singer, *The Conversion Conundrum: The State and Federal Response to Hospitals' Changes in Charitable Status*, 23 AM. J.L. & MED. 221, 238 (1997). また、AG には代表訴訟 (derivative action) を起こす権限がないとした判例も存在する State ex rel. Butterworth v. Anclote Manor Hospital Inc., 566 So.2d 296 (Fla.App. 1990).

12) 前掲注 1 参照。

13) Mary Frances Budig, Gordon T. Butler & Lynne M. Murphy, *Pledges to Nonprofit Organizations: Are They Enforceable and Must They be Enforced?*, 27 U.S.F. L. REV. 47, 108 (1992). *See also* Bogert, *supra* note 1, at 634-635.

14) Blasko et al., *supra* note 1, at 47-49. 今日では、AG によるエンフォースメントを完全に廃止し、検察官や州の監督委員会によるエンフォースメントのシステムを使用している州もあると指摘されている (*Id.* at 47-48)。

Trust（以下、「Hershey Trust」という）に関する2002年の出来事を挙げることができる。Hershey Trust の目的は子供のために学校を運営することであり、この Hershey Trust は大手チョコレート会社である Hershey Company の支配株主であった。Hershey Trust は投資を多様化する必要から Hershey Company の株式を売却しようとした。AG は、当時州知事選に立候補していたが、Hershey Company の支配株主が変わって、州の工場が閉鎖され、雇用が不安定になること等を危惧して、株式の売却の差止めの訴えを起こした。第一審は AG による差止めを認め、Hershey Trust 側は控訴したが、結局株式の売却を断念した。この事案において AG が重視していたのは、学校を運営するという信託の目的ではなく、地元に歓迎される方針をとることによる AG の政治的な利益であった可能性がある[16]。

第三款　Attorney General の裁判手続における位置づけの修正

　AG の裁判手続における位置づけについては、これを裁判所が修正してきたことが指摘されている。元来、AG は、慈善組織をエンフォースする専属的な権限を有していた。しかし、AG が専属的な権限を有するというルールに原則として従う多くの州においても、裁判所はコモンローを修正し、AG を「必要な」または「不可欠の」当事者と位置づけてきた。この考え方の下においては、AG は必ずしも原告である必要はなく、聴聞される機会さえ与えられれば良い。AG が原告でなく、被告として参加することも認められることになる。ほとんどの州で AG の変化した役割を認識していると指摘される[17]。更には、全ての事案において AG を巻き込む必要はないと考える州もあると指摘されている。こうした州では、当事者は訴訟について AG に通知しなければならず、AG は訴訟に介入する選択権を有している[18]。

---

15) この点について指摘した論文として、Jonathan Klick & Robert H. Sitkoff, *Agency Costs, Charitable Trusts, and Corporate Control: Evidence from Hershey's Kiss-Off*, 108 COLUM. L. REV. 749 (2008).

16) 以上、Klick & Sitkoff, *supra* note 15。特に *Id.* at 816を参照。

17) *See* Blasko et al., *supra* note 1, at 44.

なお、AG のエンフォースメントの権限は、多くの場合、制定法によっても定められている[19]。

第四款　Attorney General によるエンフォースメントの枠組みの中での私人の行動の可能性

一　Attorney General の relator として訴えを起こす場合

このように、慈善組織のエンフォースメントの中心は AG であるが、原告適格を有しない当事者であっても、AG の relator（訳出すると「関係人」となるが[20]、原語のまま表記する）としての立場で訴えを起こすことができる場合がある[21]。relator とは、国もしくは州または AG 等の名において、行政行為の違法性を争う訴訟を提起し追行することを認められた私人のことであると説明される[22]。relator の制度においては、AG は、慈善組織の信認義務をエンフォースするために、私的な当事者を実質的な代理人に任命する[23]。

但し、relator として訴訟を起こすためには、訴訟を起こすことについて AG が承認する必要がある[24]。relator は原告として生じる費用を負担しなければならない[25]。また、AG が訴訟についてのコントロールを維持し[26]、AG はいつでも訴訟を放棄（dismiss）し、和解することができる[27]。こうした理由から、relator による訴訟は珍しいと指摘されている[28]。

18) *Ibid.*
19) *Id.* at 46.
20) 田中・前掲注5) 714頁参照。
21) See Bennet B. Harvey, Jr., *The Public-Spirited Defendant and Others: Liability of Directors and Officers of Not-For-Profit Corporations*, 17 J. MARSHALL L. REV. 665, 698 (1984).
22) 田中・前掲注5) 714頁。
23) Rob Atkinson, *Unsettled Standing: Who (Else) should Enforce the Duties of Charitable Fiduciaries?*, 23 J. CORP. L. 655, 684 (1998)（以下、「Atkinson (1998)」という）。
24) Manne, *supra* note 1, at 250.
25) *Ibid.*
26) *Ibid.*
27) Atkinson (1998), *supra* note 23, at 684.
28) *See* Manne, *supra* note 1, at 250.

二 Attorney General の名前で手続を行うことを認めなかったことは裁判所による審査の対象となるか？

　1955年の Ames v. Attorney General（以下、「Ames 判決」という）[29]においては、植物標本館と図書館を保有する慈善信託の受託者である Harvard College の President と Fellows が、植物図書館と植物標本館を、Arboretum の敷地から Harvard College に移そうとしたところ、一般公衆（general public）である原告が、計画を差し止めようとした。原告は、AG に対して、原告が AG の名前で手続を行うことを認めるように求めたが、AG は提案された行動は受託者の裁量の範囲内だと決定し、原告が AG の名前で手続を行うことを認めることを拒否した。そのため原告は、裁判所に対して、受託者の提案は信託の違反にあたるとして、AG が自身の決定を再考することを強制させる writs of mandamus（職務執行令状）を求めたが、第一審は原告の訴えを棄却した。マサチューセッツ州最高裁判所も、「公的慈善信託（public charitable trust）の違反を主張するために College を訴える訴訟において AG の名前を使用することを認めないという AG の決定は、裁判所によって審査することができない、純粋に行政的な（executive）決定である。」[30]と述べ、原告の主張を退けた。

　Karst は、Ames 判決について、この分野で職務執行令状を用いることができるかどうかについてのアメリカで唯一の判決にみえ、明白に正しく、先例として従われるように思うと評価している[31]。この Ames 判決によれば、AG がその名前を使用することを認めないという決定は裁判所によって審査することができない事項であり、AG はエンフォースメントのために訴訟を起こすことを強制されないことになる[32]。

---

29) Ames v. Attorney General, 124 N.E.2d 511 (Mass. 1955).
30) *Id.* at 513.
31) Karst, *supra* note 7, at 450.
32) *See* Budig et al., *supra* note 13, at 109.

第五款　Attorney General 以外にエンフォースメントを行う機関を創設すべきであるとの学説

AG によるエンフォースメントが不十分である可能性があることから、エンフォースメントを行う新たな機関を創設すべきであるとの学説もみられる。

一　Karst の主張

Karst は、1960年に公表した論文の中で、慈善組織（charity）の経営の誤り（mismanagement）の危険性にいち早く着目し、これを監督するための州レベルでの新しい機関（New Agency）の創設を提案するとともに、慈善信託と慈善法人の双方に適用されるチャリティー法の必要性を唱えた[33]。

Karst は、慈善組織の特殊性として、慈善組織にはその受認者の責任を追及する程に十分な利害関係を有した受益者がいないことを指摘する[34]。そのため、公共の利益を保護しようとすれば、誰かが受認者を監視する役割を割り当てられる必要があり[35]、通常この役割は AG によって担われているが、AG による監視は恒常的ではなく、頻度も少ないと指摘する[36]。

そこで、Karst は、私的な慈善組織を監督することと、その運営に対して様々な州のコントロールを及ぼしていくことの第一義的な責任を負う機関として、州レベルでの新しい機関を設立することを提案した[37]。

Karst は、新しい機関を設立することを提案する理由として、AG には十分なスタッフがいないこと[38]と、AG の立場が深く政治と関わっていること

---

33) Karst, *supra* note 7.
34) *Id.* at 436.
35) *Id.* at 437.
36) *Ibid.*
37) *Id.* at 476-483. なお、Karst は、州による慈善組織の全面的なコントロールを指向しているわけではなく、「私的な慈善組織を州による過剰なコントロールから保護するためには、〔資産の流用による浪費を〕押し隠さないように気をつけなければならない。」(*Id.* at 483) と述べているように、一定の規制を課して浪費を防止することにより、州による全面的なコントロールを避けるのが好ましいと考えているようである。
38) *Id.* at 478. 監督の最も重要な段階は慈善組織の報告書を監査することであり、この役割には主に会計士が必要とされるが、ほとんどの州において AG にはこのようなスタッフがいないことを挙げている。

を指摘する[39]。

　この新しい機関は、監督機能においてAGに替わるものであり、慈善組織の役員に対してアドバイスや相談を行うことや、課税免除の取消理由となるような濫用がある場合にはこれを連邦や州の課税庁の職員に対して通知すること等が想定されている[40]。Karstによれば、このような提案の利点は、一本化された（centralized）運営を行える点にあるとされる[41]。

二　その他の主張

　1960年のKarstの主張の後にも、新たな機関の必要性を唱える学説がみられた[42]。また、AGの監督の下に、知事とAGによって指名される市民により構成される諮問委員会を設けることを提案する学説もみられた[43]。

　更に、後述するように、学説の中には、課税庁によるエンフォースメントに期待する見解もみられる[44]。課税庁のエンフォースメントに期待する見解は、AGによるエンフォースメントが不足していることを認識してその他の機関によるエンフォースメントに期待する見解の一つであると位置づけることもできよう。

---

39) *Id.* at 478-479. AGは通常政治に深く関わっていることや、AGのスタッフは頻繁に交代する可能性があること、また、政治的な高官は、尊敬を集めている受託者の嫌疑を調査することに躊躇する可能性があることを指摘している。

40) *Id.* at 476-477.

41) *Id.* at 477.

42) Evelyn Brody, *The Limits of Charity Fiduciary Law*, 57 MD. L. REV. 1400, 1431 (1998) （以下、「Brody (1998)」という）、Rob Atkinson, *Obedience as the Foundation of Fiduciary Duty*, 34 J. CORP. L. 43, 92以下 (2008) （以下、「Atkinson (2008)」という）も参照。

43) James J. Fishman, *Improving Charitable Accountability*, 62 MD. L. REV. 218, 272-287 (2003) （以下、「Fishman (2003)」という）。
　この他、Budig et al., *supra* note 13, at 128は、弁護士会のような、非営利組織の正式な自主規制機関を設けることや、AGは非営利組織の監視のためにより多くの人員を注力すべきこと、より厳格な報告を要求する立法がなされるべきことを主張する。

44) 本章第三節参照。

第六款　小括

　以上のように、公益を目的とする組織のエンフォースメントはAGが中心となって行われてきたが、AGによるエンフォースメントについては、不十分である可能性が常に指摘されてきた。
　そして、州ごとにAGによる規制のレベルが異なることは、後述する私的な当事者の原告適格の拡大と、special interest doctrine（特別な利害関係の原理）の拡大に寄与してきたとされる[45]。
　以下、AG以外の主体にエンフォースメントの手段が認められる場合について検討する。

---

45) Blasko et al., *supra* note 1, at 43.

第二節
私人によるエンフォースメント

　AG の他、現在では、非営利法人の役員とメンバーにも役員の信認義務違反を追及するための原告適格が認められている。この他、受益者や寄付者にもエンフォースメントの手段を与えるべきであるとの主張がみられる。以下、それぞれ検討する。

第一款　役員の原告適格

　非営利法人自身や非営利法人の役員に、役員の信認義務違反を追及するための原告適格が認められるか否かについても、争いがなかったわけではない。非営利法人自身が原告となった Pepperdine 判決（〔7〕）において、裁判所は、非営利法人を代表して訴訟を起こすことができるのは AG だけであると判示し、非営利法人自身の原告適格を認めなかった。

　なお、判例や学説は、「役員」に原告適格を与えるかという点と「非営利法人自身」に原告適格を与えるかという点について、「役員」は「非営利法人自身」のために（on behalf of）訴えを提起する[46]という理解に基づき、両者を区別せずに議論しているようにみえる。

一　Pepperdine 判決——Attorney General による原告適格の独占

〔7'〕 Pepperdine 判決（1954）

　Pepperdine 判決の前までは、慈善法人の共同取締役にも、原告適格が認められていたようである[47]。しかし、Pepperdine 判決は、非営利法人自身には原告適格はなく、AG だけが非営利法人の利益を保護する資格がある

---

46) *See* Karst, *supra* note 7, at 444.
47) *Ibid. See* Gilbert v. McLeod Infirmary, 64 S.E.2d 524 (S.C. 1951).

（qualified）と判示した。同判決については既に第五章で紹介したため、ここでは原告適格に関する部分のみ紹介する。

　　カリフォルニア州の非営利法人であるGeorge Pepperdine Foundation（Foundation）が、11年間にわたる投機と経営ミスによって失われた300万ドル以上を取り戻そうと、その創設者であり取締役であるPepperdine氏と前の取締役を訴えた事案である。
　　裁判所はFoundationの原告適格について次のように述べた。
　　「控訴人〔Foundation〕は本件を訴追する資格がない。慈善法人の資産は、究極的には、州に帰属するのであり、その回復のための訴訟は、法によって指定された役人によってのみ維持されることができる。」[48]
　　「もしFoundationの受益者が特定され、贈与を意図された方法によって受領し、保有し、使用する能力があれば、彼ら〔受益者〕は彼ら自身の立場において、信託財産を回復するために訴追を行うことができるだろう〔引用省略〕。しかし、Foundationは、純粋に慈善の、公共の、チャリティーの信託であって〔筆者注：George Pepperdine Foundationは非営利の慈善法人である〕、その受益者は特定できない人々の集団である。そのため、Foundationのために（on behalf of）訴訟を維持する資格のある唯一の者はAGである。」[49]

　カリフォルニア州最高裁判所が上告を受け入れなかったため、Pepperdine判決は、次に紹介するHolt判決によって部分的に覆される（overrule）まで、カリフォルニア州におけるハードルとして残ることになった[50]。
　Karstは、Pepperdine判決の原告適格についての判示について、次のように批判する。AGだけが慈善信託に対してエンフォースメントを行うことができるという主張の理由は、公衆のメンバーであるという以外に慈善組織に対して何の利害関係もない個人からの濫訴から慈善組織を守る必要があるためであり、この理由は合理的である。しかし、受認者（fiduciaries）は数においても少なく、慈善組織の業務を運営する義務を負っているのであるから、

　　48）Pepperdine判決 at 605。
　　49）*Ibid.*
　　50）*See* Karst *supra* note 7, at 444.

この議論は受認者によるエンフォースメントに対してはあてはまらない[51]。

　また、Karst は、AG や他の州の役人が慈善組織を保護し監視する責任を負い続けるべきではあるが、他方で、彼らは受益者、すなわち公衆（public）の代表として理解されるべきであって、個人的に責任を負っている受託者や取締役の代理として理解されるべきではないと主張する[52]。

二　Holt 判決——原告適格の役員への拡張

　Pepperdine 判決は、非営利法人のために訴訟を維持する資格のある唯一の者は AG であると判示した。しかし、Pepperdine 判決については、上述のように、Karst による有力な批判が行われた。

　このような状況を踏まえ、1964年の Holt 判決（〔25'〕）は、Karst の主張に大きく依拠し、Pepperdine 判決の原告適格についての判旨を覆し、信認義務をエンフォースするための原告適格を個々の役員に拡大した。

〔25'〕　Holt 判決（1964）

　Holt 判決についても第五章で既に紹介しているため、ここでは原告適格に関する判旨のみ紹介する。

　　慈善法人である COPS の少数派の受託者が、法人の目的に違反した行動の

---

[51] Id. at 444-445.
　なお、ほとんどの判例が、慈善法人のメンバーが法人の信認義務をエンフォースするための原告適格を有することを認めていることを前提として、Karst は、次の二つの理由から、受託者や取締役に対して原告適格を与えることは、メンバーに対して原告適格を与えることよりも容易であると指摘している。第一に、メンバーは受託者や取締役よりもその数が多いこと、第二に、メンバーは取締役と異なり、法人に対して、その利益を保護する義務を負っていないことである (Id. at 445 n.46)。
　このように、Karst は、受認者 (fiduciaries) に対して原告適格を認めるべきであると主張しているが、これで十分であると考えているわけではない。Karst は、次のように主張する。公共の利益の保護を、共同受託者や承継受託者の活動に全面的に頼ることはできない。典型的な家族経営の foundation は創設者に支配されており、あたかも創設者自身の金とみなされている金の取扱いについて、他の取締役が創設者に反対することを期待することはできない。更に、受託者が全員義務違反に賛成している可能性すらある。そのため公衆 (public) は、やはり外部の番犬が必要である (Id. at 445)。

[52] Id. at 445.

差止めと宣言的判決（declaratory relief）を求めて、法人と多数派の受託者とAGを被告として訴えを起こした事案である。

カリフォルニア州の最高裁判所は、原告適格について以下のように述べた。

「最初の争点は、慈善法人の少数派の受託者である原告が、慈善目的のための信託の違反について、原告が主張している不正な法人資産の流用を差し止めるために、多数派の受託者を訴えることができるかという点である。」[53]

「〔AGに原告適格を認める〕制定法は、慈善信託（charitable trusts）に十分な監督とエンフォースメントを提供することの困難さを認識して制定されている。慈善信託の受益者は、私益信託（private trust）の受益者と異なり、通常特定することができず、そのため、彼ら自身の立場において信託をエンフォースすることができない〔引用省略〕。通常、法的な行動を起こす負担を負おうとする者はいないため、あるいは、信託または公共の利益を正しく代表できる者はいないため、AGは公衆（public）の代表として慈善組織（charities）を監視する権限を与えられてきたのであり、この実務は初期のコモンローに由来する〔引用省略〕。」[54]

「一般的な公衆の利益に加えて、一定の慈善の目的のためにその寄付が使用されることを指示した寄付者の利益も存在する。公衆は、一般的にいくつもの慈善目的によって利益を受けることができるかもしれないが、慈善目的の寄付は、それが信託として（in trust）受け入れられた目的のためにのみ用いられなければならないのである〔引用省略〕。更に、エンフォースメントの問題の一部は、慈善目的の信託にとって損失となる行為を明るみに出し、これを修復するための行動を起こせるようにすることである。AGは、誤った行為に気づき、あるいはその影響について評価できる程に状況に十分に精通する立場にはいないかもしれず、また、彼の様々な職責は、深刻な公衆の損害が生じている場合を除き、AGが法的な行動をとることを負担の大きいものにする傾向があるかもしれない〔引用省略〕。」[55]

「慈善信託のエンフォースメントについては、AGが第一義的な（primary）責任を担っているが、十分なエンフォースメントを行うことの必要性は、AGに与えられた権限によっては十分に満たされない。慈善組織を嫌がらせの訴

---

53) Holt 判決 at 934。
54) *Id.* at 935.
55) *Ibid.*

訟から保護することは、AGだけが慈善組織のために（in their behalf）訴訟を提起することを許されるということを要求しない。この考え方は、数も少なく、慈善組織の業務を運営する義務を課されている受認者（fiduciaries）に対しては、ほとんどあてはまらない〔Karst, *supra* note 7, at 444-445を引用している〕。AGのエンフォースメントの権限を、他の責任のある個人が慈善組織のために（in behalf of）訴えることを認めることによって補うことに反対するルールや政策は存在しない。……『慈善組織自身の代表者は、慈善組織の資産を保存することについて、少なくとも、一般的な公衆を代表するAGと同程度の利害関係（interest）を有している。共同受託者（co-trustee）は、信託の違反を発見し、関連する事実を裁判所に提出することについて、最もふさわしい立場にある。』〔Karst, *supra* note 7, at 444を引用している〕。更に、受託者による訴訟を認めることは、AGの責任を強奪することにはならない。なぜなら、AGはそのような訴訟の必要な当事者であり、公衆の利益を代表するからである。」[56]

「〔被告が、慈善信託の受託者には原告適格が認められるとしても、慈善法人の受託者はこれと区別するべきであると主張している点について、〕確かに慈善法人の受託者は慈善信託の受託者の全ての特徴を有しているわけではない。……しかし、双方の場合における個々の受託者は、信託財産を運営することについて唯一責任を負っている者であり〔引用省略〕、いずれの場合においても、彼らはその信託の義務を履行することについての受認者（fiduciaries）なのである〔引用省略〕。慈善信託に適用されるルールが、通常、慈善法人にも適用される。慈善信託の少数派の受託者が多数派の受託者に対して訴訟を提起できるのに対して、慈善法人の少数派の取締役や『受託者』が多数派の受託者に対して訴訟を提起できない合理的な理由はない。」[57]

「私益信託についてのルールも、慈善信託のエンフォースメントについての原告の立場を支持する。……〔私益信託の受託者は、受益者が彼ら自身のために訴訟を提起できるのにもかかわらず、信託に違反する共同受託者（cotrustee）の行為を差し止めるために訴訟を提起することができるところ、〕慈善信託においては、不特定の受益者は、通常、訴訟によって自身の利益を保護することができないのであるから、慈善信託は、なおさら、一人または

56) *Id.* at 936.
57) *Id.* at 936-937.

複数の受託者によってエンフォースされることが可能であるべきである。」[58]

　「それゆえ、原告である受託者は、脅威にさらされている信託の違反を差し止めるために、多数派の受託者に対して、COPS のために (in behalf of)、訴訟を提起する適格を有している。この意見と異なる限度において、Pepperdine 判決は承認されない (disapproved)。」[59]

　Holt 判決は、個々の役員の原告適格を認めた。判旨は、「慈善信託のエンフォースメントについては、AG が第一義的な責任を担っているが、十分なエンフォースメントを行うことの必要性は、AG に与えられた権限によっては十分に満たされない。」[60]と述べており、AG によるエンフォースメントだけでは不十分であることが役員にも原告適格を認める理由の一つであることを明確に示している。

　また、同判決は、一般的な公衆の利益の他に寄付者の利益も存在することを指摘しており、役員に原告適格を認めることにより、寄付者の利益をも反映させることを期待しているとも考えられる。

三　役員によるエンフォースメントの限界

　このように、非営利法人の役員も、他の役員の法人に対する義務違反について訴えを起こすことが認められるが[61]、この点については、取締役は同僚の取締役を訴えることに何らかの躊躇を示すのが一般的であると指摘されており[62]、必ずしも実効的なエンフォースメントが期待できない可能性があることにも留意する必要があろう。

---

58) *Id.* at 937.
59) *Ibid.*
60) *Id.* at 936.
61) Harvey, *supra* note 21, at 691, 740; Daniel L. Kurtz, Board Liability: Guide for Nonprofit Directors 92 (Moyer Bell Limited 1988).
62) Kurtz, *supra* note 61, at 92.

第二款　メンバーの原告適格

一　メンバーに原告適格が認められるようになった経緯

　慈善法人（charitable corporation）のメンバーは、「金銭的な利害関係（interests）」は有しないものの、一般公衆（general public）とは区別された「利害関係」を有していることが次第に認識されるようになった[63]。慈善組織（charity）のメンバーは、株式に投資している営利法人の株主と同様のリターンは期待していないものの、基本定款に定められた法人の目的に対して利害関係を有していると説明される[64]。

　当初、慈善法人のメンバーについては他の受益者と異なる扱いはされず、原則としてその原告適格は否定されていた。1964年に改正された版のMNCA（モデル非営利法人法）においても、メンバーの代表訴訟について定めた規定はなかった[65]。しかし、1988年のRMNCA（改訂モデル非営利法人法）においてメンバーの代表訴訟が明示的に規定され、いくつかの州においてもメンバーによる代表訴訟の規定が設けられた[66]。

　但し、管轄によっては、メンバーであっても一般公衆の利害関係と区別される利害関係を有していなければ、原告適格が否定される可能性があることも指摘されている[67]。

　このように、非営利法人のメンバーについては、営利法人における株主代表訴訟（derivative suit）をモデルとして原告適格が認められてきた[68]。

---

63) Blasko et al., *supra* note 1, at 54.
64) *Id.* at 55.
65) *Ibid.*
66) *Ibid.*
67) Kurtz, *supra* note 61, at 152 n.4.
　Harvey は、公衆の利益を守るのは AG の専属の領域であるため、メンバーは経営の誤りの是正を求めて提訴することはできないと指摘している (Harvey, *supra* note 21, at 692)。

第二節　私人によるエンフォースメント　　379

二　メンバーによるエンフォースメントの限界

但し、メンバーによるエンフォースメントについては、その限界を指摘する見解もあることに留意しておきたい。まず、ほとんどの慈善組織にはメンバーが置かれていない[69]。また、メンバーがいる場合であっても、集合行為問題（collective action problem）が存在し、更に、訴訟の結果、損害賠償が得られたとしても、これは全て非営利法人に帰属し、メンバーには経済的な利益は発生しないため、メンバーは役員を訴えるインセンティブを有しない可能性がある[70]。

第三款　受益者や寄付者によるエンフォースメント

一　受益者や寄付者に対する原告適格の拡張に関する学説

以上みてきたように、AGの他、非営利法人の役員やメンバーにも原告適格が拡張されてきた。他方で、非営利法人の受益者や寄付者、公衆（public）としての個人には、原則として原告適格が認められない[71]。

(1) 原告適格の拡張に積極的な学説

そこで学説の中には、寄付者や受益者に原告適格を拡張すべきであると主

---

68) *See* Patton, *supra* note 11, at 172-173.
　なお、Patton は、営利法人が株主のために存在するのに対して、慈善法人は受益者のために存在すると考えれば、代表訴訟の当事者になるのは受益者であると考えられるが、受益者は不特定多数であるため、次善の策 (next best group) としてメンバーが代表訴訟の当事者になると説明する。ここでは、メンバーは、受益者のために (on behalf of) 行動すると説明される (*Id.* at 172)。
69) Kurtz, *supra* note 61, at 92.
70) Denise Ping Lee, *The Business Judgment Rule: Should It Protect Nonprofit Directors?*, 103 Colum. L. Rev. 925, 956 (2003). 非営利法人のメンバーと異なり、営利法人の株主は残余財産権を有していることを指摘している。
71) James J. Fishman, *Standard of Conduct for Directors of Nonprofit Corporations*, 7 Pace L. Rev. 389, 416 (1987) (以下、「Fishman (1987)」という); Harvey, *supra* note 21, at 692-696. *See also* Lee, *supra* note 70, at 933.

張するものがみられる[72]。例えば Karst は、慈善信託の創設者、慈善法人の設立者や寄付者に対して原告適格を与える可能性に言及しつつ、全ての寄付者に原告適格を与えることは、事実上、全ての人に原告適格を与えることになってしまうことも指摘する。その上で、Karst は、原告が保証金を支払う制度と、慈善組織のために回収した資産から弁護士費用をまかなう制度を組み合わせて利用することを提案していた[73]。また、Hansmann は、非営利法人の資金提供者である寄付者と、受益者に対して原告適格を与えることを提案していた[74]。

(2) 原告適格の拡張に消極的な学説

これに対して、AG によるエンフォースメントが不足しているという事実は証明されていないことや、原告適格を拡張するという方法以外にも、relator の制度を活用する等、他の方法も考えられることを理由として、原告適格の拡張に慎重な態度をとる学説もみられる[75]。この他に、原告適格を拡張することに慎重になる理由としては、不特定多数の寄付者や受益者に原告適格を与えることにより濫訴が提起される可能性があることが指摘できよう[76]。

以下では、非営利法人の受益者と寄付者がエンフォースメントの権限を有

---

[72] Evelyn Brody, *From the Dead Hand to the Living Dead: The Conundrum of Charitable-Donor Standing*, 41 GA. L. REV. 1183, 1188 n.6 (2007)(以下、「Brody (2007)」という)に、立場ごとにまとめられている。*See also* Brody (1998), *supra* note 42, at 1431; Lee, *supra* note 70, at 933.
　この他、原告適格を拡張することに賛成する学説として、Patton, *supra* note 11, at 176は、アメリカがイギリスから独立した際には AG が慈善信託の唯一の守護者(guardian)であったが、イギリスではその後の改革により原告適格が拡張されていることを指摘し、アメリカでも原告適格を拡張すべきであると主張している。

[73] Karst, *supra* note 7, at 445-449.

[74] Henry B. Hansmann, *Reforming Nonprofit Corporation Law*, 129 U. PA. L. REV. 497, 615 (1981). 第二章第二節第二款参照。

[75] Atkinson (1998), *supra* note 23, at 682-685. また、Sasso, *supra* note 8, at 1520は、非営利組織の問題は組織内部の問題であるため、原告適格を広げたり、AG のスタッフを増やしたりすることは解決にはならないと指摘する。

[76] 先に紹介した Holt 判決([25'])においては、濫訴の可能性について言及した上で、この懸念は役員に原告適格を与えることについてはほとんどあてはまらないとの判断がされていた。

するかについて、それぞれ検討する。

二　受益者の原告適格——特別な利害関係の原理（special interest doctrine）

(1)　特別な利害関係の原理（special interest doctrine）

　受益者の原告適格を認めてきたのは信託法に由来する special interest doctrine（「特別な利害関係の原理」と訳出できるが、以下、原語のまま表記する。また、「special interest」は「特別な利害関係」と訳出できるが、やはり原語のまま表記する）である[77]。

　非営利法人の受益者には、原則として原告適格が認められない。しかし、裁判所は、信託法に由来する special interest doctrine を発展させることによって、一部の受益者に原告適格を認めてきた[78]。

　なお、アメリカにおいて受益者による訴訟が行われる場合があることの前提として、クラスアクションの制度がある点に留意する必要があろう。個々の受益者の損害は僅少であることが多いため、受益者が個別に訴訟を提起すれば費用倒れになる可能性が高い。以下で紹介する判例のうち、Paterson 判決（〔26〕）は、2名の住民・納税者が原告である事案であるが、Jones v. Grant 判決（〔31〕）と Stern クラス認定申立事件（〔32〕）は、クラスアクションの事案である。

　なお、special interest doctrine は、役員の信認義務違反を追及する場合に特化した原理ではない。信託法のコンメンタールは、special interest の例として、ある慈善信託が特定の教会の司教の給料を寄付するために創設されている場合に、教会の司教は慈善信託の受託者に対して、信託条項によって定められた金額の支払いを求めて提訴できることを挙げている[79]。

---

77)　Blasko et al., *supra* note 1, at 40. 慈善信託における special interest の説明として、Austin Wakeman Scott, The Law of Trust 4 § 391, 3007 (3rd ed., Little, Brown and Company 1967)（以下、「Scott on Trusts IV」という）を参照。

78)　Blasko et al., *supra* note 1, at 40, 52, 59-78. *See also* Brody (1998), *supra* note 42, at 1434; Lee, *supra* note 70, at 934, 956.

79)　Scott on Trusts IV, *supra* note 77, at 3007.

（i）**原告適格拡張の理由**

special interest doctrine によって原告適格が拡張されることについては、AG が他の多様な義務を負っていること等により、AG によるエンフォースメントが不十分であることにその実質的な理由が求められている[80]。

AG によるエンフォースメントが不十分である点を指摘した判決として、Paterson 判決をみておきたい。

〔26'〕 **Paterson 判決（1967）**

Paterson 判決は、住民と納税者に対して、非営利法人である病院の運営について主張する原告適格を認めた。住民と納税者を一般的な受益者と全く同様に考えていいかについてはなお検討が必要ではあるが、これらの者に対して原告適格を認める理由として AG によるエンフォースメントの不足を明確に指摘している判決であるためここで紹介する。なお、同判決も既に第五章において紹介しているため（〔26〕）、原告適格に関する部分のみ紹介する。

　　非営利法人である病院が、Paterson 市にある施設を売却して Township of Wayne に移転しようとしたところ、Paterson 市と 2 名の住民、納税者が、同病院とその役員を被告として、施設の売却を阻止し、既存の施設での運営を続けることを求めて訴訟を提起した事案である。

　　裁判所は、同病院が移転することを認めたが、その中で、2 名の住民、納税者の原告適格について次のように述べた。

　　「全国的に……慈善組織（charities）の運営の監督は無視されてきたことが……主張されなければならない。……〔AG の〕義務が多様であることにより、このような監督は必然的に散発的なものになるという事実は容易に理解することができる。……慈善組織の運営に対する公的な監督が不十分なものにとどまる中で、慈善信託や慈善法人の運営について主張する原告の原告適格についてリベラルなルールを用いることは、…完全に公益に即しているようにみえる。」[81]

---

80) Harvey, *supra* note 21, at 698. Holt 判決（〔25'〕) at 935 も参照。
81) Paterson 判決 at 495。

(ii) special interest doctrine の起源と理論

　special interest doctrine は、コモンローにその起源があるとされる[82]。

　非営利法人ではなく、慈善信託についての判例であるが、Leeds v. Harrison は次のように判示する。「一般的に、公衆（public）の一員は、慈善信託の運営について疑問を呈するための原告適格を有しない。special interest がなければ、私的な市民は、その唯一の目的が慈善組織における公衆の権利の弁護である訴訟を提起することができない。」[83]

　慈善信託において special interest doctrine を導入しようとする理論は、私益信託からの類推であると指摘される。なぜなら、慈善信託と異なり、私益信託においては、受託者だけでなく受益者も原告適格を有するからである[84]。

　私益信託においては、伝統的に、受益者と受託者は私益信託のエンフォースメントのために訴訟を提起する原告適格を有していた。しかし、慈善組織における受益者はその性質上、個人を明確に特定することができない。原告適格を拡張してこのような受益者を含めるため、裁判所は慈善組織における special interest の概念を捉えてきた[85]。special interest を有する原告は、慈善組織に対して、受益者が私益信託との関係で立っているのとほとんど同様の立場に立っているのであり、エンフォースメントの同様の権利を有しているのである[86]。

(2) 例外的に受益者に原告適格が認められる場合——Blasko et al. による分析

　それでは、どのような場合に受益者に例外的に原告適格が認められるのだろうか。この点について、Blasko et al. が判例の分析を行っている。

　Blasko et al. は、いくつかの事実の要素が、裁判所が私人に対して、慈善組織の義務のエンフォースメントのために訴えを提起することを認めるかどうかについての積極性に、影響を与えていると指摘する。裁判所はこれらの

---

82) Blasko et al., *supra* note 1, at 40.
83) Leeds v. Harrison, 72 A.2d 371, 380 (N.J.Super.Ch. 1950).
84) Patton, *supra* note 11, at 169.
85) Blasko et al., *supra* note 1, at 60. *See also* Brody (2007), *supra* note 72, at 1197-1198.

要素を、原告適格を与えることを正当化する程度に原告が慈善組織に十分な special interest を有しているかどうかを判断するために使用する。以下、Blasko et al. が指摘する 5 つの要素を紹介する[87]。但し、ここで Blasko et al. が念頭に置いている事例は、必ずしも役員の信認義務違反の事例に限られないことには注意する必要がある。

(ⅰ) **主張されている慈善組織側の行動と求められている救済**

まず、主張されている慈善組織側の行動、または要求されている救済の性質が、裁判所が原告適格を認めるか否かに影響を与えていると指摘される。例えば、裁判所は受益者に対して金銭的な賠償を支払うことを求める訴訟については、私人の原告適格を否定してきたとされる。他方で、限定された救済の要請や、慈善組織の明示された慈善目的の顕著な違反を主張する申立ては、裁判所が私人に原告適格を与えることを促進してきたと指摘される[88]。

(ⅱ) **悪意（bad faith）の存在**

次に、裁判所は、詐欺（fraud）や故意の非行（deliberate misconduct）がある事案においては、私人に原告適格を認める傾向にあると指摘される[89]。

なお、受益者に原告適格が認められた「例外的な」事案においては、裁判所に示された事実は通常、裁判所が原告に原告適格を与えようと全力を尽くす程に、不正な行為（wrongful action）の徴表を示すものであるとの指摘もある[90]。

この点に関連するのが、Jones v. Grant である。

〔31〕 Jones v. Grant（1977）

Jones v. Grant（以下、「Jones v. Grant 判決」という）[91] は、大学の教授陣、ス

---

86) Blasko et al., *supra* note 1, at 60.
87) *Id.* at 61-78.
88) *Id.* at 61-64.
89) *Id.* at 64-67.
90) Kurtz, *supra* note 61, at 93.
　　なお、Brody (1998), *supra* note 42, at 1442, 1426では、Stern 判決（〔9〕）では注意義務（duty of care）が争われているが、裁判所は忠実義務（duty of loyalty）の要素があったために、注意義務の違反を認め、原告適格を認めたのではないかと指摘している。第五章第一節参照。
91) Jones v. Grant, 344 So.2d 1210 (Ala. 1977).

タッフ、学生の一部が、クラスアクションを構成するための原告適格を有していると認めた。

　　Daniel Payne 大学の教授陣、スタッフ、学生の一部が、Daniel Payne 大学、社長であった Grant 氏（個人としての立場と社長としての立場の両方において）、取締役会のメンバーに対して、クラスアクションを起こした事案である。
　　政府は Daniel Payne 大学に対して、学生に奨学金を提供し、あるいは貸与し、また、スタッフや教授陣、学生の質を上げるといった目的のために資金を提供していた。教会も、Daniel Payne 大学に対し、その施設の運営と、学生、スタッフ、教授陣の使用と利益のために資金を提供していた。
　　原告は、①Grant 氏が政府や教会や学生から供給された資産を不正に使用した信認義務の違反と、②取締役会が、Grant 氏の違反を知っていたにもかかわらず、Grant 氏を社長の地位から排除せず、Grant 氏に資産を請求しなかったことによって損害を受けたことを主張した。原告は、資産の決算報告と、不当に使用された資産についての判決と、懲罰的損害賠償等を求めた。
　　裁判所は原告適格について次のように述べた。
　　「唯一の争点は、慈善組織（charitable institution）の教授陣、スタッフ、学生の一部が、連邦の資産と教会の資産の不正な使用（misuse）について、組織（institution）と、その社長と、取締役会に対して、クラスアクションを構成するための原告適格を有しているか否かである。我々は、彼らは原告適格を有すると判断する。」[92]
　　「裁判所は一般に、許容される場合には、原告が AG を当事者とすることなく訴える権利を認める、なんらかの special interest を有していると判断してきた〔引用省略〕。学生やスタッフ、教授陣が、関係している教育機関の財政について有している受益者としての（as beneficiaries）利害関係は、彼らに訴訟を提起することを認めるのに十分な special interest であると判断する。」[93]

　Blasko et al. は、Jones v. Grant 判決について次のように分析する。ほとんどの場合に、学生に対しては、その曖昧かつ流動的な性質のために原告適格

---

92) *Id.* at 1211.
93) *Id.* at 1212.

が否定される[94]。Blasko et al. は、それにもかかわらず Jones v. Grant 判決において special interest が認められたのは、原告を直接に害する取締役の不正な行為が主張されていたためではないかと指摘する。詐欺（fraud）の嫌疑が、Jones v. Grant 判決を、学生が原告となっているその他のケースと区別したのではないかと分析するのである[95]。

(ⅲ) Attorney General の行動との関係

Blasko et al. は、3 点目として、ある事案について AG が行動をとることを拒否した場合には、裁判所は私的な当事者に対して原告適格を与えることに消極的であると指摘する。他方で、上述の Holt 判決（〔25'〕）のように、AG の資源や慈善組織に対する興味の欠如を指摘して、私人に訴訟の原告適格を認める場合もあることを指摘する[96]。

以上の Blasko et al. の指摘との関係では、Brody の指摘にも言及しておきたい。Brody は、私人に対して原告適格を認める裁判所は、その基準として、AG が行動することを妨げる直接の利益相反関係があることまでは要求していないとしても、許容されないレベルの AG による無視を要求することが少なくないようにみえると指摘している[97]。この Brody の指摘と、AG が行動をとることを拒否した場合には、裁判所は私的な当事者に対して原告適格を与えることに消極的であるとする上記の Blasko et al. の指摘は、一見矛盾しているようにもみえる。一つの整理としては、AG が行動をとる必要がないという積極的な判断をした場合には裁判所はその判断を尊重するものの、AG がその職務を放棄しているような場合や、AG に利害関係があることが AG が行動をとらないという判断に影響を与えている場合には、裁判所は私人に対して原告適格を認めることがあるというように理解することができるだろう。

---

94) Blasko et al., *supra* note 1, at 64. 原告適格が認められなかった例としては、慈善法人である大学の学生に受託者の義務違反を主張する原告適格を認めなかった Miller v. Aldenhold, 184 S.E.2d 172 (Ga. 1971) を挙げる。

95) Blasko et al., *supra* note 1, at 65.

96) *Id.* at 67-70. *See also* Marion R. Fremont-Smith, Governing Nonprofit Organizations 333 (Belknap Press 2004).

97) Brody (2007), *supra* note 72, at 1247, 1244-1258.

(ⅳ) 利益を受けているクラスの性質と、クラスと慈善組織との間の関係

　Blasko et al. は4点目として、私人が慈善組織の受益者として special interest を有していると主張するためには、その者が、慈善組織が利益を与えようと予定している、小さな、特定できるクラスのメンバーであることを示す必要があると指摘する。原告は、争点になっている慈善組織の義務のエンフォースメントについて、一般の公衆（public）から区別できる、直接の、特定された利益を有している必要があるとされる[98]。

(ⅴ) 主観的に訴訟が社会的に望ましいか否かや、その事案に特有の事実の状況

　Blasko et al. は、裁判所が私人に原告適格を認めるかを判断するにあたっては、以上の他、少なくとも部分的には、訴訟が社会的に望ましく、価値のある目標を達成するかどうかという点に影響されているようにみえると指摘する[99]。この点に関連して、次の判決をみておきたい。

〔32〕 Stern v. Lucy Webb Hayes National Training School for Deaconesses & Missionaries (1973)

　第五章で紹介した Stern 判決（〔9〕、〔9'〕）は、慈善法人である Sibley Memorial Hospital の患者と、患者になる可能性のある者が、病院と、病院の役員を被告として、クラスアクションを起こした事案であった。本件は、Stern 判決に先立ち、原告が裁判所に対して、クラスアクションのためのクラスを認定する（certify classes）ことを求める申立てをした事案である（以下、「Stern クラス認定申立事件」という）[100]。

　　裁判所は次のように述べ、役員の信託の違反（breach of trust）については、申立人はクラスアクションを維持することができると判示した。
　　「Hospital のサービスの利用者のクラスを代表しようとしている原告らは、信託の違反（breach of trust）の理論により、この慈善組織を運営している受託者らの行為に異議を述べる十分な special interest を有する。」[101]

---

98) Blasko et al., *supra* note 1, at 70-74.
99) *Id*. at 74-76.
100) Stern v. Lucy Webb Hayes National Training School for Deaconesses & Missionaries, 367 F.Supp. 536 (D.C.D.C. 1973).

この判決について Blasko et al. は、裁判所が原告適格を認めた理由としては、原告の有する特殊な special interest に基づく部分よりは、「誰かに」取締役の行為を訴追する原告適格を与えることの社会的な望ましさに基づく部分のほうが大きかったようにみえると指摘している[102]。

(3) Blasko et al. の主張の小括

　Blasko et al. は、special interest doctrine について、原告に special interest を要求することによって濫訴の危険を防ぐと同時に、私人によるエンフォースメントの機会を与えるものだとして、肯定的に評価している[103]。
　そして、Blasko et al. は、裁判所は上記の5つの要素をそれぞれ考量して、受益者に special interest を認めるかどうかを判断しているのではないかと分析する[104]。
　Blasko et al. は、予見可能性を高めるためにも、これらの要素を勘案した複数要素テスト（multi factor test）を採用すべきであると主張する[105]。
　その後、2005年の In re Milton Hershey School は、Blasko et al. の提案を詳細に引用し、上記の5つの要素に基づいた複数要素テストによって special interest があるかどうかを判断した[106]。但し、同判例の結論は上級審によって覆されている[107]。

(4) 受益者の原告適格についての小括

　以上のように、AG による慈善組織の監督が不十分であるという背景の中で、裁判例の中には、例外的に受益者に原告適格を認めるものがみられた[108]。

---

101) *Id.* at 540.
102) Blasko et al., *supra* note 1, at 75.
103) *Id.* at 61.
104) *Id.* at 76-78.
105) *Id.* at 83-84.
106) In re Milton Hershey School, 867 A.2d 674, 688 (Pa.Cmwlth. 2005). Brody (2007), *supra* note 72, at 1256.
107) In re Milton Hershey School, 911 A.2d 1258 (Pa. 2006). *See* Brody (2007), *supra* note 72, at 1257.

しかし、このように原告適格を認める裁判例は、一般的な原告適格への制約の「例外」に過ぎず、コンメンタール等ではよく引用されるものの、類似の事案においてこれにならって原告適格が認められたことはほとんどないとの指摘もある[109]。

原告適格については、ほとんどの州において、いまだに制限的なアプローチが支配的であるようにみえると指摘されていることには注意を払う必要があろう[110]。

三　寄付者の原告適格

非営利法人に対して寄付を行った者が訴えを起こす方法としては、次の二つが考えられる。第一に、贈与や信託の当事者として、贈与や信託の条項（terms of gift or trust）をエンフォースすることができるかが問題となる。この場合、訴訟の直接の目的は、非営利法人の役員の信認義務違反を追及することではない。第二に、非営利法人の役員の信認義務違反を追及することができるかが問題となる。以下、それぞれ検討する。

(1) 贈与や信託の条項のエンフォースメント

(i) 贈与や信託の条項をエンフォースする権利の留保や財産回復権の留保

〔33〕　Carl J. Herzog Foundation, Inc. v. University of Bridgeport (1997)

寄付者が贈与や信託の条項をエンフォースすることができるかについては、

---

108) ここまで本文中に挙げたものの他、原告適格を認めた判例として、Alco Gravure, Inc. v. Knapp Found, 479 N.E.2d 752 (N.Y. 1985) がある。非営利法人である Knapp Foundation (Foundation) は、Knapp 氏が株主である会社等の従業員を受益者とする Foundation であったが、Foundation の受託者が Foundation を解散してその資産を他の Foundation に移転しようとしたため、当該 Foundation が受益者とする従業員を雇用する会社と従業員が、資産の移転の差止め等を求めて提訴した事案である。

109) KURTZ, *supra* note 61, at 93.
　　他方で、Hansmann は、私的当事者に原告適格を認めないというルールが放棄される方向に動いているようにみえると指摘し、「パトロン」（資金提供者）や「パトロン」が利益を与えようと意図している受益者に対しても原告適格を与える方向でステップがとられることが望ましいと主張している (Hansmann, *supra* note 74, at 615)。

110) KURTZ, *supra* note 61, at 93-94. *See* Brody (1998), *supra* note 42, at 1433.

Carl J. Herzog Foundation, Inc. v. University of Bridgeport（以下、「Carl 判決」という）[111] の判旨を紹介しておきたい。結論としては原告適格を否定した事案であるが、判旨は次のように述べた。

　「コモンローにおいては、完了した慈善目的の寄付を行った寄付者は、それが完全な贈与の方法であったとしても、信託の方法であったとしても、贈与や信託の条項（the terms of his or her gift or trust）をエンフォースするために訴訟を起こす権利を明示的に留保しているのでなければ、これをエンフォースするために訴訟を起こす原告適格を有しない。『財産が慈善法人に与えられ、贈与の条項によって、その財産が、法人の目的のうちの特定の一つのために用いられることが指示されているのであれば、法人はその財産をその目的のために使用する義務の下にあるが、この義務は AG による訴訟によってエンフォースされるのである。』〔引用省略〕。」[112]
　「コモンローにおいては、『エクイティは、法人に財産が与えられた慈善目的のために財産が保有されることを強制するために、*AG が訴訟を維持することができる*〔筆者注：原文が斜体である〕という意味において、慈善法人に寄付を行った者に対して保護を与える』〔引用省略〕ということが確立されている。」[113]
　「『AG が……特定の目的のための贈与をエンフォースする権限の基礎をなす理論は、贈与に条件（conditions）を付した寄付者は、その意図をエンフォースしてもらう権利があるということである。』〔引用省略〕。しかし、この寄付者の権利は、AG の要請によってのみエンフォースすることができるのである。〔引用省略〕。そして、寄付者自身は、財産の物理的な占有を手放した後に財産回復権を有している場合のように、財産を支配するための特定の権利を保有している場合でなければ、贈与の条項をエンフォースするための原告適格を持たないのである。〔引用省略〕。……我々は、コモンローにおける一般的なルールは、寄付者が明示的に贈与財産に物権的権利（property interest）を留保していない限り、寄付者は完了した慈善目的の贈与の条項をエンフォースするための原告適格を持たないというものであったことは明らかであると結

111) Carl J. Herzog Foundation, Inc. v. University of Bridgeport, 699 A.2d 995 (Conn. 1997).
112) *Id.* at 997.
113) *Id.* at 997-998.

論づける〔筆者注：原文ではここに（注5）が付されている〕。」[114]

〔筆者注：原文の（注5）は以下のとおり〕「財産回復権（right to reverter）といった物権的権利（property interest）を明示的に留保しておくことによって、贈与者または信託の設定者は、彼自身またはその相続人を、慈善信託の受益者は信託をエンフォースするための訴訟を提起することができず、もっぱらAGによって代表されなければならないという一般的なルールの例外である『special interest（特別な利害関係）』の範囲に入れることができる可能性がある（may）。」[115]

以上のCarl判決の判旨は、寄付者は贈与や信託の条項をエンフォースするために訴訟を起こす権利を明示的に留保しているのでなければ、原告適格を持たないことを示している[116]。その上で、財産回復権を留保しているような例外的な場合には、寄付者にspecial interest（特別の利害関係）が認められ、原告適格が認められる可能性があることも指摘している[117]。

(ii) 契約法の適用？

なお、アメリカ法の伝統的な理解においては、贈与（gift）は契約（contract）ではないが[118]、最近の判決の中には、贈与証書に財産回復権が留保されていない場合であっても、契約法を適用することにより、寄付者に財産回復の訴訟の原告適格を与えようとする判決があることが指摘されている[119]。

しかし、こうした動きはあるものの、裁判所は依然として、通常は、寄付者は制約を付けた贈与の制約をエンフォースするために訴訟を維持することはできず、制約を付けた贈与は伝統的な契約の分析に服さないという伝統的

114) *Id.* at 998-999.
115) *Id.* at 999 n.5.
116) *See* FISHMAN & SCHWARZ, *supra* note 4 at 232; Karst, *supra* note 7, at 445.
117) *See* Brody (2007), *supra* note 72, at 1210-1211.
　　Carl判決は、寄付者は原則として原告適格を有しないことを前提とした判決であるが、これに対して、この前提に立たず、寄付者の未亡人に対して、裁判所が指定した夫の遺産の代表として、原告適格を認めた事案も存在する (Smithers v. St. Luke's-Roosevelt Hospital Center, 723 N.Y.S.2d 426 (N.Y.A.D. 2001))。
118) *See* Brody (2007), *Supra* note 72, at 1225.
119) *Id.* at 1223-1229.

なアプローチに従っていると指摘される[120]。

(2) 役員の信認義務違反を追及する原告適格

次に、寄付者が役員の信認義務違反を追及することができるかについては、原則として、寄付者には、役員の信認義務違反を追及するための原告適格は認められない[121]。

但し、州法の中には、寄付者に対して一定の場合に非営利法人の役員の義務違反を追及する原告適格を与えているものがある。

ニューヨーク州非営利法人法720(b)は、法人の資産の処分等における役員の義務の違反について、AG、非営利法人自身、取締役、役員、5％以上の議決権を有するメンバー等にこれを追及する原告適格を認める他、基本定款か付属定款で定めている場合には、少なくとも1,000ドル以上の寄付を行った寄付者に、非営利法人のために（in the right of the corporation）訴訟を提起する原告適格を認めている[122]。同法§623に定められているメンバーの代表訴訟（derivative action）の規定とは異なり、同法§720(b)によって責任を追及できる事項は制限されているものの、一定の場合に寄付者にエンフォースメントの権限を与えたものだと評価することができよう。

第四款　小括

1954年のPepperdine判決（〔7〕）においてはAGのみが専属的なエンフォースメントの権限を有すると判示され、非営利法人自身でさえも、役員の信認義務違反を追及する原告適格を認められなかった。その後、AGの他、非営利法人自身、役員、メンバーにも原告適格が拡張されてきた。

以上に加えて、受益者や寄付者に対してもエンフォースメントの権限を拡張すべきであるとの議論がみられる。この点、受益者については、受益者に

---

120) *Id.* at 1229.
121) Fishman (1987), *supra* note 71, at 416.
122) *See* Brody (2007), *supra* note 72, at 1220-1221. 広い原告適格を認める制定法を設ける州もあることにつき、Karst, *supra* note 7, at 451-460を参照。

「special interest（特別な利害関係）」を認め、受益者にも役員の責任を追及する原告適格を認めた事案もみられるが、このような場合は例外に過ぎないと評価される。寄付者についても、原則として、エンフォースメントの権限は認められていない。

第三節
課税庁によるエンフォースメントへの期待？

　エンフォースメントについての検討の最後に、非営利法人の役員の規律づけと、課税庁や税法との関係について検討しておきたい。

　AG によるエンフォースメントが不十分であるとの指摘を背景として、課税庁によるエンフォースメントに期待する見解も存在する。役員の信認義務に影響を与えうる税法の規定を確認した後（第一款）、課税庁によるエンフォースメントについて、これに積極的な意義を見出す見解と、これに反対する見解を紹介する（第二款）。

第一款　非営利法人の役員の忠実義務に影響を与えうる税法の規定

　非営利法人の役員に課される信認義務、特に忠実義務については、連邦の税法が影響を与える可能性がある[123]。

　連邦の税法については第四章第六節において紹介した。詳細を繰り返すことは避けるが、非営利組織に課税免除のステータス（tax-exempt status）を付与する中心的な規定である IRC（Internal Revenue Code）§501(c)(3) は、非営利組織の役員等に私的な利益を帰属させることを禁止する私的帰属（private inurement）の禁止を規定している。これに加え、IRC§501(c)(3) に該当する組織のうち、private foundation については、IRC§4941 の立法により、取引が公正か否かにかかわらず、役員と非営利法人との間の自己取引を完全に禁止し、その違反に対しては excise tax で対応することとした。更に、private foundation 以外の組織に対しても、役員等に対して超過利益を与えるような取引が行われた場合に excise tax を課す制度（intermediate sanction）が創設された（IRC§4958）。この IRC§4958 が導入された背景には、非営利法人の役

123）第四章第六節参照。

員に過剰な報酬が支払われている場合があるのではないかという点や、非営利法人が営利法人にその資産を譲渡する conversion（転換）[124] の場面において、役員が利益を上げているのではないかという点についての懸念があったとされる。

第二款　IRSによるエンフォースメントの可能性をめぐる学説

　本章第一節で紹介してきたように、慈善法人の役員の信認義務のエンフォースメントの中心と位置づけられている州の AG には資源が足りず、十分なエンフォースメントが行えない可能性があることが指摘されている。その中で、州の AG は、慈善組織を監視することについて、ますます IRS (Internal Revenue Service) に頼るようになってきたとも指摘され[125]、IRS によるエンフォースメントに積極的な意味を見出す見解も存在する。他方で、IRS のエンフォースメントに頼ることについては、疑問を呈する見解もみられる。以下、それぞれ紹介する。

一　IRS による忠実義務違反のモニタリングに積極的な意味を見出す見解

　Eisenberg & Outterson は、非営利法人の役員の報酬の規制の在り方を中心に検討し、IRS が非営利法人の役員の忠実義務の規律づけを IRC§4958等を用いて行うことに積極的な意味を見出している[126]。Eisenberg & Outterson は、厳格な税法の規定を正当化する事情として、非営利法人においては株主代表訴訟を起こす株主がいないことや、寄付者は役員の自己取引を監視する直接

---

124) 第四章第五節参照。
125) Brody (1998), *supra* note 42, at 1439. *See also* Harvey, *supra* note 21, at 709-710.
126) Carly B. Eisenberg, Esq. & Kevin Outterson, *Agents without Principals*: Regulating the Duty of Loyalty for Nonprofit Corporations through the Intermediate Sanctions Tax Regulations, THE JOURNAL OF BUSINESS, ENTREPRENEURSHIP & THE LAW, Volume 5-Issue 2, 243 (2012).
　この他、IRS のエンフォースメントにおける位置づけを肯定的に紹介している文献としては、Susan N. Gary, *Regulating the Management of Charities*: Trust Law, Corporate Law, and Tax Law, 21 U. HAW. L. REV. 593, 644-645 (1999) も参照。

の経済的なインセンティブを有しないこと等を指摘する。そして、エージェントを監督するプリンシパルが存在しない場合には、抑止効果はより強い必要があり、ルールはより厳格である必要があると主張する[127]。

二　IRSによるエンフォースメントに疑問を呈する見解

他方で、課税庁が実質的に非営利法人の役員の忠実義務をエンフォースすることについて、その問題点を指摘する見解も存在する。

(1) Karst (1960)

Karstは、次のように述べ、課税庁による間接的なエンフォースメントに疑問を呈している。

今日〔筆者注：1960年に公表されたKarstの論文による言及である〕では、財務省（Treasury）が免税組織の活動の監視を行っており、この中には、信認義務の違反と分類される活動も含まれている[128]。しかし、例えば投資方針については、IRCの基準は、慈善組織の受託者に課される投資方針である信託法における「合理性のルール（prudent rule）」よりも緩やかであり[129]、また、IRCには、余分な秘書を雇ったりオフィスの家具を購入したりといった無駄で非効率的な行為を罰する規定はない[130]。そのため、税法の規制は、慈善組織の受認者による義務違反に対処するには不十分である[131]。

Karstは、IRCは、信認義務の違反を防ぐためではなく、免税措置を私的な利益を上げるための手段として用いることを禁止するために設計されたものであることを指摘し、信認義務の違反を広くカバーするためにIRCの規

---

127) Eisenberg & Outtersen, *supra* note 126, at 271.
　　なお、Eisenberg & OuttersonはIRSによる忠実義務についてのルールが、州の会社法における営利法人の忠実義務についてのルールよりも厳格であることについて、州法である会社法については各州の間の競争が働くためデラウェア州は役員に有利な規制を導入する可能性があるが、連邦の法であるIRSの規制は全ての州の法人に等しく適用されるため、競争にさらされていないことによって説明できるかもしれないと指摘する (*Id.* at 270)。
128) Karst, *supra* note 7, at 438.
129) *Id.* at 440.
130) *Id.* at 441.
131) *Ibid.*

制の対象を広げることは、本来の目的を越えると指摘する[132]。

(2) Brody (1999)

　Karst が税法のルールによる規制が不十分である可能性を指摘していたのに対して、Brody は IRS による過度な介入に対して疑問を呈している[133]。1999年にハワイ州の Kamehameha Schools Bishop Estate（Bishop Estate）の受託者の自己取引や経営の誤り（mismanagement）が問題となった際、IRS が、Bishop Estate の受託者が辞任しなければその課税免除のステータスを取り消すと通知したことが報じられた[134]。結局、裁判所が受託者を解任する命令を出したこともあり、IRS による課税免除のステータスの取消しは行われなかったが、Brody は、州法における裁判手続が行われている最中に、連邦の組織である IRS が課税免除のステータスを盾にして非営利法人のガバナンスに介入しようとしたことに対して疑問を呈している[135]。

132）*Id.* at 443.
133）Evelyn Brody, *A Taxing Time for the Bishop Estate: What Is the I.R.S. Role in Charity Governance?*, 21 U. Haw. L. Rev. 537, 543 (1999)（以下、「Brody (1999)」という）。
　　この他、Howard L. Oleck, *Mixture of Profit and Nonprofit Corporation Purposes and Operations*, 16 N. Ky. L. Rev. 225, 238 (1988) は、税法は政府が必要な資金を得ることを目的とした法であり、公共のモラルに関する政策を選択し設立するためにふさわしい道具 (vehicle) ではないと主張する。
134）Brody (1999), *supra* note 133, at 537.
135）*Id.* at 543.

第四節
非営利法人の役員の信認義務のエンフォースメントについてのまとめ

第一款　視点

　営利法人においてはその目的は利益の最大化であり、営利法人の利益の最大化については残余財産権者たる株主が利害関係を有する。営利法人法は、この株主に対してエンフォースメントの権限を与えている。代表的な方法としては、役員の選解任についての議決権や株主代表訴訟が挙げられる。

　これに対して、公益を目的とする非営利法人にはメンバーがいない場合がほとんどであり、メンバーがいる場合であっても、メンバーは法人に対して経済的な利害関係を持たない。そのため、公益を目的とする非営利法人においては、役員の信認義務のエンフォースメントについて、営利法人をモデルとした仕組みは機能しない可能性がある。更に、公益を目的とする非営利法人には、私益信託の場合に存在する確定的な受益者もいない。そうであれば、非営利法人の法的構造を踏まえたエンフォースメントの仕組みを整備する必要が生じる。

　本章までの検討を通じて、公益を目的とする非営利法人においては、その役員の信認義務のエンフォースメントについて、営利法人の場合とは異なる仕組みが採用され、また、議論が行われていることが明らかになった。ここでは、公益を目的とする非営利法人における役員の信認義務のエンフォースメントにおいて特徴的な点をまとめることで小括としたい。第一に、AGによる監督がエンフォースメントの中心に置かれ、AGは非営利法人の役員の信認義務違反を追及するための原告適格を有していたこと、第二に、第四章第五節でみたように、ヘルスケア産業におけるconversionの場面では、取引に際してAGや公的機関の承認を要求する等、AGや公的機関の権限の強化を図る立法が行われていたこと、第三に、寄付者や受益者にエンフォースメ

ントの権限を与えるべきであるとの主張がみられたこと、第四に、課税庁によるエンフォースメントに期待する見解も存在したことが挙げられる。

第二款　Attorney General による監督

　公益を目的とする非営利法人については、AG がそのエンフォースメントの中心として位置づけられていた。第五章において検討してきた判例にみられるように、実際に訴訟が提起されている事案の多くには AG が原告として関わっていた。
　AG がエンフォースメントを担う仕組みは、公益を目的とする非営利法人の受益者は不特定多数の公衆であるという法的構造を踏まえた上で、そのエンフォースメントを州の公衆の利益を代表する AG に委ねた仕組みであると理解することができる。また、エンフォースメントの方法として、AG が役員の信認義務違反を追及する原告適格を有している点も特徴的であるといえよう。

第三款　conversion の場面における公的機関の役割

　第四章第五節で検討したように、非営利法人がその資産を営利法人に売却する conversion の場面においては、十分な対価が支払われないことによって、公益のために用いられるべき資産が侵害される恐れが大きい。
　これに対し、各州では、ヘルスケア産業における conversion について、AG や公的機関の監督権限を強化する立法が行われていた。こうした立法は、公益を目的とする非営利法人の受益者である不特定多数の公衆の利益を守り、公益目的に使用されるべき資産を保護しようとするものだと理解できよう。

第四款　寄付者や受益者にエンフォースメントの権限を与えるべきであるとの主張

　本章第二節で検討してきたように、公益を目的とする非営利法人については、寄付者や受益者にもエンフォースメントの権限を与えるべきであるとの

議論がみられた。こうした議論も、非営利法人の法的構造が営利法人とは異なるという点から説明することができる。

　第二章で検討したように、営利法人においては株主が資金提供者であり、同時に受益者である。そして、営利法人法は、株主にエンフォースメントの権限を与えている。これに対して、公益を目的とする非営利法人においては、法人に対して資金を提供しているのは寄付者であり、法人の活動によって利益を受けるのは不特定多数の受益者である。そのため、非営利法人においては、寄付者や受益者が、法人の運営について一定の関心を持っている可能性がある。

　役員の信認義務をエンフォースする権限は、これを行使するインセンティブを有する者に与えることが効率的である。この観点からは、自らの資金を提供する程に非営利法人に関心を有している寄付者や、役員の行動により影響を受ける受益者に対してエンフォースメントの権限を与えることは一つの選択肢となり得る。但し、実際に個別の寄付者や受益者に対してエンフォースメントの権限を与えるか否かを検討する際には、濫訴の恐れをどのように防止するかを検討する必要性があろう。この点において、一定の金額以上の寄付を行った者に限って、法人の資産の処分等における役員の義務の違反について責任を追及する原告適格を与える定款の定めを認めるニューヨーク州非営利法人法は示唆に富む。

第五款　課税庁によるエンフォースメントへの期待と批判

　最後に、非営利法人の役員の信認義務のエンフォースメントについては、課税庁による役割に期待する見解とこれに反対する見解がみられた。

　第四章第六節で検討したように、IRCの中には、公益を目的とする非営利法人における忠実義務違反の状況を規律することを目的として導入された規定が存在する。このことは、課税に関する法令や課税庁が役員の信認義務違反を規律するための補完的な機能を果たし得ることを示しており示唆に富むが、同時に、課税庁が役員の信認義務の規律づけを行うことについて批判的な見解があったことにも留意する必要があろう。

第七章

日本法への示唆

第一節　問題の確認

　第一章において提示した本稿における問題意識に再度立ち返っておきたい。本稿の問題意識は、第一に、非営利法人の役員に課される信認義務の内容は、営利法人の役員に課される信認義務の内容と同様であるのかという点と、第二に、株主のいない非営利法人においては営利法人と同様のエンフォースメントの方法は機能しない可能性があるため、公的機関による監督を含む、他のエンフォースメントの仕組みを整備する必要があるのではないかという点であった。そして、これらの課題を検討する視点として、営利法人と非営利法人の法的構造の違いが、信認義務の内容やエンフォースメントの方法に影響を与える可能性があるのではないかという点に着目してきた。

　それでは、第二章から第六章までのアメリカ法の検討から、日本法に対してどのような示唆を得ることができるだろうか。本章では、第二節において営利法人と非営利法人の法的構造の違いについて確認した上で、第三節では非営利法人の役員の信認義務の内容について、第四節では非営利法人の役員の信認義務のエンフォースメントの方法について、それぞれ日本法への示唆を探っていく。

第二節
営利法人と非営利法人の法的構造の違い

　第二章では、営利法人と非営利法人の法的構造の違いについて分析してきた。第二章第二節第六款で掲載した表2を再掲しておく。

〔表２〕営利法人と非営利法人の法的構造

	営利法人	非営利法人	
		public benefit corporation	mutual benefit corporation
分配禁止規制		法人の継続時も解散時も分配禁止。	法人の継続時は分配禁止。解散時には残余財産の分配が可能。
株主・メンバー	株主が存在する。	ほとんどの場合、メンバーは置かれていない。	メンバーが存在する。
受益者	株主	不特定多数の公衆	メンバー
資金提供者（他に債権者等は存在する）	株主	寄付者や利用者等の資金提供者	メンバー
エージェンシー関係	・プリンシパル＝株主 ・エージェント＝役員	・プリンシパル＝資金提供者 ・エージェント＝役員	・プリンシパル＝メンバー ・エージェント＝役員

　非営利法人の中でも mutual benefit corporation に該当するものについては、一定程度営利法人と同様に考えられる可能性があることから、ここでは、営利法人と public benefit corporation の違いに絞って確認しておく[1]。

第一款　営利法人の法的構造

　営利法人においては、株主が資金提供者の立場にあると同時に受益者の立場にもある。すなわち、株主は営利法人に対して出資という形で資金を提供するという意味において資金提供者であり、配当を受けること等により利益を受け取る主体であるという意味において受益者である。
　そして、営利法人は、受益者である株主の利益を最大化させることを目的とする[2]。
　このような法的構造をとる営利法人においては、資金提供者であり、かつ受益者でもある株主が、株主代表訴訟や取締役の選解任権を通じて役員を監視し、エンフォースメントを行う権限を有する。

第二款　public benefit corporation の法的構造

一　public benefit corporation における資金提供者と受益者

　これに対して、厳格な分配禁止規制に服する public benefit corporation においては、メンバーは法人に対して経済的な利害関係を持たない。public benefit corporation に対して主として資金を提供しているのは寄付者であり、一方で public benefit corporation の活動により利益を受けるのは不特定多数の受益者である。

二　public benefit corporation の目的

　public benefit corporation は各法人が設定した特定の公益目的のために設立される。第二章第一節第四款で検討したように、かつては非営利法人を設立することができる目的は制限されることが多かったが、今日では、多くの州では、非営利法人が分配禁止規制に服することを条件として、「全ての合法

---

1) 第二章第一節第三款、第二章第四節参照。
2) *See* Dodge v. Ford Motor Co., 170 N.W. 668 (Mi. 1919).

な目的のために」設立されることを認めている[3]。

　public benefit corporation の資金提供者である寄付者は、自らが提供した資金が当該法人の特定の目的に使用されることを期待していると考えられる。例えば、「捨てられた動物の保護」を目的とする public benefit corporation に寄付を行った者は、その資金が「捨てられた動物の保護」のために利用されることを期待しており、その資金が「研究のための生体解剖」のために用いられることは予想していない[4]。そこで、public benefit corporation は、当該法人が設定した特定の公益目的に従って活動する必要があると考えられる。寄付を行おうとしている者は、寄付をした資金が想定された目的に使用されないと考えれば、そもそも寄付を行わなくなってしまうためである[5]。

三　public benefit corporation におけるエンフォースメントの主体

　public benefit corporation のメンバーが法人に対して経済的な利害関係を有しないことは、メンバーによるエンフォースメントが行われない可能性があることを意味する。他方で、public benefit corporation に対して資金を提供した寄付者は、自分が提供した資金がその意図に従って使用されることに関心を持っているが、寄付者は原則として役員の信認義務をエンフォースするための法的な手段は有していない。この他、public benefit corporation のサービスを受ける受益者は、不特定多数であり、やはり原則として役員の信認義務をエンフォースするための法的な手段を持たない[6]。

第三款　非営利法人の法的構造が信認義務の内容やエンフォースメントの方法に与える影響

　このように非営利法人の法的構造が営利法人の法的構造と異なることは、

3）第二章第一節第四款参照。
4）Hahnemann 判決（[28]）の傍論を参照。
5）See DANIEL L. KURTZ, BOARD LIABILITY: GUIDE FOR NONPROFIT DIRECTORS 86 (Moyer Bell Limited 1988).
6）第六章第二節参照。

役員の信認義務の内容や、そのエンフォースメントの方法に影響を与える可能性がある。

　第五章における検討からは、非営利法人の役員の信認義務の特徴の中には、非営利法人の法的構造と結びつけて理解することが可能である点が存在することが明らかになった。非営利法人の役員の信認義務の内容の特徴が非営利法人の法的構造が営利法人の法的構造と異なることに起因することを証明することは困難であるが、少なくとも、非営利法人の役員の信認義務の特徴の中に、非営利法人の法的構造と結びつけて理解することが可能である点が存在することは、非営利法人の役員の信認義務の内容を検討する際には、非営利法人の法的構造を踏まえ、営利法人の場合とは異なった独自の検討が必要になることを示している。

　なお、ここまでの検討、特に第四章と第五章の検討からは、非営利法人の法的構造の他、無報酬で奉仕する非営利法人の役員を責任から保護することによって役員となる人材を確保しようとする政策判断も、非営利法人の役員の信認義務の内容に影響を与える可能性があることが示された[7]。

　エンフォースメントの方法については、第六章の検討からは、株主がいない非営利法人においては、営利法人の場合とは大きく異なる、AG（Attorney General）を中心としたエンフォースメントの制度が採用されていることが明らかになった。

　以下、第三節では非営利法人の役員の信認義務の内容について、第四節ではそのエンフォースメントの方法について、日本法への示唆を探っていく。

---

[7] 第四章第二節第三款で紹介したカリフォルニア州非営利法人法を参照。

第三節
非営利法人の役員の信認義務の内容についてのアメリカ法からの示唆

　第五章においては非営利法人の役員の信認義務の内容についての検討を行った。ここでは、営利法人の役員の信認義務と比較した場合に、非営利法人の役員の信認義務の内容として特徴的である点を整理し、それぞれの点について日本法への示唆を探る。

　日本では、これまで非営利法人の役員の信認義務違反と評価されるような行為が扱われた判例は少ない。また、非営利法人の役員の責任を追及する訴訟の中には第三者により提起された訴訟が目立ち、その内容としては理事に対する不法行為責任を追及したものが多い[8]。この理由としては、公益法人制度改革以前は社員代表訴訟の規定がなかったことや、現在の一般社団法人法117条に相当する第三者に対する責任の規定がなかったことが影響している可能性がある。

　社員による代表訴訟が認められたことにより、今後非営利法人の役員の信認義務違反を追及する訴訟が増加することも予想される中で[9]、今後の判断の指針を得るためにも、非営利法人の役員の信認義務が営利法人の役員の信

---

[8] 第三者から役員に対して不法行為責任が追及された事案としては、東京地判昭和55年6月27日判タ440号128頁、東京地判昭和55年9月16日判時997号131頁、東京地判昭和61年9月16日判タ652号186頁(倒産間際の非営利病院の経理担当者が手形を振り出したことによって損害を受けたとして、第三者が役員の責任を追及した事案)がある。
　なお、社会福祉法人が原告となって役員を訴えた事例としては、大阪地判昭和61年3月13日判時1211号93頁がある。保育所を運営する社会福祉法人において、その理事長が、法人の利益の額を超える理事及び理事長の報酬をお手盛りで決定したことについて、社会福祉法人が、理事長に対し、不法行為責任及び委任契約の債務不履行責任を追及する訴訟を起こした。裁判所は、理事長は委任契約上の債務不履行責任を負うと判断した。

[9] なお、2009年には、財団法人漢字能力検定協会の役員による忠実義務違反の疑いが大きく報道された。報道によると、漢字能力検定協会から、その理事長であるYが関係を有する4社に対して、2006年度以降、広告や採点処理等の業務委託名目で約66億円が支出されていたとされる(共同通信2009年2月9日)。社員代表訴訟の制度は、こうした事案において、社員が役員の責任を追及し、流出した財産を法人に取り戻す途を開くものであるといえよう。

認義務と比較してどのような特徴を有しているのかを明らかにしておくことが不可欠である。

　以下ではアメリカ法の分析から抽出された非営利法人の役員の信認義務の特徴のうち、次の6つの点について検討する。第一に、非営利法人の役員は、当該非営利法人の特定の目的の範囲内で判断を行うことが要求される点（第一款）、第二に、非営利法人の役員に対して裁量が与えられる理由は、営利法人の役員に対して裁量が与えられる理由とは異なる可能性がある点（第二款）、第三に、法人資産の処分や解散を含む状況においては、厳格な審査が行われる可能性がある点（第三款）、第四に、非営利法人の役員に対して、モニタリングの不足を理由として営利法人の役員に対するよりも厳格な義務、あるいは厳格な審査基準が課される可能性がある点（第四款）、第五に、非営利法人の役員の解任については、裁判所に一定の役割が期待される可能性がある点（第五款）、第六に、非営利法人の無報酬の役員の責任が軽減される可能性がある点（第六款）について検討していく。

　なお、以下での検討は主としてアメリカの分類でいうところの public benefit corporation、すなわち、公益を目的とする非営利法人を念頭に置いたものである。アメリカ法の検討からは public benefit corporation と mutual benefit corporation を区別する必要があることが示された[10]。そして、学説においても、public benefit corporation と mutual benefit corporation とでは、その信認義務の内容について異なった取扱いをすべきであるとの主張がみられた[11]。この点、第五章で扱ったアメリカの判例のほとんどが public benefit corporation に関する事案であったことから、その検討から得られた示唆は主として public benefit corporation に対するものであるといわざるをえない。ここでは、mutual benefit corporation については、以下での分析と異なる取扱いがされる可能性があることを付言するに留めたい[12]。

---

　10) 第二章第一節第三款、第二章第二節参照。特に第二章第二節第三款の Ellman による議論を参照。
　11) 第五章第二款第二節参照。

第一款　非営利法人の目的が役員の信認義務の内容に与える影響

　第五章第一節の判例の検討から示されるように、営利法人と比較した場合の非営利法人の役員の信認義務の最大の特徴は、非営利法人の目的が役員の信認義務の内容に影響を与えうる点にあると考えられる。

一　アメリカ法からの示唆

(1)　非営利法人においては法人の特定の目的について実質的な審査が行われること

　第五章第一節第四款で指摘したように、目的の範囲外であり、ultra vires（能力外）にあたる行為を行った場合には、役員は、これによって法人に生じた損害について責任を追及される可能性がある。そのため、法人の役員の信認義務を理解するためには、法人の目的の範囲がどのように解釈されるのかを理解しておくことが不可欠である。

　この点、営利法人においては実質的に ultra vires の原理が消滅したとされ、法人の行為が目的の範囲内であるかどうかはほとんど問題とならないのに対して、非営利法人においては、当該法人の特定の目的を基準として、実質的な審査が行われていた[13]。

　裁判所による営利法人と非営利法人の目的の取扱いは、2 つのレベルで異なっている[14]。第一に、営利法人において法人の目的が問題となっていた事案においては、法人の活動が「営利目的」から逸脱するか否かが争われており、「器具の製造販売」といった具体的な目的が基準とされているわけではなかった。これに対して、非営利法人においては、法人の目的が「病院の運営」であれば、あくまでも「病院の運営」が行われているか否かが基準とさ

---

12) mutual benefit corporation の役員の信認義務の内容やエンフォースメントの仕組みについてのより詳細な検討は他日を期したい。その際には、構成員の共通の目的を実現するために組織されるという意味において mutual benefit corporation と共通点を有する cooperative（第二章第一節第二款参照）についても併せて検討を行う必要があると考えている。
13) 第五章第一節第四款参照。
14) 詳細については第五章第一節第四款を参照。

れる。

　第二に、上記の基準を用いる際に、営利法人についてはある行為が営利目的のために行われていることが「擬制」されるのに対して、非営利法人については特定の目的から逸脱していないかが実質的に審査される。

　こうした違いは次のように説明することができるだろう。

　まず一つ目の違いである、定款等に表現されている具体的な目的を基準として用いているか否かの違いについては、営利法人における出資者である株主の意図と、非営利法人における出資者である寄付者の意図という視点から説明することが可能である。営利法人においても非営利法人においても、資金を集めるためには資金提供者の意図を尊重することが必要である。営利法人の資金提供者である株主の目的は利益を最大化することであって、通常、株主は利益を最大化するための方法は重視しない。これに対して、非営利法人の資金提供者である寄付者は、自らの出資した資金が、非営利法人の特定の目的のために使用されることを期待していると考えられる。非営利法人が特定の目的を遵守することが期待できないのであれば、寄付者が寄付を行うインセンティブは低下する可能性がある。そのため、資金提供を受けるためには、非営利法人はその特定の目的を遵守して活動を行う必要がある。このように、営利法人と非営利法人の目的の解釈の違いは、営利法人における株主と非営利法人における資金提供者の意図の違いに結びつけて理解することができる。

　次に、二つ目の違いである、営利法人についてはある行為が営利目的のために行われていることが「擬制」されているのに対して、非営利法人についてはその目的から逸脱していないかが実質的に審査されるという点については、社会からの要請の存在という視点から説明できる可能性がある。すなわち、営利法人については、その経済的利益を犠牲にしてでも一定程度の社会的責任を果たさせようとする、社会の要請が存在する可能性がある。この点については、Theodora 判決（〔3〕）が「問題となっている寄付がなされなかったのであれば原告と被告法人のその他の株主に支払われたであろう直接的な収益（income）の比較的小さな損失よりも、慈善目的のまたは教育上の支援を必要とする人の利益になるように寄付がされることによって生じる全

体の利益の方がはるかに重要であり、これにより大きな私的企業の正当性を提供し、これにより長期的には原告〔筆者注：原告は株主である〕を利する。」と述べていたことが印象的である[15]。

(2) 非営利法人の目的の範囲を判断する際の考慮要素――資金提供者の意図と、社会の状況の変化

アメリカ法の検討からは、非営利法人の目的の範囲を判断する際には、次の2つの要素を考慮する必要があるという示唆を得ることができた[16]。

第一に、寄付者は提供した資金が、寄付を行った当時の非営利法人の目的のために使用されることを期待しており[17]、資金が他の目的に使用される可能性が高まることは、潜在的な寄付者が寄付を行うインセンティブを低下させ、非営利法人に対する寄付を減少させる可能性がある。そのため、特に、その収入の多くを寄付に依存するタイプの非営利法人においては、資産をその目的に沿って使用することが重要になる。この点は、資金が寄付者の意図に反して使用されることがないように、非営利法人の目的の範囲を厳格に解釈する方向に結びつく。

他方で、法人の目的の範囲を厳格に解釈することは、社会の状況が変化した場合に、資金を効率的に使用することを阻害してしまう可能性がある[18]。社会の状況の変化に対応して資金を効率的に使用するためには、法人の目的の範囲をある程度緩やかに解することが必要となる。

非営利法人の目的の範囲を解釈する場合には、以上の2つの相反しうる要素のバランスを考慮する必要がある。

二　日本法の下での検討――民法34条の解釈

以上のように、非営利法人においてその特定の目的が実質的に審査されることは、非営利法人の法的構造と結びつけて理解することができるため、日

---

15) Theodora 判決 at 405。第三章第一節第三款も参照。
16) 第五章第一節第四款参照。
17) Hahnemann 判決（〔28〕）の傍論を参照。
18) Taylor 判決（〔24〕）参照。

本においても同様の考慮が必要となる可能性がある。現行法においては、民法34条の解釈の問題となる[19]。

(1) 非営利法人の目的に関する日本の判例

日本においても、営利法人については、その目的の範囲は実質上広く捉えられ、「戦後の判例は、下級審も含め、『会社の能力の目的による制限を否定するのと結果において殆ど差異はない』と言われ」[20]たのに対して、非営利法人については、法人の行為が非営利法人の目的の範囲に含まれるかが争われてきた。

ここでは、日本法の下で非営利法人の行為が目的の範囲外と評価される場合があることを示した事案を紹介する[21]。以下の判例の検討からは、日本においても、アメリカにおけるのと同様に、非営利法人の目的については実質

---

19) 平成18年改正前には、平成18年改正前民法43条が、現行の民法34条と同様の規定を置いていたが、平成18年改正前民法43条は、形式的には民法上の公益法人を直接の適用対象とする規定であったことから、会社には同条が「類推適用」されるか否かが問題とされてきた(江頭憲治郎編『会社法コンメンタール1』78-79頁〔江頭憲治郎〕(商事法務・2008年))。これに対して現行の民法34条は、営利法人であるか非営利法人であるかを問わず直接適用される。この点について江頭・前掲80頁は、「平成18年改正民法34条が、なんの検討もなしに、公益法人のみならず会社についても定款所定の目的が権利能力の制限になる旨を明定したことは、遺憾というほかない。」と指摘している。

20) 江頭・前掲注19) 82頁が、上柳克郎「法人の目的たる事業の範囲外の取引」『会社法・手形法論集』56頁 (有斐閣・1980年) を引用。但し、会社において事業のためにする行為以外の行為があることを示唆した判例として、最判平成20年2月22日民集62巻2号576頁がある。

21) 本文中で紹介した判例の他、非営利法人の行為が目的の範囲内であると判示された事案として大判大正5年5月16日民録22輯966頁がある。同判決は、宗教法人である寺が北海道国有未開地処分法に基づき、未開地を開墾する目的で無償貸し付けを受けた事案について、貸付を受けたのは寺の財産を増殖し、その基礎を確実にすることに帰するものだとして、当該寺の存立の目的に背くものではないとした。

なお、信用組合や農業協同組合、労働金庫についても、ある行為が目的の範囲に含まれないとされた事案が存在する。こうした組織は分配禁止規制に服していないことから本稿での検討の対象に含めていないが、これらの組織においてなぜ目的の範囲が厳格に捉えられるのかについても、他日を期して検討を行いたい。大判昭和16年3月25日民集20巻347頁 (信用組合の事案)、最判昭和41年4月26日民集20巻4号849頁 (農業協同組合の事案)、最判昭和44年7月4日民集23巻8号1347頁 (労働金庫の事案)。非営利法人における「目的の範囲」について分析を行った文献としては、織田博子「非営利法人・団体と民事責任 (3) 非営利法人の『目的の範囲』」金融法務事情1715号90頁がある。

的な審査が行われてきたことがうかがえる。
　(i)　宗教法人の旧境内地の賃貸について判示した事案
　和歌山地橋本簡判昭和27年4月4日下民集3巻4号448頁では、「原告が宗教法人である結果として境内地又は原告の存立と密接な関係がある縁故地を賃貸することは原告の存立自体を否認することになるから原告の右目的に反するものといわなければならない」と述べた。但し、同事案においては、問題となっている土地は当時境内地でも縁故地でもなかったと判断している。
　(ii)　育英会が資金を貸し付け、または不動産を賃貸した事案
　東京高判昭和31年11月20日判タ66号56頁は、育英事業を目的とする財団法人が金員を貸与してその利息をとり、または不動産を取得してこれを賃貸して、その収入を育英資金に充てる行為について、目的の範囲外ではないとした。
　これに対して、広島高裁岡山支判昭和30年9月16日高民集8巻6号406頁は育英会が金銭を旅館に貸し付けたところ焦げ付いた事案であるが、寄附行為に、資産の管理方法について、確実な方法によるべきものとの定めがあり、金銭については、これを確実な金融機関に預け入れ利殖を図るべきことが規定されていたため、資金の貸付けは寄附行為に定められた目的の範囲外の行為であって無効であると判断した。
　(iii)　病院がその敷地建物の全部と備品器具を売却した事案
　最判昭和51年4月23日民集30巻3号306頁においては、「博愛慈善の趣旨に基づき病傷者を救治療養すること」を寄附行為の目的とする病院が、その敷地・病院・器具を売却したことについて、寄附行為の目的の範囲外であると判断された。但し、結論としては、売買から長年が経過している当該事案において売買の無効を主張して売買物件の返還又は返還に代わる損害賠償を請求することは、信義則上許されないと判断した。
　(iv)　学校法人が元理事に対して金銭の支払いを行った事案
　学校法人が、創立者であり退職した元理事に対して不当な金銭の支払いを行っていた一連の事案として、東京地判昭和62年9月22日判時1284号79頁（以下、「東京地判昭和62年判決」という）と東京高判昭和63年12月20日判タ

716号144頁（以下、「東京高判昭和63年判決」という）がある。

東京地判昭和62年判決は、学校法人の創立者であり退職した元理事からの不当な要求を拒否できずに6億円を「解決金」名目で支払った事案であり、東京高判昭和63年判決は、同人に対して校舎建物の売買代金とは別に帳簿外で5億円の手形振出しをした事案である。いずれの判旨も、学校法人の公共性に鑑みて、財政的基盤を維持することが不可欠または特に要請されていると述べた上で、学校法人の行為を目的の範囲外の行為として無効であると判断した。

(ⅴ) 検討

以上で検討してきた判例は、目的の範囲を実質的に判断しており、①寄付行為で禁止されている資金の貸付け、②法人の目的の遂行を不可能にするような資産の売却・貸付け（病院施設の売却、寺の境内地・縁故地の賃貸）、③関係者に対する資産の流出を目的の範囲外であると判断している。但し、このうち、③関係者に対する資産の流出は、忠実義務違反の事例としての性質も有すると考えることができる。

このように、日本においても、非営利法人の目的については実質的な審査が行われてきた。

(2) 非営利法人の目的についての日本の学説の検討

次に、非営利法人の目的に関する日本の学説を検討しておきたい。

(ⅰ) 竹内昭夫の見解（1984年）

竹内昭夫は、1984年の著書の中で、「理論的にいえば、おそらく〔改正前民法に基づく〕公益法人についても目的による能力制限の原則を廃棄してよいのではないかと考える。」[22]と指摘した。同論考は、主として、ultra vires 原理が適用されることによって取引の相手方である第三者に損失を与える懸念があることについて論じたものであり、「対外的な取引能力の面では、〔改正前民法に基づく公益法人を〕営利会社と区別して扱うべき必然性はないの

---

22) 竹内昭夫「会社法における Ultra Vires の原則はどのようにして廃棄すべきか」『会社法の理論〔1〕——総論・株式』167頁 (有斐閣・1984年)。

416　第七章　日本法への示唆

ではないか」[23]と指摘している。

　(ⅱ)　**佐久間毅の見解（2008年）**

　佐久間毅は、非営利法人における法人の目的の範囲の判断にあたっては、「各法人の設立根拠法において明らかにされている法人の特性が強く考慮されていると考えられる。」と指摘する[24]。そのため、「目的とすることができる事業を制限する規定が根拠法に置かれている法人（たとえば、医療法人に関する医療42条参照）については、農協などと同じように目的範囲該当性がやや厳格に実質的に判断されてよいことになる反面、そのような目的範囲該当性のやや厳格な判断は、非営利法人につき一般的に妥当するとはいえないことになる。」[25]　そして次のように続ける。「たとえば一般社団法人や一般財団法人は、その設立根拠法である一般社団・財団法人法において目的は限定されておらず、法人が自由に目的を設定することができる。そのため、これらの法人については、営利法人についてと同様の実質的判断が行われてよい。」[26]

　(ⅲ)　**竹内の見解と佐久間の見解の検討**

　竹内の指摘は、非営利法人の目的の判断を解釈する際に、取引の相手方である第三者との関係を考慮する必要性を指摘した点で重要である。この点は、非営利法人の目的の範囲を緩やかに解する方向の事情として考慮されることになろう。

　また、佐久間の指摘は、非営利法人の目的の範囲を判断するにあたって、その設立根拠法をも考慮する必要がある点を指摘している点で重要である。

　但し、上記の竹内の見解と佐久間の見解においては、非営利法人の法的構造が営利法人とは異なり、非営利法人の主要な資金提供者は寄付者であることは念頭に置かれていない。ここまで検討してきたように、非営利法人は資金を一定程度寄付者の意図に従って使用する必要があり、その意味で、営利法人におけるよりも、目的の範囲を実質的に判断する必要があると考える。

---

[23]　竹内・前掲注22) 167頁。
[24]　佐久間毅『民法の基礎1　総則〔第三版〕』359頁 (有斐閣・2008年)。
[25]　佐久間・前掲注24) 359頁。
[26]　佐久間・前掲注24) 359頁。

この点についての考慮は、特別法に基づく法人であっても、一般社団法人や一般財団法人であっても、同様に必要となると考えられる。

(3) 小括

ここまで検討してきたように、非営利法人の場合には、営利法人の場合と異なり、法人の行為が当該法人の具体的な目的の範囲内の行為かどうかが実質的に審査されることになる[27]。民法34条は営利法人と非営利法人の両方に適用される規定であるが、営利法人の場合と非営利法人の場合とでは、その解釈は異なることになると理解すべきであろう。

非営利法人の目的の範囲をどの程度厳格に解釈するのかを検討するにあたっては、①資金が当初の目的に使用されることを期待している寄付者の意図を尊重する必要性と、②その後の社会の状況の変化に対応して効率的に資金を使用する必要性という競合しうる考慮要素を調整する必要がある。この点に加えて、竹内が指摘していた取引相手である第三者の法的安定性や、佐久間が指摘していた各法人の設立根拠法の特性も目的の範囲の判断に影響を与える可能性があろう。

第二款　非営利法人の役員に対して裁量が与えられる理由

アメリカ法の検討からは、非営利法人の役員に裁量が与えられる理由は営利法人の場合とは異なる可能性があることが示された。

第三章で検討したように、営利法人の目的は株主の利益を最大化することであり[28]、営利法人の役員に対して広い裁量を認めるのは、役員が利益を上げるために必要なリスクをとることを躊躇しないようにするためであると説明される[29]。

---

27) 非営利法人の「目的の範囲」についての厳格説と緩和説について、椿久美子「非営利法人・団体と民事責任(4)非営利法人・団体における理事の個人責任(下)」金融法務事情1720号27頁、30頁以下。織田・前掲注21) 90頁以下、佐久間・前掲注24) 353-360頁も参照。

28) See Dodge v. Ford Motor Co., *supra* note 2.

29) 第三章第一節第一款参照。

これに対して、非営利法人の目的は利益を最大化することではない[30]。Morris 判決（[18]）では、宗教法人の役員の判断に裁判所が事後的に介入しない理由として、「〔宗教法人の〕世俗的な事柄についての行為は、金銭的には計れない考慮によって動かされていることが少なくない」ことが挙げられていた[31]。

非営利法人の役員の注意義務違反の有無を審査するにあたっては、上記の観点から、役員に広い裁量を与える必要があるかどうかを検討することになろう。

第三款　法人資産の処分や解散を含む場面において厳格な審査が行われる可能性

アメリカ法の検討からは、法人資産の処分や解散を含む場面においては、取締役の行動について厳格な審査が行われる可能性があることが示された。

McDaniel 判決（[15]）は、非営利法人の役員を「法人の富を守る者としての受認者（fiduciary）」であると位置づけ、この視点から、法人資産の全てを処分する場合や解散を行う場合には、役員の判断は厳格な基準を用いて審査されることになることを示した[32]。

公益を目的とする非営利法人の資産は、公益目的のために用いられるべき資産である。法人の全ての資産を売却する場面や法人が解散する場面においては、取締役の判断が法人資産がその後どのように使用されるかを左右しうる。これに加えて、第四章第五節で conversion の事例を紹介したように、法人の資産を売却する局面では、役員の利益相反の問題が生じる可能性もある[33]。このような点から、法人資産を処分する場合や解散を行う場合には、公益に使用されるべき資産を保護するために、役員の責任を厳格な基準を用いて審査することにも合理的な理由があると考える[34]。

30）第五章第一節第四款参照。
31）Morris 判決 at 140。
32）McDaniel 判決 at 758。
33）第四章第五節参照。

但し、このことは、営利法人についてのレブロン義務のように、資産の売却価格を最大化する義務を役員に課すものではないと考える。非営利法人の目的は経済的利益を最大化することではなく、当該法人の特定の目的を実現することである[35]。そのため、非営利法人の施設を売却する際に、最高値を付けているAに売却するよりも、それよりも少し安い値を付けているBに売却したほうが、その非営利法人の目的の実現を大幅に促進するのであれば、資産をBに売却することも許される場合があると考える[36]。

以上の点は、日本法の下でも同様に考えることができるだろう。非営利法人の資産の全てあるいは大部分を金銭に換価するような取引は、公益のために使用すべき資産に大きな影響を与えるため、役員の判断をより厳格に審査することにも合理性があると考える。

第四款　モニタリングの不足を理由として厳格な義務または審査基準が課される可能性

一　モニタリングの不足を理由として厳格な注意義務を課すべきであると主張する学説

(1)　アメリカの学説

アメリカの学説の中には、株主のいない非営利法人においては役員のモニタリングが不十分であることを理由として、非営利法人の役員に営利法人の役員よりも厳格な注意義務を課すべきであるとする見解もみられた[37]。

こうした主張は、例えば、原則であれば「重大な過失」がなければ責任を問わないところ、「単なる過失」についても責任を問うようにすることで、役員の責任を問うための立証を容易にし、役員が注意を怠ることに対する抑止効果を高めようとするものだと理解することができる。

---

34) 第五章第二節第二款で紹介したFishmanの見解も参照。
35) Harvey J. Goldschmid, *The Fiduciary Duty of Nonprofit Directors and Officers*: *Paradoxes, Problems, and Proposed Reforms*, 23 J. CORP. L. 631, 641 (1997-1998).
36) 第五章第一節第二款で紹介したMaxicare判決（[17]）とこれに関する記述を参照。特にGoldschmid, *supra* note 35, at 641。
37) 第五章第二節第二款で紹介したVirginia note、Fishman、Boydの見解を参照。

但し、アメリカの判例や法令の中には、非営利法人におけるモニタリングの不足を理由として役員に厳格な注意義務を課したものはみられなかった[38]。

(2) 日本法の下での検討

この点、モニタリングが不十分であることを理由として非営利法人の役員に営利法人の役員よりも厳格な注意義務を課すことについては、非営利法人の役員に対して、自らの力によっては変えることのできない理由によって厳しい責任を課すことになり、不公平であるとの批判も考えられる。また、問題の所在が非営利法人におけるモニタリングが不十分である点にあるのであれば、まずはモニタリングを拡充する方法を探ることが、より直接的な対応であるようにも思われる。

モニタリングの不足を理由として厳格な注意義務を課すことは、不合理であるとまではいえないが、この方針の採用には慎重な検討を要すると考える。

二　自己取引についてのルール

(1) アメリカ法の状況

アメリカの法令は、現在では、自己取引を厳格に禁止することはせず、原則として営利法人法におけるのと同様の忠実義務の基準を採用している[39]。

但し、カリフォルニア州非営利法人法は、公益を目的とする非営利法人における役員の自己取引について、特徴的な規定を置いている[40]。カリフォルニア州非営利法人法§5233は、公益を目的とする非営利法人について、自己取引を行った役員が責任を問われないための要件として、(A)法人が自らの利益のために取引を行ったこと、(B)当該取引が取引を行った当時において法人にとって公正で合理的であったこと、(C)取締役会が一定の要件の下で事前に取引を承認したことに加えて、「(D)(i)〔取締役会が〕当該取引を承認しまたは承諾する前に、取締役会が、その状況における合理的な調査をした上で、その状況において合理的な努力をしても、法人がより有利な取引

---

38) 第四章、第五章第一節第二款参照。
39) 第四章第一節、第二節参照。
40) 第四章第二節参照。

を得ることができないであろうと考え、誠実に判断したこと、または、(ii)法人がその状況において合理的な努力をしたが、実際により有利な取引を得ることができなかったこと」を要求している[41]。このうちの(D)は、営利法人の場合には要求されていない要件である。また、ニューヨーク州非営利法人法においても、2014年7月に公益を目的とする法人の役員の自己取引についての厳格なルールが導入される[42]。

判例においては、自己取引を厳格に禁止する信託の基準を適用した判例もみられる一方で[43]、法人法の基準を適用した判例もある[44]。

学説においてはHansmannが、非営利法人における「パトロン」はモニタリングのための手段を持たないことを理由として、非営利法人における自己取引を完全に禁止することを主張していた[45]。しかし、自己取引を全面的に禁止することについては、非営利法人にとって有利な取引をも禁止することになるとして、これに反対する学説も有力である[46]。

こうした自己取引の規制の在り方をめぐる議論も、非営利法人においてはメンバーが法人に対して経済的な利害関係を有しておらず、自己取引について営利法人と同程度の監視を行うことができないということを問題意識とする議論であると位置づけることが可能だろう。

(2) 日本法の下での検討

日本においては、一般法人法84条は、理事の利益相反取引について、会社法356条と同様の規定を定め、理事と法人の利害関係が相反しうる取引をしようとする場合には、社員総会の承認を受けなければならない旨を定めている。それでは、立法論として、Hansmannが主張していたような役員の自己取引を全面的に禁止するルールを導入することについてはどのように評価す

---

41) カリフォルニア州非営利法人法 §5233 (d) (2)。
42) 第四章第二節第二款の二参照。
43) Larkin 判決 ([20])、Nixon 判決 ([21]) を参照。
44) Stern 判決 ([9'])、Oberly v. Kirby 判決 ([22]) を参照。
45) 第二章第二節第二款参照。Henry B. Hansmann, *Reforming Nonprofit Corporation Law*, 129 U. PA. L. REV. 497, 569-573 (1981).
46) 第五章第二節第三款参照。

ることができるだろうか。

　この点、自己取引を完全に禁止するルールは、過剰な規制となる可能性が高い。近年では、自己取引を厳格に禁止している伝統的な信託のルール自体についても、疑問が提起されている。第三章第二節第三款で紹介したように、Langbeinは、信託の受託者についても、自己取引を厳格に禁止することは望ましくなく、取引が「受益者の最善の利益のために合理的に行われていた」という反証を認めるべきであると主張している[47]。これに加えて、非営利法人においては、役員が好意により非営利法人に有利な条件で取引を行うことがあると指摘されていることからも、自己取引を全面的に禁止することは過剰な規制になる恐れがあり、望ましくないと考える。

　では、カリフォルニア州非営利法人法のように、自己取引を行った役員が責任を問われないための要件を営利法人の場合よりも厳格にすることについてはどのように評価すべきだろうか。上述のように、カリフォルニア州非営利法人法§5233は、「(D)(i)〔取締役会が〕当該取引を承認しまたは承諾する前に、取締役会が、その状況における合理的な調査をした上で、その状況において合理的な努力をしても、法人がより有利な取引を得ることができないであろうと考え、誠実に判断したこと、または、(ii)法人がその状況において合理的な努力をしたが、実際により有利な取引を得ることができなかったこと」を要求している[48]。Hansmannは、このようなルールを導入することにより、当該取引を争うものは、当時、取締役が気づくべきであった、より有利な条件の取引が存在したことを証明すれば、役員側の証明を妨げることができることになると説明する[49]。しかし、このようなルールは、やはり非営利法人にとって望ましい取引をも躊躇させる過剰な規制になる恐れがあり、その導入には慎重であるべきだと考える。

---

[47] John H. Langbein, *Questioning the Trust Law Duty of Loyalty: Sole Interest or Best Interest?*, 114 YALE L. J. 929, 980-990 (2005).

[48] 第四章第二節第三款参照。

[49] Hansmann, *supra* note 45, at 573.

第五款　役員の解任についての裁判所の役割

一　Oberly v. Kirby 判決の傍論

　Oberly v. Kirby 判決（〔22〕）は、その傍論において、裁判所による役員の解任について次のように述べた。「〔営利法人においては〕取締役がその資質を有するか否かの究極的な決定者は株主であると一般的に認識されるべきである。しかし、慈善法人が問題となった場合には、我々の裁判所は、誠実でない受認者を役職から解雇する権限と義務を明らかに有しているのであり、受認者を選任する責任のある個人らが受認者と密接な関係を持ち、または彼ら自身が利害関係を有しているのであれば、特にそうである。慈善組織の受認者が Weinberger 判決の基準の下において不公正である取引を承認したという事実は、彼が職務に留まることの適性について、もしかしたら決定的ではないとしても、深刻に疑問を提起するだろう。」[50]

二　日本法の下での検討

　一般法人法70条1項により、一般社団法人の理事は、いつでも社員総会の決議によって解任することができる。また、同法176条1項により、一般財団法人の理事が一定の事由に該当する時は、評議員会の決議によって、理事を解任することができる。

　更に、一般法人法284条により、一定以上の割合の社員や評議員は、理事を解任する旨の議案が社員総会または評議員会において否決された時は、当該役員の解任の訴えを提起することができる。これは、会社法854条における役員の解任の訴えと同様の制度である。

　役員の解任の訴えの実体的要件は、会社法854条においても一般法人法284条においても、ともに「職務の執行に関し不正の行為又は法令若しくは定款に違反する重大な事実があった」ことである。株式会社の取締役の解任請求

---

　50) Oberly v. Kirby 判決 at 469 n.18。

の実体的要件が「法令若しくは定款に違反する重大な事実」であることについては、会社法854条の解説として、「軽微な違反についてまで裁判所の介入を認めると、株主総会の自治を侵すことになるからである」との説明が行われる[51]。

この点、会社法854条の文言と一般法人法284条が全く同じ文言を採用していることは無視できない事実であるが、その反面、非営利法人において社員総会や評議員会が役員を選解任する権限を、営利法人において残余財産権者である株主が役員を選解任する権限と同程度に尊重する必要はないとも考えられる。むしろ、Oberly v. Kirby 判決で指摘されていた点に鑑みれば、裁判所は非営利法人の理事の解任の訴えについては、株式会社の取締役の解任の訴えよりも緩やかな基準で解任の請求を認めるべきであるとも考えられよう[52]。

具体的には、「法令若しくは定款に違反する重大な事実」の解釈に際して、一般法人法284条を解釈する場合には、会社法854条を解釈する場合よりも緩やかな基準で解任の請求を認めることも考慮に値すると考える。

なお、問題となっている役員が選解任権者と密接な関係を有している際には解任権が行使されることが考えにくいため、裁判所の介入が特に必要とされるという Oberly v. Kirby 判決の指摘についても、日本法の下でも同様にあてはまると考える。

第六款　非営利法人の無報酬の役員の責任が制限される可能性

以上、非営利法人の法的構造が役員の信認義務の内容に影響を与える可能性がある場合を取り上げてきたが、最後に、無報酬で非営利法人に携わる者を責任から保護して、非営利法人の活動を活発化させようとする政策目的が役員の信認義務の内容に影響を与える可能性について取り上げたい。

---

51) 江頭憲治郎ほか編集代表『会社法大系4』359頁〔福田千恵子〕(青林書院・2008年)。
52) 筆者は本節第四款の一において、モニタリングが不十分であることを理由として重い信認義務を課すことには慎重であるべきだと述べた。しかし、一定の基準の下で、一旦信認義務違反が認められたのであれば、当該役員を解任するか否かについて、裁判所が積極的な態度をとることは、不足しているエンフォースメントを補完するという意味において有益であると考える。

一　アメリカ法に存在する政策目的

　第四章第二節第三款で検討したように、カリフォルニア州非営利法人法においては、「報酬を受けていない非営利法人の取締役及び役員の働きが、公益サービスやカリフォルニア州の人々の慈善活動の効率的な実行や運営にとって重要である」と明示した上で、非営利法人における無報酬の役員については、重大な過失等がなければその注意義務違反を問わない旨の制定法を設けていた[53]。

　また、役員の第三者に対する責任についても、カリフォルニア州非営利法人法とニューヨーク州非営利法人法は、公益を目的とする法人の報酬を受けていない役員の第三者に対する責任を制限していた[54]。

　更に、不法行為法についての「慈善活動に対する免責の原理（doctrine of charitable immunity）」やこれに由来を持つ連邦のボランティア保護法にみられるように、慈善組織のために活動する者を責任から保護するコモンローや制定法がみられた[55]。

　こうした制定法や原理は、報酬を受けずに公益を目的とする法人のために働く人材を確保する必要があるという政策判断に基づくものである。

　この点、RMNCA（改訂モデル非営利法人法）§8.30(a)の公式コメントは、次のように述べ、非営利法人の取締役の責任の有無を判断するにあたって、取締役が無報酬であることを考慮することができる可能性を示している。「非営利法人の2つの特徴的な要素は、その取締役は無報酬で働いているかもしれないという点と、公共財（public good）を促進しようと試みている点である。取締役が彼らの義務の実行について責任があるか否かを決定する際には、裁判所はこれらの要素を考慮に入れることができる（may）。このことは、取締役は、ボランティアであるから、あるいは法人やその運営に経済的な利害関係を有しないからといって、その責任を無視することができるということを意味しない。」[56]

　　53）第四章第二節第三款参照。カリフォルニア州非営利法人法§5047.5。
　　54）第四章第三節第二款、第四章の注83を参照。
　　55）第四章第三節参照。

なお、判例においては、役員が無報酬であることを明示的な理由としてその注意義務を緩やかに解したものはみあたらないが[57]、学説の中には、判例は役員がボランティアであることを暗黙の了解として考慮していると指摘したものもみられる[58]。

二　日本法の下での検討

　日本法においては、アメリカ法にみられるような、無報酬の役員の法人に対する責任や第三者に対する責任、あるいは不法行為責任を直接制限する旨の制定法は存在しない。

　但し、無報酬の役員の損害賠償額に影響を与える可能性がある規定として、一般法人法113条から115条が存在する（同法198条により、一般財団法人にも準用される）。一般法人法113条から115条は、会社法425条から427条と同様の規定である。一般法人法113条により、役員が「職務を行うにつき善意でかつ重大な過失がない」ときは、社員総会の決議によって、賠償の責任を負う額から年間の報酬等に法定の数を乗じて得た額を控除した額を限度として、その責任を免除することができる。更に、一般法人法114条により、役員が「職務を行うにつき善意でかつ重大な過失がない」場合において、特に必要と認めるときは、理事の過半数の同意または理事会の決議によって、上記と同様の責任免除を行うことができる旨を定款で定めることができる。これに加えて、一般法人法115条に定める外部役員等の責任については、外部役員等が「職務を行うにつき善意でかつ重大な過失がない」ときは、定款で定めた額の範囲内であらかじめ一般社団法人が定めた額と、報酬等に法定の数を乗じて得た額のいずれか高い額を限度とする旨の契約を、外部役員等と締結することができる旨を定款で定めることができる。

---

56) RMNCA §8.30の公式コメント2。
57) 但し、Pepperdine判決（[7]）については、役員が報酬を受けていないために緩やかな基準を適用した判決であると評価する論者もみられた。私見では、Pepperdine判決が緩やかな基準を採用したのは、被告自身が基金の創設者であり、資金提供者であったという理由によるところが大きいと考える。以上、第五章第一節第二款参照。
58) KURTZ, *supra* note 5, at 30. *See also* James J. Fishman, *Standard of Conduct for Directors of Nonprofit Corporations,* 7 PACE L. REV. 389, 410 (1987).

これらの規定は、いずれも役員が受領している報酬等の額に法定の金額を乗じた額については、所定の手続を経てもこれを免除しないという設計になっているため、全く報酬を受けていない役員については、所定の要件を満たし、手続を経た場合には、その責任を全額免除することが可能となる。

　このように、一般法人法113条から115条の規定を用いて、報酬を受け取っておらず、または極めて低額の報酬のみを受け取っている役員について、実際に課される損害賠償責任を免除、軽減することが可能であることに鑑みれば、役員が無報酬であることを理由としてその注意義務の内容自体を緩やかに解することには慎重であるべきだと考える[59]。

第七款　非営利法人の役員の信認義務の内容についての日本法への示唆のまとめ

　以上、非営利法人の役員の信認義務の内容について、日本法への示唆を探ってきた。

　営利法人と非営利法人の役員の信認義務の内容には違いがみられる局面が

59）なお、近所の子供を預かっている間にその子供が怪我等を負い、子供の両親等に訴えを起こされるという、いわゆる「隣人訴訟」の事案においては、報酬を受けずに好意で子供を預かっていたことが、注意義務の内容や損害賠償額に影響を与えるのか否かが問題となりうる。「隣人訴訟」を扱った判決の中には、無報酬であることを理由として注意義務を軽減している判例はみあたらないが、被告が社会的に有益な活動を行っていることを理由として過失相殺を行ったもの(津地判昭和58年2月25日判時1083号125頁、津地判昭和58年4月21日判時1083号134頁)や、慰謝料額を低くしているもの(東京地判昭和51年3月24日判タ342号231頁)がある。これらは不法行為の訴訟であり、被告と原告側の間の公平の観点が考慮されているとも考えられる。

　また、少年剣道会の旅行会の際に原告の子が溺死した事案である札幌地判昭和60年7月26日判時1184号97頁では、ボランティア活動であるということのみから注意義務が軽減・免除されるものではないとして、引率者の不法行為責任を認めた上で、親が第三者の資質・能力等につき検討する義務、男児本人の過失等を考慮して、被告の過失割合を2割とする過失相殺がされた。

　こうした判例は、無報酬、あるいはボランティアであることを理由として注意義務を軽減することは行わずに、損害額を決定するにあたって過失相殺を用いたり、慰謝料額を低くしたりすることで被告がボランティアであったという事情に対応していると評価することもできよう。この考え方は非営利法人の役員が無報酬であることを理由として注意義務の内容自体を軽減することはせず、損害賠償額の免除、軽減を行うという、本文中に示した考え方とも親和的であると考える。

あり、この違いの中には、営利法人と非営利法人の法的構造が異なることと結びつけて理解することが可能であるものも存在する。このことは、非営利法人の役員の信認義務の内容を検討する際には、非営利法人の法的構造を踏まえた独自の検討が必要とされる可能性があることを意味する。

　今後日本において非営利法人の役員の信認義務の内容を検討するにあたっては、特に以下の点に注目する必要があろう。第一に、法人がその目的の範囲外の行為を行った場合には、役員は、これにより生じた損害について責任を負う可能性があるところ、非営利法人においては、当該非営利法人の特定の目的を基準として、法人の行為が目的の範囲内であるか否かが実質的に審査されることになると考えられる。第二に、非営利法人の役員に対しては、非営利法人の行為は金銭的には計れない考慮によって動かされることが少なくないという観点から、広い裁量を与える必要がある可能性がある。第三に、非営利法人の資産の処分や解散等の場面においては、公益目的に使用されるべき資産に重大な影響が生じうることや、役員の利益相反の状況が生じる可能性があることから、役員の責任を厳格に判断することが求められる可能性がある。但し、資産の売却先の選定等にあたっては、売却価格の高低だけでなく、当該法人の目的の実現に資するかといった要素を考慮に入れて判断を行うことが認められる場合があると考える。第四に、非営利法人の役員の解任の訴えにおいては、解任請求を認めるための実体的要件を、営利法人の役員の解任の訴えの場合に比べて緩やかに解すべきである可能性がある。

第四節 非営利法人の役員の信認義務のエンフォースメントについてのアメリカ法からの示唆

第一款 問題意識の確認——営利法人法をモデルとした自律的なガバナンスの限界

一 検討課題

　次に、非営利法人の役員の信認義務のエンフォースメントについて、アメリカ法の検討から得られた示唆を探る。

　本稿での問題意識は、営利法人法をモデルとした法人内部の自律的なガバナンスが非営利法人において機能するのかどうかという点にあった。公益法人制度改革においては、営利法人と同様の規定や制度を採用してガバナンスの向上が図られた。しかし、分配禁止規制の結果として法人に対して経済的な利害関係を有しない非営利法人のメンバー・社員が、非営利法人の役員の信認義務違反をエンフォースするインセンティブを有するのかについては疑問が残る。実際に、第五章第一節で検討してきた判例のうち、公益を目的とする public benefit corporation の事案でメンバーが原告となっているものは、Beard 判決（〔11〕）、McDaniel 判決（〔15〕）、Scheuer 判決（〔23〕）の 3 件に過ぎなかった。

　営利法人と非営利法人の法的構造の違いから、営利法人をモデルとした代表訴訟等のエンフォースメントの仕組みは、非営利法人においては十分に機能しない可能性がある。

　そうであれば、非営利法人の法的構造を前提とした、あるべきエンフォースメントの仕組みを探る必要がある。そこで、第六章において検討してきたアメリカ法におけるエンフォースメントの制度を参照しながら、日本における非営利法人の役員の信認義務のエンフォースメントの制度への示唆を探っておきたい。

二　検討の順序

　アメリカ法の検討からは、非営利法人の役員の信認義務のエンフォースメントの特徴として、特に次の4点を指摘することができる。①AG（Attorney General）による監督が公益を目的とする非営利法人のエンフォースメントの中心に置かれ、AG は非営利法人の役員の信認義務違反を追求するための原告適格を有していること、②特に conversion の場面においては、取引に AG や公的機関の承認を要求する等、AG や公的機関の権限の強化を図る立法が行われていたこと、③寄付者や受益者にエンフォースメントの権限を与えるべきであるとの主張がみられること、④課税庁によるエンフォースメントに期待する主張がみられることである[60]。

　以下では、これらの点から日本法に対してどのような示唆を得ることができるかを検討する。まず、公的機関が関与する問題である、①AG による監督の位置づけ、② conversion の場面における公的機関の関与、④課税庁による関与について検討した後（第二款）、③私人が関与する問題である寄付者や受益者によるエンフォースメントの問題について検討する（第三款）。

　なお、第六章においても公益を目的とする非営利法人を対象として検討を行ってきたことから、ここでも、検討の対象は公益を目的とする非営利法人とする。但し、日本の一般社団法人の中には公益認定法の公益認定は受けていないものの、公益を目的とする法人も含まれるため、ここでの検討の対象には、公益認定を受けた公益法人だけでなく、公益を目的とする一般法人も含む。

第二款　公的機関を関与させるエンフォースメントの可能性

一　アメリカにおける Attorney General の位置づけから得られる示唆

　アメリカ法では、公益を目的とする public benefit corporation については公衆の利益を代表する AG が中心となってエンフォースメントが行われていた。

AG が監督権を有することについては、非営利組織はその活動を行う中で社会全体に利益を与えているため、信認義務のエンフォースメントを行うのに適切なのは、人々の代表であると説明された[61]。
　この AG の位置づけからは、日本においても、公衆の利益を代表し、公益を目的とする非営利法人を監督し、公益目的に使用されるべき資産を保護する主体が必要であることが導かれる。公益を目的とする非営利法人の受益者は不特定多数の公衆であるが、彼らは必ずしも非営利法人を監督する手段や能力を有しないためである。この視点からは、日本においても、公的機関は、公衆の利益を代表する者として、公益を目的とする非営利法人を監督し、公益目的に使用されるべき資産を保護する役割を果たす必要があると考えられる。
　以上の点を踏まえ、以下、公的機関によるエンフォースメントを強化する可能性について検討していく。第一に、行政機関に対して、非営利法人の役員の信認義務違反について責任を追及するための原告適格を与える可能性について検討する（二）。第二に、アメリカにおけるヘルスケア業界の conversion についての立法を参考に、非営利法人の資産の売却について、行政機関や裁判所からの承認等を要求する制度を導入する可能性について検討する（三）。第三に、IRC §4958のように、超過利益を得た役員に対して規制税や課徴金を課す制度を導入する可能性について検討する（四）。

二　行政機関に対する原告適格の付与？

　アメリカでは、AG が public benefit corporation の役員の信認義務違反を追及する原告適格を有しており、AG が役員の責任を追及する訴訟を提起した上で、最終的には裁判所が役員の責任の有無を判断していた[62]。これに対して、日本では、平成20年の公益法人制度改革後も、公益認定法 3 条に定義される「行政庁」には、公益法人の役員の信認義務違反を追及するための原告適格は与えられていない。そこで、ここでは、日本において行政機関または

60）第六章参照。
61）第六章第一節参照。
62）第五章第一節で紹介した、AG が原告となっている各判決を参照。

これに類する機関に対して、非営利法人の役員の信認義務違反を追及する原告適格を与える可能性について考えてみたい。

なお、この場合には、役員の信認義務違反を追及するための原告適格に加えて、役員の解任請求の訴えの原告適格も併せて付与することについても検討する必要があることを付言しておきたい。現行法上、一般法人法284条に役員の解任請求の規定が置かれているが、役員の解任を請求できるのは一定の要件を満たした社員または評議員のみである。

(1) 行政機関に原告適格を認めることのメリット

行政機関に原告適格を付与する仕組みを採用することには、最終的な判断権者を裁判所にすることで、行政機関に大きな裁量を与えることを防ぐことができるというメリットもある。公益法人制度改革前の主務官庁制においては、主務官庁側の裁量の大きさや、複数の主務官庁が存在する場合に、それぞれの定めた基準に従わなければならないといった縦割りの弊害が指摘されていた[63]。これに対して、行政機関に対して原告適格を与える場合には、最終的な判断は裁判所に委ねられることになるため、行政機関に大きな裁量を与えることにはならない。

以下、行政機関に原告適格を付与する場合、どのような機関に付与すればよいのか（(2)）、行政機関が原告適格を有する訴えの対象となる法人の範囲をどのように設計するか（(3)）という制度設計の詳細についても検討しておきたい。

(2) 誰に原告適格を付与するか

行政機関に対して非営利法人の役員の信認義務違反を追及する原告適格を付与する場合、受益者の代表と考えられる、あるいは受益者の代表としての役割を果たすのにふさわしい当事者は誰だろうか。

(i) 「行政庁」？

行政機関に対して非営利法人の役員の信認義務違反を追及するための原告

---

63) 第一章第一節第一款参照。

適格を与える場合、その主体としてまず候補に挙がるのは公益認定法3条に定義される「行政庁」であろう。「行政庁」は、公益認定を受けた法人を監督するための権限を有していることから、監督に伴って役員の信認義務違反を発見する場合があると考えられるためである。

この他、学校法人や医療法人のように、非営利法人が特別法による規制に服している場合には、当該特別法で定められた監督官庁に対して、役員の信認義務違反を追及するための原告適格を与えることも考えられよう。

　(ii)　適格団体の利用？

アメリカのAGは、公衆の利益を代表する立場として、非営利法人を監督する権限を与えられていた。

この視点に着目すれば、公共の利益を代表する主体であれば、行政機関そのものでなくとも、これに原告適格を与えることも考えられる。具体的には、行政機関等が公共の利益を代表する主体を適格団体として認定し（以下、「適格団体」という）、非営利法人の役員の信認義務違反を追及するための原告適格を付与することが考えられる[64]。

この点について参考になるのが、2006年に改正された消費者契約法において導入された、適格消費者団体による差止訴訟の制度である[65]。消費者契約法の下では、内閣総理大臣に認定された「適格消費者団体」は、不当な勧誘行為や不当な契約条項について、差止めを請求することができ（消費者契約法12条）、「適格消費者団体は、不特定かつ多数の消費者の利益のために、差止請求権を適切に行使しなければならない」（同法23条1項）と定められている。「適格消費者団体」はあくまで私人であって公的機関ではない。しかし、「適格消費者団体」となるためには、内閣総理大臣によって認定される必要があり（同法13条）、一定の事項については内閣総理大臣に対して報告義務を負うこと（同法23条4項）や、「適格消費者団体」が、「不特定かつ多数の

---

[64]　何らかの団体に訴権を与えるアプローチについては、「公益法人制度改革における有識者会議」でも指摘されていた。公益法人制度改革に関する有識者会議・議事録 (以下、「有識者会議議事録」という) 第13回、第19回参照。

[65]　「適格消費者団体」について解説したものとして、内閣府国民生活局消費者企画課消費者団体訴訟室「改正消費者契約法の施行」法律のひろば2007年6月号4頁、上原敏夫「消費者団体訴訟制度(改正消費者契約法)の概要と論点」自由と正義2006年12月号67頁等。

消費者の利益のために」行動することが要求されていることからは、「適格消費者団体」は、公衆の利益を代表する公的機関であるアメリカのAGと類似の役割を果たしている面があるといえるように思われる[66]。また、公的機関がその機能の一部を私人に委託しているという意味においては、第六章で紹介したrelator制度[67]と共通点を有すると理解することもできよう。

(3) 対象となる法人

　行政機関や適格団体に対して非営利法人の役員の信認義務違反を追及する原告適格を与える場合、その対象となるのはどのような法人だろうか。この点、公益認定を受けた法人だけでなく、公益認定を受けていない一般法人の中でも、公益を目的とする法人については、その対象に含めることを検討すべきであると考える。公益認定を受けていなくても、公益を目的としている場合には、受益者は広く一般の公衆であり、行政機関等は、公衆の利益を代表して、公益のために使用されるべき資産を保護する必要があるためである。同時に、共益を目的とする一般法人とは異なり、公益を目的とする一般法人においては、社員による内部の自律的なコントロールに期待することができないことも、こうした法人に関して行政機関等に原告適格を与えるべきであるという理由になる。

　それでは、具体的には一般法人のうちどのような法人を対象とすべきだろうか。多くの法人は公益を図る目的と共益を図る目的の両方を備えているた

---

66)「適格消費者団体」の制度については、「保護されるべき利益の帰属先は不特定多数の消費者であるのに、その利益を保護するための差止請求権は別の法的主体である適格消費者団体に付与されるということになり、この点において本制度は、独特の構造的特色を有するものである。」と指摘される (山本豊「消費者団体訴権制度の基本的特色と解釈問題」法律のひろば2007年6月号39頁、40頁)。「保護利益の帰属先と権利主体とが分離するような制度をどのように正当化するか」(山本・40頁) という大きな問いに答えることは本稿の範囲を大きく超えるが、アメリカのAGの制度を参考にすれば、一つの考え方としては、消費者一般の利益の保護という公益を守る公的機関の機能を、公的に認定された適格機関に委譲した制度として理解することも可能であるように思われる。なお、同制度の設計にあたっては「消費者政策上の必要性・合理性に根拠を求めるという方針が採用された。」と説明されている (山本・40頁参照)。

67) 第六章第一節第四款参照。但し、relatorによる訴訟についてはAGが強いコントロールを有していた点において、「適格消費者団体」の場合とは異なると考えられる。

め、明確な線引きをすることは極めて困難である。一般公衆の利益の保護という観点からは、公益目的に使用されるべき資産を保護することが重要であるため、一つの考え方としては、一般法人の中でも、公益の目的に使用するための寄付を募り、収入の多くの部分を寄付に依存しているような法人を対象とすることが考えられる。ルールの明確性を高める必要性があるため、例えば年間一定額以上の寄付を受領している法人については、行政機関や適格団体が役員の信認義務違反を追及するための原告適格を有するといったルールを設計することが考えられよう。

　なお、このような原告適格を行政機関や適格団体に与えたとしても、一般法人については、現行法上、公的機関による監督が全く想定されていないため、役員の信認義務違反を発見する端緒はなく、実効性がないとの反論が考えられる。しかし、少なくとも、悪質な事案が発覚した場合に、役員の個人的責任を追及し、法人に対して損害を賠償させるための原告適格を行政機関や適格団体が有していることは意味のあることだと考える[68]。

三　conversion 規制を参考とした、行政機関または裁判所による承認制度の導入？

(1)　アメリカにおける conversion についての規制

　アメリカでは、1990年代に、多くのヘルスケア関連の非営利組織が、営利法人に全ての資産を売却すること等によってその運営形態を非営利から営利に転換する conversion を行った。conversion に際しては、非営利法人側に十分な対価が支払われない恐れがあることや、非営利法人の役員が買い手である営利法人の持分を有している場合には、利益相反の状況が生じ、役員が不適切な利益を上げることが懸念されたことを背景として、取引について AG や公的機関による承認等を要求する立法が行われた[69]。

　また、ニューヨーク州非営利法人法には、非営利法人が実質的に全ての資

---

68) 資金の流用等、悪質な事案においては、役員が横領罪に問われる可能性もあるが、刑事手続によっては法人に対して損害が賠償されることにはならないため、役員に対して民事訴訟を起こす主体が存在することが重要であると考える。
69) 第四章第五節参照。

産を売却する場合には、裁判所に「取引の対価と条件が公正で合理的であること」と「法人の目的が促進されること」を納得させ、裁判所が取引を承認することを要求する規定が置かれており、この点について MEETH 判決（〔29〕）は、非営利法人においては営利法人における株主がおらず、営利法人におけるモニタリングが機能しないため、慈善法人の、全てのまたは実質的に全ての資産の処分のような、存続についての根本的な変更については、AG を原告とした訴訟において裁判所の承認を要求することによって、説明責任（accountability）の欠如に対応していると判示していた[70]。

(2) 日本における規制の必要性

日本においても、従来非営利法人が中心となって行っていた事業に、今後、営利法人が参入することも考えられ、また、営利法人によって運営することができる事業についてはむしろ営利法人によって運営させるべきであるとの主張もみられる[71]。そのため、conversion の問題に対してアメリカの連邦や各州がとった対応策は、日本にとっても参考となる。

この点に関して、公益法人制度改革前の2004年に、石村耕治は、アメリカでは「公益法人の運営面などに対しては、州法務長官〔筆者注：AG のこと〕などに "公益の保護者" としての役割を期待し、強い監督権限を与えている。」と指摘した上で、日本で「アメリカの物まねで準則主義に代え、主務官庁制度を廃止したとしても、法務大臣などが転換〔筆者注：conversion のこと〕プランをチェックできる仕組みをつくらない限り、公益法人の営利転換における透明性の確保は極めて難しい。」と指摘していた[72]。

日本においても、アメリカの制度を参考に、一定規模以上の資産の譲渡等の取引について公的機関による承認等を要求し、公的機関が対価の公正さや役員の利害関係の有無について確認するプロセスを導入することは、役員の

70) MEETH 判決 at 151。
71) 日本における公益法人の営利法人への転換について扱った研究として、法務省民事局参事官室編『公益法人の営利転換の方法——法人制度研究会報告書 (別冊 NBL 47号)』(商事法務・1998年) がある。
72) 石村耕治「アメリカにおける公益法人の営利転換法制の展開——課税除外法人から課税法人への転換に伴う『公益的資産の継承的処分』の必要性」白鷗法学23号1頁、120-121頁。

信認義務違反を防止し、公益目的に使用されるべき資産を保護することに資する可能性がある。

(3) どのような法人を規制の対象とするか

この場合に重要な検討課題となるのが、どのような法人を規制の対象とするかである。取引に際して行政機関や裁判所による承認を求めることにはコストも生じるため、全ての非営利法人について承認を要求することは効率的でない。この観点からは、公益を目的とし、事業規模が大きく、非営利法人から営利法人への形態の変更が行われる可能性が高い事業分野についての規制を検討することになろう。

この点、アメリカでは、特にヘルスケア事業を想定した制定法が各州で制定されていることは興味深い。アメリカの規制は、ヘルスケア業界において、非営利法人がその資産の大部分等を売却する場合に、公的機関による事前の承認を得ること等を要求するものであり、ヘルスケア業界において非営利形態の病院の資産が安値で売却され、買い手である営利法人が不当な利益を上げていたことを背景として規制が導入された[73]。

日本では、従来、医療、福祉、教育等の分野においては、事業の主体として、医療法人、社会福祉法人、学校法人といった特別の組織形態のみが認められていたが、規制緩和の流れの中で、これを株式会社形態で行うことの是非が議論され、構造改革特別区域法に基づき、株式会社が事業主体となることが認められる場合がある[74]。こうした規制緩和に伴って、非営利法人から営利法人への資産の移転が行われる場合には、非営利法人側に公正な価格が支払われることを確保し、利益相反取引を規制するための規制が必要になる可能性がある。この他にも、非営利法人から営利法人への形態の転換が行われる可能性の高い業界については、資産の譲渡に際して公的機関の承認を要求する規制を導入することは、検討の価値があるように思われる[75]。

---

[73] 第四章第五節参照。

[74] 日本銀行金融研究所・組織形態と法に関する研究会「『組織形態と法に関する研究会』報告書」金融研究22巻4号1頁、4頁、103-114頁。

(4) 具体的な方法

具体的な方法としては、それぞれの業種を規制する特別法の中に、資産を売却する際には公的機関による承認を要する旨の規定を導入することが考えられる。公的機関は、価格の公正さや、役員の利害関係の有無といった視点から、取引を審査することになるだろう。

この際、承認の権限をどの機関に付与するかも重要な問題となりうる。主務官庁制において主務官庁に大きな裁量が与えられたことが問題とされていたことに鑑みれば[76]、行政機関ではなく裁判所の承認を要求することも、一つの選択肢として考えられよう。また、第一次的には行政機関に承認の権限を与え、行政機関が承認を与えない場合には、裁判所に判断を求めるという制度設計も考えられる。

四 IRC§4958 を参考とした規制税または課徴金の導入？

AG によるエンフォースメントが十分に行われない可能性が指摘される中で、アメリカでは IRS による非営利法人に対するエンフォースメントに期待する見解がみられた[77]。1996年には、超過利益を得た役員等に対して excise tax を課す規制が導入された（IRC§4958）[78]。

それでは、日本において、規制税または課徴金の方法で、金銭的な制裁を課すことにより、役員の信認義務違反を規律する方法を採用することは考えられるだろうか[79]。

この点、規制税あるいは課徴金といった金銭的な制裁を課す目的が、役員に不適切に帰属した利益を返還させることであれば、本款の二で検討したように、行政機関等に原告適格を与え、役員の信認義務違反を追及する民事訴

---

75) なお、公共事業である電気事業（電気事業法10条）やガス事業（ガス事業法10条）の事業譲渡については経済産業大臣の認可を受けなければ効力を生じないものとされているが、これらの規定は公共事業の健全な発達と公共財の使用者の保護を図るものであり（電気事業法1条、ガス事業法1条参照）、アメリカの conversion 規制のように非営利法人の資産が営利法人に廉価で売却され、公益のための資産が流出することを防止する趣旨ではない。

76) 第一章第一節第一款参照。

77) 第六章第三節第二款参照。

78) 第四章第六節第三款参照。

訟を提起する方法によるべきだと思われる。役員に対して規制税や課徴金として金銭の支払義務が課された場合には、その支払先は国庫であり、損害を受けた非営利法人自身には資金が返還されないためである。更に、規制税や課徴金の目的が、役員に不適切に帰属した利益を返還させることを越え、役員に制裁を課し、また、その後の同様の行為を防ぐことにあるとすれば、個人の財産権を侵害する規制であることから、これを導入することには極めて慎重な検討が必要となると考える[80]。

第三款　私人によるエンフォースメントの可能性

　第六章第二節第三款で検討したように、アメリカの学説の中には寄付者や受益者に対してもエンフォースメントの権限を与えるべきであるとの主張がみられた。

　寄付者や受益者には原則としてエンフォースメントの権限は与えられない。但し、ニューヨーク州非営利法人法720(b)は、法人の資産の処分等における役員の義務の違反について、定款で定めている場合には、少なくとも1,000ドル以上の寄付を行った寄付者に、非営利法人のために役員の責任を追及するための原告適格を認めている。また、受益者については、判例の中には

---

79) ここで「規制税」と「課徴金」の区別については、中里実「経済的手法の法的統制に関するメモ——公共政策の手法としての租税特別措置・規制税・課徴金(上)(下)」ジュリスト1042号121頁、1045号123頁を参照している。本稿でこの点に深く立ち入ることはしないが、同論考は次のように説明する。「課徴金は、財政目的がない（＝租税ではない）という点で、租税特別措置・規制税と根本的に異なるように見える。すなわち、規制税をつきつめていって、租税であるための要素としての財政目的を剥奪したものが課徴金(の一種)ということになろう……。しかし、実際には、課徴金は、実定法上租税として構成されておらず租税行政庁により徴収されないといった点を除けば、規制税とどれほど本質的な差があるか疑問である。」(ジュリスト1042号123頁。同1045号124頁も参照。)

80) 公益認定法においては、国税庁長官等は、公益法人が、「国税又は地方税の滞納処分の執行がされている」場合等で「行政庁が公益法人に対して適当な措置をとることが必要であると認める場合には、行政庁に対し、その旨の意見を述べることができる。」旨の規定が設けられている（公益認定法31条3項、6条5号）。この規定によれば、課税庁が情報を提供できる場合は、税の滞納処分が執行されている場合等に限られるようにも思われるが、課税庁がより柔軟に行政庁と情報を共有することを可能にする仕組みを設計することの是非も、検討していく必要があるだろう。

「special interest（特別な利害関係）」を有している受益者に対して、役員の責任を問うための原告適格を与えているものがあった。但し、実際には special interest が認められて原告適格が与えられるのは、稀なケースだと指摘されていた[81]。

それでは、日本においては、寄付者や受益者の原告適格はどのように考えられるのだろうか。

この点、「公益法人制度改革に関する有識者会議」においては、寄付者や国民一般による代表訴訟類似の制度を設けることや、国民一般による公益認定の判断主体に対する通報の仕組みを設けること、寄付者や国民一般による監事に対する監査請求を認めることを提案する意見もみられたが、制度化には至らなかった[82]。

以下、寄付者と受益者に対し、公益を目的とする非営利法人の資金の使途または役員の信認義務違反についてエンフォースメントを行う権限を与えることが可能であるかを検討する。

一 寄付者によるエンフォースメント

寄付者は、自分が提供した資金がその意図に従って使用されているかどうかに関心を有するという意味において、非営利法人の活動を監視するインセンティブを有する可能性がある。

以下、寄付者に対してエンフォースメントの権限を与えることのメリットとデメリットを検討した後に（(1)）、日本の現行法の下で、寄付者にエンフォースメントの権限が認められるのか否かを検討する（(2)）。

---

81) 第六章第二節参照。
82) 有識者会議議事録第13回参照。公益法人制度改革に関する有識者会議「公益法人制度改革に関する有識者会議報告書」(平成16年11月19日。以下、「有識者会議報告書」という) 26頁も参照。なお、有識者会議報告書26頁には、「公益性を有する法人の場合には、理念としては、理事が『受益者としての』寄附者や国民一般に対し責任を負うべきとの考え方がある。」(括弧は筆者が付した) との記載がある。寄付者を受益者と捉えている点に特徴があるといえよう。

(1) 寄付者に対してエンフォースメントの権限を与えることのメリットとデメリット

(i) 寄付を行うインセンティブを高める可能性

非営利法人が定められた使途以外に寄付金を使用した場合に、寄付者が寄付金を取り戻すための訴訟を提起することができるのであれば、寄付者は安心して寄付を行うことができるかもしれない。また、こうした場合に、寄付者が役員の信認義務違反を追及することを認めれば、非営利法人は役員から非営利法人に対して支払われた賠償金を本来の適正な使途に充てることが可能となることから、同様に、寄付者が寄付を行うインセンティブを高める可能性がある[83]。

(ii) 濫訴の恐れ

他方で、寄付者に対してエンフォースメントの権限を与えることは、濫訴につながる恐れもある。アメリカにおいてAGにエンフォースメントの権限が与えられていた理由の一つは、エンフォースメントを一元化し、濫訴の恐れを回避するためであった[84]。

寄付者に対してエンフォースメントの権限を与えるか否かを検討するにあたっては、このようなメリットとデメリットを検討する必要があろう。この意味において、一定の場合に役員の責任を追及することができる原告適格を、少なくとも1,000ドル以上の寄付を行った寄付者に限って与えることを可能とするニューヨーク州非営利法人法は示唆に富む[85]。

---

83) 寄付者に対してエンフォースメントの権限を与えることの効果を検討するにあたっては、藤田友敬による契約のエンフォースメントについての議論から重要な示唆を得ている。藤田は、「そもそもなぜ私人間の取り決めのエンフォースメントを国家が行うのか」、すなわち「なぜ私人の間の取り決めのエンフォースメントに国家が手を貸すか」という点について、「国家がエンフォースメントを保証することによって……約束した内容が最終的に実現される可能性がいくらか高くなる」結果、「私人の約束の価値（履行される期待）を高め」、そして、「履行の確実性が増すこと（正確には履行の確立の高い約束の仕方というメニューが増えること）それ自体が、取引の可能性を広げることになり、効率性を高める」と説明する。藤田友敬「契約法の経済学：契約関係への最適投資のためのインセンティブ・メカニズム」ソフトロー研究11巻141頁、142-143頁。同144-145頁も参照。

84) 第六章第一節参照。

85) ニューヨーク州非営利法人法720 (b)。

(2) 日本法における寄付者の原告適格

次に、日本法の下において寄付者にエンフォースメントの権限が認められるかについて検討しておきたい。

(i) 役員の信認義務違反を追及する原告適格

現行法の下では、非営利法人に対して寄付を行った者には、役員の信認義務違反を追及するための原告適格は認められていない[86]。

(ii) 使途を定めて寄付を行った場合の原告適格

それでは、使途を定めて寄付を行った寄付者は、非営利法人がその資金を定められた使途以外に使用した場合にこれを争うための原告適格を有するだろうか。寄付が贈与や遺贈の方法で行われる場合について検討する。

まず問題となるのは、このような贈与・遺贈が、法律上どのように評価されるかである。この点、使途を定めて行われた贈与・遺贈は、それぞれ、①負担付贈与（民法553条）・負担付遺贈（同法1002条）か、②解除条件付贈与・解除条件付遺贈と解釈される可能性がある[87]。他方で、使途が定められていたとしても、当事者が負担や解除条件を付する意思ではなかった場合には、③負担や解除条件の付されていない単純な贈与・遺贈であると解釈される可能性もある[88]。

贈与・遺贈のいずれについても、負担付であるのか解除条件付であるのか、それとも負担も解除条件も付されていないのかは、第一義的には意思解釈の問題であると考えられる[89]。

このうち、③負担や解除条件の付されていない単純な贈与・遺贈と解される場合には、贈与者や遺贈者の相続人には非営利法人の資金の使途等につい

---

86) 但し、寄付者が同時に社員としての地位も有する場合には、社員代表訴訟を起こすことが可能である。
87) 柚木馨・高木多喜男編『新版注釈民法(14)』15頁〔柚木馨・松川正毅〕（有斐閣・1993年）参照。
88) 柚木・松川・前掲注87) 15頁、57-58頁、61頁を参照。
89) 柚木・松川・前掲注87) 15頁、57-58頁、61頁を参照。中川善之助・加藤永一編『新版注釈民法(28)〔補訂版〕』277頁、280頁〔上野雅和〕（有斐閣・2002年)、加藤永一「寄付──一つの覚書」契約法大系刊行委員会編『契約法大系Ⅱ（贈与・売買）』1頁、7頁(有斐閣・1962年) も参照。

て争う原告適格はないと考えられるが、①負担付贈与・負担付遺贈、②解除条件付贈与・解除条件付遺贈の場合には、次のように、一定の場合に原告適格が認められる。

まず、寄付が負担付贈与（民法553条）と解される場合には、寄付財産は一定目的のために使用するという負担付で非営利法人に帰属し、非営利法人が負担を履行しなければ、寄付者は期限を付して負担の履行を催告し、これが徒過された時は契約を解除して寄付財産を取り戻すことができると解される[90]。また、寄付が民法1002条の負担付遺贈と解される場合にも、受贈者である非営利法人が負担を履行しなければ、遺贈者の相続人が同法1027条によって、履行を催告した上で、遺言の取消しを家庭裁判所に請求することができる[91]。

次に、寄付が解除条件付贈与・解除条件付遺贈と解される場合には、寄付財産は一旦非営利法人に帰属するが、それが定められた目的に使用されないときは、解除条件の成就によって寄付者や遺贈者の相続人に復帰することとなる[92]。

しかし実際には、上述の方法による立証を行うことは困難であるように思われる。すなわち、寄付が負担付または解除条件付の贈与や遺贈であると解釈された場合であっても、非営利法人は多数の者から寄付を受け入れ、それを全体として使用していることから、仮に非営利法人がその資産の一部を定められた使途以外に使用している場合であっても、特定の寄付者が提供した資金が定められた目的に使用されていないことを立証することは困難であると考えられる。

したがって、非営利法人の資産のほとんどが一人の贈与者・遺贈者による贈与・遺贈により拠出されているような特殊な場合を除き、贈与者や遺贈者の相続人が上記の構成に基づく請求を行うことは事実上困難であると考えら

---

90) 柚木・松川・前掲注87) 66頁。民法553条による負担付贈与に対する双務契約に関する規定の準用によって、解釈上、契約解除の規定が準用されると解される。同15頁も参照。

91) 上野・前掲注89) 281頁。また、遺言執行者も、負担の履行を請求することができ(同281頁)、遺贈の取消請求もできると解されている(同433頁)。

92) 柚木・松川・前掲注87) 15頁参照。

れる。

(3) 小括

現行法上、非営利法人に対して寄付を行った者には、役員の信認義務違反を追及するための原告適格は認められない。また、寄付金が指定された使途に反して使用された場合に寄付者がとりうる手段も限定されている。

仮に寄付者に対して役員の信認義務違反を追及するための原告適格を与える立法を行うのであれば、濫訴の危険を防ぐために、一定額以上を寄付していることを条件とすることが必要であろう。

二 受益者によるエンフォースメント

最後に、非営利法人の受益者が非営利法人の役員の信認義務違反を追及する原告適格を有するのか否かについて検討する。アメリカでは、例外的な場合にではあるが、「special interest（特別な利害関係）」を有する受益者に原告適格が認められることがある[93]。学説の中には、受益者は非営利法人によって提供されているサービスの内容を知るのに適した立場にいるため、原告適格を与えるべきであるとの主張もみられた[94]。

日本法の下では、非営利法人の受益者には役員の信認義務違反を追及する原告適格は認められていない。それでは、受益者に原告適格を認める制度設計を行う必要があるだろうか。

この点、アメリカにおいて受益者に原告適格が認められることがある背景には、クラスアクションの制度があることを指摘しておきたい。受益者にspecial interestがあるとして原告適格が認められたJones v. Grant判決（[31]）も、Sternクラス認定申立事件（[32]）も、受益者がクラスアクションとして非営利法人の役員の責任を追及した事案であった。クラスアクションの制度が存在しない日本において、仮に受益者に原告適格を認めたとしても、個人の受益者が訴訟費用等を負担することは困難であり、有効に使用される制

---

93) 第六章第二節第三款参照。
94) Hansmann, supra note 45, at 611-612.

度になるかには疑問が残る。

　一方で、非営利法人のサービスの内容をよく知る受益者の立場を活用するという観点からは、行政機関等に対する通報の仕組みを設けることが考えられるだろう[95]。本節第二款で検討したように、行政機関等に対して非営利法人の役員の信認義務違反を追及するための原告適格を認めることは十分な検討に値すると考える。この場合には、受益者からの通報は、実際にエンフォースメントを行う行政機関等にとって貴重な情報源となる可能性がある。

第四款　非営利法人の役員の信認義務のエンフォースメントについての日本法への示唆のまとめ

　以上、非営利法人の法的構造を前提としたエンフォースメントを整備する方法について、アメリカ法からの示唆を探ってきた。

　特に、①行政機関や適格団体に対して、非営利法人の役員の信認義務違反を追及するための原告適格を与える方法、②非営利法人から営利法人への組織形態の転換が起こりやすいと考えられる業種について、アメリカのconversionについての規制を参考にした規制を設ける方法については、具体的な検討に値するように思われる。

　今後は、新たなスタートをきった公益法人制度の下での問題状況に注意を払い、エンフォースメントを拡充する必要があると判断された場合には、上記の点を中心として制度を整備していく必要があろう。

95）有識者会議報告書26頁参照。

第五節
おわりに

　公益法人制度改革の結果、一般法人の設立が容易になったことを受けて、今後日本において非営利法人の数が増加し、非営利法人をめぐる訴訟も増加する可能性がある。しかし、従来、非営利法人の役員の信認義務に関する研究は十分に行われてきたとはいえなかった。

　そこで本稿では、非営利法人の役員の信認義務を、主として営利法人の役員の信認義務との比較の観点から検討した。本稿の主要な問題意識は、営利法人と非営利法人の法的構造の違いは、両者における役員の信認義務の内容や、そのエンフォースメントの方法に違いをもたらす可能性があるのではないかという点にあった。

　課題の検討にあたっては、非営利法人が社会において大きな存在感を占め、非営利法人についての立法や判例も多数存在するアメリカ法を素材とした。

　アメリカ法の検討を通じて浮かび上がってきたのは、一方で、非営利法人の役員の信認義務の内容については、営利法人法をモデルとした立法が行われ、判例においても営利法人と同様の基準が採用されることが多いという点であり、他方で、営利法人と非営利法人の役員の信認義務の内容には無視できない違いも認められた。こうした違いの中には、営利法人と非営利法人の法的構造の根本的な違いにその理由を求めることが可能であると考えられるものも存在した。

　また、公益を目的とする非営利法人については、AGを中心としたエンフォースメントの仕組みが採用されていることが明らかになった。アメリカの制度は、非営利組織は社会全体に利益を与えているため、信認義務のエンフォースメントを行うのに適切なのは人々の代表であるとの考え方に基づいていた。更に、このAGを中心とした制度についても、問題点の指摘が行われ、改善の方法が探られている状況が明らかになった。

　こうしたアメリカ法の検討からは、非営利法人の役員の信認義務の内容の

解釈やそのエンフォースメントの仕組みの設計にあたっては、営利法人法をモデルとするだけでは不十分であり、非営利法人の法的構造を踏まえた独自の検討が必要となる可能性があることが示される。

　本稿では、アメリカ法の検討を踏まえて、今後非営利法人の役員の信認義務の内容を解釈していく際の指針を示すため、営利法人と非営利法人とでその役員の信認義務の内容が異なる可能性がある点を分析した。また、役員の信認義務のエンフォースメントを拡充する方法として、非営利法人の法的構造を踏まえた具体的な提案を行った。

　最後に、本稿が積み残した課題についても指摘しておきたい。本稿では役員の信認義務の内容やそのエンフォースメントの仕組みについて、非営利法人の中でも公益を目的とする public benefit corporation を中心として検討を行った。これは、本稿で取り上げたアメリカの判例が主として public benefit corporation に関する判例であったこと、また、エンフォースメントの検討にあたっては、public benefit corporation を対象としてエンフォースメントを行う AG の制度を取り上げたことによる。非営利法人の中でも共益を目的とする mutual benefit corporation の詳細な検討については、今後の研究課題として取り組んでいきたい。その際には cooperative（協同組合）についても併せて検討する必要があると考えている。cooperative は、分配禁止規制に服さないため非営利法人の定義にはあてはまらないものの、構成員の共通の利益を追求するという意味において mutual benefit corporation と共通点を有するためである。

　このように、本稿が積み残した課題は小さくないが、本稿が非営利法人の法的構造やその役員の信認義務に関する議論の進展に少しでも貢献することができれば、筆者にとって望外の喜びである。

●事項索引

アルファベット

agents without principals ……… 90
Allen, William T., Reinier Kraakman &
　Guhan Subramanian ……… 137,139,146
American Bar Association ……… 40
American Law Institute ……… 137
Attorney General ……… 19,41,65,364
Barrett, David ……… 335
Best Judgment Rule ……… 270
Blasko, Mary Grace, Curt S. Crossley &
　David Lloyd ……… 384
Boyd, Thomas H. ……… 330
Brand, Ronald A. ……… 333,341
Brody, Evelyn ……… 89,398
Business Judgment Rule
　……… 136,138,164,192,270
Cary, William L. & Craig B. Bright ……… 121
charitable corporation ……… 106
charitable trust ……… 109,170
Charities Act 2011 ……… 108
civil corporation ……… 110
Clark, Robert Charles ……… 85
Committee on Charitable Trusts ……… 344
conflicts of interest ……… 61
contract failure ……… 52
conversion ……… 219,396
cooperative ……… 39,60
dead hand ……… 115
DeMott, Deborah A. ……… 343,347
doctrine of charitable immunity ……… 208
duty of care ……… 135
duty of loyalty ……… 135
duty of obedience ……… 135
ecclesiastical corporation ……… 110
Eisenberg, Esq., Carly B. & Kevin
　Outterson ……… 396
eleemosynary corporation ……… 110
Elizabeth 制定法 ……… 111
Ellman, Ira Mark ……… 72
excise tax ……… 232,395
Fama, Eugene F. & Michael C. Jensen
　……… 88
fiduciary ……… 3
fiduciary duty ……… 2
Fishman, James J. ……… 105,106,127,329,342
Fishman, James J. & Stephen Schwarz
　……… 338
foundation ……… 50
Goldschmid, Harvey J. ……… 343,362
government failure ……… 54
Hansmann, Henry B.
　……… 53,59,67,122,325,340,347,381
Henn, Harry G. & Jeffery H. Boyd ……… 121
HMO ……… 221
Hone, Michael C. ……… 189
inertia ……… 69
intermediate sanction ……… 235,395
Internal Revenue Code ……… 37,229
　── §4941 ……… 231,232,395
　── §4958 ……… 231,234,395
　── §501(c)(3) ……… 230,395
Internal Revenue Service ……… 229,396
Kahn, Faith Stevelman ……… 154
Karst, Kenneth L. ……… 370,381,397
Kurtz, Daniel L. ……… 247
Langbein, John H. ……… 178,180
lay corporation ……… 110
Lee, Denise Ping ……… 331
Manne, Geoffrey A. ……… 91
Marsh, Gordon H. ……… 332
MBO ……… 223,278
Model Act for Nonprofit Healthcare
　Conversion Transactions ……… 226

事項索引　449

Model Business Corporation Act	147,188
Model Nonprofit Corporation Act	188
Model Nonprofit Corporation Act（Third Edition）	40,188
Moody, Lizabeth	345
mutual benefit	40
mutual benefit corporation	19,41,98,103,129
National Conference of Commissioners on Uniform State Laws	215
New York Not-For-Profit Corporation Law	198
no further inquiry	232,341
nondistribution constraint	38
nonprofit corporation	106
Nonprofit Revitalization Act	199
NPO 法	22
parens patriae	364
patron	52
Principles of the Law of Nonprofit Organization	250
private corporation	117
private foundation	231
private inurement test	230
private trust	170
prudent investor rule	176
prudent man rule	175
public benefit	40
public benefit corporation	19,40,98,101,106,128
public charity	231
public corporation	117
rear view mirror approach	234
relator	368
Revised Model Nonprofit Corporation Act	40,188
Sasso, Peggy	334
self-dealing	61
self-perpetuating	40,48,90,315
special interest	382,392
special interest doctrine	372,382

Statute of Charitable Uses of 1601	111
Third Sector	54
transitory form	67
trustee	3
twin failure theory	54
ultra vires	135,148,149,245,299,305,318
Uniform Management of Institutional Funds Act	215
Uniform Prudent Investor Act	176
Uniform Prudent Management of Institutional Funds Act	215
Virginia note	329,344
visitorial power	110
Volunteer Protection Act	213

あ行

アメリカ法律家協会	40
アメリカ法律協会	137
石村耕治	437
一般財団法人	2
一般社団法人	2
一般社団法人及び一般財団法人に関する法律	2
——284条	424
医療法	13
医療法人	13
営利性	12
エージェンシーコスト	69,85,89,91,97
エージェンシー問題	88,92
エージェント	85,89,92,100,101,103
落合誠一	28

か行

改訂モデル非営利法人法	40,125,188,189,217,254
課徴金	439
学校法人	13
過渡期における形態	67
株主代表訴訟	18
カリフォルニア州非営利法人法	31,125,200

神作裕之 ………………………… 25	重大な過失 ……………… 139,143,181
規制税 …………………………… 439	受託者 …………………………… 3
行政庁 ………………… 5,11,432,434	受認者 ………………………… 3,62
協同組合 ………………………… 13	受認者仮説 ……………………… 86
クラスアクション ……………… 382	主務官庁制 …………………… 5,433
経営判断原則 …………………… 141	情報の非対称性 ………………… 92
契約の失敗 ………………… 52,54,55	私立学校法 ……………………… 13
原告適格 …… 65,373,375,379,380,382,390	信託法第三次リステイトメント
検査監督権 ……………………… 110	……………………… 172,176,253
公益財団法人 …………………… 2	信託法第二次リステイトメント
公益社団法人 …………………… 2	……………………… 170,172,253
公益社団法人及び公益財団法人の認定等	信認関係 ………………………… 3
に関する法律 ………………… 2	信認義務 ……………………… 2,3
公益組織のファンドの運営に関する統一	ステークホルダー …………… 164
州法 ………………………… 215	政府の失敗 ……………………… 54
公益組織のファンドの合理的な運営に関	責任追及の訴え ……………… 4,10
する統一州法 ……………… 215	設立準則主義 ………………… 3,5
公益認定 …………………… 5,11	1601年慈善ユースに関する制定法 … 111
公益法人制度改革 ……………… 2	相当な逸脱のテスト ……… 305,309,312
公益法人制度改革関連三法 ……… 2	
公益法人制度改革に関する有識者会議	**た行**
……………………………… 16,441	第三のセクター ………………… 54
合理性のテスト ……………… 159,161	第三版モデル非営利法人法
コーポレート・ガバナンス原則 … 137	……………… 40,125,188,194
	竹内昭夫 ……………………… 416
さ行	惰性 ……………………………… 69
裁判所リストルール …………… 175	単なる過失 ……………… 139,143,181
搾取仮説 ………………………… 86	注意義務 …………… 135,136,172,255,328
佐久間毅 ……………………… 417	中間的な制裁 ………………… 235
残余財産権者 ………………… 88,92	中間法人 ………………………… 6
私益信託 ……………………… 170	中間法人法 …………………… 6,22
自己執行義務 ………………… 174	忠実義務 …………… 135,144,179,286,340
自己取引 ……………… 61,145,179	適格消費者団体 ……………… 434
市場の失敗 ………………… 54,55	適格団体 ……………………… 434
慈善活動に対する免責の原理 … 208,209	統一州法委員会の全米会議 …… 215
慈善信託 ……………………… 109,170	統一プルーデント・インベスター法
慈善法人 ……………………… 106,109	……………………………… 176,217
私的帰属禁止のテスト ……… 230,234	特定非営利活動促進法 ………… 22
私的帰属の禁止 ………………… 395	特別な利害関係 ……………… 382
社員代表訴訟 ………………… 10,18	特別な利害関係の原理 ……… 382
集合行為問題 ……………… 93,380	独立戦争 ……………………… 113

事項索引 451

な行

内国歳入庁 …………………………… 229
内国歳入法 …………………………… 37,229
中田裕康 ……………………………… 24
二階建ての仕組み ……………………… 5
二重の失敗の理論 ……………………… 54
2011年チャリティー法 ………………… 108
ニューヨーク州非営利法人法 …… 125,198
農業協同組合法 ………………………… 13
能見善久 ……………………………… 22

は行

ハイブリッド ………………………… 120
バックミラーアプローチ …………… 234
パトロン …………………………… 52,54,59
非営利活性化法 ……………………… 199
非営利組織法の原理 ………………… 250
非営利ヘルスケア事業のconversionのモデル法 ……………………………… 226
非営利法人 …………………………… 106
非営利法人の目的 …………………… 305
樋口範雄 ……………………………… 27
複数要素テスト ……………………… 389

プリンシパル ……… 85,89,92,100,101,103
プルーデント・インベスター・ルール
 ………………………………………… 176
プルーデント・マン・ルール ……… 175
分配禁止規制 ……………… 38,55,77,94,95
法定リストルール …………………… 175
法務総裁 …………………………… 19,364
ボランティア保護法 ………………… 213

ま行

民法34条 ……………………………… 413
目的遵守義務 ……… 135,247,249,250,317
モデル営利法人法 ………… 147,153,188
モデル非営利法人法 ……………… 125,188

や行

役得 …………………………………… 94
山田誠一 ……………………………… 29

ら行

利益（benefit）の基準 …………… 149,152
利益相反取引 ………………………… 61
レブロン義務 ………………………… 279

452　事項索引

●判例索引（日本）

〔大審院・最高裁判所〕

大判大正 5 年 5 月16日民録22輯966頁 ……………………………………………… 414
大判昭和16年 3 月25日民集20巻347頁 ………………………………………………… 414
最判昭和41年 4 月26日民集20巻 4 号849頁 …………………………………………… 414
最判昭和44年 7 月 4 日民集23巻 8 号1347頁 …………………………………………… 414
最判昭和45年 6 月24日民集24巻 6 号625頁 ………………………………………… 10,136
最判昭和51年 4 月23日民集30巻 3 号306頁 …………………………………………… 415
最判平成20年 2 月22日民集62巻 2 号576頁 …………………………………………… 414
最判平成21年11月27日判時2067号136頁 ……………………………………………… 13

〔高等裁判所〕

東京高判昭和31年11月20日判タ66号56頁 ……………………………………………… 415
東京高判昭和63年12月20日判タ716号144頁 …………………………………………… 415

〔地方裁判所〕

和歌山地橋本簡判昭和27年 4 月 4 日下民集 3 巻 4 号448頁 ………………………… 415
広島高岡山支判昭和30年 9 月16日高民集 8 巻 6 号406頁 …………………………… 415
東京地判昭和51年 3 月24日判タ342号231頁 …………………………………………… 428
東京地判昭和55年 6 月27日判タ440号128頁 …………………………………………… 409
東京地判昭和55年 9 月16日判時997号131頁 …………………………………………… 409
津地判昭和58年 2 月25日判時1083号125頁 …………………………………………… 428
津地判昭和58年 4 月21日判時1083号134頁 …………………………………………… 428
札幌地判昭和60年 7 月26日判時1184号97頁 …………………………………………… 428
大阪地判昭和61年 3 月13日判時1211号93頁 …………………………………………… 409
東京地判昭和61年 9 月16日判タ652号186頁 …………………………………………… 409
東京地判昭和62年 9 月22日判時1284号79頁 …………………………………………… 415

● 判例索引（アメリカ）

A.P. Smith Manufacturing Co. v. Barlow, 98 A.2d 581 (N.J. 1953) ················· 155
Alco Gravure, Inc. v. Knapp Found, 479 N.E.2d 752 (N.Y. 1985) ················· 390
Ames v. Attorney General, 124 N.E.2d 511 (Mass. 1955) ······················· 369
Armstrong Cork Co. v. H.A. Meldrum Co., 285 F. 58 (D.C.N.Y. 1922) ················· 152
Attorney General v. Hahnemann Hospital, 494 N.E.2d 1011 (Mass. 1986) ················· 312
Attorney General v. Olson, 191 N.E.2d 132 (Mass. 1963) ······················· 273
Beard v. Achenbach Memorial Hospital Association, 170 F.2d 859 (10th Cir. 1948) ················· 269
Boston v. Curley, 177 N.E. 557 (Mass. 1931) ······················· 289
Carl J. Herzog Foundation, Inc. v. University of Bridgeport, 699 A.2d 995 (Conn. 1997) ········· 390
City of Paterson v. Paterson General Hospital, 235 A.2d 487 (N.J. 1967) ················· 309,383
Cross v. Midtown Club, Inc., 365 A.2d 1227 (Conn.Super. 1976) ················· 317
Dodge v. Ford Motor Co., 170 N.W. 668 (Mi. 1919) ················· 150,166
George Pepperdine Foundation v. Pepperdine, 271 P.2d 600 (Cal.App. 1954) ················· 257,373
Gilbert v. McLeod Infirmary, 64 S.E.2d 524 (S.C. 1951) ················· 373
Graham Bros. Co. v. Galloway Woman's College, 81 S.W.2d 837 (Ark. 1935) ················· 255
Harvard College v. Amory, 26 Mass. 446 (Mass. 1830) ················· 175
Holt v. College of Osteopathic Physicians and Surgeons, 394 P.2d 932 (Cal. 1964) ········· 308,375
In re Citigroup Inc. Shareholder Derivative Litigation, 2009 WL481906 (Del.Ch. Feb. 24, 2009)
················· 141
In re Milton Hershey School, 867 A.2d 674 (Pa.Cmwlth. 2005) ················· 389
In re Milton Hershey School, 911 A.2d 1258 (Pa. 2006) ················· 389
John v. John, 450 N.W.2d 795 (Wis.App. 1989) ················· 277
Johnson v. Johnson, 515 A.2d 255 (N.J.Super.Ch. 1986) ················· 267
Jones v. Grant, 344 So.2d 1210 (Ala. 1977) ················· 385
Kahn v. Sullivan, 594 A.2d 48 (Del. 1991) ················· 161
Kelly v. Michigan Affiliated Healthcare Systems, Inc., No. 96-838-CZ (Mich.Ct.Cl. Sept. 5, 1996)
················· 282
Leeds v. Harrison, 72 A.2d 371 (N.J.Super.Ch. 1950) ················· 384
Lynch v. John M. Redfield Foundation, 88 Cal.Rptr. 86 (Ct.App. 1970) ················· 260
Magill v. Brown, 16 F.Cas. 408 (C.C.E.D.Pa. 1833) ················· 114
Manhattan Eye, Ear & Throat Hospital v. Spitzer, 715 N.Y.S.2d 575 (N.Y.Sup. 1999) ········ 249,314
Maxicare Health Plans v. Grumbiner, No. C-565072 (Cal.Super.Ct. Oct. 18, 1985) ················· 278
McDaniel v. Frisco Employes' Hospital Association, 510 S.W.2d 752 (Mo.App. 1974) ············ 275
Meinhard v. Salmon, 164 N.E. 545 (N.Y. 1928) ················· 182
Miami Retreat Foundation v. Ervin, 62 So.2d 748 (Fla. 1952) ················· 39,259

Midlantic National Bank v. Frank G. Thompson Foundation, 405 A.2d 866 (N.J.Super.Ch. 1979) 268
Miller v. Aldenhold, 184 S.E.2d 172 (Ga. 1971) 387
Mills Acquisition Co. v. Macmillan, Inc., 559 A.2d 1261 (Del. 1989) 148
Morris v. Scribner, 508 N.E.2d 136 (N.Y. 1987) 281
Mountain Top Youth Camp, Inc. v. Lyon, 202 S.E.2d 498 (N.C.App. 1974) 345
Nixon v. Lichtenstein, 959 S.W.2d 854 (Mo.App. 1997) 288
Oberly v. Kirby, 592 A.2d 445 (Del. 1991) 292
People ex rel. Ellert v. Cogswell, 45 P. 270 (Cal. 1896) 365
People v. Larkin, 413 F.Supp. 978 (D.C.Cal. 1976) 287
Queen of Angels Hospital v. Younger, 136 Cal.Rptr. 36 (Cal.App. 1977) 310
Revlon, Inc. v. MacAndrews & Forbes Holdings, Inc., 506 A.2d 173 (Del. 1986) 279
Rogers v. Hill, 289 U.S. 582 (1933) 151
Samarkand of Santa Barbara Inc. v. Santa Barbara County, 216 Cal.App.2d 341 (Cal.App. 1963) 253
Scheuer Family Foundation Inc. v. 61 Associates, 179 A.D.2d 65 (N.Y.A.D. 1992) 301
Shlensky v. Wrigley, 237 N.E.2d 776 (Ill.App. 1968) 164
Smith v. Van Gorkom, 488 A.2d 858 (Del. 1985) 139
Smithers v. St. Luke's-Roosevelt Hospital Center, 723 N.Y.S.2d 426 (N.Y.A.D. 2001) 392
State ex rel. Butterworth v. Anclote Manor Hospital Inc., 566 So.2d 296 (Fla.App. 1990) ... 224,366
Stern v. Lucy Webb Hayes National Training School for Deaconesses & Missionaries, 367 F.Supp. 536 (D.C.D.C. 1973) 388
Stern v. Lucy Webb Hayes National Training School for Deaconesses & Missionaries, 381 F.Supp. 1003 (D.D.C. 1974) 262,290
Taylor v. Baldwin, 247 S.W.2d 741 (Mo. 1952) 305
Theodora Holding Corp. v. Henderson, 257 A.2d 398 (Del.Ch. 1969) 159
Trustees of Dartmouth College v. Woodward, 17 U.S. 518 (1819) 118
Trustees of Philadelphia Baptist Association v. Hart's Executors, 17 U.S. 1 (1819) 114
Trustees of Rutgers College in New Jersey v. Richman, 125 A.2d 10 (Ch.Div. 1956) 248,310
Union Pacific Railroad Co. v. Trustees, Inc., 329 P.2d 398 (Utah 1958) 158
United States v. Mount Vernon Mortgage Corporation, 128 F.Supp. 629 (D.C.D.C. 1954) 271
Vidal v. Girard's Executors, 43 U.S. 127 (1844) 115
Weinberger v. UOP, Inc., 457 A.2d 701 (Del. 1983) 148
Yarnall Warehouse & Transfer, Inc. v. Three Ivory Brothers. Moving Co., 226 So.2d 887 (Fla.App. 1969) 273

●著者紹介

松元暢子（まつもと・のぶこ）

2004年	東京大学法学部卒業
2005年	司法修習（第58期）修了
2005年	長島・大野・常松法律事務所勤務（2007年退職）
2008年	東京大学大学院法学政治学研究科助教
2010年	ハーバード・ロースクール修了（LL.M.）
2010年	ハーバード・ロースクール東アジア法研究プログラム客員研究員
2011年	東京大学大学院法学政治学研究科助教
2013年	学習院大学法学部准教授
	現在に至る

非営利法人の役員の信認義務
──営利法人の役員の信認義務との比較考察

2014年4月30日　初版第1刷発行

著　者　松　元　暢　子

発行者　藤　本　眞　三

発行所　株式会社　商　事　法　務

〒103-0025 東京都中央区日本橋茅場町 3-9-10
TEL 03-5614-5643・FAX 03-3664-8844〔営業部〕
TEL 03-5614-5649〔書籍出版部〕
http://www.shojihomu.co.jp/

落丁・乱丁本はお取り替えいたします。
© 2014 Nobuko Matsumoto

印刷／広研印刷㈱
Printed in Japan

Shojihomu Co., Ltd.
ISBN978-4-7857-2179-4
＊定価はカバーに表示してあります。